公路高边坡崩塌地质灾害防控

苏天明 祝介旺 孙 强 著

科学出版社

北 京

内 容 简 介

本书以我国西部山区公路工程建设为依托，详细分析了崩塌的演化阶段，通过现场调查和室内实验，揭示了崩塌形成与演化的地质学成因。对崩塌从地质力学角度研究了崩塌的类型和形成机理，并在此基础上建立了各类危岩体稳定性计算模型。根据崩塌孕育发生发展特征，针对公路交通的特点，研发了多种崩塌灾害监测预警技术和设备。结合典型崩塌灾害防治实例，提出了系统的崩塌灾害防治思路和措施。

本书可供交通、国土、矿山、水利水电及防灾减灾等领域工程师、科研人员参考，也可作为地质工程、岩土工程、水利工程等相关专业的研究人员参考书。

图书在版编目(CIP)数据

公路高边坡崩塌地质灾害防控／苏天明，祝介旺，孙强著．—北京：科学出版社，2023.4
ISBN 978-7-03-069323-5

Ⅰ. ①公… Ⅱ. ①苏… ②祝… ③孙… Ⅲ. ①公路路基–边坡–地质灾害–防治 Ⅳ. ①U418.5

中国版本图书馆 CIP 数据核字（2021）第 129123 号

责任编辑：韩 鹏 崔 妍／责任校对：何艳萍
责任印制：吴兆东／封面设计：图阅盛世

科学出版社 出版
北京东黄城根北街 16 号
邮政编码：100717
http://www.sciencep.com

北京中科印刷有限公司 印刷
科学出版社发行 各地新华书店经销

*

2023 年 4 月第 一 版 开本：787×1092 1/16
2023 年 4 月第一次印刷 印张：16 1/4
字数：391 000

定价：**228.00 元**
（如有印装质量问题，我社负责调换）

序

  崩塌是山区重要的地质灾害类型之一，导致了大量的工程事故和人员伤亡。崩塌对公路、铁路、水利、矿山等行业工程建设和运营构成巨大威胁。长期以来，由于崩塌成因类型复杂、影响因素众多、规律性差，以及调查、防治工作困难等原因，在崩塌灾害成因机理、演化过程、监测预警和综合防治等方面的研究，仍然有待突破。因此，开展崩塌灾害成因机理、演化过程、监测预警和综合防治有着重要意义。

  为了更好地应对地质灾害，减少损失、深化认知、科学防治，国家科技部陆续发布了有关地质灾害的课题，以引导行业专家对该领域进行研究。该书作者以工程人员应有的使命感，聚焦于西部公路建设中的崩塌灾害问题，在十多年的时间里陆续参与了十余项科技项目研究，如"公路高边坡崩塌灾害防控技术研究""山区公路地质灾害可视化监测预警与综合信息管理系统研究及应用示范""三维地质灾害数据云平台建设技术研究"等课题，旨在深入探讨崩塌灾害的形成原因、发展演变过程，揭示其成灾机理和规律，研究成灾判据，为崩塌灾害的预警监测、危险性评估、勘察设计、防治技术研发、工程施工等提供科学的依据。

  该书作者综合多年的研究成果，集成此书。该书在总结前人成果的基础上，介绍了差异风化作用形成崩塌的机理，研究了崩塌形成与风化作用的关系，提示了崩塌形成的地质学机理；研究了崩塌灾害的各演化阶段，提出了崩塌三阶段演化观点，深化了对崩塌过程的认识；按照地质力学观点，从力学机制对崩塌进行了分类，使得对崩塌的定量分析和监测预警成为可能；阐明了各类危岩体稳定性计算方法；充分利用现代技术，提出了新的监测预警思路，并开发了针对公路交通特点的颇具创新性的软、硬件系统；系统分析了传统的崩塌灾害防治技术的性能特点，提出了新的崩塌灾害综合防治技术。

  该书作者对崩塌这一灾害进行了较为系统的研究，为崩塌灾害的综合防控找到了较好的分析和解决问题的思路和方法，可有效指导工程建设中崩塌灾害处治，具有理论和工程实践意义。相信该书的出版能让人们进一步认识崩塌地质灾害，让专业工程师手里有一个更好应对崩塌灾害的工具。同时该书丰富和发展了崩塌灾害的研究内容，为地质灾害领域的研究增添了新的资料，希望该书的出版对现代工程地质力学的发展亦能起到促进作用。祝愿作者在我国崩塌灾害防治研究方面取得更大的成绩。

  特为其作序，并向同行读者推荐。

中国工程院院士　王思敬
2021 年 3 月于北京

前　言

我国地处环太平洋板块、印度板块和欧亚板块之间，地壳构造活动频繁，是世界上受自然灾害影响最严重的国家之一。我国山区面积约占陆地面积的69%，山区人口约占全国总人口的56%，崩塌作为山地的主要地质灾害种类，全国每年发生近万起，造成了大量的经济损失和人员伤亡，也严重威胁山区公路建设和运行安全。因而，对崩塌地质灾害从成因、机理、演化发展模式、分析评价方法，以及灾害预警与防治技术等方面开展系统研究非常必要。

基于上述背景，作者近年以公路项目为依托开展了一系列崩塌灾害相关课题研究，主要有交通运输部西部交通建设科技项目"公路高边坡崩塌灾害防控技术研究""黄河上游高原库区公路建设关键技术研究""滇东北高速公路特长纵坡和桥隧群区交通安全及可靠性关键技术研究"；中央级公益性科研院所基本科研业务费专项资金项目"路域地质灾害可视化监测与预警技术研究"、2017年"三维地质灾害数据云平台建设技术研究"；云南省交通科技项目"山区公路地质灾害可视化监测预警与综合信息管理系统研究及应用示范"等，并借鉴作者博士论文《万州地区近水平岩层高切坡差异风化与边坡崩塌失稳模式研究》等成果，形成本书。研究过程中注重了理论与实践相结合，在阐述崩塌灾害成因、机理、预测模型和判据等基础理论的同时，加强了灾害监测预警系统和防治技术与方法等方面的研究和开发工作，力争使研究成果可用、实用、好用。目前研究成果已在多条高速和等级公路上成功推广应用。

全书内容共分为6章。第1章对崩塌地质灾害研究现状进行了阐述；第2章通过实验和野外调查，研究分析了崩塌形成和演化与风化作用的关系；第3章结合典型实例分析了崩塌灾害阶段性和演化特征及崩塌地质力学分类研究；第4章根据崩塌类型提出了系统的危岩体稳定性分析计算方法；第5章对崩塌灾害研发了系列监测预警技术与设备；第6章依托典型崩塌灾害实例，提出了系统的崩塌防治思路和技术。苏天明博士完成本书初稿和最终统稿；孙强博士提供了部分软岩风化和边坡监测资料，并对书稿进行了整理；祝介旺博士归纳了崩塌灾害防治内容并开发了新型预应力防治技术；隋皓月博士、杨金月硕士等对本书进行了校勘。

特别感谢中国工程院王思敬院士为本书作序；感谢伍法权研究员、张小玉老师给予的指导；感谢研究过程中各位老师、领导、同行给予的大力支持和帮助！

本书是作者多年研究和认识的总结，同时，在成书过程中也参阅、吸纳了很多前人的研究成果。本书所涉及的问题探索性较强，难免有谬误与不足之处，诚恳希望读者批评指正。

作　者

2021年3月

目 录

序
前言
第1章 崩塌研究现状 ·· 1
  1.1 我国地质灾害概况 ··· 1
  1.2 崩塌地质灾害 ··· 3
  1.3 本书写作目的与特点 ··· 11
  1.4 本书技术思路 ·· 13
第2章 崩塌与风化作用 ·· 15
  2.1 崩塌形成的影响因素 ··· 15
  2.2 边坡的风化作用 ··· 21
  2.3 水对风化作用的影响 ··· 30
  2.4 成分与胶结的影响 ·· 43
  2.5 温度的影响 ··· 58
  2.6 本章小结 ·· 59
第3章 崩塌的演化阶段与类型 ··· 61
  3.1 崩塌演化阶段 ·· 61
  3.2 崩塌的类型 ··· 65
  3.3 本章小结 ·· 74
第4章 危岩体稳定性计算与评价 ·· 78
  4.1 危岩体稳定性分析步骤 ·· 78
  4.2 定性分析方法 ·· 79
  4.3 定量计算方法 ·· 83
  4.4 公路崩塌灾害危险性分级方法 ··· 105
第5章 崩塌灾害监测预警 ·· 126
  5.1 概述 ··· 126
  5.2 公路崩塌灾害监测预警设备与方法 ······································· 133
  5.3 路网地质灾害监测预警管理云平台 ······································· 143
  5.4 公路崩塌灾害监测与预警系统 ··· 160
  5.5 监测预警系统在依托工程上的应用 ······································· 178
  5.6 本章小结 ··· 190

第 6 章 崩塌灾害防治技术 ··· 191
6.1 概述 ··· 191
6.2 崩塌灾害主动防治技术 ·· 194
6.3 崩塌灾害被动防护技术 ·· 216
6.4 桥隧群区崩塌灾害防治工程体系研究 ·· 224
6.5 崩塌灾害防治技术在工程中的应用 ··· 240
6.6 本章小结 ·· 246
参考文献 ·· 247

第1章 崩塌研究现状

1.1 我国地质灾害概况

人类生存的地球表面,山地面积约占陆地总面积的1/4。与山地地貌紧密相关的山地地质灾害影响程度仅次于地震,但其出现的频度和广度都远远大于地震事件,是人类社会面临的所有自然灾害中遭遇最广泛、受害最严重的灾害。

地质灾害通常指在自然或人为因素作用下形成的、对人类生命财产造成损失或对环境造成破坏的地质作用或地质现象。由降雨、融雪、地震等因素诱发的称为自然地质灾害;由工程开挖、堆载、爆破、弃土等因素引发的称为人为地质灾害。广义而言,凡直接或间接的、已发生或潜在的恶化环境、降低环境质量、危害人类安全及整个生物圈生态发展的地质事件,都属于地质灾害。地质灾害的种类有很多,如地震、火山、地裂缝、地下热害、煤田自燃、瓦斯爆炸、岩爆、崩塌、滑坡、泥石流、地面沉降、地面塌陷、渗透变形、突水突泥、砂土液化、特殊岩土地质灾害、冰川运动、土地冷浸、盐渍化、沼泽化、沙漠化、水土流失、河湖变迁、海洋地质灾害、地下水污染和地方病等30多种类型。狭义地质灾害的种类有6种,根据2003年11月19日国务院第29次常务会议通过的《地质灾害防治条例》,地质灾害主要指危害人民生命财产安全的崩塌、滑坡、泥石流、地面塌陷、地裂缝、地面沉降这6种与地质作用有关的灾害。其中自然因素引发的占大多数,自然因素主要为降雨、冰雪冻融,人为因素主要为采矿和切坡开挖等。

我国现有地质灾害种类多、分布广、活动频繁,且数量极为庞大。2015年底统计数据显示全国地质灾害隐患点有28.9万处,其中崩塌有6.7万处,滑坡有14.8万处,泥石流有3.2万处,其他地质灾害合计4.1万处,共威胁1891万人生命安全和4431亿元财产安全,每年因地质灾害造成的直接经济损失占自然灾害总损失的20%以上[1]。另据区域性调查结果显示(李志平等,2005;徐志文和黄润秋,1999),仅长江上游100km²的范围内就分布潜在灾害型崩塌、滑坡10万余处,泥石流沟10万条以上;四川省1998年1~9月洪水期间,全省发生较大型地质灾害109处,其中滑坡有48处、泥石流有36处、崩塌有25处,死亡人数达到283人,受伤人数达到1868人,经济损失数亿元(刘传正等,2004a)(不同口径统计数据的出入可能与统计标准有关,但足以明确反映我国地质灾害数量之多和危害之大)。

近年来全国地质灾害发生数量、死亡失踪人数及直接经济损失(2007~2017年)统计见图1-1~图1-3[2]。可以看出,全国每年发生地质灾害总数均在万次左右,伤亡人数从

---

[1] 中华人民共和国国土资源部,2015,全国地质灾害通报(2015年)。
[2] 《全国地质灾害通报》(2007~2017年)。

数十人到数百人，2010年甚至超过2000人（含舟曲泥石流）；每年直接经济损失达数十亿元，其中2013年超过100亿元。

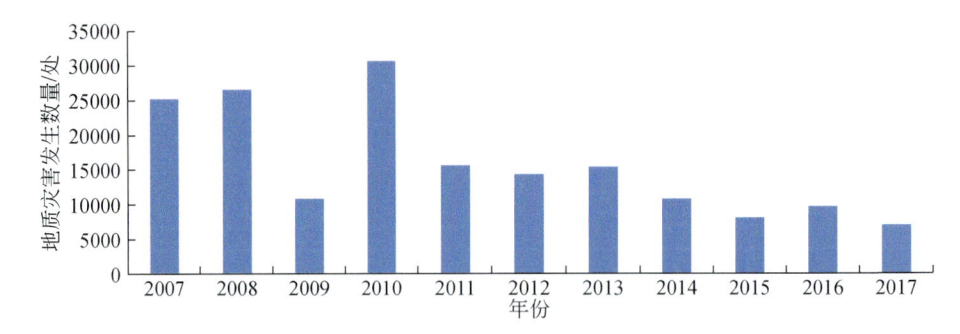

图1-1 全国地质灾害发生数量对比（2007~2017年）

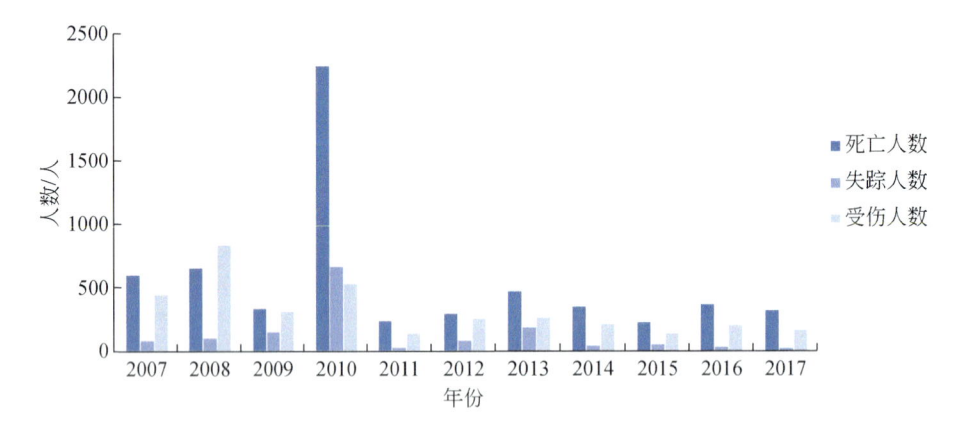

图1-2 全国地质灾害造成死伤失踪人数对比（2007~2017年）

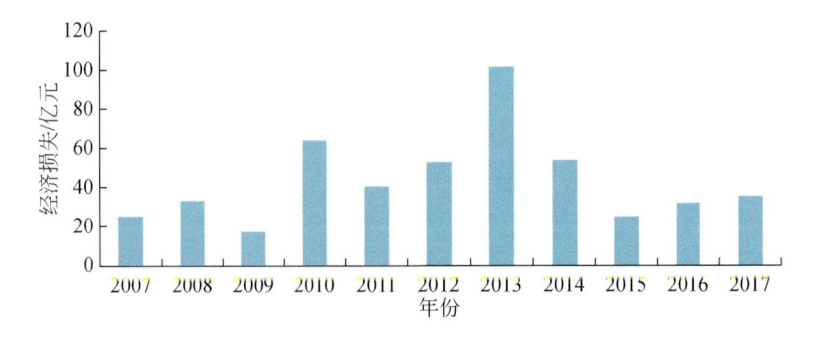

图1-3 全国地质灾害造成直接经济损失对比（2007~2017年）

2013年之后，全国地质灾害数量总体略呈下降趋势。灾害数量总体居高不下的原因是我国幅员辽阔，地质条件复杂，防控困难；而渐呈下降趋势的原因应是近年国家对自然灾害防控更加重视，在群测群防、监测预警及防治等方面的投入逐年增加。尽管如此，随着极端气候现象不断出现，地壳运动活跃性增强，预计今后多年地质灾害发生数量居高不下的态势仍将保持。

在公路交通方面，我国已形成庞大路网，截至2020年路网通车总里程已超过520万km，其中高速公路超过16万km，遍布全国的各个角落。因路网建设在地质、地理和气象条件复杂的自然环境中，不同的岩性、地质结构与构造、地形地貌以及气候气象条件等都会对道路基础设施的安全造成极大影响。在各种自然或人为因素作用下，庞大路网必然会面临大量的滑坡、崩塌、泥石流等路域地质灾害。据不完全统计，2010~2018年，每年公路边坡、路基等因灾塌方量都达数亿立方米，灾损造成道路中断平均5万~6万处（最高年份2012年超过10万处），经济损失数百亿元（最高年份2016年约为650亿元）。从多年灾损总体态势来看，路网灾损数量及经济损失基数较大，总体呈波动增高趋势，地质灾害防控形势严峻。

1.2 崩塌地质灾害

1.2.1 崩塌地质灾害的危害

崩塌是地质灾害的一个重要类型。据自然资源部发布的《全国地质灾害通报》（2007~2017年）等资料，我国地质灾害类型典型构成如图1-4所示。滑坡和崩塌总数占地质灾害的89.5%，崩塌灾害在地质灾害中占有的比重仅次于滑坡，约占地质灾害总数的1/3~1/4，我国每年发生的有记录的崩塌灾害总数达数千起。

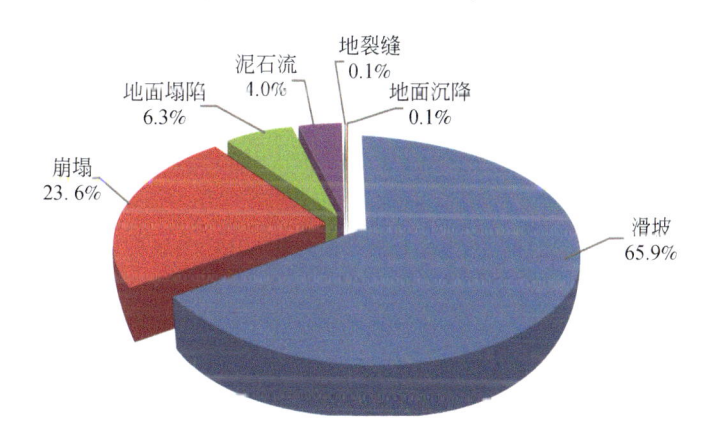

图1-4 我国地质灾害类型典型构成图

崩塌灾害的规模差距非常大，较为常见的崩塌体积从数立方米到数万立方米，历史上规模巨大的崩塌不乏其例。1970年5月31日，南美秘鲁最大的渔港钦博特市发生7.7级地震，引发瓦斯卡兰山峰山体及冰冠崩塌，约5000万 m³ 的冰块、岩块、泥土和冰雪形成冰雪泥石流以300~400km/h的速度，冲向15km外的城市，4分钟内将容加依城2.3万人冲埋，创迄今世界历史上冰雪泥石流冲埋死亡之最。2017年8月28日，贵州毕节市纳雍县张家湾镇发生山体崩塌，崩塌岩体约60万m^3，垂直落差约200m，塌方体覆盖6000m^2。灾害发生时，垮塌山体像石浪一样倾泻而下，引起的震动强度相当于1.8级地震。事故造成26人死亡，9人失踪，52栋房屋被掩埋，直接经济损失近亿元。2009年6月5日，重庆武隆鸡尾山在发生多次小规模崩塌后（许强等，2009；殷跃平，2010；刘传正，2010；冯振等，2012）突然垮塌，总体积约500万m^3的危岩体临空剪出，经过坠落、冲撞沟谷形成碎屑后沿沟谷向下游高速运动后形成2000多m^2、体积约700万m^3的堆积区，灾害造成70多人遇难。湖北远安县盐池河磷矿崩塌是又一起规模较大且典型的崩塌地质灾害。1980年6月3日湖北省远安县盐池河磷矿突然发生的岩体崩塌，体积约$130\times10^4 m^3$，向下运动到相对高差400m的盐池河谷，崩塌堆积体南北长560m，东西宽400m，最大堆积厚度约40m。崩塌发生瞬间在盐池河上筑起一座高达38m的堤坝，并形成一座湖泊，崩塌产生的气浪把磷矿的五层大楼掀倒并掩埋。事故死亡307人，掩埋了大量设备和财产，损失惨重。规模相对较小的崩塌则不计其数，我国每年都发生数千起。如2015年3月19日发生在广西桂林叠彩山景区的崩塌，体积为数百立方米，导致7名游客死亡，25人不同程度受伤。2016年3月8日，四川省乐山市马边县省道103线，山体崩塌约160m^3，导致7人遇难。

表1-1中列举了一些公开报道过的崩塌地质灾害典型案例。从案例中可以看出，崩塌灾害的发生有的是自然原因，有的是人为原因；有造成数百数千人死伤的，也有截断河流，摧毁房屋、道路、桥梁隧道，砸毁车辆的，生命财产损失巨大。

表1-1 崩塌地质灾害典型案例

序号	发生时间	发生地点	过程与危害
1	1981年8月16日	宝成线丁家坝—大滩K293+365	山体崩塌720m^3，造成812次货车颠覆，电力机车被打入嘉陵江之中，中断行车62h11min（胡厚田，1989）
2	1980年6月	湖北盐池河磷矿露天矿	高160m，体积约100万m^3露天矿边坡突然崩塌，引起的冲击气浪将四层楼抛至对岸撞碎，崩落的土石冲向对岸，造成建筑物毁坏，有284人丧生（曾廉，1990）
3	1987年9月1日凌晨3时30分	四川省巫溪县城南	从悬崖上崩落的4000m^3岩体，摧毁了100m外一栋五层宿舍楼，三所私人旅馆，几所民房和商店，掩埋公路，中断交通，砸死职工居民95人，伤24人（刘会平等，2004）
4	1999年3月25日晨	浙江云和县境内石塘镇西南3km处	一块巨石击中行驶中的一辆汽车，汽车偏离公路掉下20m深的水库，造成18人死亡（张路青等，2004b）
5	2000年7月	重庆市万州区天生桥	砂泥岩互层的岩体3次崩塌，崩落岩体直径达3.0~6.0m，迫使近2000人的福建小学关闭转移（苏天明，2006）
6	2001年5月1日	重庆市武隆县城	一高切坡突然垮塌，摧毁一栋9层高的大楼，79人死亡，在库区反响强烈（苏天明，2006）
7	2002年5月5日晚	四川绵竹县境内	一辆大客车在鲍竹路受到一块十余吨重的巨石冲击，车上41名乘客中有18人死亡，14人受伤（任幼蓉等，2005）

续表

序号	发生时间	发生地点	过程与危害
8	2004年12月3日3时40分	贵州省纳雍县鬃岭镇左家营村岩脚寨后山	4000m³的崩塌体冲击住户。19户村民受灾，12栋房屋被毁，7栋房屋受损，死亡39人，5人下落不明，13人受伤（刘传正等，2004a）
9	2004年12月11日22时20分	甬台温高速乐清段	50m高山体崩塌，高速双向车道被约1.5万m³巨石覆盖，绕道104国道车辆骤增导致交通陷入瘫痪
10	2005年5月2日	峨眉山风景名胜区	通往主景点的公路边坡发生崩塌，崩塌土方量约4000m³，导致大量旅客滞留（陈晓清等，2006）
11	2005年6月21日晚	距重庆巫溪县城60km的中梁水库	崩塌堵断水库河道，水位增高26m，危及西溪河和大宁河沿岸9个乡镇，4所学校近3万人的生命财产安全。5个乡镇2万余人与外界交通隔绝
12	2007年11月20日8时40分	湖北宜万铁路高阳寨隧道	隧道洞口受施工爆破动力作用，崩塌方量达3000m³，砸毁大客车1辆，35人当场死亡，1人受伤
13	2007年4月4日晚	319国道重庆彭水段	山体崩塌砸毁国道路基，形成路基30多米缺口，交通及国防光缆中断，过往车辆需改道一个月
14	2008年5月12日	北川县城区	城区公路一侧山体在地震作用下发生景家山大崩塌，造成茅坝中学500名学生死亡
15	2008年5月12日	映秀–汶川公路	20km路段内发生了340处崩塌等地质灾害，因灾死亡人数高达1000人以上（殷跃平，2008）
16	2008年5月12日	都汶公路彻底关大桥	地震落石砸毁大桥。2009年7月25日，新建大桥再次被砸毁
17	2009年6月5日15时	重庆市武隆县铁矿乡鸡尾山	特大型山体崩塌，300多万立方米的崩塌体快速涌进山谷，产生700多万立方米的崩塌堆积物，借助气垫效应崩塌体沿沟向前高速运动近1km，80余人遇难（殷跃平，2008）
18	2010年3月10日凌晨1时30分	陕西榆林子洲县	发生规模为中型的黄土崩塌，44人被埋，其中26人死亡
19	2015年3月19日	广西桂林叠彩山景区	危岩体垮落，造成7人遇难，25人受伤
20	2016年3月8日	乐山马边县省道103线	路边山体边坡垮塌约160m³，7人遇难
21	2020年9月20日	雅西高速成都至西昌方向K2084处	山体垮塌，落石导致两跨桥梁毁坏

1.2.2 崩塌地质灾害的概念

崩塌灾害的分布随机广泛，规模差别巨大，规律性差，共性特征不明显，成灾环境、形成机理、孕育过程和影响因素等方面复杂多样。很多学者对崩塌灾害进行了研究，但由于常见的崩塌往往具有规模较小、规律性差、发生突然等特点，以及学术界重视程度不足，甚至尚未形成明确的定义，崩塌、落石、危岩体、滚石、岩崩、垮塌等概念经常混用。在地质学、地貌学、工程地质学等方面的教材及众多有关的专业文献中，除了对滑坡地质灾害有着较为一致的共识外，对崩塌这一地质现象的理解并不完全相同。

《普通地质学》（夏邦栋，1983）中，将块体运动分为崩落、蠕动、滑坡和泥石流四类，并将崩落定义为陡峻斜坡上的岩石或土体大块或整体地向坡下垮落，是突发性的，其速度十分快。崩落常发生在新近上升的山体边缘、坚硬岩石组成的悬崖峡谷地带、河、湖、海岸的陡岸等。大规模的崩落能摧毁铁路、公路、隧道、桥梁，破坏工厂、矿山、城镇、村庄和农田，直至危害人民的生命安全，造成巨大灾害。在工程建筑上视为"山区病害"之一。

由北京大学、南京大学、上海师范大学等高校编写的《地貌学》（北京大学等，1979）中崩塌的定义为在陡峻的斜坡上，巨大的掩体、土体、块石或碎屑层，在重力的作用下，突然发生急剧的崩落、翻转和滚落，在坡脚形成倒石堆或岩屑堆，这种现象称为崩塌。

张卓元和王士天（1964）在《工程动力地质学》中认为陡峻或极陡斜坡上，某些大块或巨块岩体，突然崩塌或滑落，顺山坡猛烈地翻滚跳跃，相互撞击破碎，最后堆于坡脚，这一过程称为崩塌，个别巨石崩落则称坠石。

郑象铣（1991）在《实用铁路工程地质学》中写道：巨大岩块或岩体因长期经受风化剥蚀或振动作用使本身脱离母体，在自重支配下，瞬息间突然而猛烈地由高陡处翻滚到较低的地方，撞击成破碎的散块，其运动往往是跳跃式前进，这种现象成为崩塌。山区斜坡岩层，由于风化作用或节理裂隙发达，经常发生小型岩块的坠落，其现象与崩塌相似，唯规模较小，一般称为落石或坠石。

胡厚田在《崩塌与落石》（1989）中认为陡坡上的巨大岩体或土体，在重力和其他外力作用下，突然发生向下崩落的现象叫作崩塌。崩塌的过程中岩体（或土体）顺坡猛烈地翻滚、跳跃、相互撞击，最后堆于坡脚。所谓落石是指陡峻斜坡上的个别岩石块体在重力和其他外力作用下，突然向下滚落的现象。有人认为落石就是小型崩塌，但从其形成条件和产生原因来看，和崩塌不完全一致。它的形成条件更简单、更容易，还包括个别的岩块的滚落。

苏联著名工程地质学家洛姆塔泽（1985）在其著作《工程动力地质学》中写道：单个岩块或岩体从堑坡、矿坑边坡，或从以坚硬或半坚硬岩体组成的高陡斜坡突然脱开并落下，亦即倒塌破坏谓之崩落。夹杂于软黏土或松散砂土中的个别块石、漂砾或胶结、压密的岩石有时也脱落下来。无论是个别的块石和岩块，或者是更大的坚硬的和较坚硬的岩体，从位于坡肩以上的高陡露头，或是从陡峻直立的斜坡上部陷落，并伴随有翻滚、跳跃和击碎称之为崩塌。岩体在崩落时从其脱离母体的位置到其坠落点，所经过的路径大部分是在空中，而在崩塌时则是沿山坡翻滚。

徐嘉谟认为（2006年1月12日谈话记录）滑坡和崩塌是地质体在工程状态或在自然状态下两种不同的失稳方式或运动行为，前者是指沿某一固定底面滑动而不滚动的现象；后者是指脱离地质母体后直接坠入空间或沿坡面滚动的现象。就运动方式而言，有时前者可以向后者转化（这往往取决于地形条件）。

张缙（1980）在《岩块崩塌与运动初析》中这样写道：崩塌现象与滑坡有很大差别，它是岩土体失稳时势能的骤然释放，同时很快把势能转换成动能、声能与热能（发出碰撞声，相互剧烈摩擦而生热），岩土体呈无序的移动，除滑动外，还发生倾倒、转动、滚动和翻转。

阳友奎（1998）定义崩塌落石为单个或群体岩块在重力或其他外力作用下突然从陡峻岩石山坡上分离并以自由落体坠落、弹跳、滚动或以它们的某种组合方式顺坡向下猛烈运动，最后散集于坡脚的一种常见地质灾害现象。

中国地质环境信息网认为崩塌（崩落、垮塌或塌方）是较陡斜坡上的岩土体在重力作用下突然脱离母体崩落、滚动、堆积在坡脚（或沟谷）的地质现象。产生在土体中者称土崩；产生在岩体中者称岩崩；规模巨大、涉及山体者称山崩。大小不等、凌乱无序的岩块（土块）呈锥状堆积在坡脚的堆积物称为崩积物，也可称为岩堆或倒石堆。

根据上述各家对于"崩塌"的定义或描述可以看出，国内对崩塌的概念尚未形成一致意见，主要共识点有以下几个方面：①崩塌体形成和位于高陡之处，因而崩塌发生时岩土体的位移是以垂直方向为主；②崩塌体应该是岩土块体或块体的集合体（如山体），相对较为坚硬；③崩塌的规模可以小至小型块体，大至百万乃至千万立方米的山体；④运动过程中，有撞击、弹跳、滚动、解体等现象发生；⑤崩塌最终以解体后的岩土体在某个区域停止、堆积而结束。据此，本书将崩塌定义为高陡斜坡上的岩土体在重力、风化等作用下失稳，突然从高位以竖向位移为主沿坡体坠落、崩落等形式向坡底运动、碎裂、堆积的地质过程或现象。

崩塌与滑坡的区别归纳起来主要有以下几个方面。①所处地形：崩塌一定发生在高陡斜坡之上，有较高陡的临空面。滑坡体所处位置不一定地形高陡，不一定绝对高程高，但整体地形较为平缓，前方没有高陡的临空面，即使滑体滑出滑床也不会出现大幅度纵向坠落现象。②破坏方式：崩塌的形成可能由危岩体因为倾倒、拉张破坏或剪切破坏造成，而滑坡体失稳的主要破坏方式是剪切滑移，过程中可能伴随拉张破坏，较少出现倾倒破坏方式。③位移方向：崩塌从发生到最后堆积、停止的过程中，以竖向位移为主。有的崩塌体到达坡脚后虽然也可能因惯性作用发生较长距离的横向运移，但横向位移是竖向位移产生势能消减的过程和结果，属于竖向运动后的另一运动阶段。滑坡的运动方式则以横向运动为主。对于高位远程滑坡，虽然因地处高位，最终垂直位移也较大，但起始运动过程为滑动，水平位移程度占主要地位，在滑出滑床后向下坠落的过程也可认为是崩塌。④运动方式：崩塌体脱离母体后就以直接坠落、碰撞弹跳和滚落的运动方式为主，而滑坡的运动方式则主要是以滑体沿着滑面相对整体移动的运动方式，也就是说崩塌发生后很快脱离母体，而滑坡体依附于滑床做滑移运动。⑤整体性：在崩塌过程中，崩塌体可能因撞击、弹跳而导致主体破碎（对于沿坡体滑动、坠落的岩块也可能因自身强度较高仍保持完整），最后散落堆积。对于滑坡来说，滑坡体在滑动过程中总体保持相对完整性，呈现为整体共同运动；在随后的堆积过程中，即使有部分岩土体脱离滑坡主体，也不影响滑坡体的整体性。⑥主体成分：崩塌体的主要成分相对比较坚硬，以坚硬的整体或块状岩土体为主，即使是土体崩塌，崩塌体成分也主要是较大的块体。滑坡体的成分则可能为硬质，也可能是软塑甚至流塑状态。⑦破坏面形状：在相对均质和较为软弱的岩土体中的滑坡的滑面多为弧状，反映了在重力作用下岩土体的最易于破坏的面的形状为弧形；在结构面较为发育岩性相对较硬的滑坡体中滑面的位置表现为沿软弱结构面的逐步贯通，贯通面可以是同一组节理，也可以是不同组节理的贯通，滑面仍有呈现弧形的趋势；或者是沿着结构面平面滑动。崩塌则多表现为岩土体为多组节理面切割后形成块状危岩体，在重力等内外力作用下被拉张或剪切，破坏面更多表现较为平直。

关于危岩体，我国工程地质学家首次提出"危岩体"这一概念，有据可查的最早资料源于1964年长江三峡链子崖的发现，始称"变形体""斜坡变形""不稳定斜坡"等（王思敬和黄鼎成，2004）。危岩体是指由于自然或人类工程活动造成高陡临空地形条件下的山体出现开裂，并向临空方向发生变形位移，可能发生崩塌落石，威胁人类生命财产、生存环境或工程设施安全的规模大小不等的岩石块体。陡峭的地形是危岩形成并最终崩塌的必要条件，岩土体被多组结构面切割是崩塌发育的重要地质结构特征，重力、降雨、根系劈裂、地震、工程活动及风化等内外动力地质作用是崩塌发生的动力。

关于落石，可认为其与崩塌并无本质区别，属于崩塌的一种，只是落石个体相对较小，或是崩塌的产物。落石的运动过程以坠落、滚动或弹跳为主，在启动机制上，多为相对独立的块体因各种原因（如风化、断裂、人工扰动、地震、降雨、黏结力失效等）从母体脱离（张裂、滑动、转动）等，与崩塌的启动机制相同。

综上所述，崩塌是对斜坡（边坡）上的岩土体因重力或其他原因，从高陡处运动到达地面堆积于坡脚的运动过程或现象的描述，如崩塌过程中可能对人类生命财产造成侵害或威胁，则成为地质灾害的一种，称作崩塌灾害。危岩或危岩体是指崩塌未发生之前仍保持在高陡斜坡上，可能或正向临空方向变形，崩落和堆积后可能对人类造成危害的岩土体。由于崩塌或危岩体岩土体会产生变形位移。岩土体在脱离母体到崩落过程中，以及堆积后的堆积物可定义为崩塌体。崩塌过程中，崩落的岩土体可能有各种各样的运动方式，如碎裂、滚动、跳跃、滑动或者组合方式。陡峭的地形是危岩形成并造成崩塌的必要条件，岩土体受多组结构面切割是崩塌发育的重要地质特征，重力、降雨、地震、工程扰动及风化等内外动力地质作用是崩塌发生的动力作用。

1.2.3 崩塌灾害研究现状

一直以来，学者对崩塌灾害不断进行探索。自20世纪中期开始，铁路部门对铁路沿线的危岩给予了高度重视，在危岩特性、发育环境、防治措施等方面积累了丰富的资料和经验。胡厚田等较为系统地研究了铁路工段沿线一些崩塌现象，在崩塌、落石的机理认识、勘测设计及工程防护等方面都取得了很多成果。地质部门及相关科研院所对区域性地质灾害进行了大量研究。位于长江三峡的链子崖危岩体研究和治理工程可作为国内崩塌地质灾害研究的典型，从地质环境影响、模型试验研究、数值模拟应用及防治技术等方面都进行了深入探讨。例如，陈明东（1999）根据受力模式将危岩失稳模式分为板梁旋滑移和悬臂压杆破坏两类。刘国明（1996）采用有限元对三峡链子崖危岩体进行了静力稳定性分析，考虑了软弱夹层材料非线性及裂缝接触非线性的问题，提出连杆接触单元有限元模型以满足求解工程接触问题的需要，并将岩块简化为弹性体。张奇华（1998）将危岩失稳模式分为八类，进行了细化，并提出了一种边坡变形破坏的比较辨识方法，其主要思想是对危岩体建立变形监测网，由监测资料计算得到变形区域的空间位移向量，从而辨识出实际发生的变形破坏方式、变形区域及变形演化成破坏的过程。在三峡库区地质灾害防治研究中，陈洪凯等（2003）在危岩治理防护方面也进行了研究。谢全敏（1998）运用蒙特卡罗法求解破坏概率的方法来评价分析危岩稳定性。

在崩塌边坡稳定性计算和评价方法方面，总体采用类似滑坡的分析方法，大致有定性方法、定量方法和利用动态资料分析判断方法。定性方法有工程地质类比法、图解法，定量方法有刚体极限平衡法、数值计算和仿真方法、可靠度分析法、系统辨识和人工神经网络法等。①工程地质类比法：又称工程地质比拟法，其内容有自然历史分析法、因素类比法、类型比较法等，是将已有的自然边坡环境或人工边坡的研究和设计经验，应用到条件相似的新边坡的研究和设计中来，为此需要对已有工程设计经验进行广泛的调查，全面分析工程地质因素的相似性和差异性，分析影响边坡变形发展的主导因素的相似性和差异性。其优点是能综合考虑各种影响边坡稳定的因素，对边坡变形发展趋势做出估计和预测；缺点是类比条件因地而异，经验性强。②图解法：如岩体结构分析法，主要依据是中科院地质研究所提出的岩体结构控制论，其方法是将赤平投影法和实体比例投影法应用于边坡工程的岩体结构与稳定性分析。③刚体极限平衡法：是边坡稳定评价的重要计算方法，应用普遍。岩质边坡的滑动面是由层理、片理、节理、裂隙和断层等面组成，岩质边坡中滑动面的形状、组合状态以及滑动面的性质对边坡稳定性起控制作用。因此对可能产生平面滑动的岩质边坡一般采用平面滑动法计算，对可能产生折线滑动的边坡一般采用折线滑动法进行计算。刚体极限平衡法是通过计算稳定性系数即可能的滑移面上的抗滑力（矩）与滑动力（矩）之比来判断危岩体的稳定性。这种方法在20世纪初被提出来以后，经过众多学者的不断修正，目前成为在工程实践中最常用的危岩体稳定性分析方法。其优点是简单可行，概念明确。④数值计算和仿真方法：近几十年来，国内学者从国外引进和自行研制了许多切实可行的数值分析方法用于解决边坡工程的计算。应用数值方法进行边坡工程的计算可以采用弹塑性理论和极限平衡分析解决，方便地处理岩石边坡问题的非线性等特征，得到应力场、应变场和位移场，非常直观地模拟边坡变形破坏过程。采用数值分析法研究危岩体的稳定性，弥补了静力解析法不能求出岩土体的应力、应变关系以及与实际工作状态不完全相符的不足，计算结果较精确。因此，数值分析方法已逐步成为边坡稳定性分析的常用方法。最近随着数值分析方法的不断发展，出现了不同数值方法的相互耦合，因此出现了有限元、边界元、无限元、离散元与块体元的相互耦合数值解和解析解的结合，以及非确定性的数值方法，如随机有限元、模糊有限元、率数值分析等方法。⑤可靠度分析法：边坡崩塌稳定性可靠性理论评价的基本思想是首先根据崩塌的滑动破坏模式建立稳定性的极限状态函数方程，然后选取可靠度求解方法计算崩塌稳定性的可靠度指标和破坏概率。可靠度分析法问世不久，因此到目前还没有一种关于岩体边坡破坏尺度的规范性说法，但在概率论基础上进行边坡可靠性分析，考虑边坡稳定性各种影响因素的不确定性用概率来度量边坡的安全度，是边坡工程研究的发展趋势。⑥系统辨识和人工神经网络法：在工程区域，考虑变形破坏方式和相应的变形破坏特征、位移关系式，针对各种可能的变形和破坏建立变形监测网，由监测资料计算得到变形区域的空间位移量，对比各种可能的变形破坏方式相应的变形特征和位移关系式，从而辨识出实际发生的变形破坏方式、变形区域和变形演化成破坏的过程。系统辨识法意在探索边坡的变形、破坏分析与监测网、监测数据有机地结合起来，并定量化，主要针对通常情况下的变形、破坏。人工神经网络是指大量的简单神经元广泛互联构成的一种计算结构，是一种广泛的并行处理系统。近年来，人工神经网络法开始应用于边坡工程的稳定性分析评价，对于解决复杂边坡工程的稳定性提供了一种新的途径。⑦利用动态资料分析判断方法：我国在公路沿线崩塌地质灾害危险性评价方面，多采用模糊综合评判法、层次分析法和地理信息系统（GIS）方法，而在公路岩质边坡崩塌危险性分级系统的标准化和应用方面开展工作较少。

在崩塌灾害的防治技术方面，目前主要沿用传统技术与方法，尚无大的突破性进展，研究程度也仅处于较为初步阶段，多数情况下仍与滑坡等合并考虑。中国地质灾害防治工程行业协会团体标准2018年发布了《崩塌防治工程勘查规范（试行）》（T/CAGHP 011—2018）对崩塌防治勘查工作进行了规范。在监测方面，随着近年来大数据云计算技术、通信技术、GIS的迅速发展和北斗定位系统的逐步完善，监测技术水平也得到了较为迅速的提升，监测设备及通信接口逐步标准化、规范化，自动化监测逐步普及，监测系统软件逐步从单机安装，功能相对单一，发展到云平台、网络云计算与云存储的大量应用。

相比较滑坡等其他种类地质灾害的研究，崩塌地质灾害在国际、国内针对性的研究相对较少，无论从调查、评价、防治和监测预警等各方面尚不成系统，其主要原因有以下几个方面。

（1）崩塌致灾体调查和认知难度大。崩塌未发生前的危岩地处高陡，地形地貌条件的限制使得危岩体的岩土性质、边界条件、岩土体的取样和岩土参数的确定，以及监测预警等都非常困难，从而难以对危岩体进行可靠的稳定性评估和计算，这些限制使得对崩塌的认识困难重重。

（2）崩塌的宏观特征复杂。与滑坡相比，一般滑坡体规模较大且较为完整，而崩塌体规模却很不确定，从坠落的块石到数千万方，差别巨大，显得杂乱无规律可循；滑坡体的边界一般有固定形状和要素，如圈椅状后壁、滑动面、滑床、滑坡体、滑坡侧壁、滑坡剪出口、滑舌等，滑坡形成后可能形成滑坡洼地、滑坡湖、滑坡台地和滑坡台坎等，宏观特征明显，相对容易识别；而崩塌体的边界或内部结构一般仅为岩体结构面或断裂面，拉张或剪切面组合随机，难以预测，较为隐蔽，宏观特征不明显。滑坡发生后，滑坡体基本属于整体运动，基本能保持完整；崩塌发生后，崩塌体因碰撞、翻滚和撞击地面等过程，往往都会四分五裂成为碎块，与崩塌发生前的形态完全不同。规模的不确定和边界条件的不明确，给崩塌灾害的识别与研究增加了复杂性，使得人们往往认为崩塌分布杂乱，规律性难以认知，从而影响了对崩塌灾害的研究。

（3）崩塌成灾规模复杂多变。崩塌灾害有规模巨大，一次造成极大人员伤亡的案例，如1980年6月湖北盐池河磷矿崩塌导致284人死亡、2004年12月贵州省纳雍县崩塌导致39人死亡等重大灾害事件。但在数量极为庞大的崩塌中，更常见的是大量的较小型的崩塌事件，这些中小型崩塌分布极为广泛，几乎所有山区边坡均有分布。而且，危岩体在崩塌过程中，经过碰撞、碎裂、滚落或崩落，其影响范围、能量大小和灾害严重程度等方面，都难以通过有效的数学计算予以确定。

（4）崩塌灾害孕育时间长而影响因素复杂。崩塌形成的影响因素众多，很多因素影响危岩体稳定性的过程缓慢，不易察觉，但一旦灾变因素影响积累到一定程度后，崩塌就会突然发生。这种过程漫长、发生突然和难以观测的特点，通常使得人们很难预测危岩体什么时候崩落，这些特点也导致了对崩塌灾害认识的困难。崩塌灾害往往给人的感觉是无处不在、无时不有的，其发生的突然性和普遍性让人感觉无法预测、无法躲避，乃至无所适从，这也是人们对崩塌灾害认识不足的原因和结果。

综上所述，崩塌灾害因所处环境高陡复杂、分布近乎随机、数量巨大、调查困难，具体规律性差、发生突然、难以监控和影响范围不易确定等特点，使得对于崩塌灾害的认识、评估、监测和预警等工作显得尤为困难，其防治工作也因危岩体存在的基本情况难以调查，所以崩塌灾害虽然是重要灾种，但目前对崩塌研究深入程度还不够，系统研究较少，研究内容主要集中在应用岩体力学和地质学等知识对岩体的变形破坏等方面。因此，高边坡崩塌灾害防控技术研究是当前公路建设必须面对和急需解决的问题。

1.3 本书写作目的与特点

目前我国公路总里程超过 520 万 km，其中大量分布在山区。公路建设在促进交通沿线政治、经济、文化发展的同时，也形成了大量的高陡边坡。这些公路边坡的挖掘，破坏了长期地质历史过程中形成的地质应力平衡，破坏了地表植被，加剧了水土流失。这些边坡治理不好，将可能造成大量滑坡、崩塌等地质灾害，给交通线带来严重的危害，影响公路交通建设与运行安全。

相比其他类型地质灾害，人们对崩塌地灾害的形成过程、诱发因素、成灾机理、分析评价及监测预警等各方面的认识仍比较肤浅，都有待于深入研究。

目前，国家每年对地质灾害治理研究的投资在逐年增加，有些省份也投入巨资进行地灾治理，有关各方对地质灾害危害的认识已经提升到了一个相当的高度。本项研究的目的是研究崩塌地质灾害的成灾条件、孕育、发生、发展、演变过程，以及成灾机理、成灾判据等崩塌灾害基础理论，为灾害监测与防治提供理论支持；研究崩塌灾害监测技术及监测系统，为崩塌灾害的预测预警提供参考；系统研究崩塌防治技术，为交通、铁路、国土、水利等行业基础设施减灾防灾提供技术与服务。

本书在前人关于崩塌研究成果的基础上，广泛考察了云南、重庆、四川、贵州、青海等西部山区，结合云南省水富—麻柳湾高速公路、金厂岭—六库公路沿线的典型崩塌灾害，从崩塌灾害分类方法、崩塌灾害地质学机理、崩塌稳定计算方法、崩塌灾害调查方法、危险性分级与区划评价等方面，系统研究了崩塌的成因、机理、过程、分析计算、评估、监测、预警及工程防治等内容，研究内容主要包括以下几个方面。

1）崩塌阶段划分及分类研究

分析崩塌灾害的孕育与发展过程，将岩质边坡崩塌划分为三个阶段，为崩塌灾害的可测可防观点奠定了理论基础。总结梳理前人崩塌分类方法，在岩体受力变形破坏到危岩体失稳阶段采用地质力学分类，将其分为倾倒型、拉张型和剪切型三大类，并进一步细分为六个亚类,为崩塌灾害的监测、预警、防治等工作提供指导。

2)崩塌灾害的地质学成因

针对软硬岩相间分布的典型易崩塌边坡,分析了各岩层的风化差异性,采用实验和理论分析等手段,研究了岩层耐崩解性、黏土矿物含量、岩层细观结构以及胶结成分等对风化的影响,阐述了多种泥质岩风化崩解现象;细致调查了野外多种典型岩石的风化现象、风化速度、风化特征等情况,解释了软硬互层边坡崩塌形成的地质学机理。

3)危岩边坡应力特征及稳定评价计算方法

分析了典型易崩塌边坡的应力应变特征,利用刚体极限平衡法、应力分析方法、断裂力学方法、块体分析方法、赤平投影方法等,对倾倒型崩塌、拉张型崩塌和剪切型崩塌的稳定性开展了稳定性分析和计算方法等方面的研究,并建立了相应的计算模型与判据。

4)崩塌灾害危险性分级与评价

系统总结归纳了公路崩塌灾害调查的步骤和内容,改进并完善了公路岩质崩塌野外调查表;提出了山区公路崩塌地质灾害危险性分级系统(rock fall rating system,RFRS),并改进了公路崩塌易发区评价方法。

5)地质灾害监测预警管理平台开发

针对目前山区公路灾害监测预警能力不足的状况,在崩塌灾害机理、监测技术研究的基础上,开展多种手段结合的崩塌地质灾害监测预警技术方法研究,结合崩塌灾害发生、发展演变特点,借鉴国内外现有地质灾害监测软件开发经验,采用模块化设计,研究多层次、多方位的崩塌灾害监测技术方法,市场常用应用较为成熟的位移、应力、裂缝等方面的监测传感方法采集、发送和接收模块,开发界面友好,便于维护,功能全面合理,操作直观简洁,可对崩塌等地质灾害进行远程实时动态监测预警的监测系统软件系统平台。

6)新型崩塌灾害的监测与预警设备研发

针对某些传统监测传感装置存在的监测范围小、大范围监测时传感器需求量大、监测成本高、对公路交通预警能力薄弱等缺点,研发高度集成、可靠性高、安装方便、易于维护的新型监测传感装置和道路崩塌灾害临灾预警系统,实现对公路边坡崩塌地质灾害的高效经济监测和实时预警。

主要开发的系统(装置)有以下几项。①崩塌灾害视频监测系统:利用网络摄像头对灾害点进行监测监控,发挥视频监控直观形象、监控面大等优点,结合现代视频识别技术,开发视频地灾监测预警系统。当边坡危岩出现较大位移,或崩塌正在发生(瞬间极大位移)时,系统可自行监控现场,判断灾害发生情况,并发回相关监测信息和发出预警信号。②崩塌灾害网式声力监测系统:应用常规传感器,其外延的测线可采用单线等多种方式。传感器还可与防护网结合使用,当落石冲击防护网时,传感装置将自动测量防护网受力值,并对受力程度进行判别。当防护网受力较大,可能损坏防护网,甚至穿透防护网,对下方公路交通造成灾能时,传感器可发出报警信号。③道路崩塌灾害预警指示牌:研究新型道路崩塌灾害预警指示牌功能、结构、材料要求,以及其作为新型预警设备在公路上布设的距离或范围要求。现有路边落石指示牌只能静态提醒,醒目度不够、警示效果差,只能在车辆驾驶近时提醒；新型指示牌可克服上述不足，提高警示、预警效果。④监测预警系统可靠性测试验证：新开发监测装置的测试与验证，即对新开发的网式崩塌监测系统进行室内测试和对视频监测预警系统进行室内和现场测试，监测系统在依托工程上的安装与调试，太阳能与风力电机相结合动力系统的应用试验，监测系统的试用与验证。

7) 崩塌灾害综合防护体系研究

系统研究总结了崩塌地质灾害主动防治和被动防治两大类共三十余种技术方法，提出了多种新型崩塌灾害防治技术，并在依托工程上进行应用和验证。

1.4 本书技术思路

针对目前国内外对崩塌灾害研究尚不成熟的现状，本书从崩塌灾害的影响因素、发育阶段划分等基本方面研究出发，通过对崩塌灾害力学作用的分析，开展崩塌地质力学分类方法的研究；通过对崩塌具有重要影响的风化作用的研究，探讨崩塌灾害形成的地质学成因；采用数值分析法分析危岩体形成过程、危岩体边坡应力分布，为崩塌灾害的治理提供力学依据；设计崩塌灾害现场调查内容和打分系统，分析道路崩塌灾害的危险性及其分级方法，可为路线崩塌灾害防控提供依据；对灾害的监测和预警进行了较为深入的研究，针对监测预警中存在的不经济、维护复杂等问题，开发能够较为经济和远程监测监控的网式传感器和视频监测系统，提出采用路边设置系列声光报警标牌等有别于传统警示方法的道路灾害临灾预警的新方法；系统总结提炼崩塌灾害的防治技术，分析其优缺点及适用性，并将新的高效先进防治技术引入崩塌灾害的防治工程中，得到较为系统的崩塌灾害从机理分析、分类、阶段划分、危险性评价、监测预警和防治方法与技术。主要技术思路如下。

针对典型公路崩塌灾害，对云南、贵州、四川、重庆、陕西和青海等地在建和已建公路进行了广泛调研和深入分析。在此基础上，采用数值模拟、理论分析、室内实验、现场检测和研究开发等多种手段，逐步开展了崩塌地质灾害的类型划分、成因分析、计算评价、监测预警、灾害治理等方面的科研攻关。

在崩塌灾害的机理研究方面，首先分析崩塌灾害的主要影响因素，从总体上确定崩塌灾害的外在和内在影响条件。对崩塌的形成过程进行阶段划分，明确其从孕育到发展、发生的过程，深化对崩塌灾害的成灾过程认识。从岩土体变形破坏的力学角度来分析崩塌形成的过程，划分崩塌灾害类型，深刻认识崩塌发生的力学本质，避免传统上从现象描述等表面特征来划分类型的缺陷。对软硬互层岩体边坡差异风化的现象、地质学机理、影响因素和野外风化现象和风化速度进行详细调研，阐述差异风化对边坡崩塌的影响机理与过程。针对典型公路边坡的岩性和物理力学特点，采用数值计算方法对人工边坡进行应力、应变分布规律等方面的数值模拟。在稳定性分析中，对不同类型的危岩体的稳定性进行分析，提出其失稳判据。针对公路沿线崩塌灾害整体情况，通过系统的调查和评估，设计整套的崩塌灾害调查内容和相关表格，提出公路边坡崩塌灾害危险性分析系统。

在灾害的监测预警方面，梳理目前国内外地质灾害监测的方法与技术水平，提出监测预警系统设计的要求和原则。针对边坡崩塌地质灾害监测预警系统，进行了系统结构设计和系统的开发。在崩塌的监测预警中，针对常规监测中存在的费用高、系统可靠性差和不利于维护等缺陷，提出创新性的监测方法和思路，并进行相应的软硬件开发，完成监测预警的原型系统并进行验证。

在边坡灾害的防治方面，对目前崩塌灾害防治措施进行系统梳理，总结和归纳已有防治方法，并对典型防护措施的适用性和优缺点进行评述。为提高边坡崩塌灾害防治效能，对新型防治方法如预应力抗滑桩、梁桩加固体系、预应力锚梁、新型铁石笼挡墙和短锚杆体系等进行研究和引进。

第2章 崩塌与风化作用

风化作用对边坡稳定的影响是个长期过程，主要是通过风化剥蚀、弱化结构面性质和弱化岩性等方式对边坡岩土体产生作用。风化作用是自然界中重要的地质营力，对崩塌的形成起着重要作用（夏邦栋，1983；苏天明，2006；苏天明等，2011），尤其在我国四川、重庆、云南、贵州等红层广泛分布的西部山地，软硬岩间隔分布，风化导致边坡形成岩腔，进而形成大量危岩体并引发崩塌，对路网等基础设施形成巨大威胁，因此有必要对风化作用开展专门的研究。

2.1 崩塌形成的影响因素

崩塌形成的影响因素可归结为内因和外因。内因主要包括地形地貌、岩性、岩体结构等；外因主要包括重力、降水、地震、工程开挖、温差和风化作用等。崩塌从危岩体形成开始，危岩体形成从完整岩体变形破坏开始。重力参与所有内外因素作用过程，地震和工程开挖可以短期内调整边坡应力状态，使得边坡岩土体出现拉张、剪切破坏。

2.1.1 地形地貌

地形地貌对崩塌形成的影响主要表现在斜坡高度、坡度和坡面形状等方面。高度较小的边坡坡顶拉应力低，应力集中区域小，应力集中程度有限，以及边坡本身体积有限，不易形成巨大体积的切割岩体；高度较大的边坡，则易于在坡顶形成拉应力集中区，结合天然存在的各种结构面，岩体完整性容易遭到破坏形成较大规模危岩，如在峡谷陡坡、冲沟岸坡、深切河谷的凹岸等地带。从区域地貌条件看，崩塌形成于山地、高原地区；从局部地形看，崩塌多发生在高陡斜坡处。只有在边坡高陡的地形条件下，才容易在边坡顶部集中较大拉应力，切割岩体。

规模较大的崩塌一般发生在高陡的山体上，临空面的存在为崩塌创造了空间条件，如盐池河磷矿崩塌。只有规模巨大的山体才有高陡的地形和巨大的临空面，为大型崩塌提供空间条件；山体在山体应力和结构面作用下被切割为巨大块体，为大型崩塌提供物质条件。存在较密集结构面的边坡，岩体受到多组节理切割较为破碎，条件合适时更可能是分阶段不断崩落，不易形成规模巨大的崩塌。

崩塌一定形成于具有一定坡度的自然斜坡和工程边坡坡体上，胡厚田（1989）在宝成线凤州工务段对57个崩塌落石工点进行的统计也证明了这一观点。统计表明，在所有边坡中，75.4%的崩塌落石发生在坡度大于45°的陡坡地形。丘陵地带的低矮边坡是经过长期地质历史的风化剥蚀形成的，有较为平缓的坡表和较为茂密的植被，在没有人工开挖的条件下，很难形成成规模的危岩体。低缓边坡上的崩塌形成的原因有构造破碎、地表裸露、植被稀少，但更主要的原因是人工开挖的影响。

自然斜坡上的危岩体由常年堆积形成，通常不会发生较大规模的崩塌落石。观察某一区域自然堆积形成的各种岩性斜坡坡角会发现其一般小于某一角度，这是因为这种崩落的岩体形成斜坡的角度跟自然休止角有关，在堆积的过程中容易崩落滚落的岩体已经掉落谷底，留在坡上的岩体则处于相对稳定状态。因此也可以认为在该地区小于该自然休止角的斜坡，如无人为因素作用基本不会存在严重的崩塌落石问题，这一结果对于工程边坡的开挖和削坡具有重要意义。未支护边坡或斜坡，无论形成原因如何，随着自然界各种内外营力作用，未来的坡体形态将逐步与自然斜坡形态类似。在做工程边坡支护设计时，参照当地自然边坡的形态，将工程边坡坡角设计为接近边坡自然休止角，将可以极大提高工程稳定性、节约工程造价。

2.1.2 地层岩性

崩塌可见于各种岩性边坡，如砂岩、灰岩等硬脆质岩边坡，也可以形成于黄土或成分混杂的堆积体边坡。但相对而言，岩性较为坚硬的边坡一般容易发生崩塌，而软岩容易风化后成散体剥落，相对不易发生崩塌。以2008年汶川8.0级地震为例，北川县城区公路西侧岩性主要为薄层变质粉砂岩、板岩，风化后岩体较为破碎，在地震作用下斜坡段发生地质灾害均为滑坡；城区东侧岩性为厚层-巨厚层白云质灰岩、灰岩，岩体抗风化能力强，发育有风化、溶蚀裂隙，在地震作用下斜坡段发生的均为崩塌，其中某段500m范围内崩塌数量达17处。

在我国西南地区常见一些软硬岩互层类边坡中，软岩主要为泥岩、粉砂质泥岩、泥质粉砂岩等，这类软岩中的伊利石、蒙脱石等黏土矿物成分含量较高，具强亲水性，遇水膨胀、浸水崩解、失水干裂，有因干、湿交替变化极易产生碎裂崩解等特点；硬岩部分则由砂岩灰岩等风化速度较慢的岩体组成，矿物成分多以石英、长石、白云岩、灰岩为主。两种地层结合，风化速度存在差异，软岩部分常常风化较快不断剥落，在边坡内部软岩层部位形成岩腔，硬质岩层风化较慢留在原位，但因卸荷裂隙、节理等结构面组合切割成块体。当风化的发展使得硬岩块体重心不断外移，以及在一定的外界因素，如水压力、振动等条件下时，硬岩块体可能突然失稳产生崩塌。以重庆万州地区常见的崩塌现象为例，万州区域内的岩性为侏罗系下沙溪庙组泥岩或砂岩，在边坡上一般呈软硬岩相间互层，厚度不一，产状平缓近于水平。有的边坡岩体出露为巨厚砂岩夹薄层泥岩，有的为厚层泥岩夹薄层砂岩，也有呈基本等厚状互层。

地层岩性特点对崩塌发生的规模起到一定的控制作用。当坡体岩层为厚层砂岩与薄层软岩互层时（图2-1），砂岩因结构面切割往往形成巨大块体。同时，因风化差异性，夹层软岩可被剥落形成很深的岩腔（图2-2）。随着风化的发展，支撑上部巨厚砂岩的软岩基础面积越来越小，所承受的压强则越来越大，软岩外侧还将产生应力集中区。除压强增大导致变形增大外，还因超过自身的抗压强度而产生更大塑性变形或破坏。当上覆岩层在合适的结构面切割、一定的水平压力（如静、动水压力，振动）、重心不断外移等条件发展到一定程度时，厚层块体突然失稳产生较大规模的崩塌（图2-3和图2-4）。

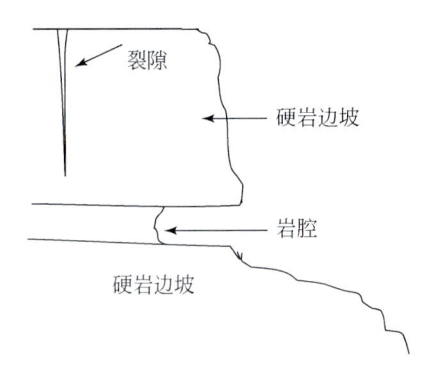

图 2-1 厚层砂岩和薄层软岩互层边坡崩塌发育示意图

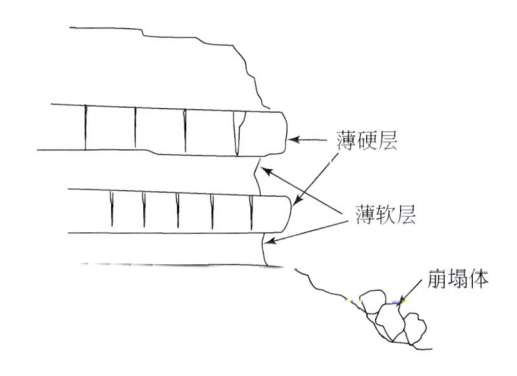

图 2-2 薄硬层和薄软层互层边坡崩塌发育示意图

图 2-3 某巨厚砂岩下岩腔照片（深约 0.8m） 　　图 2-4 岩腔里面被压裂的软岩

近等厚、较薄、软硬相间的岩石边坡（图 2-2）在差异风化作用下，也可发生崩塌，但是这种情况下崩塌的规模一般比较小。一是因为不存在发育大型崩塌体的物质基础，岩性强度差异较大，硬岩岩层结构面不会与软岩岩层中的结构面形成贯通；较薄层的硬岩中节理比巨厚岩层要密集，岩体较破碎，难以形成巨大的危岩体。二是因为小块岩体自稳能力差，岩腔较小时岩体即可失稳掉落。

对于厚层泥岩夹薄层砂岩（硬质岩）边坡来说，多数情况下软质岩在风化过程中即以不断剥落方式堆积于坡脚，难以形成危岩体，如图 2-5 所示。部分软岩层因卸荷裂隙切割等原因形成块体,也可在合适条件下因剪切、拉张而失稳崩落,形成崩塌,如图 2-6 所示。

图 2-5　厚层泥岩风化剥落后碎屑堆积于坡脚　　　　图 2-6　厚层泥岩边坡整体崩塌

2.1.3　结构与构造

地质构造控制着区域地层与大型结构面的产状和结构构造,边坡内应力分布与结构面等作用控制坡体范围内节理、裂隙的分布。断裂、节理、裂隙、地层界面等各种结构面共同作用把完整的岩体切割成大小不同的块体,形成崩塌的物质基础。

边坡开挖后卸荷裂隙受主应力影响。当坡面平行主应力面时,坡体容易因应力松弛形成条带状卸荷减压带,产生卸荷张裂缝,该种裂缝为崩塌落石提供了良好条件,且容易形成大型危岩体。

结构面的存在对崩塌形成的影响还表现为地下水或降水容易在岩体裂隙中积存,从而对岩体产生静压力或扬压力,对危岩体产生推动力以及弱化岩体力学性能,影响危岩体的稳定性。

重庆万州区位于万县复向斜中的万县向斜北东段,旧城区位于向斜轴部,新城区跨轴部两翼。区内未见较大断层,但岩体裂隙较发育,裂隙率多为 0.31~0.85。有三组主要节理,产状分别为倾向 NNE,倾角 77°~80°;倾向 SE,倾角 70°~85°;倾向 SSE,倾角 65°~80°。三组节理均为陡倾,与当地缓倾的地层界面(倾角一般为 0°~10°)组合非常有利于崩塌的发育。例如,望霞危岩区,岩体裂缝追踪构造裂隙自下而上向上发展,贯通至顶部。在崖顶裂缝沿平行陡崖方向延伸呈羽状展布,大量开裂。陡崖在多组结构面切割下形成了若干独立的岩柱和块体,成为体积巨大的危岩体(杨秀元,2014;杨秀元等,2014)(图 2-7)。

2.1.4　降水和地下水

雨季是地质灾害多发季节,崩塌发生受降水和地下水作用影响明显,降水和地下水是崩塌灾害的直接诱因。降水强度越大、历时越长,灾害发生数量越多、灾情越严重。

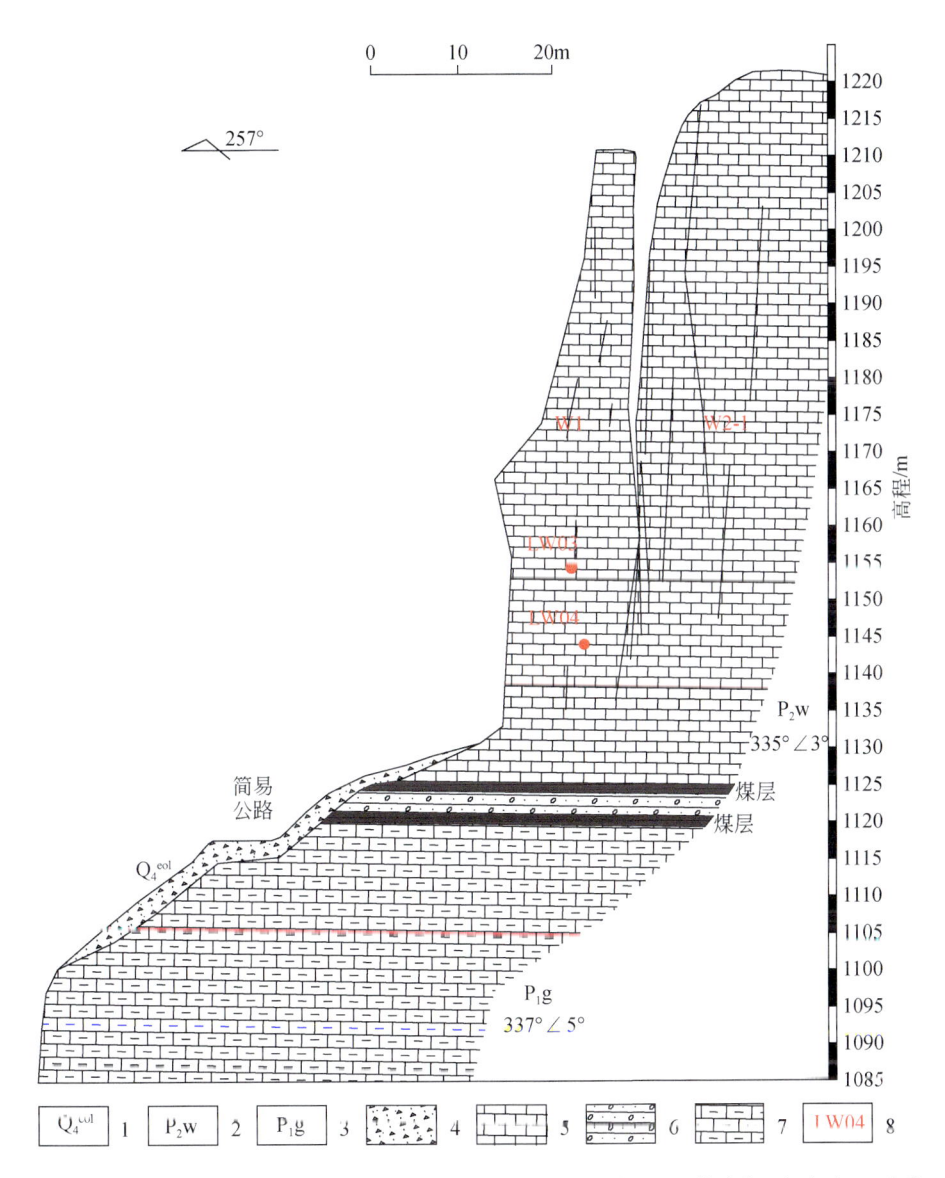

1. 第四系全新统崩坡积物；2. 上二叠统吴家坪组；3. 下二叠统孤峰组；4. 粉质黏土夹碎石；5. 灰岩；
6. 砂岩；7. 泥灰岩；8. 监测点

图 2-7　望霞危岩体剖面图

　　岩体裂隙的存在使得岩体容易在雨季积水。降水积水会在坡体裂隙内产生较大的静水压力、动水压力和向上的浮托力，从而减小岩土体重量导致抗滑力下降。坡体长期浸水还会使岩体泥化，弱化岩石参数，减少抗滑阻力，进一步加大发生崩塌的可能性。

　　降水与崩塌落石有密切关系，山区"大雨大塌，小雨小塌，雨后滑塌"的说法直观地总结了这一规律。大量的调查资料说明，崩塌落石和降水有下列关系。①崩塌落石多发生在雨季，特别是在雨中或雨后不久，旱季和非雨天较少。②连续降水时间越长，暴雨强度越大，崩塌落石次数越多；连绵阴雨，以及短促的暴雨都可诱发崩塌落石。③长期大雨比连绵细雨更容易引起崩塌。前面提到的望霞危岩体发生崩滑灾害时，持续降水是直接诱发因素（杨秀元，2014）：2010年8月~2010年10月21日（月降水量为160mm）造成危岩体局部岩石失稳；2011年10月10~15日有近60mm的降水过程，危岩体于21日发生整体崩塌，降水实测统计图见图2-8。

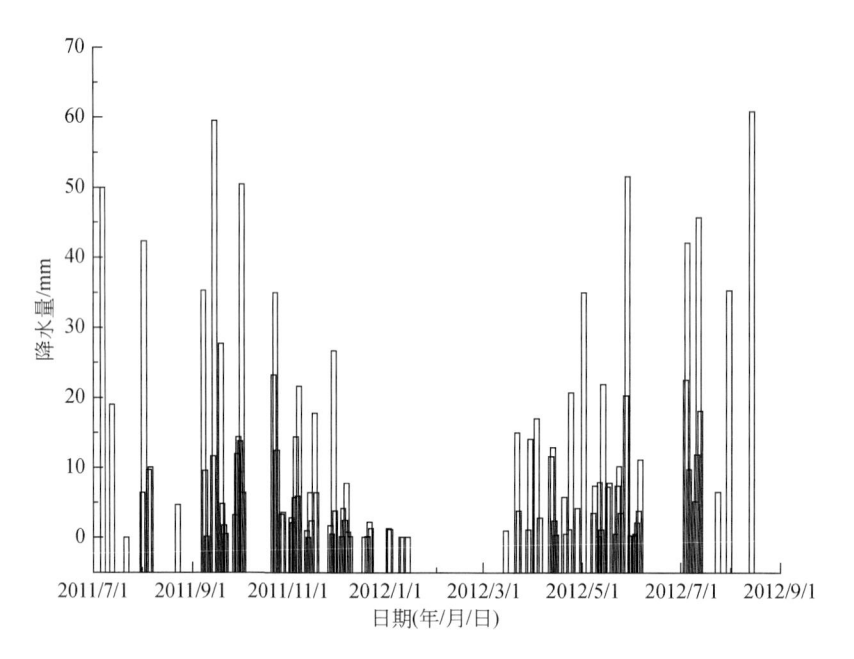

图2-8 望霞危岩体降水实测统计图

2.1.5 其他因素

地震作用：破坏性地震产生的强烈振动效应、地表破裂效应和斜坡效应也是高切坡产生崩塌的一种触发因素。另外，强震区地震造成的山体松弛现象也不能忽略，这些松动岩体在降水等触发因素下极易发生崩塌和滑坡地质灾害。

生物作用：风化作用的一种。生长在岩石裂缝、节理中的树木，由于根部不断延伸和变粗，使得岩石裂缝、节理不断张开，使岩体进一步被破坏，进而导致崩塌落石的形成。另外，植物根系可分泌有机酸能分解岩石矿物，也可加剧风化，破坏岩体完整性。

光照、温度变化：夏天强烈的阳光直射下，岩体表面可以达到很高的温度，失去阳光直射后岩体的温度又会很快降低。温差变化产生的热胀冷缩效应，导致岩体开裂加剧。但热胀冷缩效应如何导致岩石内部矿物之间产生温度应力，以及温度应力到底多大，如何分布，目前尚无可靠验证资料。

人为因素：边坡施工时对地形的改变、爆破震动、未分段开挖，或一次开挖太多未能及时有效支护等，都可能极大改变边坡原有的应力平衡，导致危岩失稳。

2.2 边坡的风化作用

地表或接近地表的岩石，因在水、温度变化、空气或者生物作用的影响下所发生的破坏作用，而改变其化学或物理性质的现象，称为风化作用。风化作用是岩石和矿物在化学、生物和物理作用下发生的改变，是近地球表面对环境条件做出的适应过程。

风化作用是改变岩土体性质和边坡稳定性的外因之一，是重要的危岩体形成和触发崩塌发生的因素。岩体遭受风化后，完整性被不同程度地破坏，岩体中原有裂隙被扩大，产生新的风化裂隙，使完整的岩体变为碎裂结构岩体，甚至散体结构土体；岩石矿物成分发生变化，产生新的矿物，特别是黏土矿物改变了岩体的性质，导致工程特性不同程度的恶化。

2.2.1 边坡风化现象

岩石形成至今，在形成环境、形成过程和所处自然环境各不相同，自身成分、结构也差异巨大，风化现象不仅普遍，风化结果也是多种多样（苏天明等，2011）。图 2-9 为青海坎布拉国家地质公园发育普遍的地质景观，是山体经差异风化形成的丹霞地貌。图 2-10 为西班牙弗拉加（Fraga）城堡地基示意图，由较坚硬的砂岩层与较软弱的黄色泥岩、泥灰质黏土等岩层相间组成。其较弱岩层受风化侵蚀十分强烈，坡表岩体不断掉落（剥落），并在坡角堆积，边坡整体不断后退，导致城堡墙体局部开裂。图 2-11 是同一位置的岩体因岩性与结构不同，从而导致风化速度不同形成的沙漠石蘑菇。图 2-12 为因岩体受到节理切割破碎而导致抗风化能力不同的差异风化现象（球状风化）。

图 2-9 坎布拉丹霞地貌

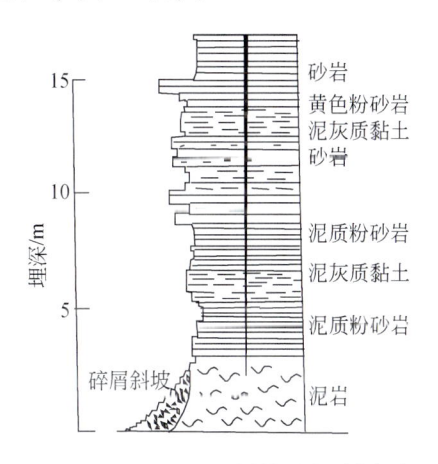

图 2-10 软硬相间岩层的西班牙弗拉加城堡地基示意图

图 2-11 沙漠石蘑菇

图 2-12 不同结构岩体差异风化现象

风化对边坡稳定的影响表现为在持续的风化作用下，边坡岩体强度不断降低，结构面连接力减弱，原有结构面逐步贯通，新的结构面不断出现，完整性遭到破坏。边坡表层岩体逐步弱化、开裂，显得松散破碎，进而剥落产生大量的碎石、碎屑或薄片。边坡的风化剥落的块体虽然一般很小，且一次剥落下来的数量不是很多，但日积月累，风化物可能堵塞公路侧沟、天沟、小桥涵等排水系统，影响排水，导致各种病害（乐昌硕，1984）。剥落的岩土体在降水作用下造成水土流失，大量风化物甚至成为岩堆和泥石流的物源，损毁边坡与道路。

泥质岩黏粒含量或矿物成分不同，对风化过程影响较大。据对重庆万州区等地的高切坡野外观察，泥质岩即使在雨水的长期直接冲刷下，其强度也基本没有改变；风干失水后，泥岩表面发生收缩，出现网状收缩裂缝，把岩石切割成大小不等的多面体（图2-13）。再次遇降水时，泥岩吸水膨胀，在表层形成由一层层泥岩鳞片包裹起来似花蕾一样的球体，在雨水的冲刷或风力作用下，逐渐剥落（图2-14~图2-16）。

图 2-13 泥岩表面网状分布干缩裂缝 　　　　图 2-14 泥岩浸水后球状表面

图 2-15 泥岩球体鳞片状表面 　　　　　　　图 2-16 泥岩切坡部分表面剥落

2.2.1.1 节理裂隙对风化的影响

边坡砂岩层的节理、裂隙可使风化作用由表面沿结构面向内部深入。但对于砂、泥岩互层高切坡来说，因泥岩的渗透率非常低，砂岩内部的结构面又不能贯穿泥岩层，所以，边坡中节理连通性很低，难以构成连通的地下水渗流空间，也就基本排除了因为渗漏或渗透泥岩在边坡内部风化的情况，因此边坡上的泥岩只从表面开始层层风化剥落，在支护设计的时候只要保护好泥岩表面，防止失水再浸水的过程发生，即基本可以保持原岩强度和其他物理水理和力学性质。

泥岩裂隙导致的岩体破碎对浸水风化崩解起到了加速的作用。失水的泥岩极易在表面产生裂纹，并向岩体内部扩展。再次遇水后，在裂隙部位开始浸水膨胀，呈鳞片状崩解剥落，在边坡上形成凹入的岩腔。

2.2.1.2 崩解和层理的关系

据野外观察，块状泥质岩在失水收缩时，总是先裂开成较小块岩石，然后继续裂开成更小的块体，在水的作用下沿岩石表层逐步呈弯曲鳞片状剥落。泥岩崩解形成弯曲鳞片的方向和泥岩的层理并无关系，鳞片层面方向可平行于层理，也可以垂直于层理（图2-17和图2-18），方向保持和岩块外形一致。泥岩的失水收缩面和岩石的层理也没有关系，基本垂直于岩块表面，即失水收缩面和崩解面并非沿着岩石成岩过程中的最大主应力面而展开。这是因为泥质岩在干燥收缩过程中，岩体在长期成岩历史中形成的细观结构已经遭到破坏，而且黏土矿物吸水后的膨胀力远大于层理之间的连接强度。

图2-17 砖红色粉砂质泥岩浸水膨胀面　　　　图2-18 泥岩崩解面可垂直于层理

长期的风化剥蚀会导致边坡的易风化岩层显著凹陷，抗风化能力强的岩层凸出，出现凹凸不平的边坡表面，使得地表形状显著改变，这种现象在软硬岩互层边坡上较为普遍。软硬岩互层的高边坡在风化过程中风化速度不同，软岩风化速度较快，硬岩风化速度慢，逐步在斜坡悬空的岩体上形成空腔。硬质岩体在原生或次生边坡节理、裂隙切割下形成危岩，在失去支撑后形成崩塌，其发展过程如图2-19所示。

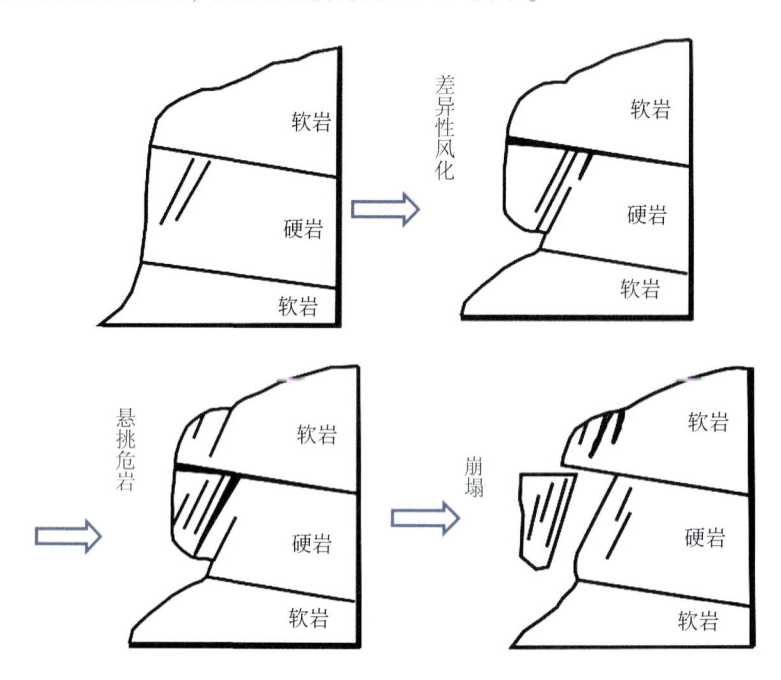

图2-19 风化作用对边坡的累进式破坏示意图

图 2-20 为重庆地区某多种岩层组合的高边坡风化地貌。凸出的岩层为长英砂岩地层，基本没有风化，岩石块体凸出边坡表面，外观棱角分明，多节理裂隙；剥蚀强烈，深凹进去的地层为泥质岩或泥质砂岩，容易风化成碎屑状，以风化剥落为主，风化速度较快。随着风化的发展，逐步在边坡上形成明显的岩腔，腔壁陡立；边坡上风化速度稍慢于泥质岩而快于长英砂岩、岩体表面较为圆滑的地层为钙长砂岩，钙质胶结含量较高，在风化外观上表现为坡度较缓，无论其上下地层为泥质岩还是长石砂岩，均较难形成很深的岩腔，因而也就难以形成规模较大的危岩体。该地貌现象较为集中地展现了差异风化作用对边坡地形地貌的塑造以及部分危岩体的成因。

图 2-20 不同岩层组合高边坡风化地貌

2.2.2 岩体风化速率

风化速率是岩体风化的重要参数。因风化过程较长，目前可参考的数据并不多，尤其是风化速率定量数据。为了解风化及差异风化对岩体及边坡稳定性和崩塌灾害形成的影响，作者对代表性地层岩性开展了野外岩体风化现象的调查。调查区域选择在我国红层分布广泛的重庆万州区，地层岩性主要为泥岩、钙长砂岩、粉砂质泥岩和长石砂岩等，调查结果可为红层区边坡稳定性研究提供依据。

2.2.2.1 砖红色泥岩

重庆万州区某工地岩石为砖红色泥岩，岩块直径约为 0.4m（图 2-21）。图 2-21（a）为风化岩块外貌，图 2-21（b）为风化岩块剥开后剖面。岩块暴露风化历时约 180 天（2~9 月），经历了高温多雨季节。可以看出风化主要是沿着岩块的外表向内逐渐深入，最外层已风化为细小鳞片或很小球体，向岩块内部块体逐渐变大，棱角逐渐分明，核心处最大块径约为 5cm。图 2-22 中泥岩块体宽约 0.6m，高约 1.0m，8 月中旬新鲜岩块从边坡崩落，暴露时间少于 30 天，可见岩块内核部基本未受风化影响，两侧因风化碎块不断剥落而显得与核心部差别较小。顶部则因风化碎屑仍残留原处，风化物由上部鳞片状到基本看不出风化痕迹的核心部位，显得层次分明，影响较为明显的深度约为 0.15m。图 2-23 为另一工地的砖红色泥岩，块体直径约 0.4m，风化历时约 30 天，岩块外表风化为鳞片状和直径大小不等的球状，风化较为明显的厚度约为 0.05m。

(a) 风化岩块外貌 　　　　　　　(b) 风化岩块剥开后剖面

图 2-21　砖红色泥岩块体风化外观及内部结构

图 2-22　砖红色泥岩块体自然状态风化 　　　图 2-23　北山关砖红色泥岩崩落块体

由图 2-21～图 2-23 可以看出新鲜泥质岩块体的逐步风化崩解过程都是从表层开始，沿着岩块的外表面向内逐步展开，风化程度逐步减弱。岩体透水性弱，风化影响程度将很快衰减；当外表风化物在边坡上不断剥落，露出新鲜岩面时，风化将不断深入，直至岩体完全风化崩解成黏土颗粒。

2.2.2.2　紫色粉砂质泥岩

紫色粉砂质泥岩（图 2-24），直径约为 0.4m，岩块暴露风化历时约 180 天（2～9月）。图 2-24（a）为风化岩块外貌，图 2-24（b）为风化岩块剥开后剖面。风化形态类似于砖红色泥岩，但风化程度较弱，由外向内风化层次明显。表层深约 0.05m，颗粒较细，呈鳞片状和小球状，风化较彻底；向内至核心岩石碎裂块径逐渐增大，核心处最大块径约为 0.08m。

(a) 风化岩块外貌　　(b) 风化岩块剥开后剖面

图 2-24　紫色粉砂质泥岩块体风化外观及内部结构

另一工地紫色粉砂质泥岩（图 2-25），岩块暴露风化历时约 30 天（4~5 月）。风化程度较低，仅沿着棱角处开始破裂。图 2-26 为某泥质岩夹薄层砂岩开挖边坡，可以看到边坡上已经形成明显风化槽，风化深度为 0.05~0.2m，岩块暴露风化历时约 90 天。

图 2-25　紫色粉砂质泥岩风化块体外观 　　图 2-26　边坡开挖后的风化槽

2.2.2.3　青灰色钙长砂岩

图 2-27（a）为同一工地开挖的完全暴露的新鲜青灰色钙长砂岩和浸水后风化的岩块对比图。图 2-27（a）岩块为边坡上新鲜青灰色岩石，锤击声音清脆，手感坚硬，回弹感强。图 2-27（b）岩块为 5 月初开挖边坡时挖出，暴露于露天，岩块暴露风化历时约 180 天。经量测，表面手可捻成细粒，已完全风化，并可大块剥落，厚度为 0.05~0.2m。岩块底部直接浸水部位厚度更大。剥除外层后，砂岩锤击声音沉闷无回弹感，说明岩石强度已很低。

(a) 风化前 　　　　　　　　　　　　(b) 风化后

图 2-27　青灰色钙长砂岩风化前后对比

图 2-28 为某高边坡在 5 月崩落的另一块青灰色钙长砂岩岩体，风化程度严重。图 2-29 为崩落另一块钙长砂岩块体，泥质含量较高，强烈风化后颜色为土黄色，岩块暴露风化历时约 180 天，经过高温多雨季节。

图 2-28　青灰色钙长砂岩风化外观 　　　　图 2-29　土黄色钙长砂岩风化外观

2.2.2.4　灰白色长石砂岩

灰白色长石砂岩是一种很难风化的硬质岩石。如图 2-30 所示的边坡形成已超过 10 年，棱角分明，未见明显风化现象。图 2-31 为某边坡滑塌后出露灰白色长英砂岩，历时约 4 个月，棱角分明，保持原状，未发现有明显的风化现象。

2.2.3　风化类型与影响因素

风化作用的类型可分成三种主要类型：物理风化作用、化学风化作用和生物风化作用（夏邦栋，1983）。

物理风化作用：指岩石只发生机械破碎而化学成分未改变的风化作用。导致破碎的力有的来自岩石内部，有的来自岩石外部。应力产生应变，并最终导致岩石或矿物破裂（乐

图 2-30　长石砂岩边坡　　　　　图 2-31　边坡崩落出露长英砂岩

昌硕，1984）。物理风化结果就是形成各种碎屑物，破坏产物基本残留原地。引起物理风化作用的因素主要有温度变化、水、冰、风、晶体生长的应力及生物作用等，在寒冷、干旱的寒带和温带，物理风化（如冻融）往往占据主导地位。

化学风化作用：指岩石在氧、水和溶于水中的各种酸以及生物作用下，发生化学分解的风化作用。化学风化以岩石或矿物的溶解、水解、水化、氧化为主，使岩石和土体的物质成分（矿物成分、化学成分）发生改变，形成新的矿物组合和化学成分。化学风化作用是热带、亚热带地区的主要风化作用。化学风化作用包括多种类型化学反应，其中主要有氧化作用、水解作用、水合作用、酸的作用、阳离子交换作用、化学溶解作用、去硅作用，以及 SiO_2、Al_2O_3、Fe_2O_3 的化合作用等。这些化学反应往往以复合交替的复杂形式进行，同时有相应的新矿物生成。化学风化作用不仅使矿物和岩石发生破坏，而且常形成新的矿物，其中主要是黏土矿物、氧化硅矿物、氧化铁矿物和氧化铝矿物。

生物风化作用：生物风化通过各种生物在岩土体内的生活繁衍而以化学作用为主的形式间接地作用于岩土体，使岩土体结构、成分发生改变。生物对岩石的破坏方式既有机械的，又有化学的，尤以后者更为重要。几乎所有的化学风化作用都与生物作用有关，生物分泌出的有机酸，促进和加速了岩石的化学分解，而且生物还可以从中吸取某些元素并将其转变为有机化合物。生物产生的大量的 O_2、CO_2 等，同样影响着风化作用的进程。

岩石或边坡风化结果具有差异性。

自然界各种影响风化作用的因素是综合起作用的。岩石性质、结构等特征是控制岩石风化作用进行的内在因素，而气候（如温度温差、冻融、降水）、地形地貌条件等是风化作用得以进行的外界条件。因此对不同边坡不同岩体，风化作用结果呈现差异性。

按照内在因素和外界条件的变化，风化差异性表现有三种情况。

（1）同种岩性在不同的外界条件（如气候、地形等）下可能造成岩石风化的差异性，如灰岩在湿热气候下极易化学风化，但是在干旱气候条件下因缺乏足够的含 CO_2 的水，化学风化很难进行；高程的变化使得即使在同一纬度同一座岩性相同或类似的山上，风化作用可形成不同的地形地貌。

（2）相同外界条件下，岩性不同也可以形成风化的差异现象。

（3）相同外界条件下，同种岩性不同结构特征可形成差异风化，如球状风化、囊状风化就是因岩体结构特征不同导致的风化差异现象。

风化的差异性叫差异风化，可定义为地表或接近地表的岩体因岩性或结构等方面差异而产生抗风化能力不同，在相同或近似的风化条件作用下产生不同的风化程度和速度的现象叫作差异风化。

风化作用的影响因素分为外因和内因两种。岩体风化程度、速度及风化产物的性质，与气候、地形地貌、岩石和矿物成分、地质结构构造及水的作用等关系非常密切。

气候效应：在高温潮湿的热带地区，水量充沛，植被发育，一般以化学风化作用为主；在温带地区则化学风化作用和物理风化作用大致相等；在寒冷的极地或干燥的沙漠地区，以物理风化作用占优势，如风化壳的成分、结构和工程性质的变化，除了具有鲜明的垂直分带规律外，还具有随气候的变化而变化的特点，风化壳的厚度具有从高纬度向低纬度逐渐增大的趋势。

地形地貌的影响：地形高低可以控制侵蚀作用的速度，因而也会影响到物理风化作用和化学风化作用的强度。在热带、亚热带等地形平缓的残丘、台地、准平原、古夷平面上，由于水岩相互作用的持续进行，在这些地区往往形成很厚的风化壳，有的甚至形成高岭土矿、铝土矿，因而风化壳的厚度巨大；而在地形陡峭、切割强烈的山地，即便在湿热多雨的热带和亚热带地区，由于地表的强烈排水作用，化学风化作用也往往较弱。在高山地区，地势高差大，侵蚀速度快，风化产物常来不及进行化学分解就迅速转入搬运过程。因而，这种地区物理风化作用显著。而地势低的平原地区侵蚀速度慢，化学风化作用进行地较为彻底。

岩石和矿物成分的控制作用：不同矿物抗风化能力的不同，导致同一岩石不同矿物间的差异性风化，或不同岩石风化程度、风化岩性质的不同而导致风化差异性。

地质结构构造的控制作用：沿着断层带或节理密集带的岩体往往形成很深很厚的风化槽，即使是一条小规模的节理沿其两侧也可以产生强烈的化学风化作用。在地表和地下开挖中，风化岩的残余节理及其节理组合仍常常导致岩体的局部破坏，这些现象在灰岩发育等地区是非常常见的。

水的作用：水对岩石风化起着重要的作用，如物理风化中的干湿交替、冻融过程；化学风化中的溶解作用、水化作用、水解作用等都有水的参与。水可以通过携带一些容易使岩石结构、化学成分变化的物质间接地影响风化作用，还可以起到隔绝气体的作用。

2.3 水对风化作用的影响

2.3.1 岩石崩解性

水在风化过程中起重要作用。易风化的岩石一般容易在水的作用下产生崩解，岩石遇水崩解是岩石风化的一种重要形式。岩石崩解性是指岩石在干湿交替作用下发生显著的体积膨胀或颗粒岩屑脱落，进而解体的性能，岩石遇水崩解的过程基本就是水与岩石相互作用的过程。遇水崩解性和遇水膨胀性在本质上是一样的，遇水崩解首先发生的是黏土颗粒吸水膨胀。

为考察岩石遇水崩解的耐久性，现将五种岩样（风干样，室温状态）在清水中浸泡，观察在水的作用下的反应，现象记录见表2-1，饱水后照片见图2-32～图2-36。

表2-1 几种岩样饱水崩解过程记录表

样品	初期遇水崩解现象描述	遇水崩解全过程描述
砖红色泥岩	放入水中几分钟崩解成鳞片状、粉泥状	崩解速度快，岩块在15min内完全解体为鳞片状（图2-32）
紫红色粉砂质泥岩	少量鳞片状、粉泥状剥落，水较清澈	短期内崩解现象不明显，经过约24h块体分裂，48h分解块体更小，有较多的鳞片状、泥状剥落物（图2-33）
深紫色泥质粉砂岩	少量碎屑状物质剥落，水清澈	短期内无明显碎裂现象，长期浸泡可开裂为小块体，有较多碎屑状剥落物质（图2-34）
青灰色钙长砂岩	颗粒脱落明显，水变浑浊，数分钟后可用指甲刻痕，毛细现象明显	2天后用手可以轻易掰断较大块岩石。在烧杯下部块体较小砂岩已经分散成砂粒。较大块岩石尚能保持一定形状，但整体潮湿，毛细现象明显。15天后，小块基本成砂粒，大岩块已经完全疏松，但尚能保持形状（图2-35）
灰白色长英砂岩	无变化，棱角分明，无颗粒掉落，水清澈，无毛细现象	浸水120天几乎仍然保持浸水前状态，形状不变，毛细现象不明显，强度基本没有降低。外观极少掉粒，完整、致密，岩石矿物未见风化现象（图2-36）

图2-32 砖红色泥岩饱水照片（15min）　　图2-33 紫红色粉砂质泥岩饱水照片（24h）

图 2-34　深紫色泥质粉砂岩饱水照片（24h） 　　图 2-35　青灰色钙长砂岩浸水干燥照片

图 2-36　灰白色长英砂岩浸水照片（120 天）

岩石崩解性可通过实验来进行定量测定。根据《水利水电工程岩石试验规程》（SL/T 264—2020），岩石耐崩解性试验为将每块质量约 50g 的岩块若干装入耐崩解试验仪的圆柱形筛筒内，经烘干冷却后，置于水槽中以 20r/min 的速度转动 10min。将试样恒温烘干至恒量后，冷却称量，并按式（2-1）计算岩石耐崩解性指数：

$$I_d = \frac{m_r}{m_d} \times 100 \quad (2-1)$$

式中，I_d 为岩石崩解耐久性指数，%；m_d 为试样烘干质量，g；m_r 为烘干残留质量，g。

I_{d1}、I_{d2} 分别代表样品经 1 个和 2 个干湿循环后 2mm 筛孔上残留百分比。据国际岩石力学与岩石工程学会（International Society for Rock Mechanics，ISRM）实验室标准化委员会标准，岩石崩解耐久性以第二次循环的 I_{d2} 表示。$I_{d2}<30\%$ 为耐久性很低、30%~60% 为低、60%~85% 为中等、85%~95% 为中高、95%~98% 为高、98%~100% 为很高。因考虑实际工况中没有岩块转动的情况，根据曲永新研究员的建议，岩石崩解耐久性测试将岩块在筛中由转动方式改为垂直运动方式。

经试验测定，几种岩样崩解耐久性由低至高的顺序为砖红色泥岩（$I_{d2}<30\%$，耐久性很低）、紫色粉砂质泥岩（$I_{d2}<30\%$，耐久性很低）、深紫色泥质粉砂岩（$30\%<I_{d2}<60\%$，耐久性低）、青灰色钙长砂岩（$30\%<I_{d2}<60\%$，耐久性低）、灰白色长英砂岩（$95\%<I_{d2}<98\%$，耐久性高）。

对另外几种取自岱庄煤矿深部岩层岩样（埋深为 620～670m），划分为砂质泥岩泥质矿岩、黑色泥岩、含泥灰岩、铁质泥岩、铝质泥岩等 6 种岩性。浸泡试验采用两种方式：①浸泡状态→烘干→再浸泡，反复循环（在恒温箱内温度 102℃下烘干 1h，恒温箱精度 0.1℃）；②自来水直接浸泡。岩样崩解特点和试样照片如表 2-2 和图 2-37 所示。

表 2-2 岩样崩解特点

试样编号	岩性	试验处理方式	岩样浸水试验崩解现象
1	砂质泥岩	浸泡→烘干→浸泡	崩解成碎屑堆积
2	泥质砂岩	浸泡	基本不崩解
3	黑色泥岩	浸泡→烘干→浸泡	崩解成碎块
4	黑色泥岩	浸泡	外形完整，有少许碎块脱落
5	含泥灰岩	浸泡→烘干→浸泡	局部崩解成碎屑
6	含泥灰岩	浸泡	外形完整
7	铁质泥岩	浸泡→烘干→浸泡	崩解成碎块
8	铁质泥岩	浸泡	外形完整
9	铝质泥岩	浸泡→烘干→浸泡	崩解成碎块
10	铝质泥岩	浸泡	外形完整

(a) 泥质砂岩(烘干)

(b) 砂质泥岩(不烘干)

(c) 黑色泥岩(烘干)

(d) 黑色泥岩(不烘干)

(e) 含泥灰岩(烘干)　　　　　　　　(f) 含泥灰岩(不烘干)

(g) 铁质泥岩(烘干)　　　　　　　　(h) 铁质泥岩(不烘干)

(i) 铝质泥岩(烘干)　　　　　　　　(j) 铝质泥岩(不烘干)

图 2-37　煤系软岩地层岩石浸水试样照片

2.3.2 强度弱化

泥质岩浸水后,强度会降低很多。图 2-38 是对某边坡的泥岩切坡所做的浸水泥岩(连续小雨约浸泡 8h)表面和新鲜泥岩回弹测试对比(测试仪器为乐陵 ZC3-A 回弹仪)。由图 2-38 可知,浸水后泥岩表面回弹值几乎接近于零,而新鲜泥岩强度回弹平均值约为 21 击,说明经降水浸润的泥岩强度下降较大,且易于剥落,但由于泥质岩隔水性能较好,降水仅能对边坡表面的岩体强度产生影响,而一定深度外的岩体强度则基本不受影响,对泥质岩边坡整体的影响甚微。

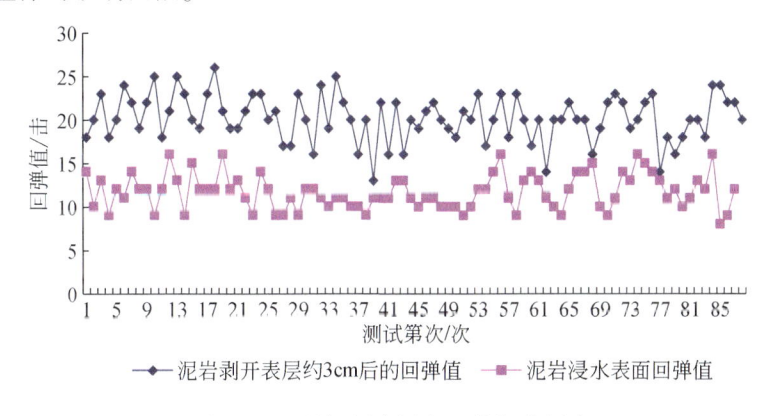

图 2-38 天然-浸水泥岩回弹值对比图

表 2-3 为对煤矿深部岩层岩样几种岩性的沉积岩岩石样品浸水后的抗压实验结果。由实验可知,所有岩样抗压强度软化明显,强度降低幅度达到 5%~95%,甚至丧失强度。

表 2-3 几种沉积岩样品抗压实验

试样编号		岩性	破坏荷载/kN	抗压强度/MPa	软化系数	弹性模量(天然)/GPa	泊松比(天然)	类型
5	①	黑色粉砂岩	90	25.72	0.26	7.25	0.24	Ⅲ
	②		24.9	6.69				
6	①	灰黑色粉砂岩	203	58.17	0.38	18.06	0.16	Ⅱ
	②		80	22.57				
1	①	粉细砂岩互层	146	41.73	0.95	17.42	0.27	Ⅱ
	②		142	39.75				
7	①	黑灰色泥岩	43	13.04	0.84	10.68	0.33	Ⅱ
	②		42	11.07				
5	①	灰黑色泥岩	50	14.25	0.58	3.68	0.26	Ⅲ
	②		30	8.39				

续表

试样编号		岩性	破坏荷载/kN	抗压强度/MPa	软化系数	弹性模量（天然）/GPa	泊松比（天然）	类型
6	①	灰岩	240	65.78	0.85	46.61	0.11	Ⅰ
	②		195.56	56.00				
7	①	灰白色细砂岩	170	47.25	0.68	16.70	0.13	Ⅰ
	②		160	32.30				
8	①	灰绿色铝质泥岩	53	16.30	0.03	4.91	0.24	Ⅳ
	②		2	0.62				
9	①	灰白色中砂岩	150	44.13	0.73	30.36	0.15	Ⅰ
	②		112	32.30				
10	①	砂质泥岩	114	31.104	0.92	10.95	0.19	Ⅱ
	②		101	28.69				

注：①为岩样处于天然干燥状态；②为岩样处于饱水饱和状态。

表2-4为岩石抗拉强度软化试验结果，该实验结果表明岩石饱水后抗拉强度软化作用明显降低，Ⅰ、Ⅱ和Ⅲ类岩石的抗拉强度的降低幅度在0.3以上，软化后仍具有一定抗拉强度；而Ⅳ类及部分Ⅲ类岩石抗拉强度明显大幅度地降低，甚至直接浸水破坏。需要特别说明的是，由于试验所选均为沉积岩，岩石破坏多表现为层状破坏特征。

表2-4 岩石抗拉强度软化试验结果

试样编号		岩性	直径/cm	高度/cm	破坏压力/kN	抗拉强度/MPa	降低幅度	破坏特征	类型
6	①	灰白色灰岩	6.744	3.626	19.5	5.07	0.3	①、②劈裂破坏	Ⅰ
	②		6.752	3.702	14	3.56			
7	①	灰白色细砂岩	6.742	3.462	18	4.90	0.37	①、②劈裂破坏	Ⅰ
	②		6.740	3.506	11.5	3.09			
10	①	砂质泥岩	6.698	3.332	10	2.85	0.38	①、②劈裂破坏	Ⅲ
	②		6.682	3.206	6	1.78			
5	①	灰黑色泥岩	6.668	3.750	8.5	2.16	≈1	②饱水直接破坏	Ⅲ
	②		6.674	3.684	0	0			
8	①	灰绿色铝质泥岩	6.208	3.264	3	0.94	≈1	②直接破坏	Ⅳ
	②		6.148	3.162	0	0			
4	①	灰黑色粉砂岩	6.716	3.428	7.5	2.07	0.63	②劈裂伴随层状破坏	Ⅱ
	②		7.088	3.564	3	0.75			

注：①为岩样处于天然干燥状态；②为岩样处于饱水饱和状态。

岩石遇水后强度变化与其自身的微观结构密切相关，即受胶结成分、胶结物类型、颗粒接触关系等的影响。一般来说，硅质胶结的岩块强度最高，抵抗变形能力大，岩石抗软化性强；钙质胶结次之；泥质胶结的岩块强度最低。从胶结类型来看，常以接触式胶结的岩块强度最高，孔隙式胶结的次之，基底式胶结的最低。随着成岩作用的加强，碎屑颗粒的接触关系也随之变化，由点接触、线接触、凹凸接触最后出现缝合线接触，软化系数会出现很大的差异。因此，对科研或工程应用中的软化系数应进行实测，并且和水稳性软化特征结合在一起。

2.3.3 化学元素迁移与电导率

岩石在遇水崩解过程中，伴随着溶解等化学元素的迁移，改变岩样的成分。取上述几种取自岱庄煤矿深部岩层的岩样开展饱水试验，试验过程中每天进行岩样称重（电子天秤精度为0.01g），同时用电导率仪（DDS-307型，精度为μs/cm）测量溶液的电导率。岩石质量损失率（ξ）的分析，计算公式如下：

$$\xi = \frac{m_0 - m_t}{m_0} \times 100\% \tag{2-2}$$

式中，m_0为试验初始质量；m_t为测试时试验质量（测试中对试样开裂后舍去尺寸小于1.0cm部分）。

岩样饱水溶液导电能力（电导率）大小与水体中的阴阳离子的浓度成正比，与水中的溶解性固体有密切关系。电导率越大，标志着溶液中导电离子越多，进而标志着溶液中矿化度增大。

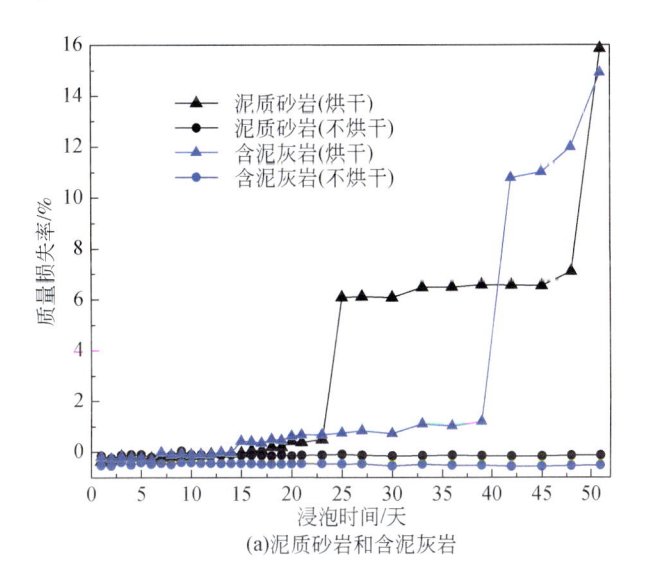

试验过程中，试样质量损失率随时间变化如图2-39所示。由图2-39可知，直接浸泡试样基本不崩解，岩样经吸水后质量趋于稳定；浸泡—烘干—浸泡试样均发生了不同程度的崩解，特别是黑色泥岩、铁质泥岩和铝质泥岩，3种泥岩在试验结束时，都出现了裂隙–崩解–破碎现象。因此，干湿交替有利于泥岩裂隙发展，加速岩样泥化和崩解，最终导致岩石结构性完全丧失。

(a)泥质砂岩和含泥灰岩

(b)黑色泥岩、铁质泥岩和铝质泥岩

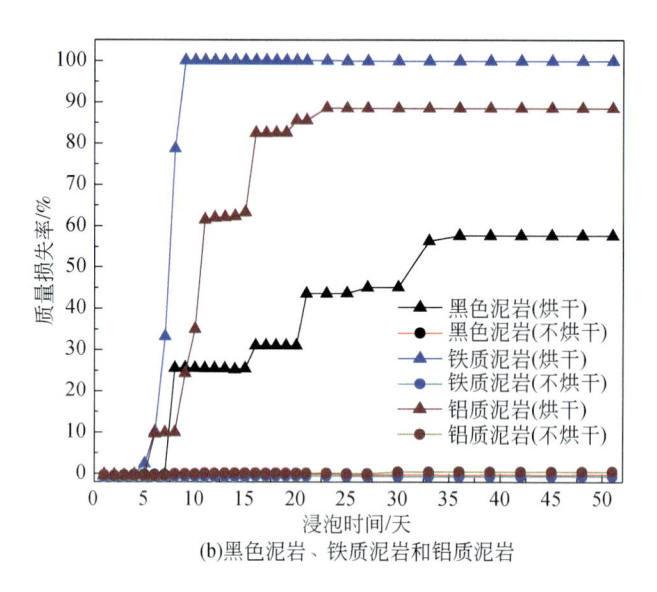

图 2-39　煤系软岩质量损失率随时间变化

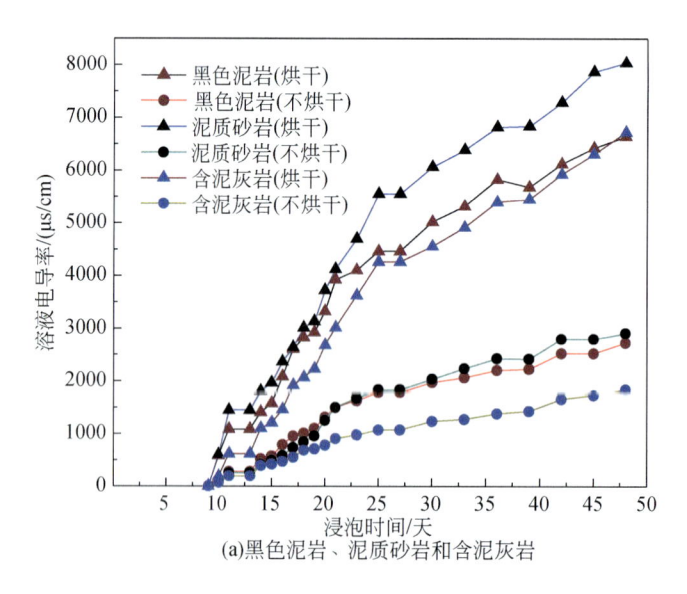

试验过程中，溶液电导率随时间变化如图 2-40 所示。由图 2-40 可知，在直接浸泡条件下，岩石中可溶性元素向溶液的迁移，溶液中导电离子含量增加，矿化度变化；浸泡—烘干—浸泡作用下溶液中导电离子含量增加更加显著。因此，可认为干湿交替条件有利于岩石中矿物发生化学水解反应，岩石中的可溶性元素向溶液迁移速率加快，水岩作用得到明显加强。

(a)黑色泥岩、泥质砂岩和含泥灰岩

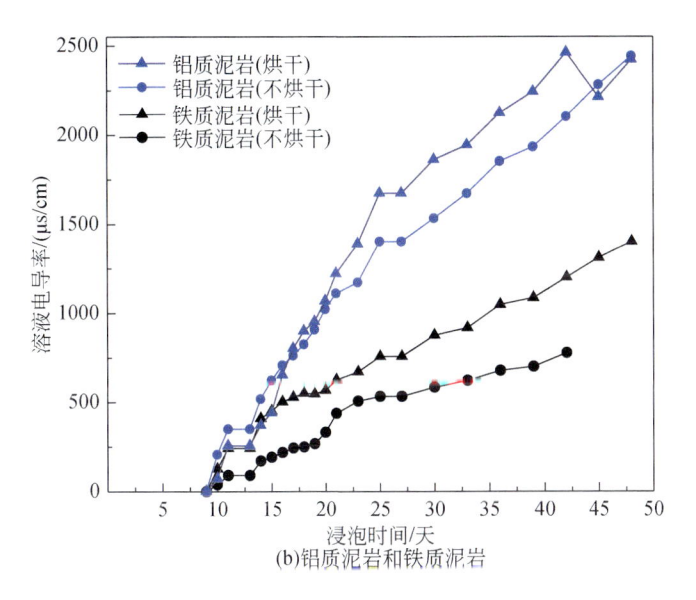

图 2-40 溶液电导率随时间变化

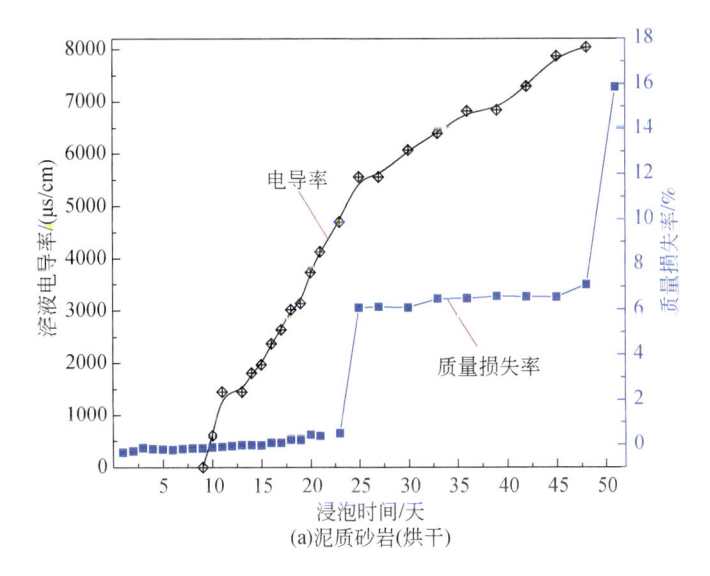

图 2-41 给出了干湿交替试验过程中不同岩性试样质量损失率、溶液电导率随时间的变化情况。根据图 2-41，随着干湿作用的进行，岩石中可溶性元素不断向溶液的迁移，岩石矿物的微观结构遭到破坏，岩石产生裂隙—裂隙扩展—松散掉块—破裂碎解。

(b)黑色泥岩(烘干)

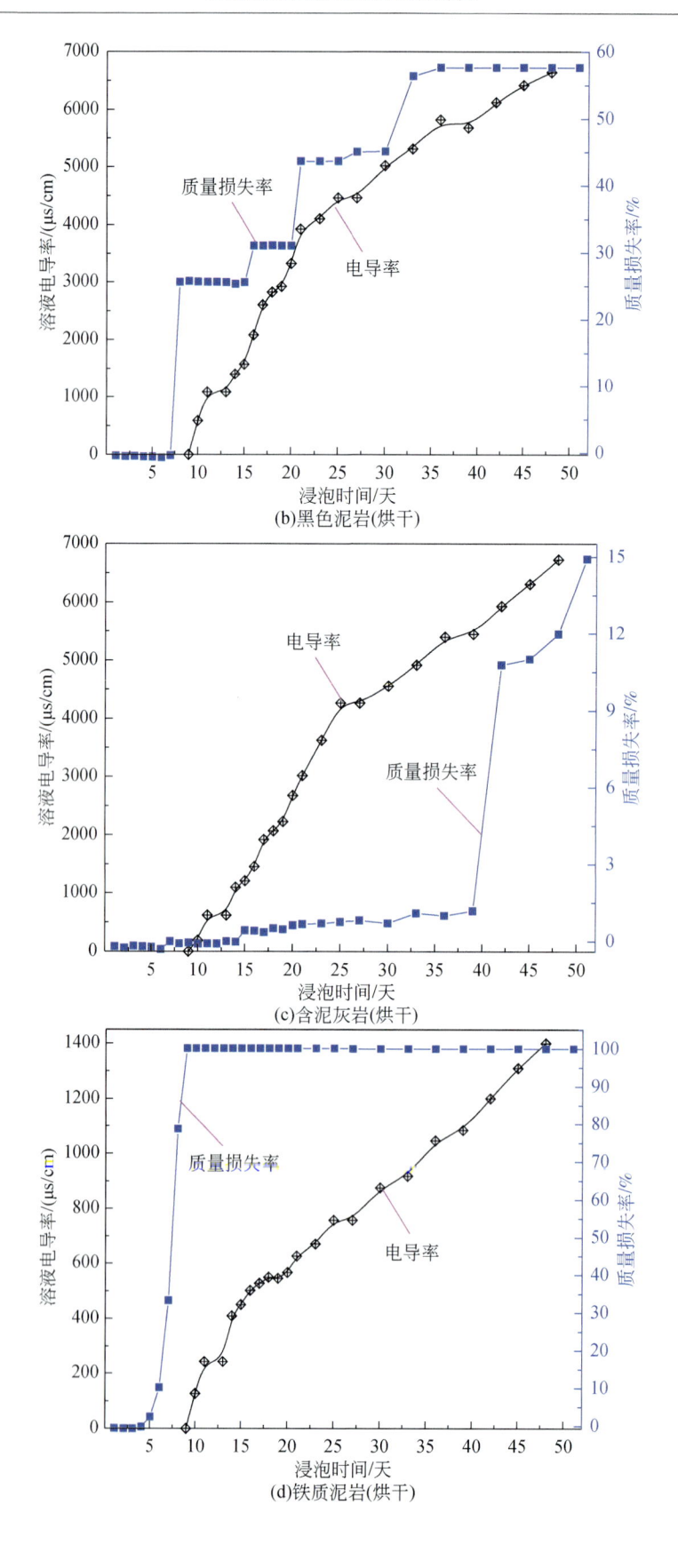

(c)含泥灰岩(烘干)

(d)铁质泥岩(烘干)

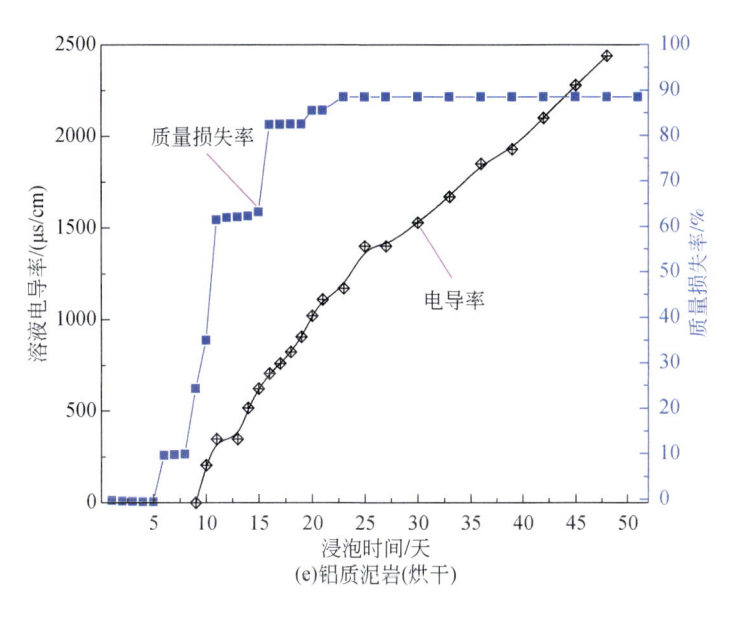

图 2-41 不同岩性试样质量损失率、溶液电导率随时间变化

上述试验很好地证实了在泥质岩风化崩解过程中，存在元素迁移和矿物溶解等作用。在黏土沉积物埋入地下及成岩过程中，往往也是一个由近地表的氧化环境（高含氧量、高 Eh）向还原环境（低含氧量、低 Eh）转变的过程。因此，在泥岩中，特别是在煤系泥岩地层中常常可以见到黄铁矿、菱铁矿等硫化矿物和含铁矿物。当处于还原环境中的泥岩接近甚至暴露于重新进入氧化环境地表时，泥岩中还原性强的黄铁矿（FeS_2）、菱铁矿（$FeCO_3$）等矿物在水、氧气及其他氧化剂与化学成分的作用下发生水解-氧化反应（图 2-42）。这些反应导致了周围环境 pH 和 Eh 发生变化，水溶液矿化度增加、电导率升高。同时，上述反应还会引起：①残留于泥岩中的长石矿物向高岭石转化；②作为黏土胶结物存在的氧化铁（Fe_2O_3）和方解石（$CaCO_3$）等矿物的溶解。上述可能反应化学式如下所示：

$$FeS_2+\frac{7}{2}O_2+H_2O \longrightarrow Fe^{2+}+2SO_4^{2-}+2H^+ \qquad (2-3)$$

$$FeCO_3+H^+ \longrightarrow Fe^{2+}+HCO_3^- \qquad (2-4)$$

$$2Fe^{2+}+\frac{1}{2}O_2+2H^+ \longrightarrow 2Fe^{3+}+H_2O \qquad (2-5)$$

$$Fe^{2+}+H^++\frac{1}{4}O_2 \longrightarrow Fe^{3+}+\frac{1}{2}H_2O \qquad (2-6)$$

$$Fe_2O_3+6H^+ \longrightarrow Fe^{3+}+3H_2O \qquad (2-7)$$

$$CO_2+H_2O \longrightarrow H^++HCO_3^- \qquad (2-8)$$

$$CaCO_3+H^+ \longrightarrow Ca^{2+}+HCO_3^- \qquad (2-9)$$

$$CaCO_3+SO_4^{2-}+2H^++H_2O \longrightarrow CaSO_4 2H_2O+CO_2 \uparrow \qquad (2-10)$$

$$2KAlSi_3O_8+2H^++H_2O \longrightarrow 2K^++Al_2Si_2O_5(OH)_4+4SiO_2 \qquad (2-11)$$

$$2NaAlSi_3O_8 + 2H^+ + H_2O \longrightarrow 2Na^+ + Al_2Si_2O_5(OH)_4 + 4SiO_2 \quad (2-12)$$

$$CaAl_2Si_2O_8 + 2H^+ + H_2O \longrightarrow Ca^{2+} + Al_2Si_2O_5(OH)_4 \quad (2-13)$$

图 2-42 铁质泥岩中的黄铁矿

此外，在泥岩浸泡试验过程中发现，当试验结束时，溶液蒸发后存在一层白色的矿物，X 射线衍射（X-ray diffraction，XRD）试验和差热分析法（DTA）表明，其成分主要是高岭石和石膏。

正是因为在泥岩风化过程中泥岩存在元素迁移，因此在地表的泥岩环境（特别是砂岩和泥岩互层的地质结构中），往往会有大量植物生长（图 2-43），而植物的存在虽然在一定程度上保护了水土流失，但其生长导致的根劈作用和新陈代谢酸性产物也会引起泥岩的进一步破裂风化。从地质学意义看，泥岩风化过程中元素迁移可作为环境变化的指示剂。

(a)　　　　　　　　　　　　(b)

图 2-43 夹层泥岩中生长的植物

2.4 成分与胶结的影响

2.4.1 黏土矿物含量

岩石尤其是泥质岩中含有很多黏土矿物，黏土矿物构成的土粒极细，且多呈片状，性质活泼，具有较强的亲水性。黏土矿物主要包括蒙脱石、伊利石、高岭石、绿泥石、混层矿物等类型。它们具有不同的晶格特征、不同的比表面积和不同的物理化学特性，吸水能力差别很大，如蒙脱石的比表面积为 $810m^2/g$，伊利石为 $67\sim100m^2/g$，高岭石的比表面积则更低。黏土矿物是控制岩石变形和强度性质，特别是崩解和膨胀性质的内在因素，其中蒙脱石含量越高，比表面积越大，岩石活性越高，岩块越容易崩解。可以说蒙脱石含量是具有膨胀性泥岩膨胀最重要的控制指标。

黏土矿物的含量与岩石崩解性有密切关系，为验证这一推想，对上述几种不同岩块进行颗粒分析、矿物含量测试。

将紫色粉砂质泥岩、深紫色泥质粉砂岩、砖红色泥岩取部分研磨，并筛取<0.25mm 部分做颗粒分析，颗分曲线如图 2-44 所示。图 2-44 中，系列 1、2、3 分别代表紫色粉砂质泥岩、深紫色泥质粉砂岩、砖红色泥岩的黏粒含量。

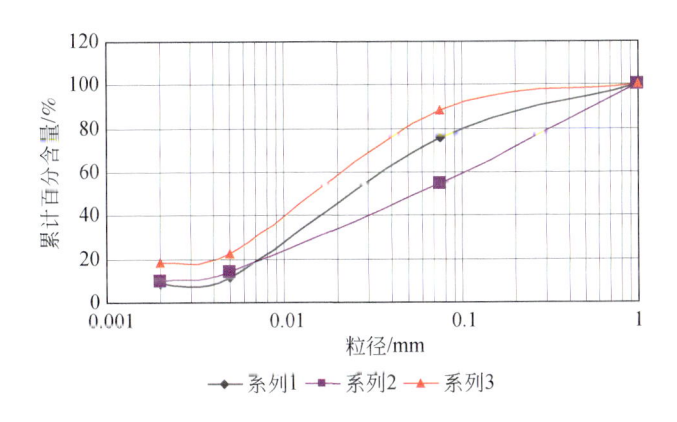

图 2-44 泥质岩黏粒含量颗分曲线

在黏土矿物中，蒙脱石含量对泥岩的遇水崩解性有重要控制作用，泥质岩中蒙脱石可能以单矿物的形式存在，也可能是以混层矿物的形式存在。因此，不但要测定泥岩中黏土矿物总含量，还要对蒙脱石进行精确测定。测试方法采用 XRD 法测定全岩黏土矿物含量，并计算蒙脱石含量；用"$SnCl_2$ 容量法"，亦即"次甲基蓝测试法"精确测定蒙脱石含量，并与 XRD 法测试结果进行对比，确保测试的准确性。

XRD 法是采用 X 射线衍射光谱仪（D/MAX-2400）对岩石粉末（<2μm）进行测试，进而得到黏土矿物含量的一种方法。用 XRD 法测定黏土矿物应先对其进行提纯，然后对提纯样、乙二醇处理样和 550℃加热处理样分别进行测试，以排除衍射中出现的干扰成分，

测定蒙脱石含量。次甲基蓝是一种有机染料，对蒙脱石具有选择性吸附的特性。次甲基蓝测试法是将泥岩粉碎至≤0.5mm，浸水制成悬浊液，用足量的次甲基蓝滴入悬浊液，反复摇动后静止放置2~3天后，用二氯化锡滴定，可准确测定次甲基蓝的含量，进而间接地测出蒙脱石含量的一种方法。

X衍射曲线图见图2-45~图2-47，测试结果见表2-5和表2-6，样品代号及岩性见表2-5。

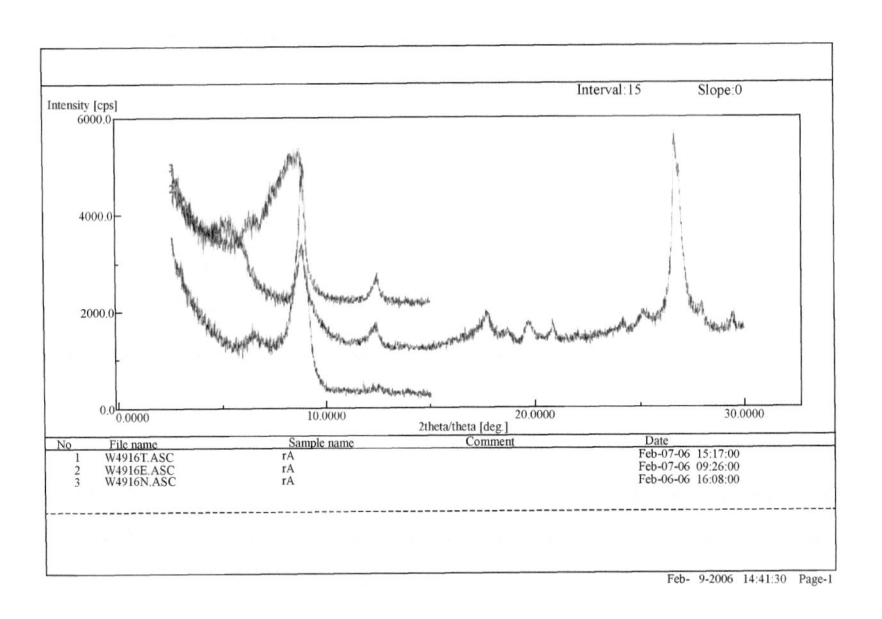

图 2-45　BH1 黏土矿物 X 衍射曲线图

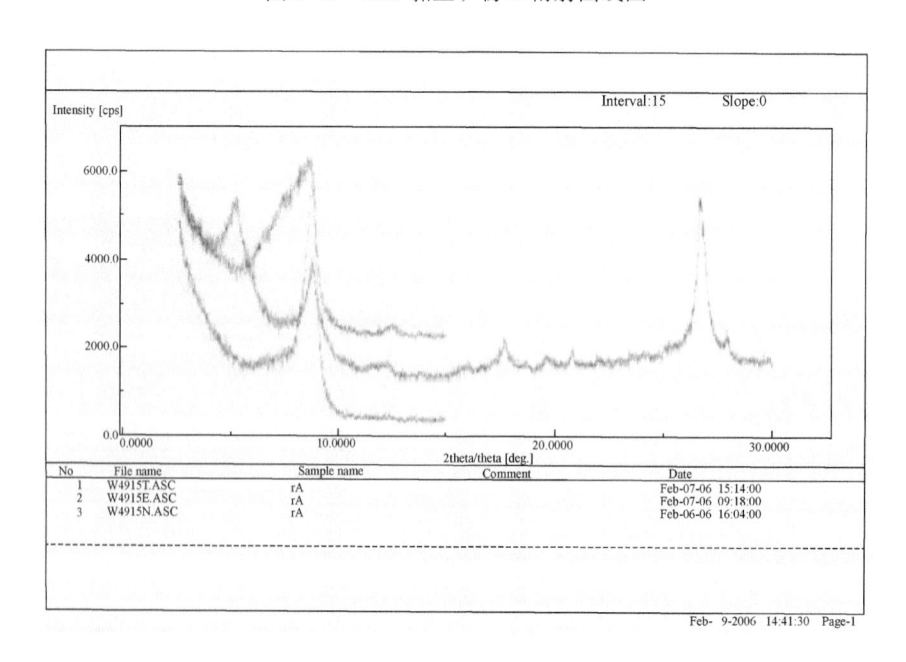

图 2-46　BZ1 黏土矿物 X 衍射曲线图

第 2 章 崩塌与风化作用

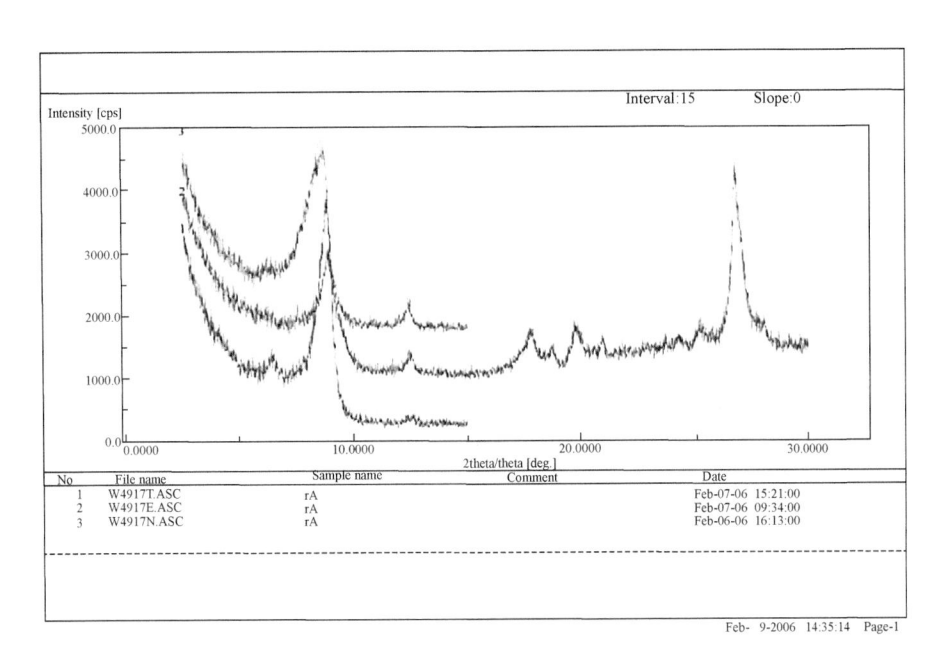

图 2-47 Jchz 黏土矿物 X 衍射曲线图

表 2-5 XRD 法黏土矿物含量测试结果表 （单位:%）

分析号	岩性编号	名称	黏土矿物（<2μm）的相对含量				混层比	黏土矿物（<2μm）占岩粉百分含量				
			I/S	I	K	C	I/S	I/S	S	I	K	C
4916	BH1	砖红色泥岩	82	15	1	2	40	14.56	5.82	2.66	0.18	0.36
4915	BZ1	紫色粉砂质泥岩	84	14	1	1	33	7.11	3.91	1.18	0.09	0.09
4917	Jchz	深紫色泥质粉砂岩	78	19	1	2	15	7.42	1.10	1.81	0.10	0.19

表 2-6 干岩块崩解性状、比表面积、次甲基蓝法蒙脱石含量测试结果表

分析号	岩性编号	名称	干岩块浸水崩解物性状	$SnCl_2$ 容量法蒙脱石含量/%	比表面积 /(m²/g)
4916	BH1	砖红色泥岩	鳞片状粉泥状物质	8.02	99.72
4915	BZ1	紫色粉砂质泥岩	局部不规则开裂	4.83	87.68
4917	Jchz	深紫色泥质粉砂岩	碎裂成碎块状（直径 0.5～2cm）	3.70	76.50

对比 XRD 法和次甲基蓝测试法，发现蒙脱石含量的测试结果非常接近，可以认为结果是可靠的。

根据上述黏粒含量及黏土矿物的测定结果可以看出，砖红色泥岩中黏粒含量百分比最大，深紫色泥质粉砂岩中黏粒含量最小，紫色粉砂质泥岩中黏粒含量居中；蒙脱石含量顺序与黏粒含量顺序一致。浸水崩解性是反映岩石易风化性能的指标之一。上述三种岩石的浸水崩解性从砖红色泥岩、紫红色粉砂质泥岩到深紫色泥质粉砂岩按顺序依次降低，说明岩石的崩解性与其所含黏粒含量及蒙脱石含量具有高度相关性。

2.4.2 胶结成分与类型

2.4.2.1 胶结物成分

为考察胶结物与岩石风化性能的关系，对代表性岩石样品进行岩石胶结物成分与含量测试，以及对岩石胶结物判定，对岩石胶结物的判定采用曲永新提出的判别方法进行试验和测试。

砂岩试样同样采用取自重庆万州区高边坡开挖的青灰色细砂岩、灰白色长石砂岩、深紫色泥质粉砂岩、紫色粉砂质泥岩和砖红色泥岩。

1. 胶结物成分和含量测定

采用 XRD 法测试岩石胶结物成分和含量，测试仪器同上。全岩矿物 X 衍射能谱图见图 2-48 和图 2-49，矿物组成见表 2-7，化学法测试胶结物成分及含量见表 2-8，其相关关系见图 2-50 和图 2-51。

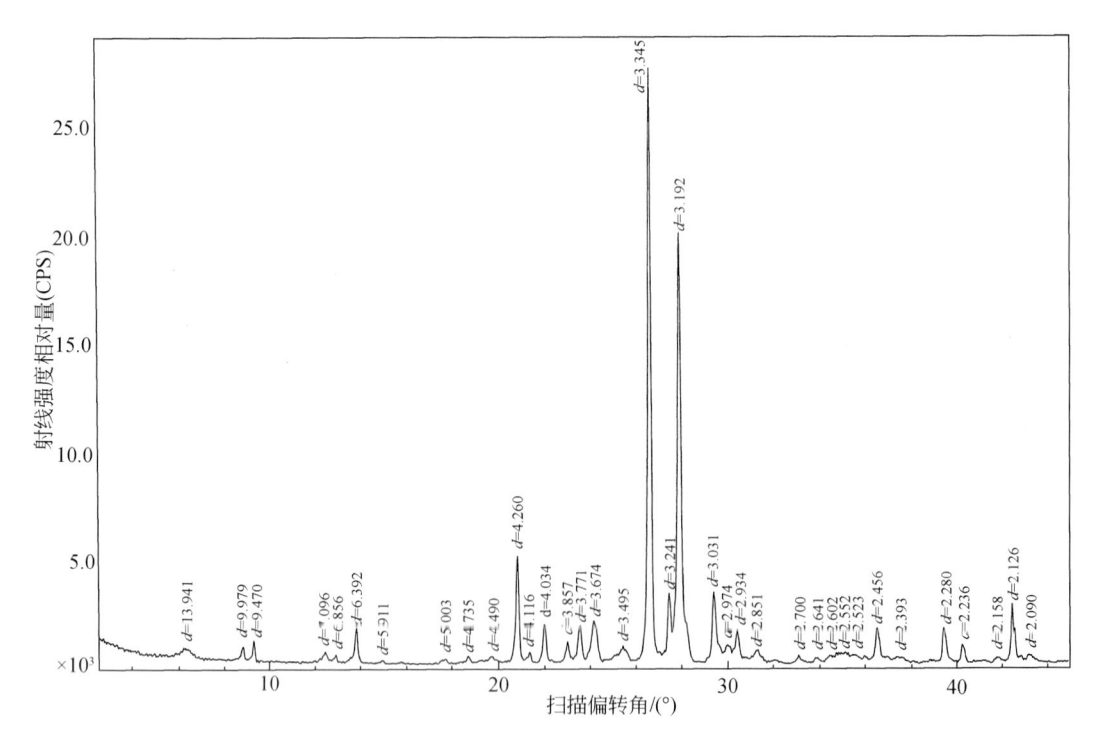

图 2-48　JS 岩样全岩矿物 X 衍射能谱图

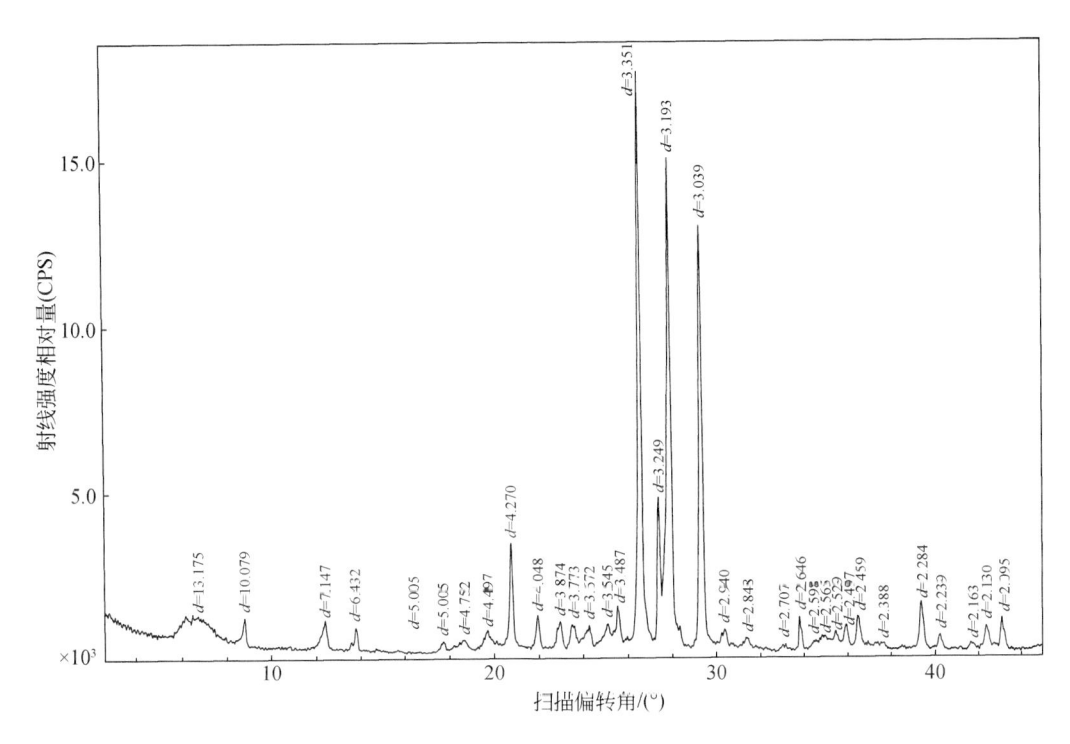

图 2-49　W22 岩样全岩矿物 X 衍射能谱图

表 2-7　砂岩全岩矿物组成表　　　　　　　　　　　　（单位：%）

分析号	岩性编号	岩石名称	全岩矿物组成								
			石英	钾长石	斜长石	方解石	白云石	黄铁矿	菱铁矿	浊沸石	黏土矿物总量
4918	W22	青灰色细砂岩	22.6	7.7	21.6	24.3	—	0.8			23.0
4919	JS	灰白色长石砂岩	35.8	5.6	37.3	7.0	—	1.0	—	4.1	9.2

表 2-8　胶结物成分和含量表　　　　　　　　　　　　（单位：%）

分析号	岩性编号	岩石名称	胶结物				蒙脱石
			CaCO$_3$	游离氧化物			
				SiO$_2$	Fe$_2$O$_3$	Al$_2$O$_3$	
4916	BH1	砖红色泥岩	8.14	0.16	1.08	0.18	8.02
4915	BZ1	紫色粉砂质泥岩	2.27	0.15	0.86	0.20	4.83
4917	Jchz	深紫色泥质粉砂岩	1.31	0.17	0.81	0.15	3.70
4918	W22	青灰色钙长砂岩	15.18				
4919	JS	灰白色长石砂岩	6.19				

由图 2-50 和图 2-51 可见，在三种泥质岩中，砖红色泥岩中的钙质胶结物和蒙脱石的含量远远大于紫色粉砂质泥岩和深紫色泥质粉砂岩，而其他胶结物，如 SiO_2、Fe_2O_3、Al_2O_3 的含量基本相差无几。在两种砂岩中，青灰色细砂岩的方解石含量是灰白色长石砂岩的近 3 倍，黏土矿物的含量是灰白色长石砂岩的近 4 倍，而方解石是一种很容易溶解的胶结物，黏土矿物很容易吸水膨胀，这就是青灰色细砂岩在自然环境下比灰白色长石砂岩要容易崩解的原因。

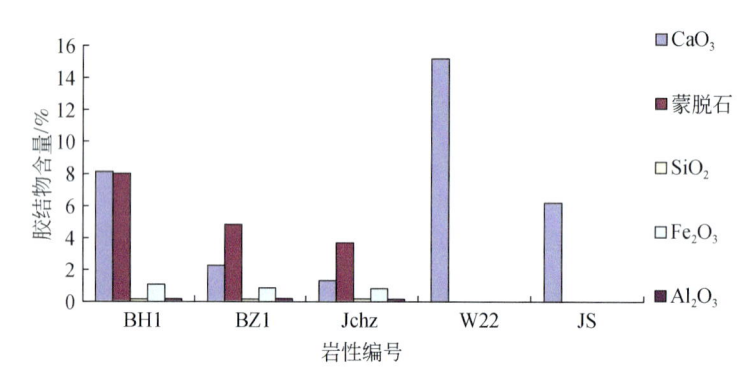

图 2-50 岩性-胶结物含量图

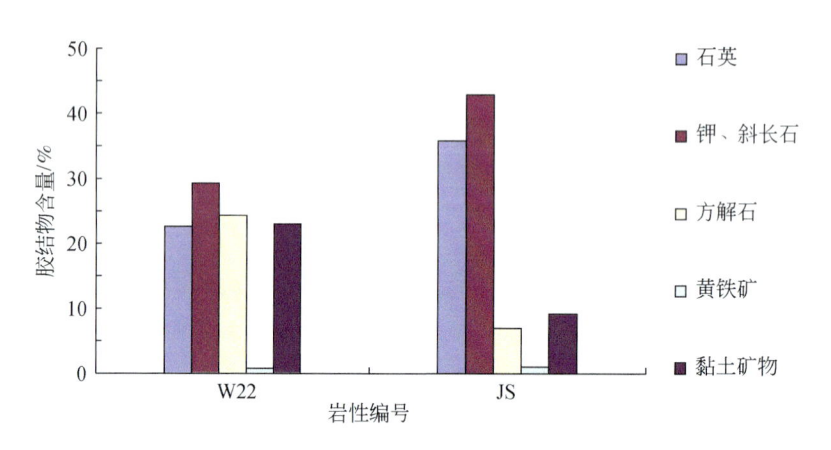

图 2-51 砂岩岩性-胶结物含量图

2. 胶结程度定量分析

鉴于岩石在胶结类型、胶结成分、胶结强度上的复杂性，曲永新（1988，1989，1993，2004）、曲永新等（1992）、刘长武和陆仕良（2000）通过对我国各地区不同地质时代近 100 个工程（矿山）的近 2000 个泥质岩样品的宏观微观综合研究，提出了用成岩胶结系数评价岩石成岩胶结程度的方法。所谓成岩胶结系数是用彻底破坏了岩石结构的岩石粉末（<0.25mm）干燥饱和吸水率与保持原岩结构的不规则岩块干燥饱和吸水率的比值。岩石干燥饱和吸水率为绝对干燥（烘干 12h）样品泡 24h 吸水膨胀、崩解稳定后 100g 样品所吸附的水分子的质量百分比。它的大小是岩石胶结程度、物质成分和物理化学性质

的综合反映，反映绝对干燥后岩石的水稳定。成岩胶结系数的大小可综合反映成岩胶结程度的高低或结构稳定性，指标值越大成岩胶结程度越高，其岩石强度和耐久性也越强，抗风化能力越强。

胶结系数确定方法：

$$胶结系数(\beta) = \frac{岩粉干燥饱和吸水率}{岩块干燥饱和吸水率} \times 100\% \tag{2-14}$$

根据指标，可将岩石成岩胶结程度划分为四级。

（1）弱胶结成岩胶结系数为 1~2，这种岩石干燥（或烘干）后在水中强烈吸水并膨胀崩解成泥状、粉泥状，因而完全失去了岩石强度。

（2）中等胶结成岩胶结系数为 2~5，此种岩石干燥后在水中呈碎屑状、碎片状崩解破坏。

（3）强胶结成岩胶结系数为 5~10，此类岩石干燥后在水中开裂或呈碎块状破坏，岩石含水率仅有微小增加。

（4）极强胶结成岩胶结系数大于 10，此类岩石干燥后在水中不破坏或仅沿微裂隙或层理开裂，浸水软化效果极不明显。

干燥饱和吸水率越低，胶结系数越大，岩石的胶结强度也越大，越不易于崩解，测定成果见表 2-9。

从胶结系数测试结果看，与胶结物、蒙脱石、黏土矿物含量测试结果吻合，反映泥质岩、砂岩的胶结系数越小越容易崩解风化。

表 2-9 岩石干燥饱和吸水率及胶结程度测定成果表

分析号	岩性编号	名称	岩块干燥饱和吸水率/%	岩粉干燥饱和吸水率/%	胶结系数（β）	膨胀势判别	砂岩表面颗粒崩解量/%	成岩胶结程度
4916	BH1	砖红色泥岩	29.65	29.90	1.01	弱（中）		弱胶结
4915	BZ1	紫色粉砂质泥岩	5.19	24.03	4.63	非		中等胶结
4917	Jchz	深紫色泥质粉砂岩	4.41	21.93	4.97	非		中等胶结
4918	W22	青灰色钙长砂岩	4.85	25.30	5.22	非	1.85	强胶结
4919	JS	灰白色长英砂岩	2.00	19.62	9.81	非	0.024	强胶结

2.4.2.2 胶结类型

泥岩为黏土质胶结，黏粒为基底式或孔隙充填式，砂粒悬浮在黏粒成分中，砂粒成分为长石和少量石英、云母，其中长石蚀变程度较深，呈现变余结构。上述试验中两种泥质粉砂岩结构类似，砂粒含量较大，蚀变程度较弱，泥质胶结，局部为钙质胶结。青灰色钙长砂岩胶结成分主要为碳酸盐胶结及黏土矿化物胶结，蚀变程度比灰白色长英砂岩深，颗粒间距离远大于灰白色长英砂岩。灰白色长英砂岩的砂粒互相接触紧密，颗粒间有长石次生加大现象，少量钙质胶结且程度紧密，少见长石蚀变。

总结其黏粒成分、胶结程度等特点可知：岩石细观结构特点与宏观的抗风化能力表现一致，抗风化能力随着黏土矿物含量的增加、胶结程度和岩石致密程度的降低而降低。

几种岩石的细观结构方面也各自不同。图 2-52 ~ 图 2-61 分别为砖红色泥岩、紫色粉砂质泥岩、深紫色泥质粉砂岩、青灰色钙长砂岩、灰白色长英砂岩的显微镜和扫描电镜照片，显微镜照片标尺单位长度均为 1mm。

图 2-52 砖红色泥岩显微图

图 2-53 紫色粉砂质泥岩显微图

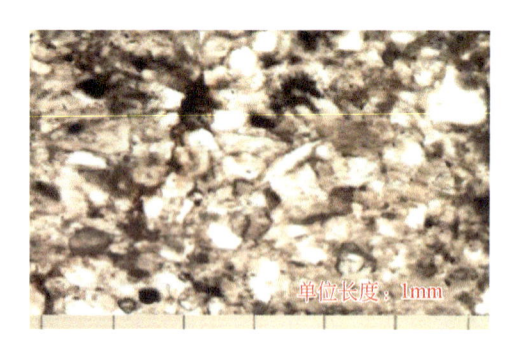

图 2-54 深紫色泥质粉砂岩显微图

图 2-55 青灰色钙长砂岩显微图

图 2-56 灰白色长英砂岩显微图

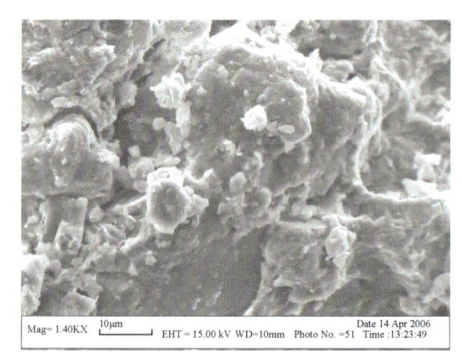

图 2-57 砖红色泥岩扫描电镜图

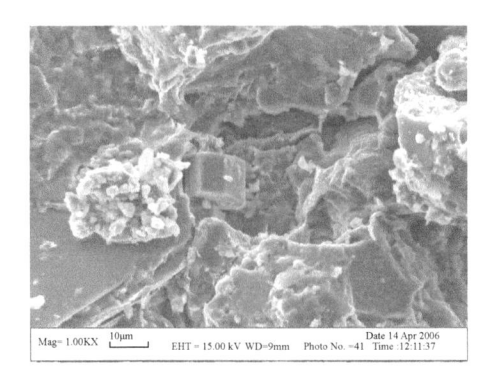

图 2-58　紫色粉砂质泥岩扫描电镜图 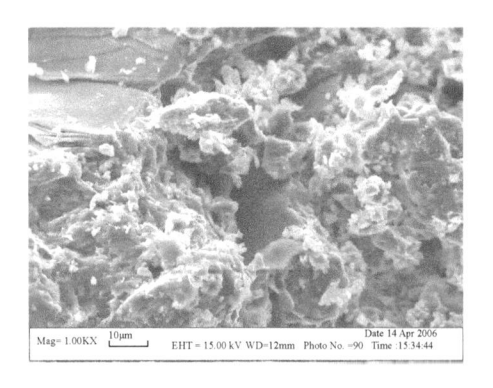　　　图 2-59　深紫色泥质粉砂岩扫描电镜图

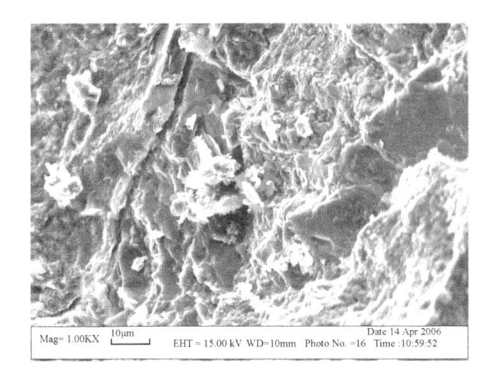

图 2-60　青灰色钙长砂岩扫描电镜图 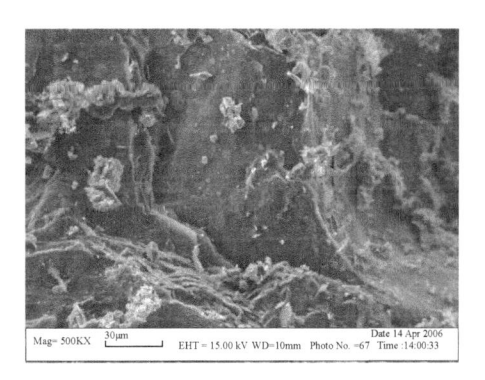　　　图 2-61　灰白色长英砂岩扫描电镜图

可以看出，泥岩原为黏土质胶结，黏粒为基底式或孔隙充填式，砂粒悬浮在黏粒成分中，砂粒为长石和少量石英、云母，其中长石蚀变程度较深，呈现变余结构。两种泥质粉砂岩结构类似，砂粒含量较大，蚀变程度较弱，泥质胶结，局部为钙质胶结。扫描电镜照片中可见微裂隙存在，两种砂岩差异性较大。青灰色钙长砂岩胶结成分主要为碳酸盐胶结及黏土矿化物胶结，蚀变程度比长英砂岩深，颗粒间距离远大于长英砂岩。长英砂岩的砂粒互相接触紧密，颗粒间有长石次生加大现象，少量钙质胶结且程度紧密，少见长石蚀变。上述的岩石细观结构特点都是和宏观的抗风化能力表现相一致的，即抗风化能力随着黏土矿物含量的增加、胶结程度和岩石致密程度的降低而降低。

砂岩胶结类型可分为两种类型：①砂岩的沉积碎屑靠颗粒间物质（包括杂基和胶结物）简单地连接起来，不存在碎屑颗粒和胶结物的矿物成分变化；②在成岩过程中发生了复杂物理-化学变化，有碎屑颗粒和胶结物发生矿物溶解-新矿物生长现象出现，砂岩胶结增强。前者在成岩的初级阶段，后者出现在成岩的中晚期。砂岩的胶结物主要有石英、方解石、白云石、铁方解石、铁白云石、菱铁矿、硬石膏、石膏、重晶石、各种自生黏土矿物、自生长石、赤铁矿、黄铁矿、沸石等。胶结物种类和胶结程度等因素与砂岩的成岩作用进程中的物理变化和化学变化有关，如物理化学条件（温度、压力、细菌活动、水介质的 pH、Eh 等）、埋藏的速率、沉积物的成分和构造、沉积环境和构造环境、化学反应速率、水动力梯度和地温梯度以及其他因素（刘宝珺和张锦泉，1992）。

石英是最主要的硅质胶结方式。在成分成熟度和结构成熟度高的石英砂岩中，石英胶结最发育。硅质胶结的砂岩孔隙度小、强度高，在地表环境下抗风化能力强。

砂岩中的碳酸盐胶结物常见的有方解石、铁方解石、白云石、铁白云石、菱铁矿等。碳酸盐胶结的砂岩对周围溶液的 pH 极敏感 [式 (2-15)]。在酸性环境中，碳酸盐胶结物容易被溶蚀，而导致砂岩强度降低、强度降低，结构解体。溶液中的 H^+ 可以是来自大气中 CO_2 溶解，也可以是来源于外部环境（如 FeS_2 氧化等）。

$$CaCO_3 + H^+ \rightleftharpoons Ca^{2+} + HCO_3^- \qquad (2-15)$$

$$H_2O + CO_2 \rightleftharpoons HCO_3^- + H^+ \qquad (2-16)$$

石膏和硬石膏的硫酸盐胶结容易受到水溶液环境、温度、压力等的影响。石膏吸水会发生体积膨胀 [式 (2-17)]，引起砂岩的崩解破裂，吸水后的石膏受温度影响失水时体积收缩又会引起砂岩裂隙进一步发展。

$$CaSO_4 + 2H_2O \rightleftharpoons CaSO_4 \cdot 2H_2O \qquad (2-17)$$

还原性环境中的砂岩中有时存在黄铁矿（FeS_2）、闪锌矿（ZnS）、方铅矿（PbS）等硫化矿物胶结。硫化矿物中的还原性 S 来自于地层水中的 SO_4^{2-} 在有机质和脱硫细菌参与下还原反应 [式 (2-18)]：

$$Na_2SO_4 + 2H_2O + C \rightleftharpoons 2NaHCO_3 + H_2S \qquad (2-18)$$

式 (2-18) 中生成的 H_2S 与沉积物中的铁相互反应可生成黄铁矿。而在近地表环境中，硫化矿物在游离氧和水以及氧化细菌的作用下极易氧化，导致硫化物胶结物的解体，并形成酸性水环境，导致碳酸盐胶结物的破坏。因此还原环境中的砂岩暴露于地表环境中时容易风化破坏。

砂岩可以存在长石胶结和沸石胶结。沸石是碱和碱土金属元素的含水硅铝酸盐矿物，成分与长石相似，分子式为 $A_mX_pO_{2p}$，其中 A 为钙、钠、钾、钡等，X 为硅、铝（刘宝珺和张锦泉，1992）。长石和沸石胶结物在低 pH 环境中可以自发地向高岭石转化 [以钾长石、钠长石、浊沸石为例，见式 (2-19) ~ 式 (2-21)]：

$$2KAlSi_3O_8 + 2H^+ + H_2O \rightleftharpoons 2K^+ + Al_2Si_2O_5(OH)_4 + 4SiO_2 \qquad (2-19)$$

$$2NaAlSi_3O_8 + 2H^+ + H_2O \rightleftharpoons 2Na^+ + Al_2Si_2O_5(OH)_4 + 4SiO_2 \qquad (2-20)$$

$$CaAl_2Si_4O_{12} + 2H^+ + H_2O \rightleftharpoons Ca^{2+} + Al_2Si_2O_5(OH)_4 + 2SiO_2 \qquad (2-21)$$

随着钾长石向高岭石转化，地层水从长石分子中带走了钾和二氧化硅，生成的高岭石体积仅相当于长石的 46.4%（朱国华，1982），导致岩石中会形成大量的孔隙，岩石强度降低。

因此，砂岩胶结物对砂岩的工程性质起到制约作用。砂岩风化过程与胶结物在化学作用、物理化学作用以及生物化学下的破坏密切相关。影响这个过程的因素包括：①当温度和压力不变时，砂岩的浸泡引起胶结物的溶解；②水溶液中 pH 降低，酸性环境容易引起胶结物（主要是碳酸盐矿物）的酸蚀和黏土化（长石矿物）；③在微生物细菌参与下硫化物矿物快速氧化，并形成酸性环境，引起碳酸盐等矿物的溶解。在砂岩风化过程中，水起到了至关重要的作用（赵明华等，2006）。水的作用可以总结为如下四个方面：①孔隙水是元素迁移和扩散的介质；②水化学反应的参与者；③水溶液本身对矿物起到溶解作用；

④水引起了砂岩周围环境 pH 和 Eh 的变化。因此，水环境下砂岩，特别是泥质胶结、硫化物胶结的砂岩容易风化，酸性环境下碳酸盐胶结的砂岩也易于风化破坏。硅质胶结砂岩与碳酸盐胶结物正好相反，在酸性环境下稳定性强，而在强碱性环境易于风化。

砂岩是沉积碎屑在漫长地质年代形成的一种沉积岩。从物质构成上，石英、长石等碎屑是构成砂岩的主体构架的物质基础，沉积碎屑之间受硅质、钙质、铁质、泥质等胶结物的胶结作用。砂岩的成岩过程一般要经历压实作用、压溶作用、胶结作用、矿物交代、重结晶作用等多个阶段的物理-化学变化（部分阶段有微生物作用参加）。从资源和能源角度看，在砂岩的沉积过程中，随着化学元素迁移和矿物溶解与生长，会形成特点矿物的富集，如铜矿、铅矿、铀矿等（帕克和塞尔伍德，1989；刘宝珺和张锦泉，1992；赵国泉，2005；严光生等，2010）；同时，随着砂岩成岩作用的进行，其还可以成为重要的油气资源的储集层（朱国华，1982；郑浚茂和庞明，1988；卓胜广等，1992；史基安等，1994；罗孝俊等，2001；关平等，2006；黄可可等，2009；刘清俊等，2011；廖友运，2012）。

在工程地质角度，由于砂岩成岩程度的不同，很多时候胶结程度差的砂岩会引起一系列的工程问题，如红层地区出现的大坝稳定、边坡破坏、井壁破裂、巷道过度变形等（王幼麟和蒋顺清，1990；冯启言等，1999；程强等，2004；殷跃平，2004；赵明华等，2006；苏天明，2006；胡厚田和赵晓彦，2008；吴秀仪等，2008；张永安等，2008；王运生等，2009；陈洪凯等，2010；董金玉等，2010；彭柏兴等，2011；徐瑞春和周建军，2011），特别是在浸泡条件下。同时，很多在砂岩地区修建的石窟、佛像、雕刻等石质文物受风化影响也存在一系列问题（张汝藩等，1987；汪东云等，1993；张赞勋等，1995；牟会宠等，2000；李最雄，2003；郭国林等，2006；李黎等，2008a，2008b；翁履谦等，2011；冯楠，2011；宗静婷，2011；宗静婷等，2012）。

2.4.3 风化的微观机理

岩体或岩石的一些风化性能宏观表现可以从微观成分与结构予以解释。

2.4.3.1 黏土矿物结构

岩土体中黏粒的成分主要是黏土矿物，黏土矿物是由硅片和铝（镁）片构成的晶层叠接而成的。硅片的基本单元是硅-氧四面体，它是由两个居中的硅原子和四个在角点的氧原子组成的。四面体底面的每个氧原子为两个相邻单元内的硅原子所共有，组成了底面具有六边形孔的硅片，如图 2-62 所示。硅原子为正四价，氧原子为负二价，因此，当四面体单元由一个硅原子、一个氧原子和三个被共有的氧原子组成时，这种单元尚有未平衡电荷负一价。

铝（镁）片的基本单元是铝（或镁）-氢氧（或氧）八面体。它由一个居中的铝原子和六个在角点的氢氧离子组成，如图 2-63 所示。当每个氢氧离子为两个相邻单元内的铝原子所共有时，就组成铝片。由于铝原子为正三价，氢氧离子为负一价，因此，当一个八面体单元由一个铝原子和六个被共有的氢氧离子组成时，它的电荷是平衡的。若八面体内居中的为镁原子，则每个氢氧离子为三个相邻单元内的镁原子所共有，就组成镁片。由于

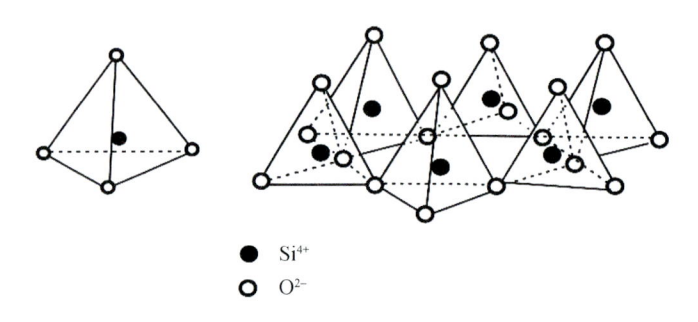

图 2-62　硅片的基本单元和结构

镁原子为正二价，氢氧离子为负一价，因此，当一个八面体单元由一个镁原子和六个被共有的氢氧离子组成时，它的电荷也是平衡的。

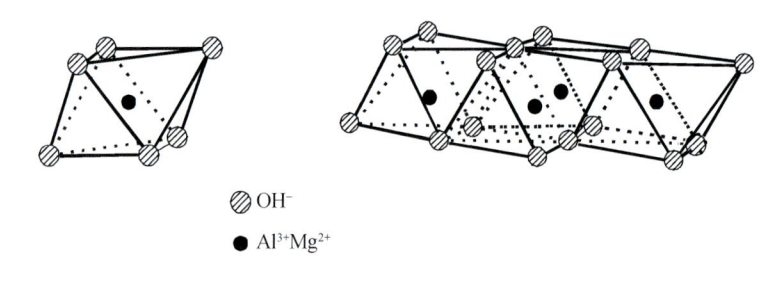

图 2-63　铝（或镁）片的基本单元和结构

高岭石是长石风化的产物，它由一层硅四面体片和一层铝八面体片组成的晶层（又称1∶1型晶格）叠接而成，如图 2-64 所示。四面体中未被平衡的电荷通过四面体中的氧原子替代八面体中氢氧离子来达到每一晶层电量上的平衡。由于每一晶层一面是氧原子，另一面是氢氧离子，因此，相邻晶层可靠氢键连接。氢键虽然是一种较弱的键，但足以阻止水分子进入相邻晶层之间，因此，由高岭石构成的土粒有时能多达近百个晶层。

伊利石主要是云母在碱性介质中风化的产物。它是由两层硅片夹一层铝片组成的晶层（又称2∶1型晶格）叠接而成的，如图 2-64 所示。这样结合而成的晶层，上下面都是带负电荷的氧原子，相邻晶层靠带正电荷的钾离子连接。因此，层间间距比较固定，但连接弱于高岭石，因为伊利石构成的土粒较薄且细。

蒙脱石通常是由伊利石进一步风化或火山灰风化而成的产物。它也具有2∶1型晶格，如图 2-64 所示。但相邻晶层之间没有钾离子连接，水分子及水化阳离子极易进入层间，而使层间间距扩大，连接薄弱。因此，由蒙脱石构成的土粒极薄。当土中含有大量蒙脱石构成的土粒时，土中水分的变化将引起土体积的显著胀缩。

晶格结构决定了各种黏土矿物的水理特性，黏土矿物的特性又决定了不同黏土矿物含量的岩土体特性，蒙脱石因具有较其他黏土矿物远为活泼的特性而成为研究岩石崩解性的重点测试对象。

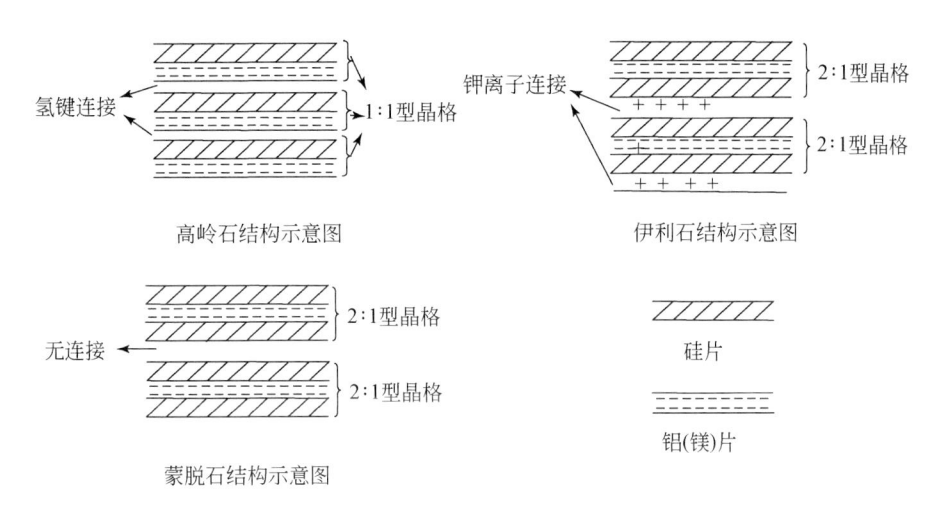

图 2-64　几种黏土矿物结构示意图

2.4.3.2　颗粒含水状态

岩石中水的含量与状态对岩石的物理力学性质有着很大的影响。水在岩石中的存在状态有水蒸气、固态水（如冰、化学结晶水等）、分子结合水、吸附水（薄膜水）、毛细管水和重力水（自由水）等。分子结合水是在靠近岩粒周围 0.5μm 厚度内受分子作用力（其吸附力可达1GPa）半径范围内的强结合水，是不可移动的，密度在$1.7 \sim 27 \text{g/cm}^3$，冰点约为-78℃，无导电性，也没有溶解可溶性物质的能力，但却具有很大的黏滞性、弹性和抗剪能力，可以以气态的形式移动。分子结合水的多少是随着造岩矿物成分的不同而不同，对于砂，约为岩粒重量的1%，但对于黏土，分子结合水常可达到17%甚至更多。分子结合水只有在加热到$105 \sim 110$℃时才能除去。吸附水或薄膜水也叫弱结合水，这种水位于强结合水以外，吸附在岩粒周围，占水化膜的主要部分，相当于扩散层的位置，仍受着矿物表面吸引力的影响。弱结合水的厚度为$5 \sim 10 \mu m$，密度为$1.3 \sim 1.74 \text{g/cm}^3$，靠近强结合水部分，水分子相互依靠比较紧密；但距离强结合水越远，水分子距离也越远，这就使弱结水的分子有可能发生非常缓慢地流动，但它不受重力的影响，不能传递静水压力。薄膜水具有最大厚度时的含水量叫作最大分子吸水量，对于砂粒，薄膜水的最大值小于4%；对于黏土颗粒，薄膜水的最大值为24%以上。毛细管水是由于水的表面张力作用而保持在软岩微孔隙中的水；重力水不受岩粒表面引力的影响，而是只受重力作用控制，是能在软岩孔隙中自由移动的水，如图 2-65 所示。

岩石的吸水膨胀有两种类型：一种是黏土颗粒的粒间膨胀，由静电吸水产生，与颗粒的比表面积有关，为一般黏土矿物共有，吸水后岩土含水量增加，塑性增强，但通常不会发生较大膨胀量，一般不会产生与膨胀有关的工程问题；另一种是晶格膨胀，是因为黏土矿物晶层干燥收缩、张裂以及吸力能力增强，遇水时，水作为晶格的一部分进入矿物晶层，产生巨大的膨胀力和膨胀量，是膨胀岩膨胀的主要原因。可以看出，黏土矿物的吸水膨胀特性是由其矿物晶格结构决定的，因此蒙脱石因比表面积大，晶格间结合力小而成为

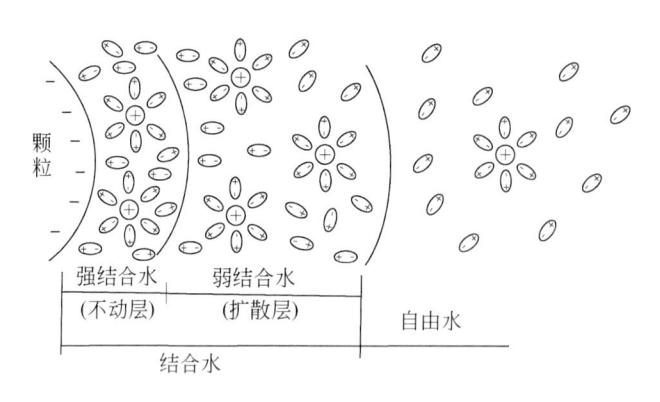

图 2-65 弱结合水扩散双电层示意图

岩石水理性质的控制性成分。

2.4.3.3 胶结作用

岩石的胶结作用对岩石的工程性质有着重要影响，胶结作用又可分为无机胶结作用和有机胶结作用，无机胶结有硅质胶结、铁质胶结、钙质胶结、铝质胶结、沸石、石膏硬石膏胶结、黄铁矿胶结、泥质胶结等。黏粒即泥质胶结的一种，同时泥质岩胶结作用还包括黏土矿物转化和重结晶胶结作用，重结晶胶结作用与成岩程度密切相关。有机胶结由动植物的有机质胶结而成，与有机质含量、组分和成熟度的变化有关。各类岩石不仅在胶结类型、胶结强度上极为复杂，且往往是逐渐变化和相互联系的。

沉积岩岩石成岩作用早期主要为固结，伴生着胶结物的胶结，包括强氧化条件下的铁质胶结和强还原条件下的有机质胶结作用。晚期成岩作用除了强固结作用之外，还有黏土矿物重结晶作用。重结晶作用不仅使岩石的密度和强度得到提高，甚至可使膨胀性弱化或丧失。

岩石胶结程度一般随着岩石成岩程度增加而增加。成岩程度增加，密度、波速、强度、变形模量和崩解耐久性等指标均随之增加，岩石含水率逐渐减小，工程性质越稳定。一般来说，成岩历史越长，成岩程度越高。胶结作用的强弱不仅取决于胶结物的成分、含量和存在形式（晶质、非晶质），而且与被胶结黏土矿物的活性有关，高岭石、伊利石活性弱、易胶结，而蒙脱石活性强、难胶结。

泥质胶结作用主要指高岭石、绿泥石、伊利石和蒙脱石、伊利石–蒙脱石混层等黏土矿物在砂岩中所起的胶结作用。泥质胶结物本身易变形，吸水膨胀。泥质胶结的砂岩强度低，易发生变形破坏。同时，泥质胶结物作为主要胶结物也是砂岩成岩的低级阶段情况。当砂岩中的黏土矿物含量较高，特别是包裹在沉积碎屑颗粒时，其对硅质胶结会起到显著制约作用（郑浚茂和庞明，1988；刘宝珺和张锦泉，1992；刘清俊等，2011；廖友运，2012）（图 2-66），当黏土矿物膜达到一定厚度时，被膜包裹的碎屑矿物就失去了成核的能量，因而就不能形成共轴再生长胶结物。我国白垩系—侏罗系的红层形成于干燥环境，其碎屑颗粒周围往往被泥膜所包围（王新胜和潘忠习，2005）。这也是红层砂岩强度低、变形性强、容易引起边坡破坏和井壁破裂等现象的原因。

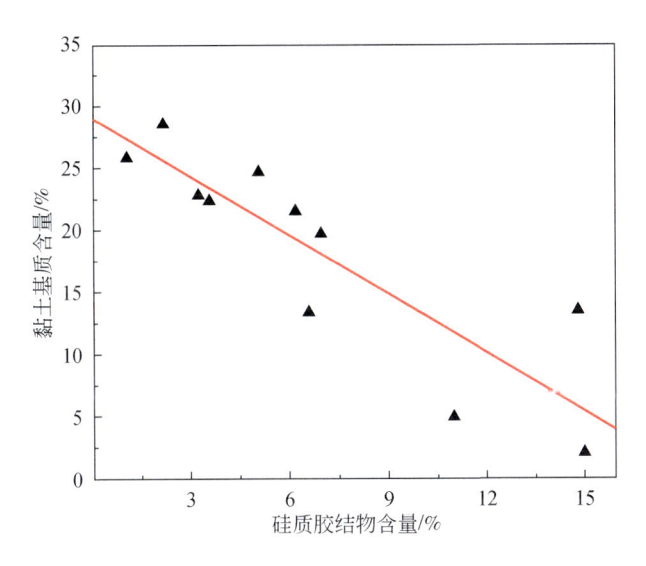

图 2-66　硅质胶结物含量与黏土基质含量关系

2.4.3.4　宏观风化现象的微观机理

1. 泥质岩干缩与崩解

岩石在漫长的成岩历史过程中，颗粒间各种作用力（离子键、分子键、表面张力等）已经达到一种平衡状态，形成了固有结构。边坡岩石孔隙中的水包括强结合水、弱结合水和自由水，可以是饱和的也可以是不饱和的。当孔隙水不饱和时，孔隙水仅存在于颗粒接触点周围，因表面张力的作用，颗粒间的水保持一定曲率的曲面，并对岩石颗粒产生拉力，使岩体呈收缩趋势。此时，岩石孔隙中空气因孔隙水、胶结物等阻隔，可能未完全与大气连通，其压力小于或等于大气压力。

开挖出露后，岩石失去了或者部分失去了约束条件（如围岩约束），在干燥失水时，孔隙水逐渐减少，孔隙水表面曲率增大，表面张力也随之增大。同时，泥岩中蒙脱石等黏土矿物晶层间水分子数也将减少（谭罗荣，1992）。随着孔隙水表面张力的增加和蒙脱石等黏土矿物层间水分子层减少，原有颗粒间力的平衡被打破，岩石颗粒更趋于靠近，部分颗粒间的连接断裂，形成微裂隙。颗粒越细，比表面积越大，能产生张力的数量越多，孔隙水能产生的总张力也越大，微裂隙的数量也越多。当微裂隙逐渐扩展在岩石中连通后，宏观上即产生网状裂纹，破坏岩石细观结构。微裂隙为再次浸水提供了渗透和膨胀空间，而原有结构的破坏则减少了岩石颗粒间力的束缚，为进一步膨胀提供了可能。岩石细观结构的破坏是岩石浸水崩解的前提。值得注意的是，收缩裂隙必然是从岩石表面开始（因为失水是从表面开始），逐步向岩石内部扩展的。

2. 泥质岩崩解现象

当干燥失水的泥质岩再次浸水时，大量的、具有很大比表面积的黏土矿物颗粒的表面张力、孔隙水表面张力、黏土矿物晶层间吸水张力等都将强烈地吸引外界水快速进入岩体内部。并且，靠岩石外层的黏土矿物吸水膨胀还会对内部的岩石颗粒有撑开的趋势，导致在岩石内部尚未充水空间产生负压力，使水分能以更快的速度进入岩石，产生强烈崩解现象。曲永新（2004）的研究表明，阴干样品与天然湿度样品相比，膨胀力和膨胀变形量可增大 5~10 倍。

3. 天然状态下泥质岩干湿交替工程性质不变现象

天然状态下没有出露的泥岩，其原有结构仍然保持着原状，没有遭到过破坏。当泥岩因失水而含水率逐渐降低时，在围岩自重和内部毛细管水压力的共同作用下，泥岩将变得更加密实而不会产生微裂隙，含水率降低的过程就是泥岩的固结过程。因此，天然状态情况下的泥岩失水不存在微结构破坏的情况。当再次浸水时，泥岩表面颗粒吸附水所产生的膨胀力难以克服岩石在长期的成岩历史中形成的固有结构之间的黏聚力，因此仅可以在岩石表面产生软化；因泥岩极小的渗透性，外界水分子难以渗入到泥岩内部中去，内部泥岩颗粒失去吸附水膨胀的条件，因此岩石也不会产生较大的膨胀。文献（罗鸿禧，1983；王幼麟和蒋顺清，1990；谭罗荣，2001）中所述长江葛洲坝二、三江工程蒙脱石黏土岩在水的长期作用下其工程性质保持稳定的现象即可用此原理得以解释。

4. 泥质岩临界失水率现象

泥质岩工程性质活化程度即膨胀崩解和强度软化程度，随失水（脱水）程度的增加而增强，但并非极其微小的水分损失都会导致工程性质明显变化，而是存在一个临界含水率。实验可知，当泥岩失水小于临界含水率时，即使是反复失水浸水，泥质岩也不会发生明显的崩解。对于大多数泥质岩来说，其绝对临界失水率为 1.5%~3.5%；泥质粉砂岩为 2%~3%（相对失水率为 34%~37%）（Qu, 1986；Wang and Jiang, 1986；曲永新等，1992；刘长武和陆士良，2000；曲永新，2004）。临界失水率现象的存在是因为在临界状态之前，泥质岩中尚未产生微裂隙或者微裂隙很少，还没有对整个岩体产生整体性破坏，此时岩石相当于天然状态下泥岩。超过临界失水率的泥质岩将产生不可逆的岩石破坏而在再次浸水时产生崩解。

2.5 温度的影响

一般认为岩石的热胀冷缩可能会导致岩石出现裂缝，但是对此认识学术界并未达成共识，如格里格斯（D. T. Griggs）曾将一个花岗岩块加热到 140℃再降温至 30℃，反复 89400 次而岩石无任何变化（谭罗荣，2001）。三峡库区地处亚热带，太阳直射下的岩石日昼夜温度差可达数十度。对此作者进行了如下试验：选取五种岩石风干样品直径为 5~10cm 的块体放在烧杯中，每天用烘箱加热至 80℃保持 12h，再用冰箱冷却至 4℃保持 12h，历时 30 天。经观察，各样品仍然保持原样，均无裂隙出现（图 2-67）。

基于以上实验，可以认为较短时间内仅仅温差变化不会导致某一块体岩石出现裂缝。分析其原因有三：一是参加实验的岩石块体颗粒或矿物都较小，没有类似花岗岩里大粒的长石、石英那样的颗粒，因此热胀冷缩的总量较小；二是岩块中存在大小不一的裂隙，矿物和颗粒的热胀冷缩被裂隙消解，没有产生过大的应力集中；三是单个岩石块体边界是开

图 2-67 多次冷热循环后几种岩块样品状况未变

放没有硬性约束的，矿物或颗粒热胀冷缩会自动导致岩石块体的增大和缩小，岩石内部很难产生较大的应力集中；而在山体中岩块受到周边岩体的约束，温度应力比岩块里的热胀冷缩产生的应力大得多。因此，对于长年处于自然环境下不同岩石组合的边坡来说，是否会因温差变化而产生裂隙还有待于观察和实验验证。

2.6 本章小结

通过本章研究，可得到如下结论。

(1) 风化作用对边坡稳定性起着重要的作用，尤其对于抗风化能力差异较大的边坡，常常形成较大的岩腔，进而产生危岩体，导致崩塌灾害的发生。

(2) 泥质岩中黏土矿物，尤其是膨胀性矿物含量对岩体的风化崩解起着重要作用。泥质岩的风化能力随着黏粒含量的增加而提高。

(3) 岩体中胶结作用和成分影响其风化能力，不同胶结程度的岩体风化能力不同。胶结程度用胶结系数表示，胶结系数越小的岩体，越容易风化崩解。

(4) 岩体结构是影响岩体风化能力的另一个重要因素。节理、层理发育的岩体更容易发生风化，致密程度高的岩体风化能力高。

(5) 根据岩石热胀冷缩实验得到与通常认识不同的结论，即较短时间内，仅仅温差的变化不会导致岩石出现裂隙。但对于长期处于自然环境下的不同岩体组合的边坡，温差是否会导致岩体裂隙的增加还有待于进一步观察。

(6) 黏土颗粒的表面张力、孔隙水表面张力和黏土矿物晶格层间吸水张力对外界水分子的强烈吸引作用，是泥质岩强烈崩解的主要原因。

(7) 泥质岩的干湿交替并非一定导致其工程性质的改变，关键要看其表面颗粒吸水产生的膨胀力能否克服颗粒之间的黏结力，会不会产生细观结构上的破坏。

（8）泥质岩工程性质随失水（脱水）程度增加而增强，但并非极其微小的水分损失都会导致工程性质明显变化，而是存在一个临界含水率。泥岩失水和吸水程度小于临界含水率时，即使是反复失水浸水，泥质岩也不会发生明显的崩解。

（9）水溶液对砂岩风化起着重要作用，其影响着砂岩风化过程中的元素迁移，化学反应类型和速率，同时溶液还改变着岩石周围化学反应的 pH 和 Eh。

（10）岩石风化及其工程影响与其自生的成岩成熟度、胶结物类型与结构组分以及砂岩所处的环境相关。泥质胶结、硫化物胶结和碳酸盐胶结的砂岩容易受到环境影响风化，对工程影响较大。在强还原环境中砂岩暴露于地表中后，易于风化，且风化后形成的酸性水环境有利于长石胶结砂岩的风化。

第 3 章　崩塌的演化阶段与类型

3.1　崩塌演化阶段

3.1.1　危岩体形成阶段

危岩体的形成原因主要有自然因素和人为活动两类。从地质体形成和演化的自然历史过程看，自然因素下危岩体的形成过程与陡立自然边坡下的形成过程具有一致性：在一定地质环境中，在各种地质营力（如构造运动、水流侵蚀、重力作用、风化-卸荷等）作用下产生的危岩体，多形成和发生于高陡山坡、海岸、河岸等。随着人类活动范围的扩大，特别是伴随着工程、经济目的而进行的采矿、修路等，人为改变了自然坡体的几何形状、应力状态和赋存环境，形成了一系列具有规则几何形态的人工边坡，如路堑、露天矿边坡、河（渠道）边坡等，由于重力作用、风化、冻融或水流冲蚀等，也会产生大量危岩体。考察这些自然形成或人为形成的危岩体或崩塌体，其大小、物质组成、结构构造，失稳后的活动方式、运动途径、堆积情况、破坏能力等千差万别，但可以看出崩塌灾害都是从初始开裂形成潜在崩塌体（危岩体），随后长期在各种内外动力作用下不断变形发展，最终突然发生崩塌这一基本模式。

3.1.2　蠕变位移阶段

岩体中原始的结构面及开挖卸荷产生的裂隙切割岩体，是危岩体形成和发育崩塌的必要条件（苏天明，2006）。被切割的岩体在重力、风化、雨水、冰冻、振动等作用下，原有的结构面逐渐张开，未贯通的裂缝也可能逐渐发展贯通，危岩体位移逐渐加大，边坡整体变形呈缓慢发展状态。

在这个阶段，随着危岩体变形位移的变化，岩体内部应力也不断发生转移，局部（如裂缝尖端、锁固段）出现应力集中，在逐步加大的应力集中作用和外部环境（如降水等）影响下，这些起着阻抗作用的部位的内部损伤也在增加，导致危岩体不稳定性增加。

3.1.3　崩塌发生阶段

当危岩体变形发展到一定程度，如崩塌体重心落到支撑面外侧，或上部岩体在重力作用下足以剪断或拉断危岩体尚存的连接段，或裂隙中的水压力足以推动危岩体产生转动等情况时，崩塌将突然发生。崩塌发生及堆积的整个过程时间可能很短，如前文述及的重庆南川区金佛山甑子岩危岩体崩塌等，全部过程仅有 2min，但从崩塌发展的全过程看，其孕育的时间可以很漫长。崩落的岩体可直接坠落、滑落，也可能在下落的过程中发生翻滚、跳跃、与坡体撞击，在此过程中重力势能转化为动能、热能、声能等，所有势能因崩塌体运动过程中撞击、摩擦等原因逐步消减直至完全消失，最后堆积于坡脚。

综上可知，崩塌的形成过程必然包括危岩体的形成、变形的发展和危岩体失稳三个阶段，如图 3-1 所示（苏天明，2006）。

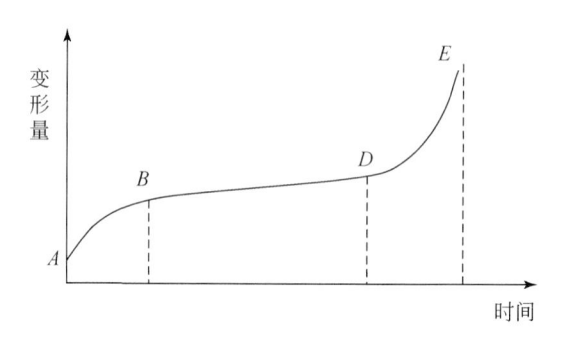

图 3-1 崩塌各阶段变形发展的基本过程示意图

3.1.3.1 实例 1

1971 年，美国蒙大拿州 Libby 坝左坝肩 50000m^3 的楔形石英板岩发生滑动是一个典型危岩体演化失稳实例（Rose and Hungr，2007；秦四清等，2010），如图 3-2 所示，用伸长计测量的位移-时间曲线有三个台阶形状。

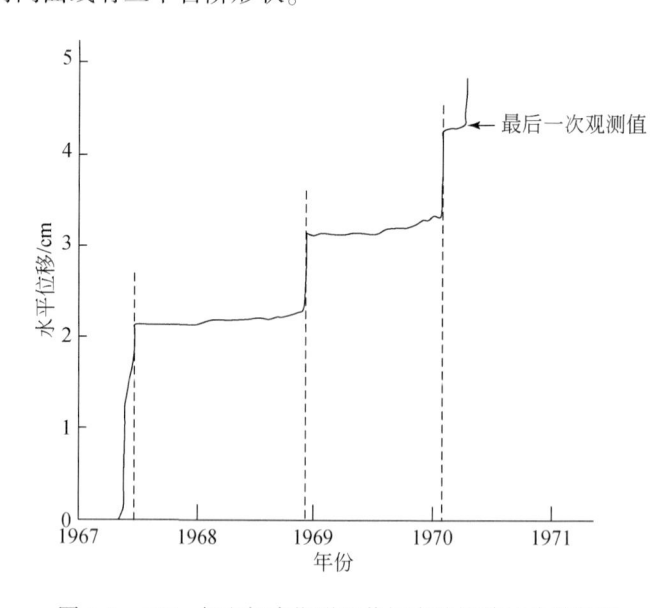

图 3-2 Libby 坝左坝肩楔形石英板岩破坏前的位移记录

3.1.3.2 实例 2

1980 年 6 月 3 日，湖北盐池河发生了体积达百万立方的岩崩，284 人被夺去了生命。该处崩塌体竖向节理近于直立，并沿着倾角 17°的岩石节理面滑动（秦四清等，2010），从图 3-3 可以看出，其演化具有典型的三阶段特征。

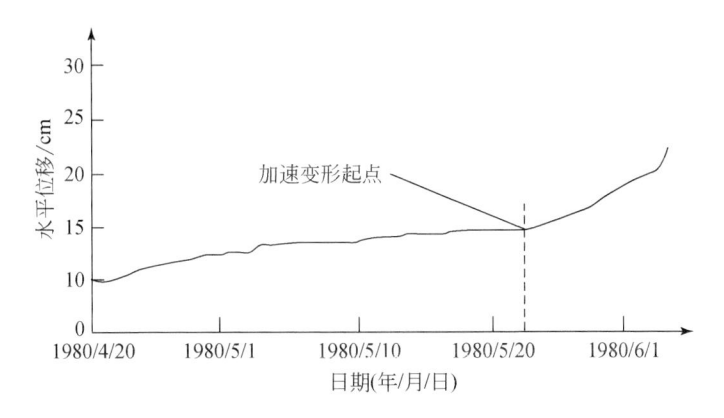

图 3-3　盐池河岩崩 4 号裂缝水平位移观测记录

3.1.3.3 实例 3

1966 年 8 月 Chuquicamata 矿山边坡首次发现拉裂缝，由于坡体变形很小并最终停止滑动，监测工作终止（Voight and Kennedy，1979）。1967 年 12 月发生的地震触发了边坡岩体移动，并且在连续的开挖和爆破作用下坡体位移持续增长。1968 年 1 月初首次进行全面监测工作。在 11 月 9 日一次爆破之后，边坡的移动速率急剧增加，1969 年 2 月 18 日发生失稳（图 3-4）。

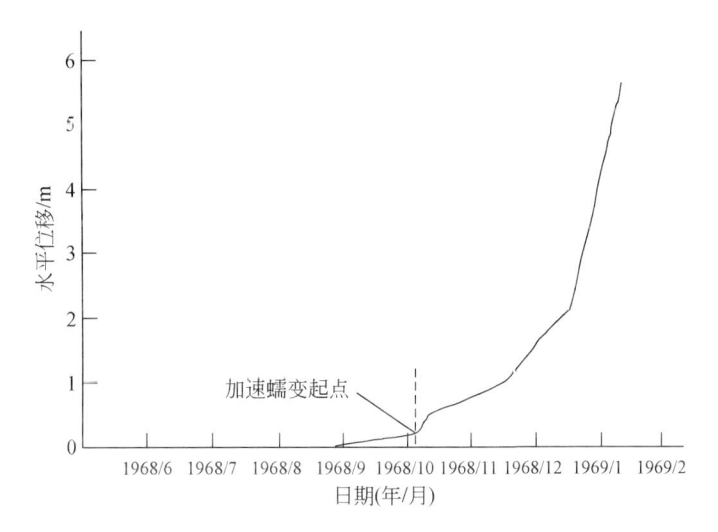

图 3-4　智利 Chuquicamata 露天矿边坡 5 号测点水平位移观测记录

3.1.3.4 实例4

重庆巫山望霞 W1 危岩体整体成孤立柱状，高约 65m、长约 8m、宽约 6m，体积为 3200m³，破坏模式为倾倒式（杨秀元等，2014）。2010 年 10 月 21 日，W1 危岩体部分位置出现失稳；整整一年后，于 2011 年 10 月 21 日整体倒塌。从监测数据分析来看，W1 危岩体存在缓慢增大变形趋势，2010 年 11 月 5 日～2011 年 10 月 11 日，岩体变形呈缓慢增大趋势［2011 年雨季前变形速率较小，2011 年雨季后变形速率有所加大；平均水平方向变形速率较大；垂向变形主要以沉降为主，沉降量很小。W1 危岩体于 2011 年 10 月 11 后变形呈加速增大趋势，沉降变形有所加大；图 3-5（a）］。特别是 10 月 19 日突然迅速加速；W1 危岩体于 10 月 21 日下午 15～16 时整体垮塌，岩体水平朝 NW 方向变形，伴随强烈沉降变形［图 3-5（b）］。

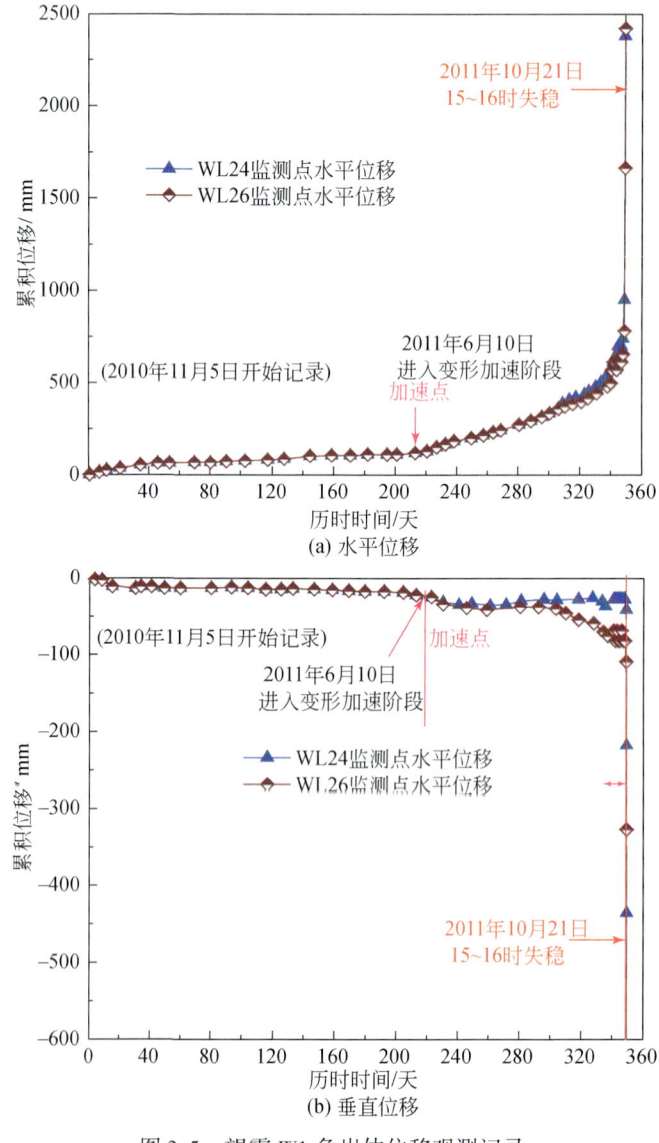

图 3-5 望霞 W1 危岩体位移观测记录

3.2 崩塌的类型

3.2.1 已有崩塌分类

崩塌的规模大小、物质组成、结构构造、形成机理、运动途径、堆积分布、破坏能力等千差万别，但都是岩土体长期形变和不稳定因素不断积累的结果，都有一个孕育和发展的过程，它们发展都遵循一定的模式（谷德振，1979；曾廉，1990；张路青等，2004b）。崩塌分类是对崩塌现象认识的深化，也是分析、计算、评价的基础。

很多学者曾对崩塌从不同的角度进行过分类研究。苏联的尼·米·罗依尼什维里按组成崩塌的岩性构成把铁路沿线的山坡崩塌划分为以下类型：岩体或石块崩塌、土体崩塌和混合性崩塌（苏天明，2006）。日本的山田刚二等（1980）按地质情况，主要是按崩塌的组成物质把山崩划分为崩积土崩塌、表层土崩塌、沉积土崩塌和基岩的崩塌。英国的 Attewell 等引用 Carson 等的资料把岩石斜坡不稳定性进行地貌学分类：板块状破坏、岩石崩塌和岩石剥落。Hoek and Brown 等把斜坡破坏分为平面破坏、楔形破坏、弧形破坏和倾倒破坏，其中又把倾倒破坏详细地分为弯曲倾倒破坏、块状倾倒破坏和块状弯曲倾倒破坏。

1959 年，铁道部在总结宝成线资料的基础上，按崩塌发生的原因把崩塌划分为断层崩塌、节理裂隙崩塌、风化碎石崩塌和硬软岩层接触带崩塌，1975 年铁道部第一设计院主编《铁路工程手册》，把崩塌分为崩塌、坠石、剥落。20 世纪 80 年代以后，胡厚田等（1989）收集了宝成、宝天、成昆、贵昆等铁路沿线主要崩塌工点的资料，后被铁道部采用，其中对宝成铁路的崩塌工点进行了较详细的调查，对崩塌的分类及稳定性计算进行了研究，将崩塌划分为五类，分别为（表 3-1）：倾倒式崩塌、滑移式崩塌、鼓胀式崩塌、拉裂式崩塌和错断式崩塌，并指出可能存在的一些过渡类型，如鼓胀-滑移式崩塌、鼓胀-倾倒式崩塌。

表 3-1 铁道部崩塌分类方法

崩塌类型	岩性	结构面	地形地貌	崩塌体形状	受力状态	起始运动形式	失稳主要因素
倾倒式崩塌	直立或陡倾坡内的岩层	多为垂直节理裂隙、陡倾坡内的直立层面	峡谷、直立岸坡、悬崖	板状、长柱状	主要受倾覆力矩作用	倾倒	静水压力、动水压力、地震力、重力
滑移式崩塌	多为软硬相间的岩层	有倾向临空面的结构面	陡坡通常大于45°	可能组合成各种形状，如层状、板状、楔形体状、圆柱状等	滑移面主要受剪切力	滑移	重力、静水压力、动水压力

续表

崩塌类型	岩性	结构面	地形地貌	崩塌体形状	受力状态	起始运动形式	失稳主要因素
鼓胀式崩塌	坚硬岩层下伏有较厚软弱岩层	上部垂直节理,柱状节理,下部为近水平的结构面	陡坡	岩体高大	下部软岩受垂直挤压	鼓胀伴有下沉、滑移和倾斜	重力、水的软化作用
拉裂式崩塌	多见于软硬相间的岩层	多为风化裂隙和重力拉张裂隙	上部突出的悬崖	上部硬岩层以悬臂梁形式突出	拉张	拉裂	重力
错断式崩塌	坚硬岩层	垂直裂隙发育,通常无倾向临空面的结构面	大于45°的陡坡	多为板状、长柱状	自重引起的剪切力	错断	重力

1996年林宗元主编的《简明岩土工程勘察设计手册》、2002年刘传正主编的《地质灾害勘查指南》等书中都采用了胡厚田提出的崩塌分类和各类崩塌稳定性检算方法研究成果,在2007年出版的《铁道工程地质勘察规范》中也采用了这种按崩塌形成机理的分类。曾廉(1990)按崩塌发生的地点,将崩塌分为两类:山崩、岸崩;按崩塌的物理特征将崩塌分为四类:岩层崩塌、土体崩塌、混合体崩塌、雪崩,这种分类本质上是按危岩体的成分进行的划分;还按软弱面的特性、形状和崩塌发生的原因将崩塌分为六类:顺断层或风化夹层的崩塌、沿完整节理面(层理面、片理面)的崩塌、X节理切割的V字形崩塌、多组节理崩塌、风化层或覆盖层沿较完整基岩面的崩塌、沿垂直节理产生的崩塌。旷镇国(1995)研究重庆市渝中区危岩崩塌时,按崩塌最终破坏时受力状态和破坏机制分为拉断-坠落、剪切-坠落、压碎-崩落和倾倒-崩塌。黄求顺等(2003)将危岩按破坏过程和规模的大小分为表面剥落、坠石、崩塌和山崩等几种类型。陈明东和王兰生(1991)根据受力模式将崩塌破坏模式分为板梁旋滑移和悬臂压杆破坏两类。陈洪凯等在《重庆市(三峡库区)滑坡、塌岸、危岩防治工程技术规范》中将危岩分为坠落式危岩、滑塌式危岩和倾倒式危岩3类(陈洪凯等,2002,2004;陈洪凯和王蓉,2004)。

《滑坡崩塌泥石流灾害详细调查规范(1:50000)》(2008)按照崩塌体体积将崩塌划分为特大型、大型、中型和小型(表3-2),按照危害等级划分为一级、二级和三级(表3-3)。

表3-2 崩塌规模等级划分(据《滑坡崩塌泥石流灾害详细调查规范》,2008年)

灾害等级	特大型	大型	中型	小型
体积(V)/万m^3	$V \geq 100$	$100 > V \geq 10$	$10 > V \geq 1$	$V < 1$

3.2.2 崩塌的地质力学分类

总结上述各家分类方法,其划分依据可归纳为崩塌体岩性、破坏面形态或类别、岩土体失稳的运动方式、崩塌破坏力学机制方面等角度,各有长处,但不足之处是上述分类都没有从力学的角度进行分析分解,进而难以进行稳定性计算评价和防治设计。为从本质上反映崩塌体破坏的物理力学机制,本节将对崩塌进行系统分类。

表 3-3　崩塌危害对象等级划分（《滑坡崩塌泥石流灾害详细调查规范》,2008 年）

危害等级		一级	二级	三级
危害对象	城镇	威胁人数>100 人,直接经济损失>500 万元	威胁人数 10~100 人,直接经济损失 100~500 万元	威胁人数<10 人,直接经济损失<100 万元
	交通干线	一、二级铁路,高速公路及省级以上公路	三级铁路,县级公路	铁路支线,乡村公路
	大江大河	大型以上水库,重大水利水电工程	中型水库,省级重要水利水电工程	小型水库,县级水利水电工程
	矿山	能源矿山,如煤矿	非金属矿山,如建筑材料	金属矿山,如稀有、稀土矿

按崩塌体的岩性分类:岩质崩塌、土质崩塌、岩土质崩塌。

岩质崩塌:危岩体岩性以岩质为主,危岩体被结构面切割形成不同大小和形状的块体,在重力、风化或人为因素等作用下失稳形成崩塌。崩塌体体积可能很大,也可以是比较小的碎块。

土质崩塌:危岩体岩性以土体为主,多为风化壳、坡积物或冲洪积物等。崩塌主要原因是危岩体沿着岩层交界面或者结构面滑落,或因坡体开裂而倾倒。崩塌体特征为比较松散,胶结差,崩塌后易碎裂,一般规模较小,但胶结较好的,如黄土边坡,崩塌规模可能稍大。

岩土质崩塌:崩塌物质由岩质、土质混合物构成,崩塌性质兼具岩质和土质崩塌特点。

按危岩体失稳的运动方式分类:坠落型崩塌、滑落型崩塌、滚落型崩塌、倾倒型崩塌(图 3-6)。

坠落型崩塌　　滑落型崩塌　　滚落型崩塌　　倾倒型崩塌

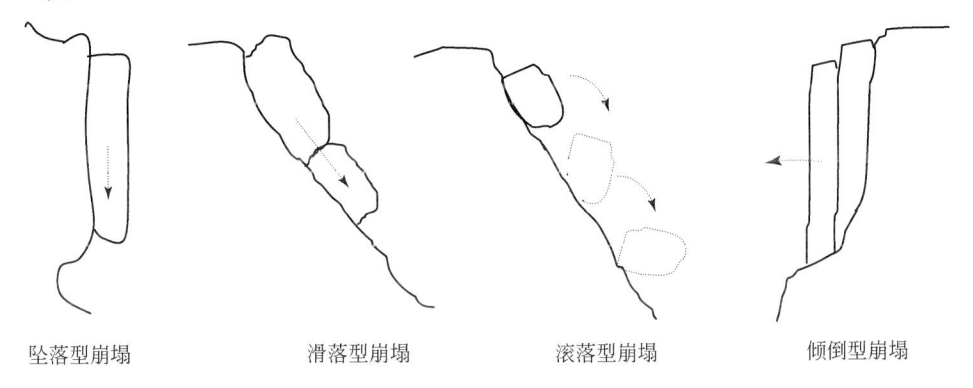

图 3-6　按危岩体失稳运动方式划分的崩塌类型

坠落型崩塌：崩塌体直接脱离坡体坠落坡脚。

滑落型崩塌：崩塌体起始运动主要为沿着滑动面滑落，随后可能会有碰撞、弹跳等过程。

滚落型崩塌：危岩体失稳后运动方式主要是沿着坡面滚动、弹跳为主，最终停止于坡脚。

倾倒型崩塌：崩塌体在失稳起始阶段为沿着趾点转动，其后岩土体的运动方式可能转化为滚落、滑落等运动方式。

按照岩体的失稳顺序分类：当坡体被结构面基本切割开后，崩塌可能发生在坡体表面，也可能是整个坡体一起垮塌，崩塌可分为散块式崩塌、递进式崩塌、连锁式崩塌（图3-7）。

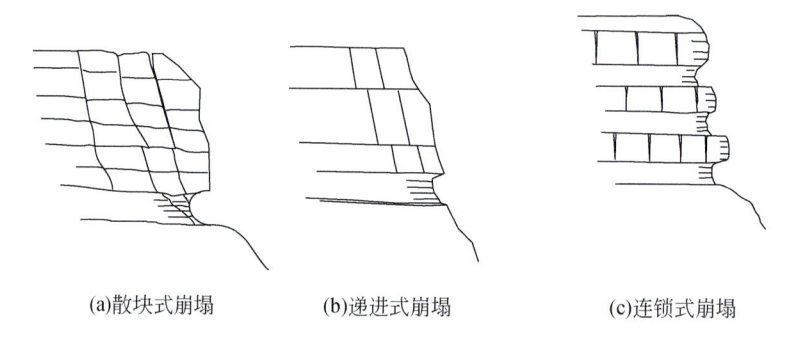

(a)散块式崩塌　　(b)递进式崩塌　　(c)连锁式崩塌

图3-7　按岩体失稳顺序划分的崩塌类型

散块式崩塌［图3-7（a）］：边坡上的危岩体呈碎块状个体存在，崩塌的发生以坡体表层单个块体坠落或滚落为主，规模一般较小，多表现为落石，实际边坡如图3-8（a）和（b）所示。

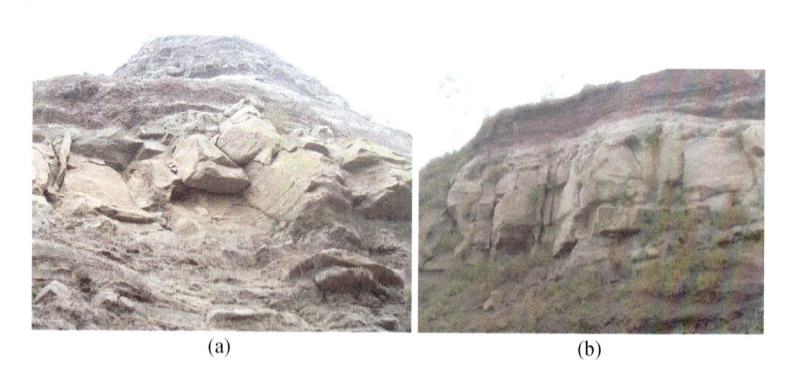

(a)　　(b)

图3-8　散块式崩塌边坡图

递进式崩塌［图3-7（b）和图3-9］：边坡上部危岩体的稳定性对下部岩体稳定性有一定的依赖，但不完全依赖下部岩体支撑。该类边坡的崩塌从下部岩体塌落开始，随后上部危岩体渐次崩塌。如下部岩体稳定，上部岩体一般不会先行失稳；下部岩体即使塌落，上部危岩也不会同时垮塌，因此崩塌发生规模不会很大。这种类型崩塌一般发生在岩性较硬、岩层厚度较大的边坡上。

连锁式崩塌（图 3-10 和图 3-11）：被结构面切割的边坡上部岩体在卸荷、静水压力等因素作用下被切割，已经和边坡完全分离，或结构面的黏结力不足以支撑自身的稳定；而下部岩体与边坡之间可能仍然未完全张裂或为其他岩体支撑（如软岩层尚未风化剥落）。上部岩体的稳定性完全依赖于下部岩体的稳定，一旦下部岩体塌落或下部泥岩风化剥落发展到一定程度，整个边坡上的崩塌体将像多米诺骨牌一样全部崩塌。观景台边坡（图 3-10）、北山关高切坡崩塌都属于这种类型（图 3-11）。

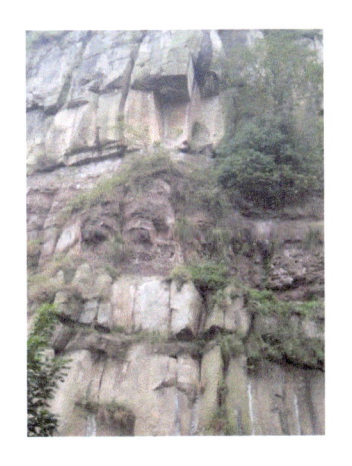

图 3-9　递进式崩塌边坡图　　图 3-10　某观景台边坡图

图 3-11　北山关高切坡崩塌图

按危岩体形成地质力学机制分类：倾倒型崩塌、拉张型崩塌、剪切-滑移型崩塌。

从岩土体受力变形破坏角度分析，边坡岩体保持稳定要符合两个条件：块体所受合力矩为零及块体所受合力为零。如果所受合力矩不为零，岩体将发生转动；如所受合力不为零时，岩体将发生变形与破坏。岩体破坏方式有两种，一种是剪切破坏，另一种是拉张破坏。因此，从受力机制角度按形成原因可将崩塌划分为三类：因合力矩不为零而导致的倾倒失稳型崩塌、因受力不平衡导致岩体的出现拉张破坏型崩塌和剪切破坏型崩塌。拉张型崩塌按照张裂隙形成机制又可分为卸荷-拉张型、塑流-拉张型、压致-拉张型和悬臂-拉张型。

3.2.2.1 倾倒型崩塌（Ⅰ）

边坡岩体被各种结构面切割形成的板状、柱状，且具有临空面时，就形成了危岩体。危岩体在静水压力、重力、地震力等作用下，沿底部发生转动导致失稳。地质模型见图3-12，实际案例见图3-13～图3-15。倾倒型崩塌形成的力学机制表现为倾覆力矩大于抗倾覆力矩引起岩石块体转动，差异风化是引起高陡直立岩体倾倒的重要原因。当危岩体下伏为软弱岩层时，底部软弱岩体不断风化剥落，形成岩腔，使危岩体的支撑面积减小，导致危岩体重心不断外移，稳定性不断降低，后侧裂隙不断扩大。在底部支撑面不足以支撑危岩体，或其后侧裂隙充水产生较大静水压力以及水平地震力作用时，就会发生倾倒。

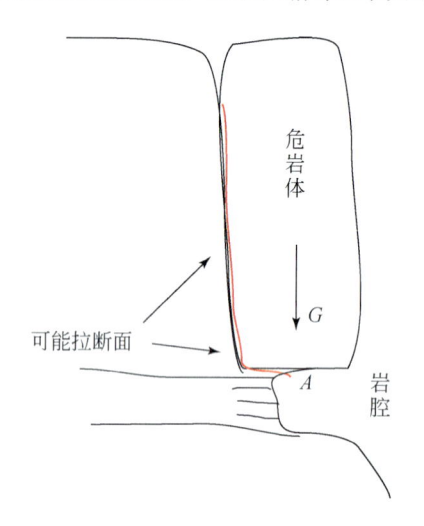

图3-12 倾倒型崩塌地质模型示意图

图3-13 太行山区挂壁公路陡立危岩

图3-14 路侧直立危岩

图3-15 湖北某公路高边坡危岩

3.2.2.2 拉张型崩塌（Ⅱ）

拉张破坏在岩土体中普遍存在。根据危岩体拉裂破坏形成机制，拉张型崩塌又可分为4个亚类：卸荷-拉张型崩塌、塑流-拉张型崩塌、滑移-压致拉张型崩塌和悬臂-拉张型崩塌。

1. Ⅱ₁ 卸荷-拉张型崩塌

边坡开挖后或在重力等长期作用下，因卸荷在坡肩产生拉张破坏形成张裂，张裂缝和岩体中原生的结构面共同构成裂隙网络切割边坡岩体。随着边坡不断向临空面变形，被新旧结构面切割岩体位移不断增大，最终导致崩塌发生（图3-16~图3-18）。

图3-16 边坡坡顶弧状拉张裂隙 　　图3-17 坡顶卸荷-拉张裂隙破坏（道路左侧为陡坡）

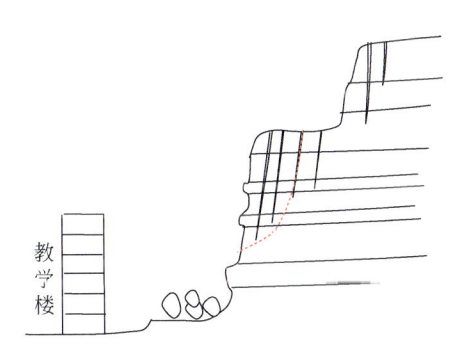

图3-18 边坡卸荷-拉张崩塌示意图

2. Ⅱ₂ 塑流-拉张型崩塌

边坡较厚软弱岩层在上部岩体压力作用、遇水软化、长期风化剥落等因素作用下，不断压缩和向临空方向塑性流动，导致上覆较坚硬岩层拉裂，岩体不断下沉和向外移动，将原有节理面拉张或在坡内岩体形成新的裂隙，形成危岩体。当因为风化、开挖等原因使得危岩体失去支撑面时，崩塌将发生（图3-19和图3-20）。

图 3-19 某边坡实景图 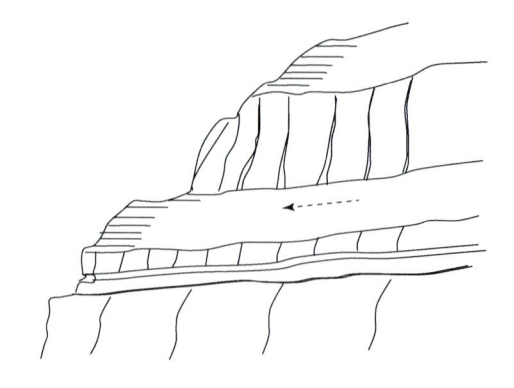　　　　　　　图 3-20 塑流-拉张型危岩形成机制

3. II₃ 滑移-压致拉张型崩塌

边坡岩土体沿平缓结构面向临空方向产生缓慢的蠕变性滑移，上下岩体发生错动，因拉应力高度集中而生成与滑移面近于垂直的拉张裂隙，进而形成危岩体，危岩体可以以掉落、滑落等方式脱离母岩形成崩塌（图 3-21～图 3-24）。

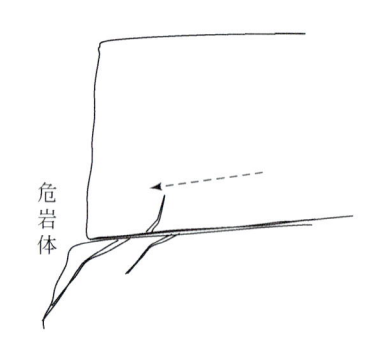

图 3-21 滑移-压致拉张型危岩体形成机制 　　　　图 3-22 机场路某边坡滑移-压致拉裂

图 3-23 机场路某高切坡滑移-压致拉张面 　　　　图 3-24 周家路上侧滑移-压致拉张边坡

4. II_4 悬臂-拉张型崩塌

边坡因差异风化等原因形成岩腔后，风化较慢的坚硬岩层在坡面上以悬臂梁形式凸出。在长期重力作用和下伏岩层不断风化剥落的情况下，重力力矩的影响越来越大。当倾覆（重力）力矩大于岩层抗倾覆力矩（岩体抗拉、抗剪力矩），或凸出岩体抗拉强度小于拉应力而断裂时，凸出岩体将突然翻转失稳。崩塌体后缘拉裂面一般是岩体内部原有结构面，或者是岩体因拉应力集中，沿着岩体内部某损伤面拉裂，而完整岩体只有相当大的倾覆力矩才能使完整岩体被拉断。悬臂-拉张型崩塌现象在近水平分布的软硬岩层相间产出的高边坡中较为普遍（图3-25和图3-26）。

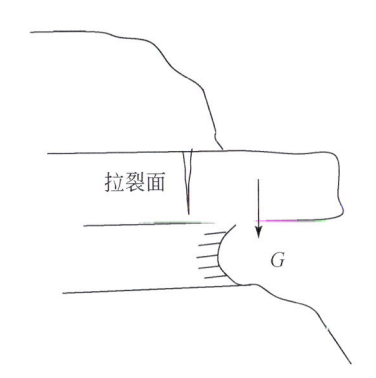

图 3-25　悬臂-拉张型崩塌模型 　　　　图 3-26　某边坡悬臂岩体支护

3.2.2.3　剪切-滑移型崩塌（Ⅲ）

剪切-滑移型崩塌可有以下几种形式：下伏岩体在上部岩体自重作用下，沿着边坡中软弱结构面剪裂；岩层比较软弱、破碎的开挖边坡在重力作用下发生剪切滑落；危岩体沿着结构面发生剪切滑动，导致崩塌。重庆武隆鸡尾山大型崩塌即属于此类型（图3-27～图3-29）。

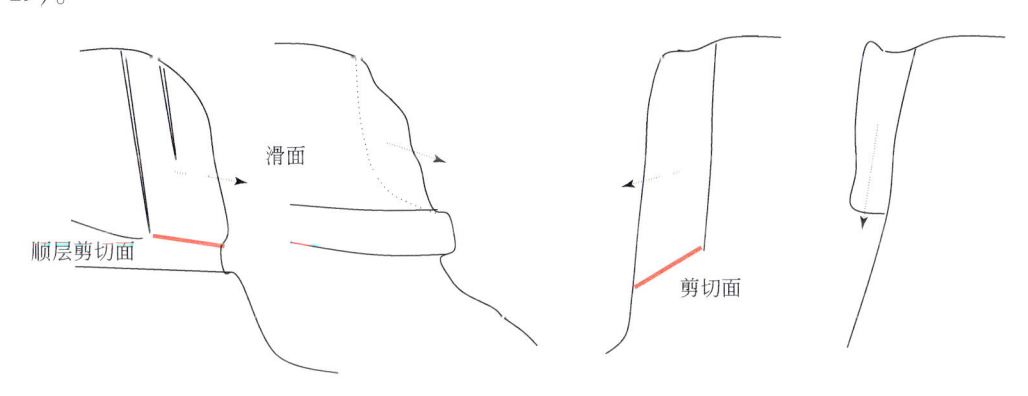

图 3-27　剪切-滑移型崩塌的几种类型

图 3-28 某边坡悬吊的危岩体　　　图 3-29 鸡尾山剪切-滑移型崩塌体

危岩体从形成到发生崩塌失稳的过程是边坡岩体在各种力的作用下由稳定到失去平衡的过程。上述分类以危岩体形成的力学机制为基础，考虑到危岩体形成、发展的过程等方面因素，结合现场大量地质调查结果归纳划分。各类崩塌在岩性、结构面特征、地貌、危岩体形状、受力状态、起始运动形式和主要失稳因素等方面都有不同特点，下面列表作一对比（表3-4），各种分类方法及特征见表3-5。

3.3　本章小结

通过本章的分析，可以得到以下结论。

（1）影响崩塌的主要因素包括地形地貌、地层岩性、降水及地下水、风化作用和岩土体结构。

（2）崩塌发育的阶段可划分为危岩形成阶段、蠕变位移阶段和崩塌发生阶段，崩塌过程的阶段划分深化了对崩塌灾害的认识。

（3）从岩土体失稳的力学本质出发，采用地质力学分类方法，崩塌可以划分为倾倒型、拉张型和剪切-滑移型三大类。其中拉张型崩塌又可分为卸荷-拉张型、塑流-拉张型、滑移-压致拉张型和悬臂-拉张型四个亚类。

（4）从崩塌运动的过程描述的角度，崩塌也可划分为坠落型崩塌、滑落型崩塌、滚落型崩塌、倾倒型崩塌；根据危岩失稳的过程，可分为松散式崩塌、递进式崩塌、连锁式崩塌。这两种分类方法符合人们对崩塌的直观认识，有助于对落石的路径和分布范围、危岩失稳的过程做进一步的认识。

第3章 崩塌的演化阶段与类型

表 3-4 地质力学法崩塌分类说明表

崩塌类型		亚类	图示	岩层组合	结构面	崩塌体形状	受力状态	破坏方式	主要可能作用力
Ⅰ	倾倒型崩塌			单层或多层	垂直节理切割或直立层面	直立柱状或板状	倾覆力矩	倾倒、拉张	静水压力、动水压力、地震力、风化营力、重力
Ⅱ	拉张型崩塌	卸荷-拉张型崩塌（Ⅱ₁）		单层或多层	卸荷拉张垂直裂隙、滑移面	块状、板状、柱状、楔形体	坡肩受拉张、滑移面受剪切力	卸荷拉裂、危岩体下滑、倾斜	重力、静水压力、动水压力
		塑流-拉张型崩塌（Ⅱ₂）		多层	拉张裂隙	厚层或薄层、块体	岩层界面上硬岩受拉、软岩主要受压和受剪	拉张破坏、软岩蠕变、风化	重力、软化、风化营力
		滑移-压致拉张型崩塌（Ⅱ₃）		多层	压致拉张裂隙	厚层或薄层、块体	拉张	受压和拉张	重力
		悬臂-拉张型崩塌（Ⅱ₄）		多层	拉张裂隙	梁式、板式	拉张	拉张破坏	重力、风化剥落
Ⅲ	剪切-滑移型崩塌			单层或多层	原有或产生新的剪切面	各种形状	剪切	剪切破坏	重力、静水压力、动水压力

表 3-5 崩塌分类方法及特征

分类方法		岩性与结构	典型地形	受力状态	初始运动形式
岩土类型	岩质	岩质，被多组结构面切割	陡崖	剪切	倾倒，滑移
	土质	土质，竖向节理为主	临空陡坡	拉张，力矩失衡	倾倒，溃屈
	岩土质	岩土混合，竖向节理为主的多组结构面组合	临空陡坡	拉张为主	倾倒，滑移
地质现象	倾倒式	岩质，土质，竖向节理为主	峡谷、直立岸坡、悬崖	力矩失衡	倾倒
	滑移式	竖向结构面为主，岩土层面较缓	陡坡	剪切，可有拉张	滑移
	鼓胀式	多层硬互层，岩土层面较缓	陡坡	剪切，拉张	鼓胀伴有下沉、滑移
	拉裂式	竖向结构面发育，错断处结构面不明显	临空陡崖；悬臂岩体	多为风化重力拉张	拉裂
	错断式	硬岩、黄土层，垂直裂隙发育，结构面近垂直	陡坡	剪切	错断
地质力学机理	倾倒型	多为硬岩或硬土，岩土层面为主	峡谷、直立岸坡、悬崖	力矩失衡	倾倒
	拉张裂型	拉张裂隙为主，竖向结构面为主，有薄弱面或易剪切面	陡坡	风化、卸荷或重力拉张	张裂，变形
	剪切滑移型	竖向结构面为主，竖向水平层理切割明显	陡坡	剪切	滑移
运动过程	倾倒	较硬岩体，竖向节理与水平层面切割	陡坡	力矩失衡	转动
	坠落	硬岩，多组节理切割	陡崖	拉张	坠落
	滚落	硬质岩为主，多组节理切割	较陡坡	拉张或剪切	滚落
	滑落	硬质岩为主，多组节理切割	较陡坡	剪切	滑落为主
危岩体失稳顺序	散块式	硬质岩为主，多组节理切割	较陡坡	拉张或剪切	坠落或滚落
	递进式	硬质岩为主，多组节理切割	较陡坡	拉张为主	坠落或滚落
	连锁式	硬质岩为主，多组节理切割	较陡坡	拉张或剪切	坠落、滚落或滑落

第 3 章 崩塌的演化阶段与类型

续表

分类方法		岩性与结构	典型地形	受力状态	初始运动形式
体积 $V/10^4\,\mathrm{m}^3$	特大型	$V \geq 100$			
	大型	$100 > V \geq 10$			
	中型	$10 > V \geq 1$			
	小型	$V < 1$			
危害对象	一级	威胁人数>100 人，直接经济损失>500 万元；一、二级铁路，高速公路及省级及以上公路；大型以上水库，重大水利水电工程；能源矿山，如煤矿			
	二级	威胁人数 10～100 人，直接经济损失 100～500 万元；三级铁路，县级公路，中型水库，省级重要水利水电工程；非金属矿山，如建筑材料			
	三级	威胁人数<10 人，直接经济损失<100 万元；铁路支线，乡村公路，小型水库，县级水利水电工程；金属矿山，稀有、稀土矿			

第 4 章 危岩体稳定性计算与评价

崩塌稳定性计算是崩塌分析评价的重要内容，各类崩塌因形成机理和适用条件不同，因此计算方法也不相同。总体来说，危岩稳定性分析可分为定性分析、定性半定量分析评价以及定量解析计算，宜根据危岩体不同情况及任务目的要求采取不同方法进行。

4.1 危岩体稳定性分析步骤

4.1.1 危岩体基本地质资料调查

首先要调查工作区的地质环境背景，获取基本的岩体物理力学参数。主要调查工作区的气象、水文条件、地形、地貌、出露的地层岩性及其工程地质特征，目的在于掌握高切坡节理裂隙性质及发育规律。一般危岩主要由节理裂隙切割而成，具有一定规模的构造节理、裂隙对危岩形成起到控制作用。故危岩体现场调查重点为结构面性质，查明其产状、组合特征、贯通、张开、充填情况、粗糙度，并测定结构面的物理力学性质，通常倾角大、贯通良好、张开、光滑且充填有黏土的结构面切割成的表层岩体极易形成危岩。

4.1.2 确定危岩体边界

确定危岩体的形状、大小与边坡稳定岩体部分的节理切割关系，即边界条件。若潜在崩塌体被明显而贯通的结构面与稳定岩体分开，则边界条件比较容易确定；若崩塌体被多组结构面相互穿插分割，且没有特别明显而贯通的结构面时，边界条件比较难以确定。这时可通过对结构面的量测和统计，将结构面按照倾向、倾角分组，然后用赤平投影分析方法和步骤，找出边坡上出露的不稳定危岩体，并查清构成该危岩体体的结构面和块体边界。再根据延伸最远而且最软弱结构面的产状和实际测量，用边坡实体比例投影的方法，确定不稳定岩体的边界条件。

要注意的是，危岩体所处的位置一般都比较高陡，勘查深度不足，勘查精度较低，危岩体之间可能存在漏勘现象，造成治理不彻底、不全面，留下隐患。这是在危岩防治工作用需要引起重视的问题。

4.1.3 崩塌类型的初步判断

根据危岩体的形成受力机制划分崩塌类型，以便于进行力学分析与计算。崩塌类型按地质力学分类方法可分为倾倒型崩塌、拉张型崩塌和剪切-滑移型崩塌三个基本类型。软弱结构面的组合情况是判断崩塌类型的主要依据。如果危岩体是直立的板状或柱状的岩体，岩体后有明显裂缝，而且无倾向坡外的结构面，则多发生倾倒型崩塌。如果危岩体为坚硬岩石，下部有软弱岩层或夹层且倾向坡外，则有可能发生塑流-拉张型崩塌；若夹层很薄，坚硬岩石有锁固段时，就有可能发生压致-拉张破坏。西南地区代表性的软硬互层的地层分布广泛，软岩极容易风化剥落的特点，使边坡在风化营力作用下，极易形成岩腔，硬岩凸出，在重力作用下，这类高切坡很容易发生悬臂-拉张型崩塌。若硬岩巨厚，自重压力太大，则下部软岩体可能被剪断或压碎，所以也可能发生剪切-滑移型崩塌。对这样的危岩体就要同时进行多种可能性验算。再如，当陡坡上岩体被多组软弱结构面切割时，其中有一组或两组以上结构面或交界面倾向坡外，且倾向坡外的结构面平滑或有黏土质风化物充填时，则岩体可能发生整体性剪切崩塌，这时则应进行剪切-滑移型崩塌验算。如果陡坡上不稳定岩体具有几种崩塌的可能，则对各种可能性都应进行检算，然后进行比较，以便确定最危险的崩塌形式及其稳定性。

4.2 定性分析方法

定性分析包括自然历史分析方法、工程地质类比法、赤平投影法等。一般来说，中型、小型危岩体稳定性评价定性分析可根据表4-1进行。

表4-1 危岩体稳定性评价定性分析表

稳定性评价	地形坡度	结构面特征	岩体结构	备注
稳定性极差	地形陡，坡度一般大于45°	结构面普遍张开，部分充填岩屑及次生泥，岩体松动，结构面不利组合完备	块裂或碎裂结构	结构面不利组合完备指存在顺坡结构面或两组结构面交线顺坡，倾角小于坡角且大于结构面摩擦角，可采用赤平投影定性分析及根据蒋爵光分析法算得其稳定性系数中值小于1。不利组合较完备指存在顺坡结构面或两组结构面交线顺坡、倾角小于坡角，主控结构面非连续，可根据蒋爵光赤平投影法算或数值解法得其稳定性系数$1 \leqslant K \leqslant 1.10$。凡结构面不利组合不完备均为稳定性极差。对斜坡上孤石及破碎岩体，以地形坡度及植被发育为主要判别条件
稳定性差	地形坡度一般为37°~45°	结构面张开，无填充或部分填充，不利组合较完备	块裂或次块状结构	
稳定性较差	地形坡度一般为30°~37°	结构面部分张开或闭合无填充，不利组合较完备或不完备	镶嵌或次块状结构	

在工程实际中，常采用赤平投影法进行危岩体稳定性的定性评价。赤平投影法定性分析危岩体稳定性主要是根据地形坡度、结构面性状及其组合关系、岩体结构特征等结合赤平投影等定性分析方法综合提出的。该法对小、中型危岩体较为适用，对特大型危岩体应进行定量评价。

基于赤平投影法的危岩体稳定性分析法有大圆分析法、极点分析法和蒋爵光分析法等。

4.2.1 大圆分析法

大圆分析法就是将各结构面产状以大圆表示的分析方法。该方法是依据每组结构面在赤平投影平面的投影大圆或每两组大圆组合形成的交线，与坡面（自然坡面或开挖坡面）在该投影平面上投影大圆以及摩擦圆的相对位置和分布情况来对边坡的稳定性作出判断，即当代表结构面或某两组结构面大圆交线（图 4-1 中第 1 组和第 2 组结构面大圆的交线）小于边坡面的倾角且都在摩擦圆中时，危岩体是不稳定的。

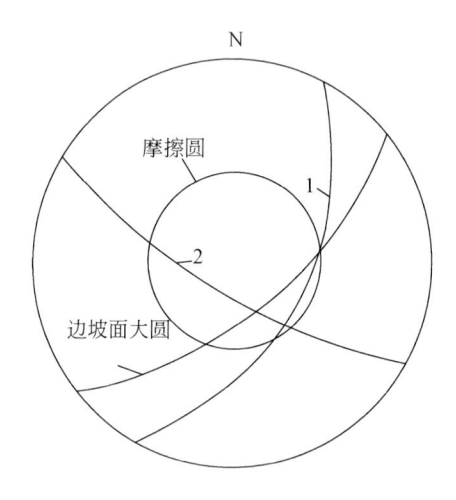

图 4-1 赤平投影大圆分析法

4.2.2 极点分析法

极点分析法就是将各结构面产状以极点表示的分析方法。该方法首先根据前述原理在赤平投影平面上绘出可能发生滑动和倾倒的破坏区，然后根据各结构面及它们相互之间组合交线的极点是否落入这两个区，来判断危岩体的稳定性（图 4-2）。当某个结构面或结构面交线的极点落入滑动区（月牙形阴影区域）或倾倒区（靠近大圆边界的扇形区）时，这表明该结构面代表的平面或结构面交线代表的楔形体存在潜在破坏的危险或者倾倒破坏的可能性。

4.2.3 蒋爵光分析法

西南交通大学的蒋爵光提出了利用投影网（吴氏网）的下半球投影来替代全空间赤平投影的方法，可使作图和危岩体的稳定性分析简便明了。同时这种方法如果配合野外危岩体结构面的抗剪强度测试，可以很快地对危岩体稳定性做出定量评价。下面简单介绍应用该方法进行稳定性分析的方法和步骤。

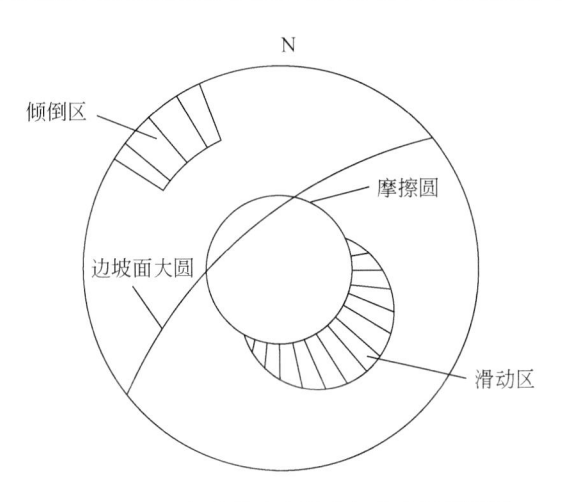

图 4-2　用于危岩体稳定性分析的赤平投影图

4.2.3.1　做出下半球赤平投影并标出 g_i 和 g_{ij}

以表 4-2 所示的危岩体结构面的产状为例。如图 4-3（a）所示，做出结构面 p_1、p_2、p_3 和 p_4 投影，标出单滑面方向 g_1、g_2、g_3、g_4 和双滑面方向 g_{12}、g_{13}、g_{14}、g_{23}、g_{24}、g_{34} 以及坠落方向 g。

表 4-2　危岩体结构面的产状及摩擦系数

结构面组 p_i	结构面倾向 β_i/（°）	结构面倾角 α_i/（°）	摩擦系数 $\tan\varphi_i$
p_1	250	30	0.70
p_2	15	38	0.85
p_3	330	60	0.60
p_4	135	70	0.60
开挖边坡 S-S'	343	73	

4.2.3.2　标出坠落、单滑面和双滑面的投影

如图 4-3（b）所示，标出所有失稳形式（坠落、单滑面和双滑面）的投影；直接坠落投影区 G，单滑面投影区 1、2、3、4 和双滑面投影区 12、13、14、23、24、34 刚好把赤平大圆内投影区全部标完，且互不重复。

4.2.3.3　确定构成崩塌体的结构面和棱边

从危岩体投影图中，可分析构成各危岩体的结构面和相应的棱边。然后根据边坡危岩体在临空面上的出露条件（这里不作详细讨论），初步判断出潜在可能失稳的危岩体。

4.2.3.4　计算各类危岩体的稳定系数

假设各结构面的凝聚力为零或很小，在计算中不考虑，并且已知各结构面的摩擦系

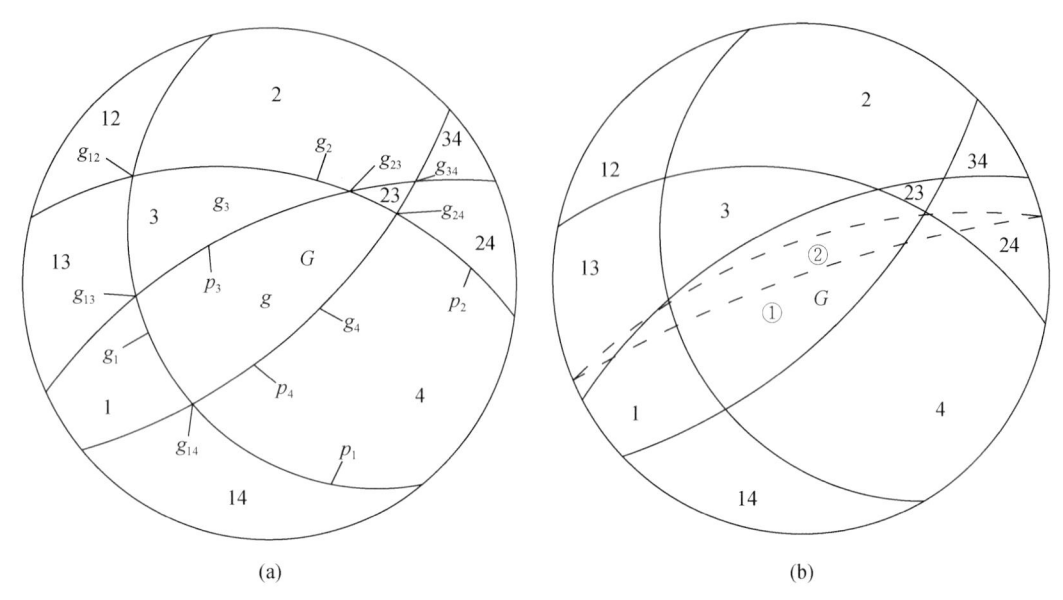

图 4-3 边坡面上危岩体的赤平投影分析

数,则各类潜在可能失稳的危岩体的稳定系数 K 按下列各式确定：

坠落：$K=0$

单滑面：$K=\cot\alpha_i \cdot \tan\varphi_i$

双滑面：

$$K=\frac{\cos\gamma_{ij}(\sin\gamma_i \cdot \tan\varphi_j+\sin\gamma_j \cdot \tan\varphi_i)}{\sin\gamma_{ij} \cdot \sin(\gamma_i+\gamma_j)}$$

式中，α_i 为单滑面倾角；φ_i 为结构面内摩擦角；γ_{ij} 为双滑面交线的倾角；γ_i、γ_j 为双滑面交线的法线分别与 P_i、P_j 面法线的夹角。γ_{ij}、γ_i、γ_j 均可从赤平投影图中求得。

可以采用数值解法求 γ_{ij}、γ_i、γ_j。采用空间向量计算，设结构面产状为倾向 α，倾角 β，其法线则为倾向 $\alpha+180°$，倾角为 $90°-\beta$，则结构面法向量为 $n=(x, y, z)=(-\cos\alpha\sin\beta, -\sin\alpha\sin\beta, \cos\beta)$。两平面交线向量 $n'=(x', y', z')$：

$$n'=\begin{vmatrix} i & j & k \\ x_1 & y_1 & z_1 \\ x_2 & y_2 & z_2 \end{vmatrix}$$

双滑面交线倾角 $\gamma_{ij}=\arcsin(z')$，双滑面交线的法线与 P_i 面法线交线倾角

$$\gamma_i=\arccos\left(\frac{n_i n'}{|n_i||n'|}\right)。$$

4.2.3.5 边坡危岩体稳定性评价

在确定了各类危岩体稳定系数的基础上，便可结合具体的岩体工程（如边坡），对危岩体的稳定性做出评价。若能配合采用可在野外迅速确定结构面抗剪强度的方法（如巴顿的粗糙度方法等），便可简易而有效地对危岩体稳定性做出评价，并可根据需要与可能进

行边坡方向、坡度的选择。

如图4-3（b）所示，边坡①的情况（坡度73°），只有单滑面2、3和双滑面12的是在边坡临空面上出露的滑移式危岩体。由稳定性计算可知，双滑面危岩体12的稳定系数K为2.89，处于稳定状态；单滑面2的K为1.09，属于基本稳定；但单滑面危岩体3的K为0.35，将会产生滑动，需要采取相应的工程措施。若将边坡坡度放缓至53°，如图4-3（b）中虚线所示的边坡坡度。由于边坡岩体的投影区与单滑面3危岩体投影区相交，故单滑面3危岩体不会在边坡上出露，因而整个边坡均是稳定的。

不难看出，图解法只能对部分类型危岩体的稳定性进行定性或简略的定量分析，但应用该方法对危岩体进行稳定性分析是比较方便和有效的。

4.3 定量计算方法

4.3.1 失稳因素分析及其最不利组合

潜在崩塌体的失稳因素及其最不利组合情况，主要取决于工程地质条件，气象水文条件，不稳定岩体的结构构造、形状及其可能的崩塌类型。一般来说，都应根据具体情况进行具体分析。如对上述板状、柱状岩体的倾倒型崩塌来说，失稳因素主要有动水压力、静水压力和地震力等。动水压力和静水压力值在雨季中的长期大雨或暴雨时可能达到最大值，静水压力最大值可用崩塌体后裂缝全为雨水充满来考虑。而地震力可按本区地震烈度划分情况决定，最不利组合是按失稳因素同时发生作用来考虑。

4.3.2 公式和参数的选择

公式和参数的选择是崩塌计算中非常重要的一步，如果选择不当，会使计算失去意义。相反，如果选择合理，可为设计提供可靠依据。公式和参数的选择主要决定于崩塌的类型，崩塌的类型不同，选用的公式和参数也不同。如剪切面是沿软硬岩层交界面发生，则抗剪计算应选用软弱岩层的参数或交界面上软弱面的抗剪参数；如崩塌体是沿岩层内部剪裂，则抗剪计算应选用岩体本身的或破裂面的抗剪参数。常用的岩石物理力学参数有岩石的容重、岩石的抗压强度、抗剪强度、抗拉强度、软岩的天然状态下的无侧限抗压强度（或饱水无侧限抗压强度）、软弱面的抗剪强度等。这些参数如果能取样试验，都应实测确定；如果不能实测，而有经验数据参考，可选用相似条件下的数据和参数。当只作估算时，可查工程地质手册确定有关的物理力学指标。

4.3.3 倾倒型崩塌

作用在倾倒型崩塌岩体上的作用力主要有自重荷载、后缘裂隙水压力及地震惯性力等，自重为危岩体的体积与天然容重的乘积；裂隙水压力与切割危岩体结构面张开程度密切相关，主要考虑静水压力，天然状态取三分之一孔隙水柱高，暴雨期间取三分之二孔隙水柱高；地震力因素方面，到目前为止，主要考虑水平地震荷载的作用，为危岩体自重与水平地震系数的乘积，对于长期累积地震荷载变形以及振动对危岩体稳定性的影响尚无成熟方法计算。

倾倒型崩塌稳定性计算采用受力分析求其解析解，按如下几种工况分别进行。

组合1：自重+裂隙水压力（天然状态）；

组合2：自重+裂隙水压力（暴雨状态）；

组合3：自重+裂隙水压力（天然状态）+地震力。

4.3.3.1 水平力作用下倾倒型崩塌

在水平作用力下岩体发生倾倒型崩塌的基本受力图如图4-4所示，一旦发生倾斜，将以 A 点为转动支点发生转动。

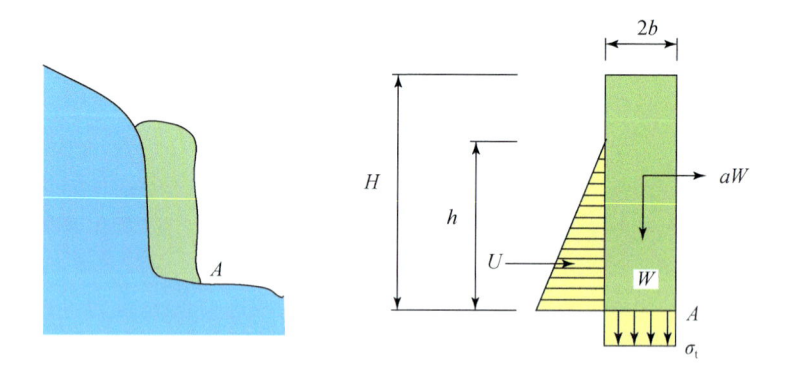

图4-4 倾倒型崩塌计算图

同时考虑裂隙水压力、重力、地震力、岩体底部抗拉力强度等因素，根据力学分析，崩塌体的抗倾覆稳定性系数 K 按式（4-1）计算：

$$K=\frac{Wb+2b^2\sigma_\text{t}}{U\dfrac{h}{3}+aW\dfrac{H}{2}} \tag{4-1}$$

式中，U 为静水压力，$U=\dfrac{\gamma_\text{w}h^2}{2}$；$h$ 为裂隙水位深度；H 为危岩体高度；γ_w 为水的容重；W 为崩塌体重量；aW 为地震力；a 为水平地震系数；b 为转点 A 至重力延长线的垂直距离，这里为崩塌体宽的一半；σ_t 为崩塌体底部岩石或结构面的抗拉强度。

对于组合1（后缘裂隙水高度 $h=\dfrac{H}{3}$，不考虑地震作用），倾倒型崩塌稳定性系数为

$$K=\frac{162b(W+2b\sigma_\text{t})}{\gamma_\text{w}H^3} \tag{4-2}$$

对于组合2（后缘裂隙水高度 $h=\dfrac{2}{3}H$，不考虑地震作用），倾倒型崩塌稳定性系数为

$$K = \frac{81b(W+2b\sigma_t)}{4\gamma_w H^3} \tag{4-3}$$

对于组合3（后缘裂隙水高度 $h=\dfrac{H}{3}$，考虑地震作用），倾倒型崩塌稳定性系数为

$$K = \frac{162b(W+2b\sigma_t)}{H(\gamma_w H^2 + 81aW)} \tag{4-4}$$

当地震烈度为Ⅶ度时，取 $a=0.1$；当地震烈度为Ⅷ度时，取 $a=0.2$；当地震烈度为Ⅸ度时，取 $a=0.4$。

4.3.3.2 边坡有岩腔时倾倒型崩塌

边坡因差异风化使部分地层岩体风化剥落严重，产生岩腔，不能支撑上部岩体重量发生倾倒型崩塌的基本受力分析图如图4-5和图4-6所示，图中 C 点为危岩体底部与基座接触的可能倾覆点。

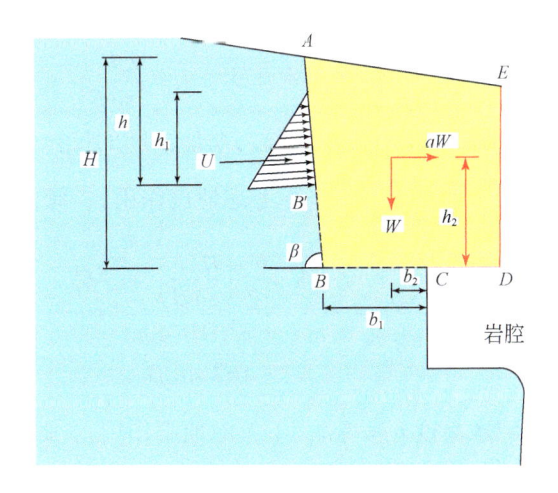

图4-5 重心在转动支点内侧计算模型

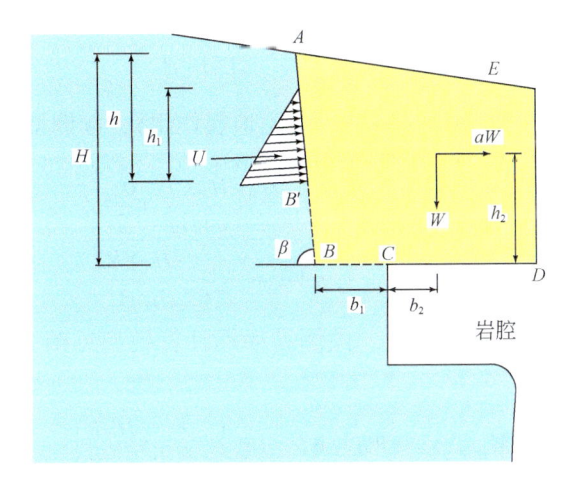

图4-6 重心在转动支点外侧计算模型

(1) 危岩体重心在倾覆点内侧时，倾倒型崩塌计算模型见图 4-2，按单位长度考虑，围绕可能倾覆点 C，倾覆力矩为

$$M_{\text{倾覆力矩}} = aWh_2 + U\left(\frac{1}{3}\frac{h_1}{\sin\beta} + \frac{H-h}{\sin\beta}\right) \tag{4-5}$$

抗倾覆力矩为

$$M_{\text{抗倾覆力矩}} = Wb_2 + \frac{\sigma_{t1}}{2}\left(\frac{H-h}{\sin\beta}\right)^2 + \frac{\sigma_{t2}}{2}b_1^2 \tag{4-6}$$

稳定系数为

$$K = \frac{M_{\text{抗倾覆力矩}}}{M_{\text{倾覆力矩}}} = \frac{Wb_2 + \frac{\sigma_{t1}}{2}\left(\frac{H-h}{\sin\beta}\right)^2 + \frac{\sigma_{t2}}{2}b_1^2}{aWh_2 + U\left(\frac{1}{3}\frac{h_1}{\sin\beta} + \frac{H-h}{\sin\beta}\right)} \tag{4-7}$$

式中，h 为后缘裂隙深度；h_1 为裂隙水位深度；h_2 为转动支点 C 到地震水平作用力的垂直距离；H 为危岩体高度；b_1 为危岩体底部与基座的接触长度；b_2 为转点 C 至重力延长线的垂直距离；β 为后缘裂隙面的倾角；U 为静水压力，$U = \frac{\gamma_w h_1^2}{2\sin\beta}$；$\gamma_w$ 为水的容重；W 为崩塌体重量；σ_{t1} 为危岩体的抗拉强度；σ_{t2} 为危岩体与基座之间的抗拉强度。

对于组合 1（后缘裂隙水高度 $h_1 = \frac{h}{3}$，不考虑地震作用），倾倒型崩塌稳定性系数为

$$K = \frac{M_{\text{抗倾覆力矩}}}{M_{\text{倾覆力矩}}} = \frac{Wb_2 + \frac{\sigma_{t1}}{2}\left(\frac{H-h}{\sin\beta}\right)^2 + \frac{\sigma_{t2}}{2}b_1^2}{\dfrac{\gamma_w h^2(9H-8h)}{162\sin^2\beta}} \tag{4-8}$$

对于组合 2（后缘裂隙水高度 $h_1 = \frac{2}{3}h$，不考虑地震作用），倾倒型崩塌稳定性系数为

$$K = \frac{M_{\text{抗倾覆力矩}}}{M_{\text{倾覆力矩}}} = \frac{Wb_2 + \frac{\sigma_{t1}}{2}\left(\frac{H-h}{\sin\beta}\right)^2 + \frac{\sigma_{t2}}{2}b_1^2}{\dfrac{2\gamma_w h^2(9H-7h)}{81\sin^2\beta}} \tag{4-9}$$

对于组合 3（后缘裂隙水高度 $h_1 = \frac{h}{3}$，考虑地震作用），倾倒型崩塌稳定性系数为

$$K = \frac{M_{\text{抗倾覆力矩}}}{M_{\text{倾覆力矩}}} = \frac{Wb_2 + \frac{\sigma_{t1}}{2}\left(\frac{H-h}{\sin\beta}\right)^2 + \frac{\sigma_{t2}}{2}b_1^2}{aWh_2 + \dfrac{\gamma_w h^2(9H-8h)}{162\sin^2\beta}} \tag{4-10}$$

(2) 危岩体重心在倾覆点外侧时，倾倒型崩塌计算模型见图 4-3，按单位长度考虑，围绕可能倾覆点 C，倾覆力矩为

$$M_{\text{倾覆力矩}} = aWh_2 + Wb_2 + U\left(\frac{1}{3}\frac{h_1}{\sin\beta} + \frac{H-h}{\sin\beta}\right) \tag{4-11}$$

抗倾覆力矩为

$$M_{抗倾覆力矩} = \frac{\sigma_{t1}}{2}\left(\frac{H-h}{\sin\beta}\right)^2 + \frac{\sigma_{t2}}{2}b_1^2 \tag{4-12}$$

稳定系数为

$$K = \frac{M_{抗倾覆力矩}}{M_{倾覆力矩}} = \frac{\dfrac{\sigma_{t1}}{2}\left(\dfrac{H-h}{\sin\beta}\right)^2 + \dfrac{\sigma_{t2}}{2}b_1^2}{aWh_2 + Wb_2 + U\left(\dfrac{1}{3}\dfrac{h_1}{\sin\beta} + \dfrac{H-h}{\sin\beta}\right)} \tag{4-13}$$

对于组合1（后缘裂隙水高度 $h_1 = \dfrac{h}{3}$，不考虑地震作用），倾倒型崩塌稳定性系数为

$$K = \frac{M_{抗倾覆力矩}}{M_{倾覆力矩}} = \frac{\dfrac{\sigma_{t1}}{2}\left(\dfrac{H-h}{\sin\beta}\right)^2 + \dfrac{\sigma_{t2}}{2}b_1^2}{Wb_2 + \dfrac{\gamma_w h^2(9H-8h)}{162^2\sin\beta}} \tag{4-14}$$

对于组合2（后缘裂隙水高度 $h_1 = \dfrac{2}{3}h$，不考虑地震作用），倾倒型崩塌稳定性系数为

$$K = \frac{M_{抗倾覆力矩}}{M_{倾覆力矩}} = \frac{\dfrac{\sigma_{t1}}{2}\left(\dfrac{H-h}{\sin\beta}\right)^2 + \dfrac{\sigma_{t2}}{2}b_1^2}{Wb_2 + \dfrac{2\gamma_w h^2(9H-7h)}{81\sin^2\beta}} \tag{4-15}$$

对于组合3（后缘裂隙水高度 $h_1 = \dfrac{h}{3}$，考虑地震作用），倾倒型崩塌稳定性系数为

$$K = \frac{M_{抗倾覆力矩}}{M_{倾覆力矩}} = \frac{\dfrac{\sigma_{t1}}{2}\left(\dfrac{H-h}{\sin\beta}\right)^2 + \dfrac{\sigma_{t2}}{2}b_1^2}{aWh_2 + Wb_2 + \dfrac{\gamma_w h^2(9H-8h)}{162\sin^2\beta}} \tag{4-16}$$

4.3.4 拉张型崩塌

4.3.4.1 悬臂-拉张型崩塌

1. 最大弯矩截面处无拉裂缝情况

悬臂-拉张型崩塌如图4-7所示。当下部软岩和上部软岩不断风化剥落，中间的硬岩就以悬臂梁形式凸出。根据悬臂梁受力分析，在 AB 面上承受最大的弯矩，岩体顶部受拉，底部受压，A 点拉应力最大。在长期重力作用和风化作用下，A 点附近的裂隙逐渐扩大，并向深部发展。一旦 A 点处拉应力超过岩石的抗拉强度，悬臂状岩体就会发生崩塌。因此，这类崩塌的关键是最大弯矩截面 AB 上的拉应力能否超过岩石的抗拉强度 σ_t。故可以用拉应力与岩石抗拉强度的比值进行稳定性检验。假设凸出的悬臂梁岩体长度为 l，岩体厚度为 h，宽度为1m（取单位宽度），岩体重度为 γ。当 AB 断面上未出现裂缝时[图4-7(a)]，则 A 点上的拉应力为

$$\sigma_{At} = \frac{M \cdot y}{I} = \frac{3l^2\gamma}{h} \tag{4-17}$$

式中，σ_{At} 为 AB 面处 A 点的拉应力；M 为 AB 断面上的弯矩，$M = \frac{l^2}{2}\gamma h$；$y = \frac{h}{2}$；$I$ 为 AC 面上的转动惯量，$I = \frac{h^3}{12}$。

稳定性系数：

$$K = \frac{\sigma_t}{\sigma_{At}} = \frac{h\sigma_t}{3l^2\gamma} \tag{4-18}$$

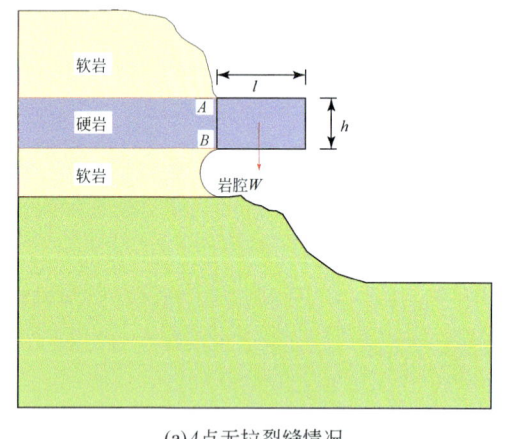

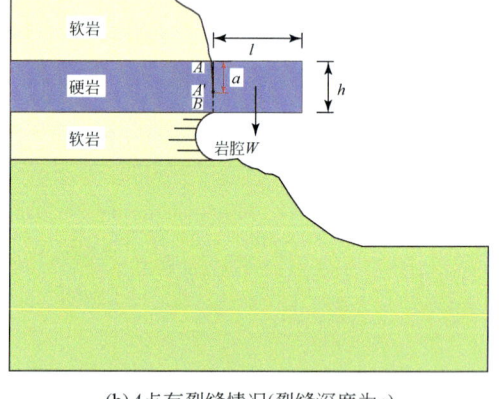

(a) A 点无拉裂缝情况　　　　　　(b) A 点有裂缝情况 (裂缝深度为 a)

图 4-7　悬臂–拉张型崩塌计算模型

2. 最大弯矩截面处有拉裂缝情况

如果 A 点处已有裂缝 [图 4-7（b）]，且裂缝深度为 a，裂缝最低点为 A'，则 $A'B$ 截面上的惯性矩 $I = \frac{(h-a)^3}{12}$，$y = \frac{h-a}{2}$，弯矩 $M = \frac{l^2}{2}\gamma h$，则 A' 点所受的拉应力为

$$\sigma_{A't} = \frac{M \cdot y}{I} = \frac{3l^2\gamma h}{(h-a)^2} \tag{4-19}$$

稳定系数：

$$K = \frac{\sigma_t}{\sigma_{A't}} = \frac{\sigma_t(h-a)^2}{3l^2\gamma h} \tag{4-20}$$

4.3.4.2　塑流–拉张型崩塌

当陡峻边坡岩体下部有较厚的软弱层时（常为断层破碎带、风化破碎岩土体等），在水的作用下，这些软弱层先进行软化，随后发生塑流–拉张型崩塌。以下介绍抗压强度–压应力比值分析、软弱层挤出变形分析两种计算方法。

1. 抗压强度–压应力比值分析计算法

当上部岩体在软弱层产生的压应力大于软弱层的无侧限抗压强度时，则软弱层将被挤出，即发生鼓胀变形。上部岩体可能产生下沉、滑移或倾斜，甚至发生崩塌。如图4-8所示。稳定性系数可用下部软弱层的无侧限抗压强度与上部岩体在软岩顶面产生的压应力的比值计算：

$$K=\frac{\sigma_c}{\sigma}=\frac{\sigma_c}{W/A}=\frac{A\cdot\sigma_c}{W} \qquad (4-21)$$

式中，W 为上部潜在崩塌体的重量；A 为潜在崩塌体的底面积；σ_c 为下部软弱层天然状态下的无侧限抗压强度。

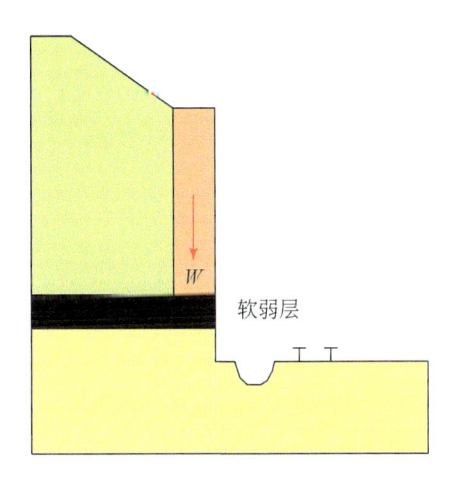

图4-8 软弱层压缩挤出变形引致崩塌灾害示意图

2. 软弱层挤出变形分析计算法

在地下水的作用下，下部软弱岩层或者厚度较大的软弱夹层先行软化，随后，在上部岩体压力作用下，软弱岩层或夹层物质产生不均匀变形，从而导致软弱基座式岩体以压缩变形-倾倒或压缩变形-剪切滑动模式发生崩塌，如图4-9所示。

当软弱岩层或软弱夹层被挤出，危岩体则发生不均匀沉降变形，且坡脚 C 点的沉降小于 B 点。一般野外的调查很难确定 B 点的实际沉降量，但趋势是越往坡体内部，相应的压缩变形越小。若假设 B 点沉降量为零，则 C 点因挤压产生沉降变形的位置如图4-9所示，此时，潜在崩塌体可能的失稳方式是以 C 点为支点发生倾倒破坏，也可能是以 BC 面为滑面发生滑移破坏。

当危岩体以 C 点为支点发生倾倒破坏时，稳定系数 K 为抗倾覆力矩与倾覆力矩的比值

$$K=\frac{Wm}{aWn+U_1\frac{1}{3}\frac{h}{\sin\alpha}+U_2\frac{2}{3}L} \qquad (4-22)$$

当危岩体沿着 BC 滑动面发生滑移时，稳定系数 K 为抗滑力与下滑力的比值

$$K=\frac{(W\cos\theta-U_2-aW\sin\theta)\tan\varphi+cL}{W\sin\theta+aW\cos\theta+U_1} \qquad (4-23)$$

式中，W 为潜在崩塌体的重量，kN/m^3；aW 为地震力；a 为地震影响系数，大小为水平地震动峰值加速度与重力加速度 g 的比值（无量纲），地震烈度为Ⅶ度、Ⅷ度和Ⅸ度的地区

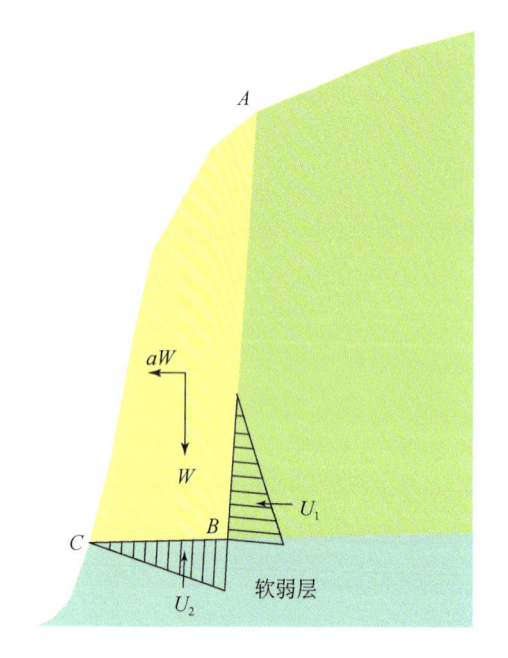

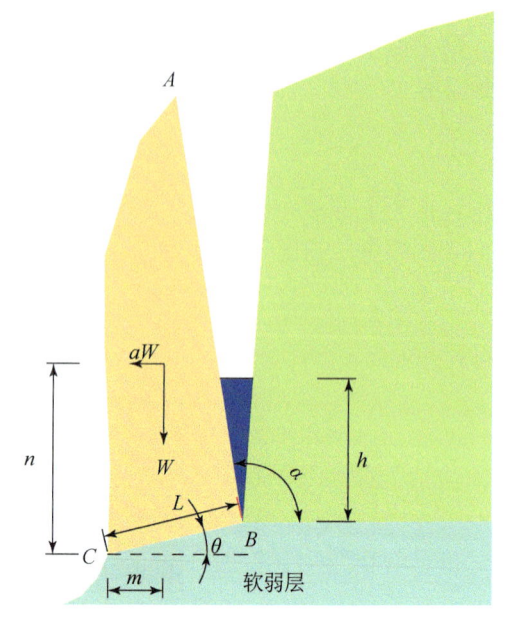

图 4-9　软弱基座塑流-拉张型崩塌计算模型

对应的水平地震影响系数 a 分别取 0.1、0.2 和 0.4；U_1 为后缘结构面 AB 静水压力，kN；U_2 为底部结构面 BC 静水压力，kN；m 为不均匀压缩后 C 点到重力作用线的距离，m；n 为不均匀压缩后 C 点到水平地震力作用线的距离，m；θ 为不均匀压缩后底部结构面 BC 的倾角，(°)；α 为不均匀压缩后后缘结构面 AB 的倾角，(°)；L 为底部滑面的长度，m；c 为结构面 BC 的黏聚力；φ 为结构面 BC 的内摩擦角。U_1 和 U_2 的表达式分别为

$$U_1 = \frac{1}{2}\gamma_w \frac{h^2}{\sin\alpha} \tag{4-24}$$

$$U_2 = \frac{1}{2}\gamma_w hL \tag{4-25}$$

式中，γ_w 为水的重度；h 为后缘充水高度，m。

4.3.4.3　拉裂-坠落型崩塌

1. 刚体极限平衡法

拉裂-坠落型崩塌是指危岩体裂缝（主控结构面）已经产生，但并未完全贯通，通过计算主控结构面的抗剪强度和平均剪应力，将其比值定义为拉裂-坠落型崩塌的稳定系数。计算模型见图 4-10，重力和地震力沿着主控结构面的法向分量和切向分量可沿主控结构面进行分解，分别由式（4-26）和式（4-27）计算，进而可得主控结构面上的平均法向应力和平均剪切应力，分别由式（4-28）和式（4-29）计算。

第 4 章　危岩体稳定性计算与评价

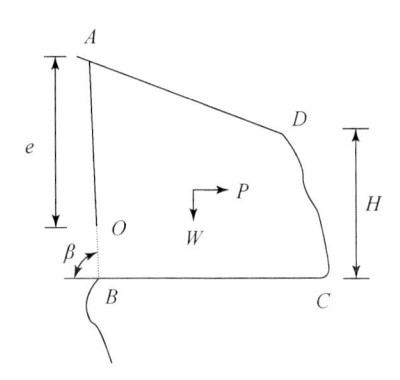

图 4-10　拉裂-坠落型崩塌计算模型

法向分量：
$$N = W\cos\beta - P\sin\beta \tag{4-26}$$

切向分量：
$$T = W\sin\beta + P\cos\beta \tag{4-27}$$

平均法向应力：
$$\sigma = \frac{N\sin\beta}{H} \tag{4-28}$$

平均切向应力：
$$\tau = \frac{T\sin\beta}{H} \tag{4-29}$$

主控结构面抗剪强度由 $\tau_f = c + \sigma\tan\varphi$ 式计算。对于荷载组合 1，危岩稳定性系数为

$$K = \frac{0.5W\sin 2\beta\tan\varphi + cH}{W\sin^2\beta} \tag{4-30}$$

对于荷载组合 3，危岩稳定系数为

$$K = \frac{(W\cos\beta - P\sin\beta)\tan\varphi + c\dfrac{H}{\sin\beta}}{W\sin\beta + P\cos\beta} \tag{4-31}$$

2. 断裂力学分析法

对于危岩主控结构面（图 4-11），尖端任意点 Q 的断裂角为 θ_0，则沿着 θ_0 方向的危岩联合断裂强度因子 K_e 的计算方法表述如下：

$$K_e = \frac{1}{2}\cos\frac{\theta_0}{2}[K_1(1+\cos\theta_0) - 3K_2\sin\theta_0] \tag{4-32}$$

式中，K_1 为第一类断裂强度因子，$kPa \cdot \sqrt{m}$；K_2 为第二类断裂强度因子，$kPa \cdot \sqrt{m}$。

为了求解 θ_0，令主控结构面尖端 $\tau_{r\theta} = 0$，即

$$K_1\sin\theta_0 + K_2(3\cos\theta_0 - 1) = 0 \tag{4-33}$$

当 $K_2 \neq 0$ 时，令 $k = (K_1/K_2)^2$，则推导可得

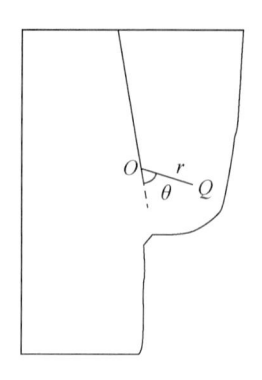

图 4-11 危岩断裂力学模式

$$\cos\theta_0 = \frac{3+\sqrt{k_0^2+8k_0}}{k_0+9} \tag{4-34}$$

进而

$$\theta_0 = \arccos\left[\frac{3+\sqrt{k_0^2+8k_0}}{k_0+9}\right] \tag{4-35}$$

根据 K_1 和 K_2，并将式（4-35）代入式（4-32），可求得联合断裂强度因子 K_e。于是基于主控结构面联合断裂强度因子和危岩完整岩石的断裂韧度，便可建立危岩稳定系数的断裂力学表达式：

$$K = \frac{K_{IC}}{K_e} \tag{4-36}$$

式（4-36）中，K_e 需要通过不同类型危岩在不同荷载组合下进行求解；断裂韧度 K_{IC} 则需要对组成危岩体的完整岩石进行断裂力学实验确定。

该计算方法普遍适合于每类危岩，重点关注危岩主控结构面的失稳断裂问题。

4.3.5 剪切-滑移型崩塌

4.3.5.1 简单边界条件下的剪切-滑移型危岩稳定性计算

根据第 4 章中的分析可知，剪切-滑移型崩塌可有四种类型，前三种类型剪裂面有三种情况：①当被剪裂岩体下部岩性变化时，交界面容易形成软弱结构面，此时岩体在自重力、后侧静水压力、地震力等水平力的作用下沿软弱结构面剪出；②边坡岩体被岩层面、节理裂隙切割成碎裂状，整个碎裂状岩体沿剪切面剪出；③巨厚层岩体沿着内部某个软弱面（如损伤面）剪出，如某观景台边坡（图 4-5）。这几种情况下危岩体边界条件相对简单，其稳定性可直接采用刚体极限平衡法，根据结构面的抗剪能力和剪切力的比值来计算，受力分析图见图 4-12。

刚体极限平衡法的假设条件：①边坡岩体将沿某一结构面（滑动面）产生滑移剪切破坏；②滑体在滑动过程中相对位置不变化，即为刚体；③滑动面上的应力分布均匀；④不

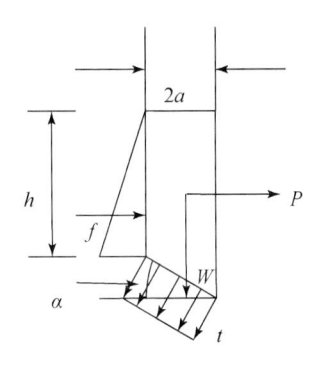

图 4-12 剪切-滑移型崩塌受力分析图

考虑滑体两侧的抗滑力。

在上述假设的基础上，按以下公式计算稳定性系数：

$$稳定性系数(k) = \frac{可供利用的抗滑力}{滑动力} \tag{4-37}$$

（1）若 $k>1$，稳定；
（2）若 $k \leqslant 1$，不稳定。

在多数情况下，计算的稳定性系数都有一定误差，因此，为保险起见，引入安全系数的概念。

刚体极限平衡法步骤：①可能滑动岩体几何边界条件；②受力条件分析；③确定计算参数；④计算稳定性系数；⑤确定安全系数，进行稳定性评价。

几何边界条件是指构成可能滑动岩体的各种边界面及其组合关系，包括滑动面、切割面和临空面三种。滑动面是指起滑动（即失稳岩体沿其滑动）作用的面，包括潜在破坏面；切割面是指起切割岩体作用的面，由于失稳岩体不沿该面滑动，不起抗滑作用，如平面滑动的侧向切割面；临空面指临空的自由面，它的存在为滑动岩体提供活动空间，临空面常由地面或开挖面组成。

几何边界条件分析的内容是查清岩体中的各类结构面及其组合关系，确定出可能的滑移面、切割面。几何边界条件分析的目的是确定边坡中可能滑动岩体的位置、规模及形态，定性地判断边坡岩体的破坏类型及主滑方向，几何边界条件的分析可通过赤平投影、实体比例投影等图解法或三角几何分析法进行。

在工程使用期间，可能滑动岩体或其边界面上承受的力的类型及大小、方向和合力的作用点统称为受力条件。边坡岩体上承受的力常见有岩体重力、静水压力、动水压力、建筑物作用力及地震力等。

根据图 4-12 可知，采用刚体极限平衡法，剪切面上抗滑力和下滑力分别为

抗滑力：

$$T = \frac{2ac}{\cos\alpha} + \sigma\tan\phi - (f+P)\cos\alpha \tag{4-38}$$

$$\sigma = W\cos\alpha - (f+P)\sin\alpha \tag{4-39}$$

下滑力：
$$F = W\sin\alpha + (f+P)\cos\alpha \tag{4-40}$$

稳定性系数：
$$K = \frac{T}{F} = \frac{\dfrac{2ac}{\cos\alpha} + \sigma\tan\phi - (f+P)\cos\alpha}{W\sin\alpha + (f+P)\cos\alpha}$$

$$= \frac{\dfrac{2ac}{\cos\alpha} + [W\cos\alpha - (f+P)\sin\alpha]\tan\phi - (f+P)\cos\alpha}{W\sin\alpha + (f+P)\cos\alpha} \tag{4-41}$$

式中，c 为软弱结构面黏聚力；ϕ 为软弱结构面内摩擦角；α 为危岩体滑面倾角。

对于剪切–滑移型崩塌的第四种情况，有两种可能，如图 4-13 所示。

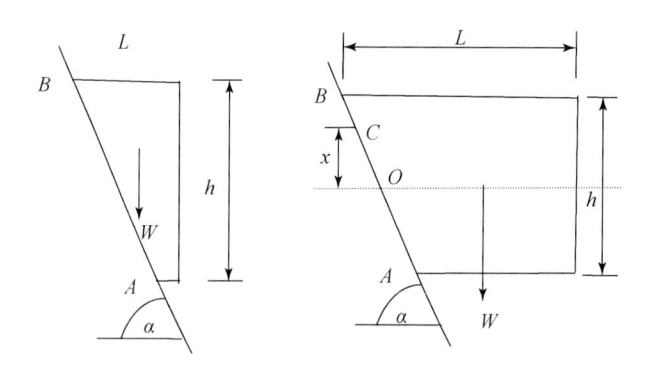

图 4-13　剪切式崩塌向拉张式崩塌转化计算图

设边坡表面危岩体重力为 W，水平长度为 L（忽略因边坡角度变化而对下底长度和 W 的影响），高为 h，边坡结构面角度为 α，上边界与边坡交点为 B，下边界与边坡交点为 A。当重力作用线与坡面交点在 A 点内侧或重合时，危岩体的失稳方式只能是沿着结构面 BA 克服抗剪阻力向下滑动。当重力作用线与坡面交点在 A 点外侧时，根据材料力学可知，危岩体将在重力作用下，在结构面 BA 面上产生拉力，拉力最大位置在 B 点处。此时，危岩体的失稳方式除了可能沿着 BA 面剪切破坏外，还可能因拉应力超过结构面上抗拉强度而产生拉张破坏。BA 面上的拉应力计算如下所示。

设危岩体中心轴与边坡交点为 O 点，BA 面上任一点 C 距 O 点距离为 x，当 $\alpha<90°$ 时，C 点处拉应力为

$$\sigma_C = \frac{Wlx}{I_E} - N = \frac{12\left[\dfrac{L}{2} - \left(\dfrac{h}{2}-x\right)\tan(90°-\alpha)\right]Wx}{h^3} - \frac{W\sin\alpha\cos\alpha}{h}$$

$$= \frac{12\left[\dfrac{L}{2} - \left(\dfrac{h}{2}-x\right)\tan(90°-\alpha)\right]Wx}{h^3} - \frac{W\sin 2\alpha}{2h} \tag{4-42}$$

当 $x = \dfrac{h}{2}$ 时，B 点应力为

$$\sigma_{\text{B}} = \frac{3WL}{h^2} - 2W\sin 2\alpha = \frac{W}{2h^2}(6L - h\sin 2\alpha) \tag{4-43}$$

保证危岩体稳定的判据为 $\sigma_{\text{B}} \geq \sigma_{\text{t}}$，$\sigma_{\text{t}}$ 为岩体结构面 BA 面抗拉强度。

设 $L=3\text{m}$，$h=2\text{m}$ 时，B 点处拉应力随 α 的增大而变化，关系曲线图如图 4-14 所示。

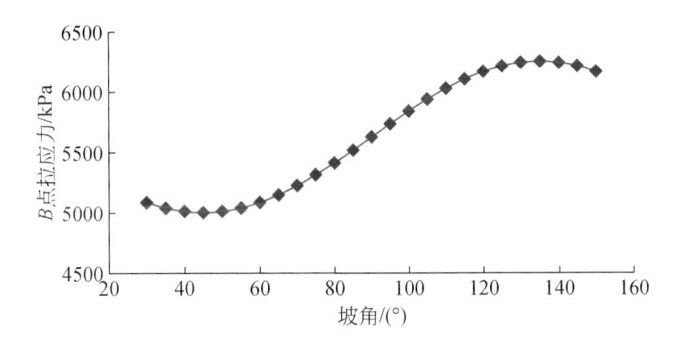

图 4-14 B 点处拉应力-坡角关系曲线图

α 角理论上可以是 $0°\sim180°$ 的任一角度，因此，B 点的拉应力为周期为 π 的正弦函数，最大值是在 $\alpha=135°$ 时，即此时悬臂岩体最容易产生拉张破坏；当 $\alpha=45°$ 时，B 点拉应力最小（图 4-14）。

当坡角 α 和块体高度 h 保持不变时，B 点拉应力随着 L_2 的增大而增大，与 L_2 成正比关系；

当坡角 α 和块体长度 L 保持不变时，B 点拉应力随着 h 的增大而减小，呈负指数函数关系。

拉张型崩塌计算与该种情况计算的区别是拉张型崩塌计算中假设悬臂梁根部已被断裂切割或沿着已有的损伤面拉裂，在崩塌发生的时候已经没有岩体或其结构面的抗拉强度的存在，因此只需要克服上覆软岩的抗剪力就可能发生崩塌；而式（4-33）讨论的拉张需克服结构面的抗拉强度。

4.3.5.2 楔形体剪切滑移的稳定性计算

不连续面组合的块体形状是多种多样的，可以是楔形体或其他块体，图 4-15 是不连续面可能组合的滑块形状。从图 4-15 中可以看出，所有楔形体和块体都可能产生运动导致失稳，但位移有可能沿一个或几个面发生。图 4-16（a）中的楔形体和块体可以产生运动发生失稳，而图 4-16（b）和（c）则不能运动。因此只有运动学上不稳定的岩质边坡，才有必要进一步作分析计算。本书只分析图 4-15 中①、④、⑨的情况。

第⑨种情况比较简单，滑体只能沿一个面进行运动，在大多数情况下，这种运动是水平方向的。如果除了重力，还有其他作用力，也可能出现旋转运动。在第④种情况下，在下列情况下将出现滑动：①沿一个面出现剪位移或沿一个面出现张位移；②沿两个面出现剪位移；③沿两个面出现张位移。对于情况①，下列情况可能出现：剪位移出现在两个面上，张位移出现在第三个面上；剪位移出现在一个面上，张位移出现在另两个面上；张位移出现在三个面上。以下讨论楔形体的稳定性计算方法。

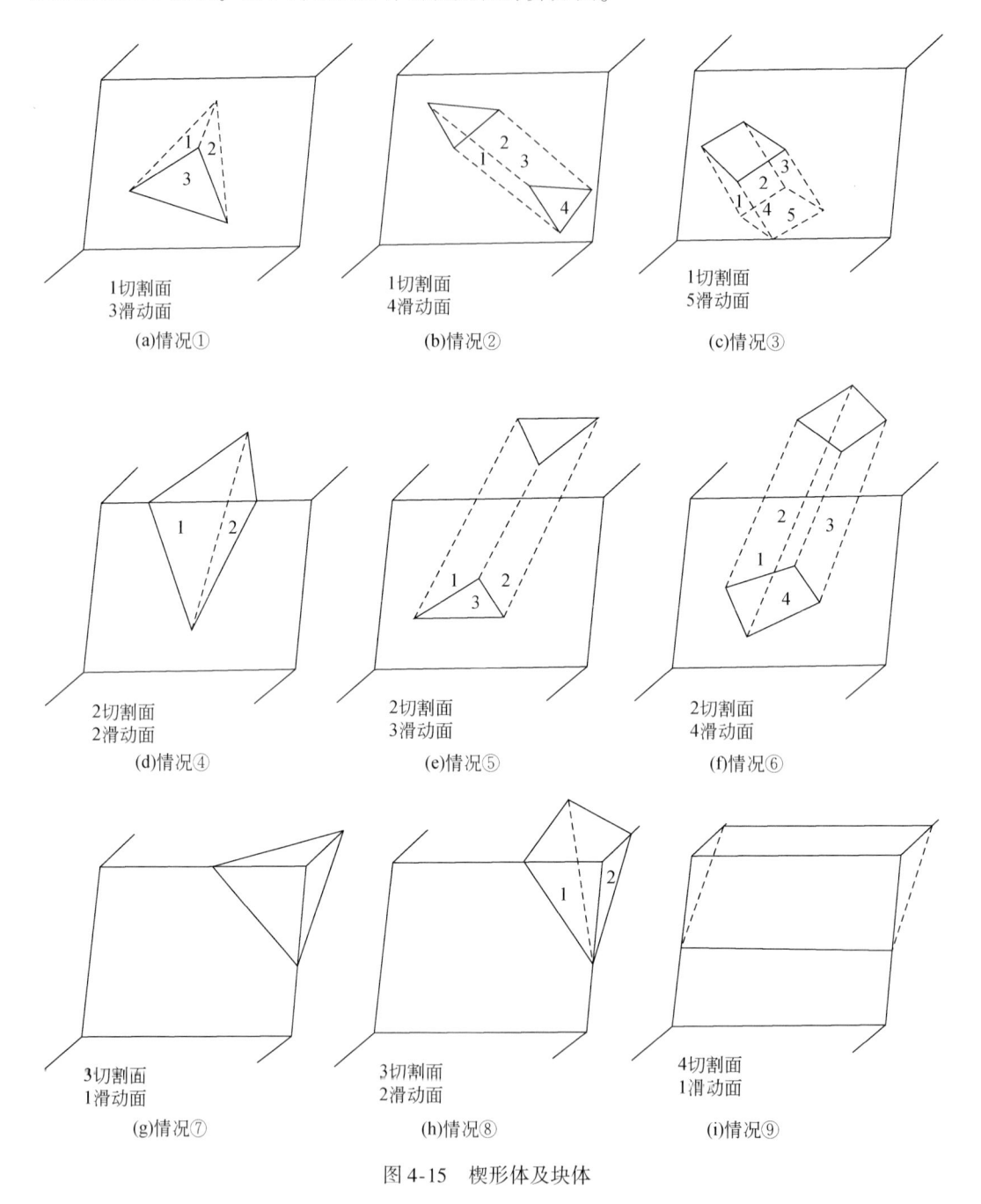

图 4-15 中各情况标注：

(a) 情况① 1切割面 3滑动面
(b) 情况② 1切割面 4滑动面
(c) 情况③ 1切割面 5滑动面
(d) 情况④ 2切割面 2滑动面
(e) 情况⑤ 2切割面 3滑动面
(f) 情况⑥ 2切割面 4滑动面
(g) 情况⑦ 3切割面 1滑动面
(h) 情况⑧ 3切割面 2滑动面
(i) 情况⑨ 4切割面 1滑动面

图 4-15 楔形体及块体

楔形体滑动的滑动面由两个倾向相反，且其交线倾向与坡面倾向相同、倾角小于边坡角的软弱结构面组成，如下图 4-17 所示，ABD 和 BCD 两结构面斜交构成 $ABCD$ 三角锥，三角锥的高度为 H，三角锥的重量以 G（kN）表示。

不考虑地震作用力、人工爆破和降水等影响因素，楔形体稳定性系数计算的基本思路

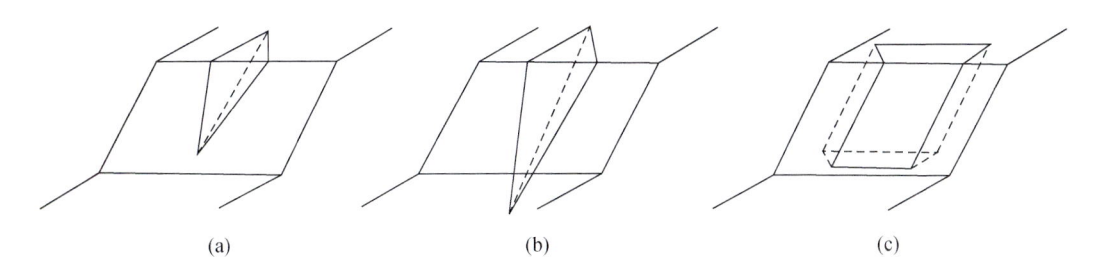

图 4-16 楔形体和块体运动图

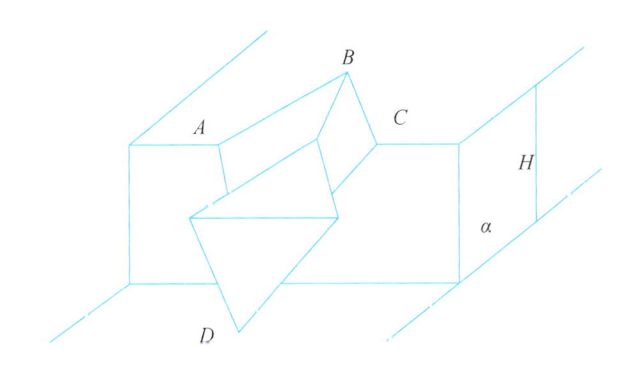

图 4-17 楔形体崩塌

如图 4-18 所示，首先将滑体自重 G 分解为垂直交线 BD 的分量 N 和平行交线的分量（即滑动力 $G\sin\beta$），然后将 N 投影到两个滑动面的法线方向，求得作用于滑动面上的法向力 N_1 和 N_2，最后求得抗滑力及稳定性系数。

可能滑动体的滑动力为 $G\sin\beta$，垂直交线的分量为 $N=G\cos\beta$。将 $G\cos\beta$ 投影到 ΔABD 和 ΔBCD 的法线方向上，得法向力 N_1、N_2。

楔形体的抗滑力：
$$F_{抗}=N_1\tan\phi_1+N_2\tan\phi_2+c_1 S_{\Delta ABD}+c_2 S_{\Delta BCD} \tag{4-44}$$

楔形体的稳定性系数：
$$K=\frac{N_1\tan\phi_1+N_2\tan\phi_2+c_1 S_{\Delta ABD}+c_2 S_{\Delta BCD}}{G\sin\beta} \tag{4-45}$$

式中，c_1、ϕ_1 分别为 ABD 结构面和岩桥的黏聚力和内摩擦角；c_2、ϕ_2 分别为 BCD 结构面和岩桥的黏聚力和内摩擦角；$S_{\Delta ABD}$ 和 $S_{\Delta BCD}$ 分别为两滑面的面积。

当考虑地震和降水条件时，可能的水平地震力以 $P=aG$（kN）表示，静水压力以 U 表示，楔形体沿 ABD、BCD 结构面滑动，两滑面上的摩阻力分别为 $(N_1-V_1-U_1)\tan\phi_1$ 和 $(N_2-V_2-U_2)\tan\phi_2$，此时楔形体的抗滑力 $F_{抗}$ 为

$$F_{抗}=(N_1-V_1-U_1)\tan\phi_1+(N_2-V_2-U_2)\tan\phi_2+c_1 S_{\Delta ABD}+c_2 S_{\Delta BCD} \tag{4-46}$$

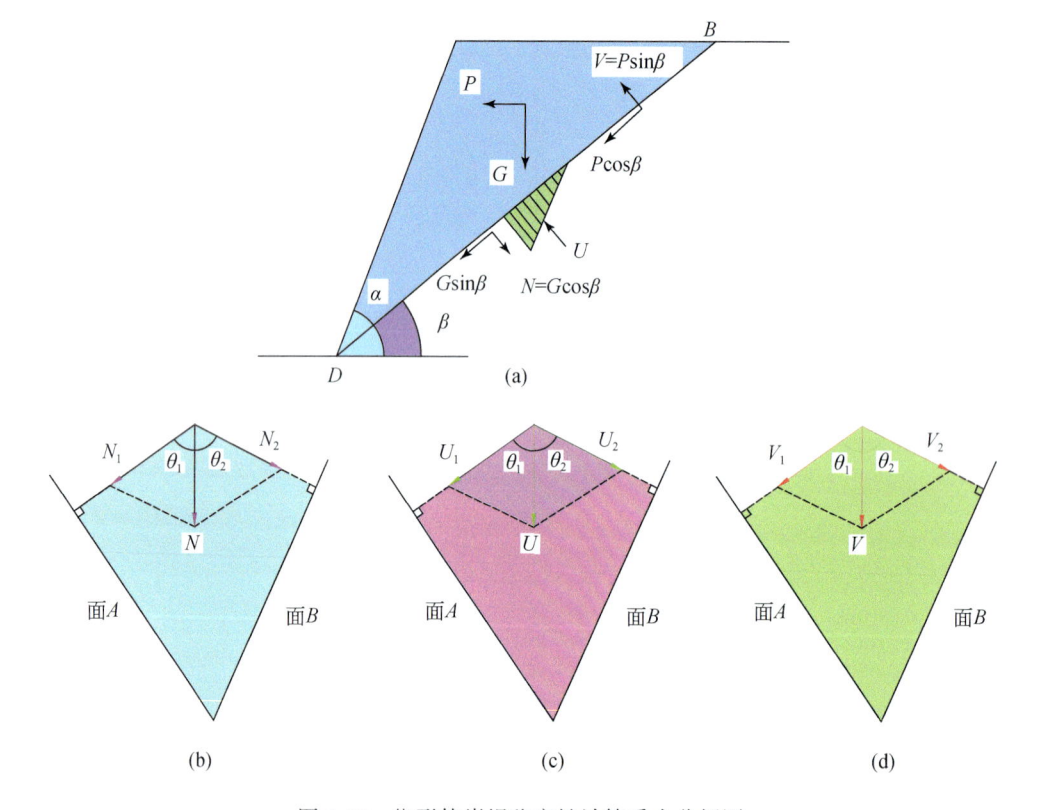

图 4-18 楔形体崩塌稳定性计算受力分析图

滑动力 $F_滑$ 为

$$F_滑 = G\sin\beta + P\cos\beta \tag{4-47}$$

楔形体的稳定系数为

$$K = \frac{(N_1-V_1-U_1)\tan\phi_1+(N_2-V_2-U_2)\tan\phi_2+c_1 S_{\Delta ABD}+c_2 S_{\Delta BCD}}{G\sin\beta+P\cos\beta} \tag{4-48}$$

其中：

$$\left.\begin{aligned} V_1 &= \frac{V\sin\theta_2}{\sin(\theta_1+\theta_2)} \\ V_2 &= \frac{V\sin\theta_1}{\sin(\theta_1+\theta_2)} \end{aligned}\right\} \tag{4-49}$$

$$\left.\begin{aligned} U_1 &= \frac{U\sin\theta_2}{\sin(\theta_1+\theta_2)} \\ U_2 &= \frac{U\sin\theta_1}{\sin(\theta_1+\theta_2)} \end{aligned}\right\} \tag{4-50}$$

式（4-46）~式（4-48）中的 N、V 和 U 的物理意义如图 4-18 所示，其中，V_1、V_2 为作用在两滑面上地震力 P 的法向分力，kPa；U_1、U_2 为作用在两滑面上静水压力的法向分力，kPa。

以 E. Hoek 的著作 *Rock Slope Engineering* 中的典型楔形体为实例，通过加拿大 Rockscience 公司开发的 Swedge4.0 软件，对潜在的崩塌体——三维楔形体稳定性进行分析计算。已知某岩石边坡高度为 33m，坡面倾向为 195°，坡角为 65°，坡顶面倾向为 195°，倾角为 12°。岩体中有两组主要结构面：第一组结构面（结构面 ABD）倾向为 105°，倾角为 45°，黏聚力 c 为 23.9kPa，内摩擦角为 20°；第二组结构面（结构面 BCD）倾向为 235°，倾角为 70°，黏聚力 c 为 47.9kPa，内摩擦角为 30°。后缘裂隙面倾向为 165°，倾角为 70°。分析计算所用数据详见表 4-3。

表 4-3　楔形体几何要素和特征

	倾角/(°)	倾向/(°)	黏聚力/kPa	内摩擦角/(°)
平面 ABD	45.0	105.0	23.9	20.0
平面 BCD	70.0	235.0	47.9	30.0
边坡顶面	12.0	195.0		
边坡坡面		185.0		
后缘裂隙		165.0		

根据边坡坡面、顶面及岩体结构面产状，做出赤平投影分析图（图 4-19）。根据结构面大圆组合形成的交线与坡面投影以及摩擦圆的相对位置和分布情况判断楔形体是否会产生滑动的可能性（表 4-4）。判据为：①结构面大圆组合形成的交线投影位于坡面大圆与摩擦圆之间的月牙形区域；②交棱线倾向位于坡面倾向与一组结构面倾向之间。若仅满足判据①，则为单面滑动破坏；若同时满足①和②，则为双面滑动破坏（楔形体破坏模式）。

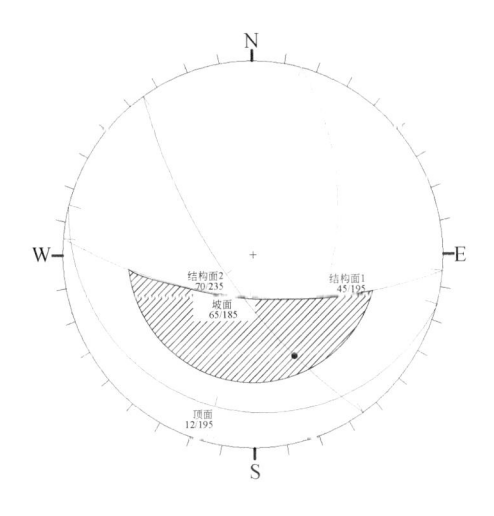

图 4-19　楔形体赤平投影分析图

表 4-4 楔形体分析计算成果

计算工况		稳定系数 K	稳定性	备注
无后缘裂隙（四面体）	天然状态	1.75	稳定	
	静水压力	1.72	稳定	结构面1/3充水
		1.57	稳定	结构面2/3充水
		1.13	稳定	结构面完全充水
	地震作用	1.44	稳定	Ⅶ度烈度
		1.22	稳定	Ⅷ度烈度
		0.89	不稳定	Ⅸ度烈度
有后缘裂隙（五面体）	天然状态	1.65	稳定	
	静水压力	1.63	稳定	结构面1/3充水
		1.47	稳定	结构面2/3充水
		1.04	临界	结构面完全充水
	地震作用	1.36	稳定	Ⅶ度烈度
		1.14	稳定	Ⅷ度烈度
		0.84	不稳定	Ⅸ度烈度

楔形体稳定性计算时分为无后缘裂隙和有后缘裂隙两种情况（图4-20～图4-25），计算工况可选择天然状态、静水压力和地震作用三种。分析计算成果见表4-4，两种情况在天然状态下，楔形体均不会发生滑移式崩塌破坏；在Ⅸ度地震烈度工况下，水平地震影响系数取0.4，两种情况下楔形体均会发生滑移式崩塌破坏；考虑静水压力工况时，第二种情况当结构面完全充水也导致楔形体处于滑动临界状态。

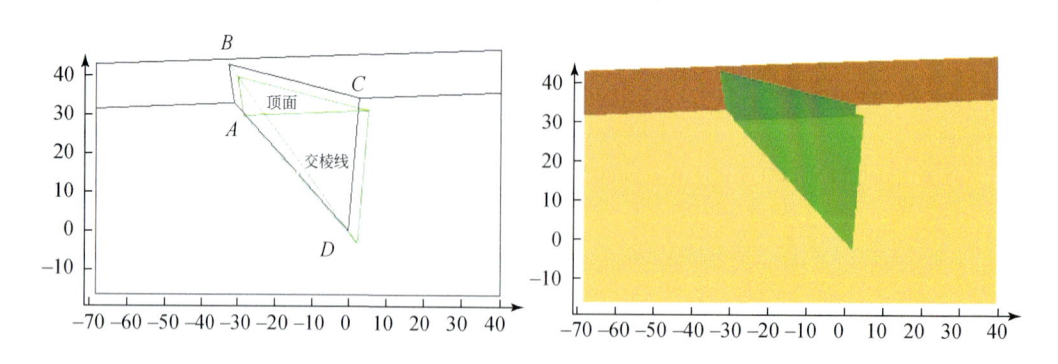

图 4-20 楔形体几何要素分析图（四面体）

第 4 章 危岩体稳定性计算与评价

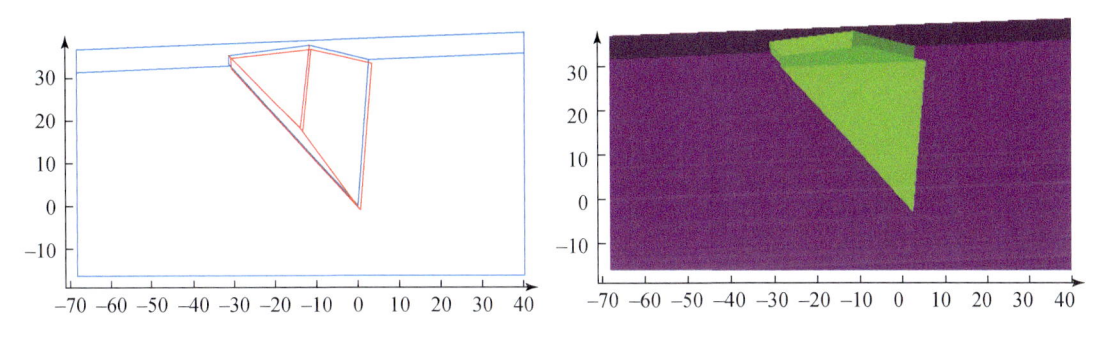

图 4-21 楔形体几何要素分析图（五面体）

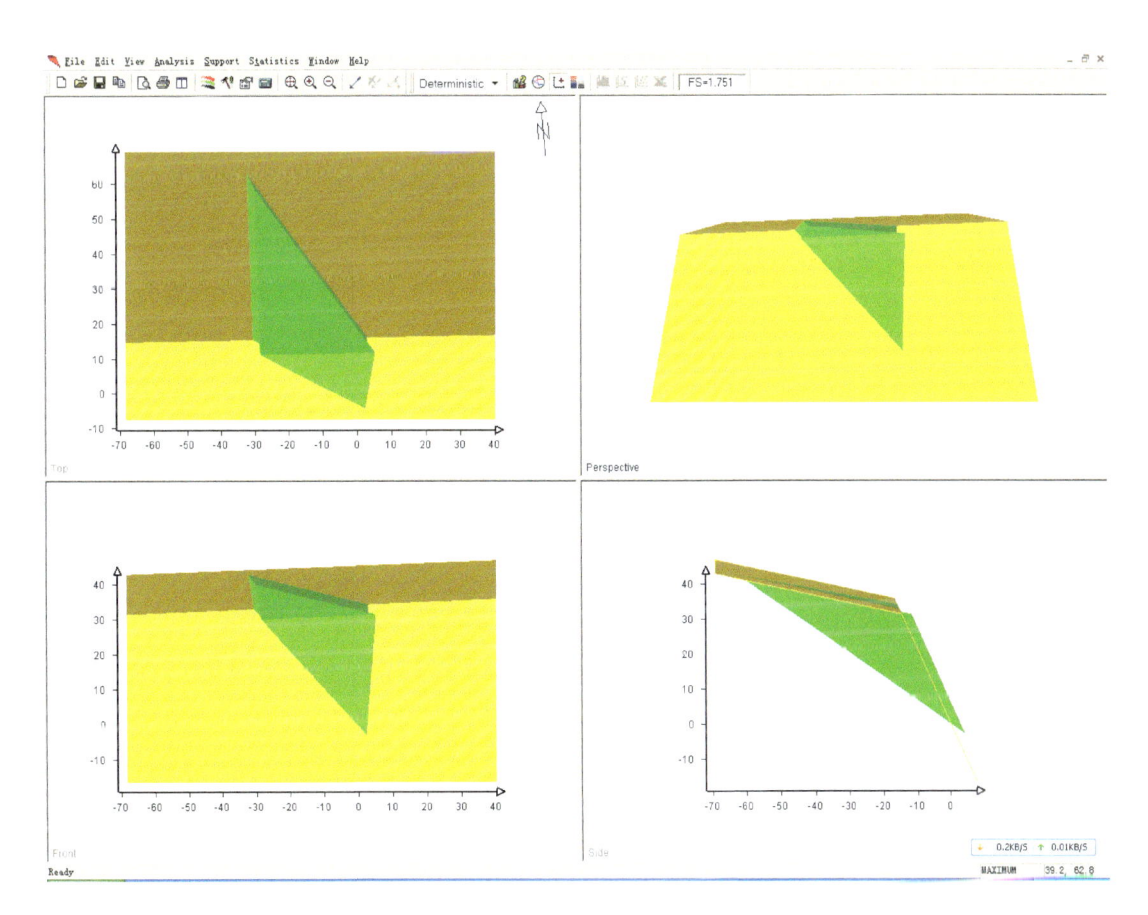

图 4-22 楔形体三维阴影图（四面体）

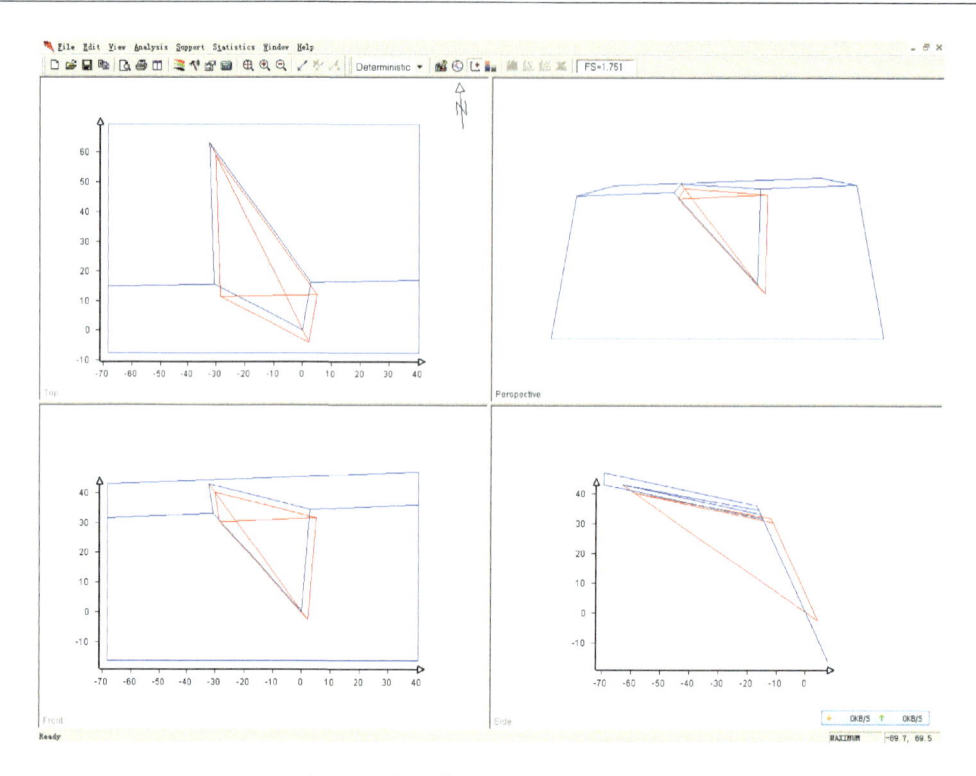

图 4-23　楔形体三维立体图（四面体）

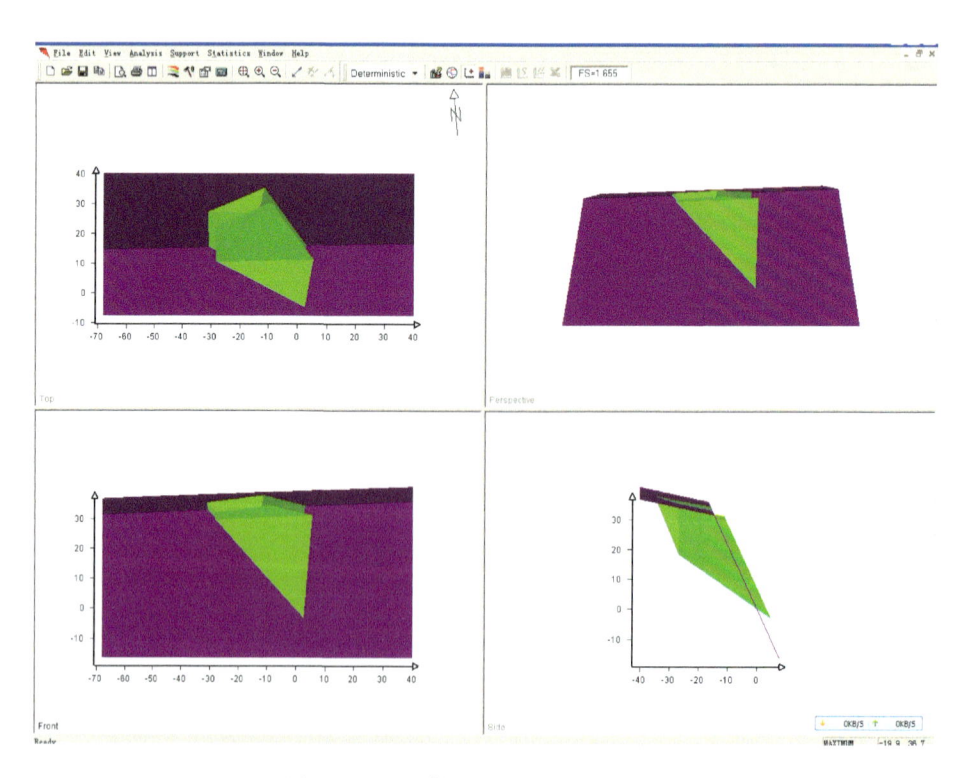

图 4-24　楔形体三维阴影图（五面体）

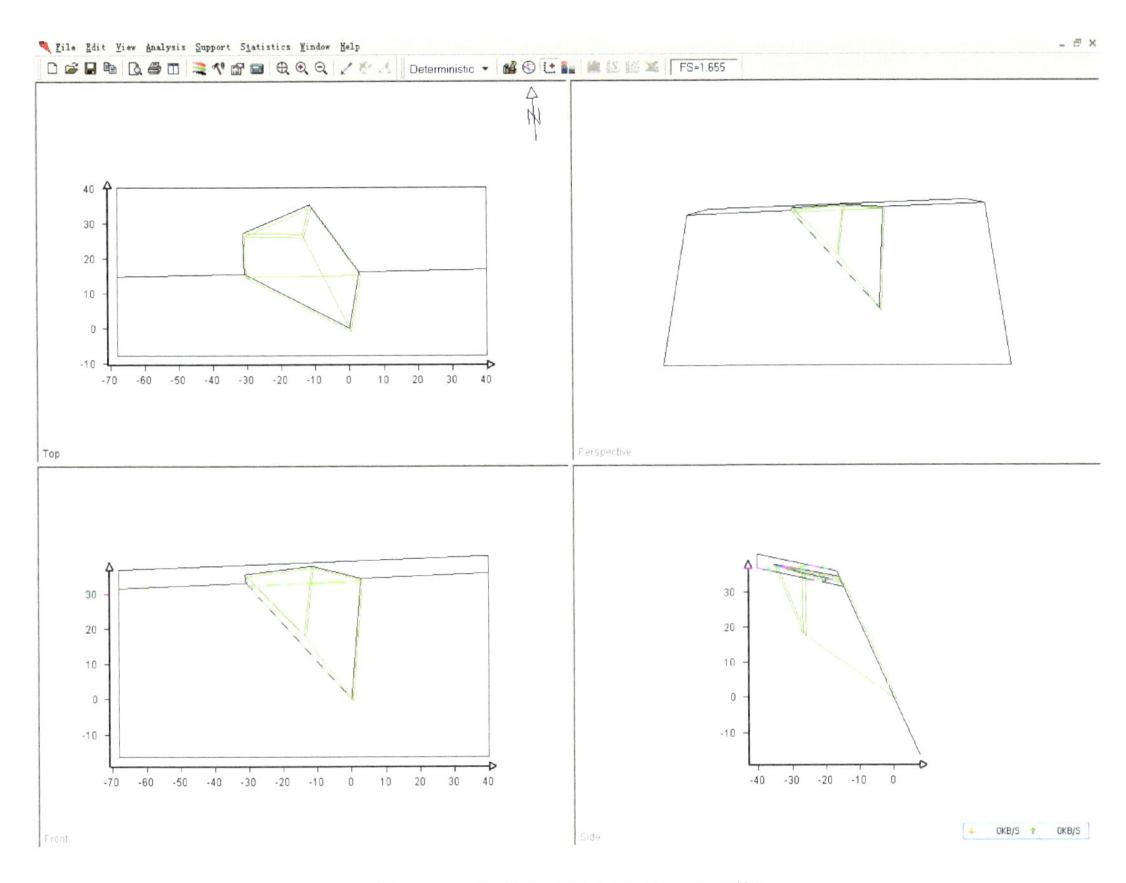

图 4-25 楔形体三维立体图 (五面体)

4.3.5.3 受关键块体控制的危岩体稳定性计算

局部块体滑移引起的崩塌在公路沿线也比较常见。2009 年 6 月 5 日，在重庆武隆鸡尾山发生的大规模山体崩滑灾害就属于这一类型（图 4-26）。崩滑岩体沿缓倾碳质软弱夹层顺向长期缓慢蠕动，下滑力逐渐增加，致使其北部前缘起阻挡作用的关键块体长期受到挤压，前缘关键块体首先失稳崩塌，其后的崩滑岩体沿"关键块体"失稳，失去"关键块体"支撑的整个山体沿软弱层面产生连锁式的滑动破坏，并迅速解体，形成碎屑流。

对于岩质边坡局部滑动块体，其侧壁效应对稳定性影响非常突出，除滑动面以外，还有两个侧壁和后壁对滑动块体稳定性有影响，侧壁摩擦效应对抗滑力有贡献，后壁若充水则有水压力影响稳定性，若存在未贯通的完整岩石部分，则该未贯通部分的抗拉强度对抗滑稳定性有贡献，必须予以考虑。依据后壁的贯通状况，考虑侧壁效应的稳定性分析，可细分为后壁贯通和未贯通两种情况。

1. 后壁完全贯通滑块稳定性计算

当后壁岩层完全贯通的情况下，设滑面的面积为 S（m²），后壁面积为 S_1（m²）。宽度为 b（m），左侧壁面积为 S_2（m²），右侧壁面积为 S_3（m²），左侧壁结构面黏聚力为 c_2

图 4-26 重庆武隆鸡尾山发生的大规模山体崩滑灾害

（kPa），右侧壁结构面黏聚力为 c_3（kPa）。崩滑体立体示意图见图 4-27。

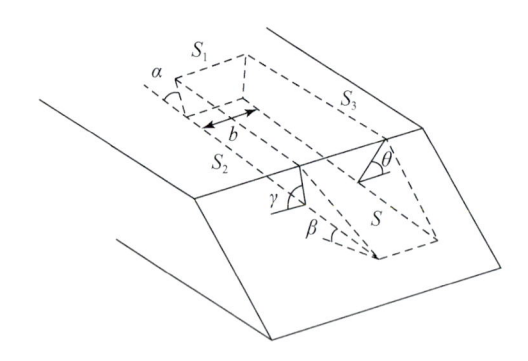

图 4-27 后壁完全贯通情况下的边界

1）自重+天然状态裂隙水压力
相应水压力和稳定系数表达式为

$$U=\frac{1}{2}\gamma_w\left(\frac{1}{3}h\frac{H-h}{\sin\beta}b\right) \tag{4-51}$$

$$V=\frac{1}{2}\gamma_w\left(\frac{1}{3}h\right)^2 b \tag{4-52}$$

$$K=\frac{(W\cos\beta-U-V\sin\alpha\sin\beta-V\cos\alpha\cos\beta)\tan\varphi+cS+c_2S_2+c_3S_3}{W\sin\beta+V\sin\alpha\cos\beta\ \ V\cos\alpha\sin\beta} \tag{4-53}$$

2）自重+暴雨状态下的裂隙水压力
相应水压力和稳定系数表达式为

$$U=\frac{1}{2}\gamma_w\left(\frac{1}{3}h\frac{H-h}{\sin\beta}b\right) \tag{4-54}$$

$$V=\frac{1}{2}\gamma_w\left(\frac{2}{3}h\right)^2 b \tag{4-55}$$

$$K=\frac{(W\cos\beta-U-V\sin\alpha\sin\beta-V\cos\alpha\cos\beta)\tan\varphi+cS+c_2S_2+c_3S_3}{W\sin\beta+V\sin\alpha\cos\beta-V\cos\alpha\sin\beta} \tag{4-56}$$

3) 自重+天然状态下裂隙水压力+地震力

其裂隙水压力计算同式（4-51）和式（4-54），稳定系数为

$$K=\frac{(W\cos\beta-U-V\sin\alpha\sin\beta-V\cos\alpha\cos\beta)\tan\varphi+cS+c_2S_2+c_3S_3}{W\sin\beta+P\cos\beta+V\sin\alpha\cos\beta-V\cos\alpha\sin\beta} \tag{4-57}$$

2. 后壁未完全贯通滑块稳定性分析

当后壁未完全贯通时（图4-28），稳定性分析需要考虑后壁未贯通部分岩石的抗拉能力对稳定性的影响。设未贯通部分面积为 S_0（m²），则贯通部分的面积为 S_1-S_2，贯通部分高度为 $h_1=(S_1-S_0)/b$（m）。则统一的各工况稳定系数计算式为

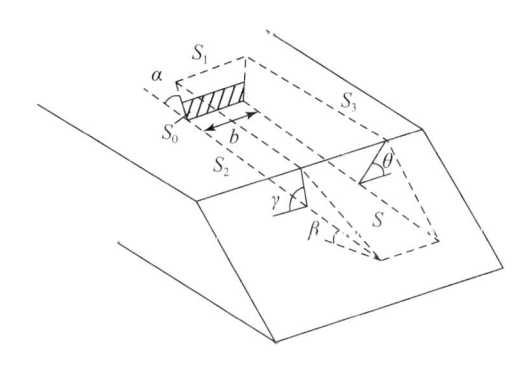

图4-28 后壁未完全贯通模式

$$K=\frac{(W\cos\beta-P\sin\beta-U-(V-F)\sin\alpha\sin\beta-(V-F)\cos\alpha\cos\beta)\tan\varphi}{W\sin\beta+P\cos\beta+(V-F)\sin\alpha\cos\beta-(V-F)\cos\alpha\sin\beta}$$
$$+\frac{cS+c_2S_2+c_3S_3}{W\sin\beta+P\cos\beta+(V-F)\sin\alpha\cos\beta-(V-F)\cos\alpha\sin\beta} \tag{4-58}$$

式中，$F=\sigma_t S_0$ 为未贯通部分岩石抗拉力；σ_t 为岩石抗拉强度设计值。对应自重+天然状态裂隙水压力或自重+暴雨状态下的裂隙水压力工况，需略去地震力有关项，而且在计算后壁水压力时以 h_1 代替贯通状态下的 h 进行计算即可；对于自重+天然状态下裂隙水压力+地震力工况水压力计算同其他工况，仅需在公式中保留地震力各项。

4.4 公路崩塌灾害危险性分级方法

数值模拟和稳定性分析计算是针对单个崩塌的评价方法，而公路属于线状或带状工程，因此单体崩塌分析方法难以适应对公路沿线众多崩塌灾害的危险性评价。国内在公路岩质边坡崩塌危险性分级系统的标准化和应用方面还没有涉足，而传统的模糊综合评判法、层次分析法和地理信息系统方法等对数学、计算机知识及软件应用等方面要求较高，使工程师在应用上受到了一定的限制。在前人工作基础上，本章提出一种针对线状工程边坡崩塌危险性分级评价方法——山区公路崩塌地质灾害危险性分级系统（rock fall rating system，RFRS）。

4.4.1 国外崩塌危险性分级方法简介

国内在公路沿线崩塌危险性评价方面，多采用模糊综合评判法、层次分析法和地理信息系统方法，而在国外公路崩塌危险度分级方法已在 20 世纪 90 年代开始得到推广和应用（图 4-29 和图 4-30）。美国的 Pierson 和 Van Vickle[①] 经过多年的研究，提出了一套针对公路崩塌落石风险评估准则，称为岩石坠落危险等级系统（rockfall hazard rating system，RHRS），见表 4-5。其主要是以地形特征、地质概况、气象、岩块尺寸、崩塌规模大小及崩塌历史等为因子，进行公路崩塌落石风险评估，各项目评估量化分数则以四个等级由 3 的次方（3^n）表示，其主要目的是凸显量化分数的差异性，在使用过程中采用跳阶的评分标准很有必要性。该系统在大约 3000 个崩塌地段进行了实验，其中 1340 个被收录到俄勒冈州的崩塌落石危险性分级系统的数据库中。崩塌落石危险性分级系统在美国俄勒冈州发展的同时，科罗拉多州运输部也设计了一套方法（表 4-6），对州级公路中长期有崩塌问题的地段进行识别和分级。

图 4-29　美国公路崩塌现象 1[①]

图 4-30　美国公路崩塌现象 2

[①] Pierson L A, Van Vickle R. 1993. Rockfall Hazard System: Participant's Manual Implementation.

表 4-5　美国俄勒冈州运输部崩塌危险性分级标准（Pierson et al., 1992）

类别		分级标准和打分			
		3 分	9 分	27 分	81 分
边坡高度		25ft[①]	50ft	75ft	100ft
拦石沟作用		很好地捕获崩塌体	部分捕获崩塌体	少量捕获崩塌体	不能捕获崩塌体
平均交通风险		25% 时间	50% 时间	75% 时间	100% 时间
刹车反应距离		充足距离，最短设计值 100%	中等距离，最短设计值 80%	有限距离，最短设计值 60%	非常有限距离，最短设计值 40%
道路宽度（包括铺砌的路肩）		44ft	36ft	28ft	20ft
地质特征	状况 1 地质构造	不连续结构面，倾向有利边坡稳定	不连续结构面，随机倾向	不连续结构面，倾向不利边坡稳定	连续结构面，倾向不利边坡稳定
	结构面状态	粗糙不规则	波状起伏	平坦	黏土充填或见擦痕
	状况 1 地质构造	微弱差异侵蚀特征	偶见差异侵蚀特征	多处差异侵蚀特征	大量差异侵蚀特征
	差异风化	差异性小	中等差异性	差异性大	极端差异
岩块尺寸		1ft	2ft	3ft	4ft
崩塌体积		1 立方码[②]	6 立方码	9 立方码	12 立方码
气候和边坡中水的赋存		低于中等强度降雨无冰冻期边坡干燥	中等强度降雨或冰冻期短或边坡间断有水	高强度降雨或长冰冻期或边坡一直有水	高强度降雨和长冰冻期或边坡一直有水和长的冰冻期
岩崩历史		很少岩崩	偶尔岩崩	较多岩崩	经常岩崩

①1ft = 3.048×10⁻¹m；②1 立方码 = 0.76455m³。

表 4-6　科罗拉多州崩塌危险性分级标准[①]

类别	分级标准和打分			
	3 分	9 分	27 分	81 分
边坡高度	25 ~ 50ft[①]	50 ~ 75ft	75 ~ 100ft	100ft 以上
崩塌评估段长度	0 ~ 250ft	250 ~ 500ft	500 ~ 750ft	750ft 以上
边坡倾角	15°~ 25°	25°~ 35°	35°~ 50°	50°以上
边坡连贯性	可能产生崩塌	有些小的崩塌特征	许多崩塌特征	大量崩塌特征

① Stover B K. 1992. Highway rockfall research report [R]. Denver, Colorado: Colorado Geological Survey.

续表

类别		分级标准和打分			
		3分	9分	27分	81分
岩块尺寸		6~12ft	1~2ft	2~5ft	5ft以上
崩塌体积		小于1立方码②	1~3立方码	3~10立方码	10立方码以上
地质特征	状况1 地质构造	不连续结构面，倾向有利边坡稳定	不连续结构面，随机倾向	不连续结构面，倾向不利边坡稳定	连续结构面，倾向不利边坡稳定
	状况1 结构面状态	粗糙不规则	波状起伏	平坦	黏土充填或见擦痕
	状况2 地质构造	微弱差异侵蚀特征	偶见差异侵蚀特征	多处差异侵蚀特征	大量差异侵蚀特征
	状况2 差异风化	差异性小	中等差异性	差异性大	极端差异
气候和边坡中水的赋存		低于中等强度降水无冰冻期边坡干燥	中等强度降水或冰冻期短或边坡间断有水	高强度降水或长冰冻期或边坡一直有水	高强度降水和长冰冻期或边坡一直有水和长的冰冻期
岩崩历史		很少岩崩	偶尔岩崩	较多岩崩	经常岩崩
见报道的事故数量（以英里③计）		0~5	5~10	10~15	15及以上

① 1ft=3.048×10⁻¹m；② 1立方码=0.76455m³；③ 1英里=1.609344km。

4.4.2 崩塌危险性分级方法

国内在公路岩质边坡崩塌危险性分级系统的标准化和应用方面还没有涉足，而传统的模糊综合评判法、层次分析法和地理信息系统方法等对数学和计算机知识要求较高，使工程师在应用上受到了一定的限制。本书借鉴岩体质量分级（rock mass rating，RMR）和美国的公路岩质边坡崩塌危险性分级系统（RHRS），提出了如表4-7所示的RFRS。该方法考虑了地形、公路、地质、气象水文、崩塌历史和防护措施加权等六项因子，包含12个打分项和一个加权乘子选择项，具有考虑因素全面、野外填表操作方便、分级科学、便于工程师或公路维护人员实际应用的优点（表4-8和表4-9）。

(1) 地形因子（Ⅰ）：在RFRS分级系统中，地形因子有三个打分项，分别是坡高、坡度和坡长。这三个指标可以通过罗盘、皮尺、测距仪和水准仪进行实测，坡高的计算公式为

$$H = \frac{\sin\alpha \times \sin\beta \times X}{\sin(\alpha-\beta)} + H_1 \tag{4-59}$$

式中，H_1为测量仪器高度；X为α和β角之间的距离（图4-31）。

表 4-7 公路岩质边坡崩塌危险性分级标准

类别		分级标准和打分			
		3 分	9 分	27 分	81 分
地形因子（Ⅰ）	坡高（I_1）	5～15m	15～25m	25～35m	35m 以上
	坡度（I_2）	15°～25°	25°～35°	35°～50°	50°以上
	坡长（评估段）（I_3）	小于 70m	70～150m	150～230m	230m 以上
公路因子（Ⅱ）	平均交通风险（II_1）	25% 时间	50% 时间	75% 时间	100% 时间
	可视距离与反应距离比（II_2）	充足距离，最低限度设计距离的 100%	适度距离，最低限度设计距离的 80%	有限距离，最低限度设计距离的 60%	非常有限距离，最低限度设计距离的 40%
	道路宽度（包括铺砌的路肩宽度）（II_3）	12m 以上	9～12m	6～9m	小于 6m
	沟渠作用（II_4）	完全捕获崩塌体	大部分捕获崩塌体	小部分捕获崩塌体	不能捕获崩塌体
地质因子（Ⅲ）	岩体结构（III_1）	整体块状结构、巨厚层状结构、厚层状结构	中厚层状结构、互层状结构（近水平或倾内）	中厚层状结构、互层状结构（倾外）、薄层状结构	碎裂结构、散体结构
	结构面状态（III_2）	粗糙不规则	波状起伏光滑	平直光滑	黏土充填或见擦痕
	滚石尺寸或崩塌体积（III_3） 滚石尺寸	小于 0.3m	0.3～0.6m	0.6～0.9m	1.2m 以上
	崩塌体积	小于 2m³	2～6m³	6～10m³	10m³ 以上
气象水文因子（Ⅳ）	三日累积降雨量和边坡中水的赋存（Ⅳ）	小于 30mm 降雨，无冰冻期，边坡干燥	30～60mm 降雨或冰冻期短或边坡间断有水	60～180mm 降雨或长冰冻期或边坡一直有水	超过 180mm 降雨和长冰冻期或边坡一直有水和较长冰冻期
崩塌历史因子（Ⅴ）	崩塌历史（Ⅴ）	很少	偶尔	较多	经常
防护措施加权（Ⅵ）	加权乘子	0.7	0.8	0.9	1.0
	防护措施成效（Ⅵ）	有两项防护措施，且防护效果良好	有一项防护措施，且防护效果好	有一项防护措施，且防护效果不好	没有防护措施

注：不包括加权乘子项，打分项共有 12 项，满分为 972 分。

表 4-8 RFRS 公路崩塌野外调查数据表

公路名称：_____ 段：_____ 桩号：K___+___ ~ K___+___

市（县）：_____ 记录人：_____ 时间：____年____月___日

调查机构：_____ 限　速：_____

序号	打分项	说明	各项得分
1	坡高：____m		坡高得分：___
2	坡长：____m		坡长得分：___
3	坡度：____度		坡度得分：___
4	平均交通风险 AVR：____%		AVR 得分：___
5	可视距离：___m 可视距离与反应距离比（DSD）：___%		DSD 得分：___
6	道路宽度：___m		道路宽度得分：_____
7	拦石沟宽度：___m		沟渠作用得分：_____
8	岩体结构：___		岩体结构得分：_____
9	结构面状态：___		结构面状态得分：_____
10	或滚石尺寸：_____m 崩塌体积：_____m³		落石尺寸或崩塌体积得分：_____
11	气象水文：_____（含降雨量、冰冻期及地下水）		气象水文得分：_____
12	崩塌历史：_____		崩塌历史得分：_____
小计	前 12 项得分之和 =_____（分）		
13	防护措施：___		防护措施加权乘子：_____
合计	总得分 = 前 12 项得分之和×防护措施加权乘子 = ____（分）		

表 4-9 平均交通风险 AVR 得分统计表

AVR/%	AVR 得分	AVR/%	AVR 得分	AVR/%	AVR 得分	AVR/%	AVR 得分
9	1	19	2	29	4	39	6
10	2	20	2	30	4	40	6
11	2	21	3	31	4	41	6
12	2	22	3	32	4	42	6
13	2	23	3	33	4	43	7
14	2	24	3	34	4	44	7
15	2	25	3	35	5	45	7
16	2	26	3	36	5	46	8
17	2	27	3	37	5	47	8
18	2	28	3	38	5	48	8

续表

AVR/%	AVR 得分	AVR/%	AVR 得分	AVR/%	AVR 得分	AVR/%	AVR 得分
49	9	62	15	75	27	88	48
50	9	63	16	76	28	89	50
51	9	64	17	77	29	90	52
52	10	65	17	78	31	91	55
53	10	66	18	79	32	92	57
54	11	67	19	80	34	93	60
55	11	68	20	81	35	94	62
56	12	69	21	82	37	95	65
57	12	70	22	83	38	96	68
58	13	71	23	84	40	97	71
59	13	72	24	85	42	98	74
60	14	73	25	86	44	99	78
61	15	74	26	87	46	100	81

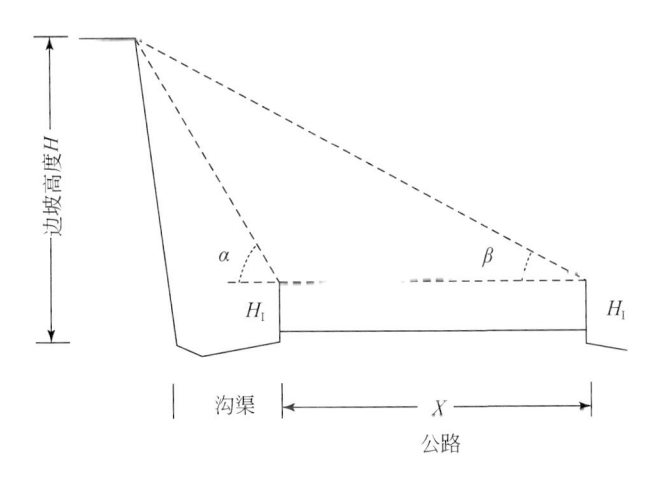

图 4-31 边坡高度计算简图

（2）公路因子（Ⅱ）：RFRS 分级系统中，公路因子共有四个打分项，分别是平均交通风险（AVR）、可视距离与反应距离比、道路宽度（包括铺砌的路肩宽度）和沟渠作用。

平均交通风险（AVR）由日平均交通量、边坡长度和公路限速三个量来确定，计算公式为

$$\text{AVR} = \frac{\text{平均日交通量（ADT，辆）} \times \text{边坡长度（km）}/24(\text{h})}{\text{限速（km/h）}} \times 100\% \qquad (4\text{-}60)$$

得到平均交通风险后，根据式（4-60）来计算平均交通风险的得分，或通过表 4-9 查表取得。

$$\text{AVR 得分} = 3^{\frac{\text{AVR}(\%)}{25}} \tag{4-61}$$

可视距离与反应距离比（DSD）由实测获取的崩塌段可视距离和查表得到的限速段刹车反应距离（表4-10）来确定，其计算公式为式（4-62）。山区公路因弯道多、起伏大，因此在车辆在限速行驶时，需要比平原上更长的刹车反应距离（图4-32）。

表 4-10 山区公路限速与刹车反应距离对应表

山区公路限速/(km/h)	刹车反应距离/m
40	110
50	140
60	170
70	200
80	230
90	270
100	310

图 4-32 驾驶员发现路面滚石后的反应距离

$$\text{DSD} = \frac{\text{可视距离}(\text{m})}{\text{刹车反应距离}(\text{m})} \times 100\% \tag{4-62}$$

得到可视距离与反应距离比后，根据式（4-63）来计算 DSD 得分，或通过表4-11 查表取得。

$$\text{DSD 得分} = 3^{\frac{120-\text{DSD}(\%)}{20}} \tag{4-63}$$

沟渠捕获作用是落石或崩塌体能否到达公路的一项评估指标，它与边坡的高度、坡度，沟渠的深度、宽度和形状，落石或崩塌的体积、运动方式等均有关系（图4-33和图4-34）。沟渠的捕获作用分为四个等级，依次是完全捕获、大部分捕获、小部分捕获和不能捕获，分别对应3分、9分、27分和81分四个得分标准。当已知坡高、坡度和沟渠宽度时，也可以通过查表4-12对沟渠作用进行打分。

表 4-11　可视距离与反应距离比得分表

DSD/%	DSD 得分	DSD/%	DSD 得分	DSD/%	DSD 得分	DSD/%	DSD 得分
40	81	59	29	78	10	97	4
41	77	60	27	79	10	98	3
42	73	61	26	80	9	99	3
43	69	62	24	81	9	100	3
44	65	63	23	82	8	101	3
45	62	64	22	83	8	102	3
46	58	65	21	84	7	103	3
47	55	66	19	85	7	104	2
48	52	67	18	86	6	105	2
49	49	68	17	87	6	106	2
50	47	69	16	88	6	107	2
51	44	70	16	89	5	108	2
52	42	71	15	90	5	109	2
53	40	72	14	91	5	110	2
54	38	73	13	92	5	111	2
55	36	74	13	93	4	112	2
56	34	75	12	94	4	113	1
57	32	76	11	95	4		
58	30	77	11	96	4		

图 4-33　沟渠宽度充足的直立边坡图

图 4-34　沟渠宽度不充足的近直立边坡

表 4-12 沟渠作用得分表

坡高/m	坡度	1:1 (45°)	1:0.5 (63°)	1:0.25 (76°)	直立 (90°)
	得分	沟渠宽度/m			
<10	3	>4.9	>4.3	>3.0	>3.7
	9	3.7~4.9	3.7~4.3	2.4~3.0	3.0~3.7
	27	2.7~3.4	2.7~3.4	1.5~2.1	2.4~2.7
	81	<2.7	<2.7	<1.5	<2.4
10~15	3	>7.9	>6.1	>3.7	>4.3
	9	5.8~7.6	4.6~6.1	2.7~3.7	3.7~4.0
	27	4.3~5.5	3.4~4.3	1.8~2.4	3.0~3.4
	81	<4.3	<3.4	<1.8	<3.0
15~20	3	>8.5	>7.6	>8.5	>4.9
	9	6.1~8.2	5.5~7.6	5.8~8.2	4.0~4.6
	27	4.9~5.8	4.3~5.2	4.0~5.5	3.4~3.7
	81	<4.9	<4.3	<4.0	<3.4
>20	3	>11.6	>8.2	>11.0	>5.5
	9	8.5~11.6	5.8~7.9	7.6~11.0	4.6~5.2
	27	5.8~8.2	4.3~5.5	5.5~7.3	3.7~4.3
	81	<5.8	<4.3	<5.5	<3.7

(3) 地质因子（Ⅲ）：在 RFRS 分级系统中，地质因子共有三个打分项，分别是岩体结构、结构面状态、滚石尺寸或崩塌体积。岩体结构分为四个等级，分别是①整体块状结构、巨厚层状结构、厚层状结构；②中厚层状结构、互层状结构（近水平或倾内）；③中厚层状结构、互层状结构（倾外）、薄层状结构；④碎裂结构、散体结构。岩体结构特征分类见表 4-13，结构面状态的四个划分等级分别为粗糙不规则→波状起伏光滑→平直光滑→黏土充填或见擦痕。滚石尺寸或崩塌体积打分项要根据现场判断来确定，如果属于个别滚石，则按照最大尺寸进行打分；如果属于局部崩塌，则按照崩塌体积打分，总之只能选择其中一项进行打分。

(4) 气象水文因子（Ⅳ）：包含降雨量、冰冻期、地下水三个方面的因素，分为四个等级：①小于 30mm 降雨，无冰冻期，边坡干燥；②30~60mm 降雨或冰冻期短或边坡间断有水；③60~180mm 降雨或长冰冻期或边坡一直有水；④超过 180mm 降雨和长冰冻期或边坡一直有水和较长冰冻期。

(5) 崩塌历史因子（Ⅴ）：指评估路段过去五年内曾发生的崩塌事件次数或发生频率，可分为四个等级：①很少岩崩，近五年发生崩塌一次以下；②偶尔岩崩，近五年发生崩塌两次；③较多岩崩，近五年发生崩塌三次；④经常岩崩，近五年发生三次以上崩塌。

(6) 防护措施加权（Ⅵ）：根据防护措施成效选取加权乘子，当有两项防护措施，且防护效果良好时，加权乘子取 0.7；当有一项防护措施，且防护效果好时，加权乘子取 0.8；当有一项防护措施，且防护效果不好时，加权乘子取 0.9；当没有防护措施时，加权乘子取 1.0，地质因子项中岩体结构分类参照了表 4-13 岩体结构特征分类表。

表 4-13 岩体结构特征分类表

类型	亚类	岩体结构特征
整体块状结构	整体状结构	岩体完整，呈巨块状，结构面不发育，间距大于 100cm
	块状结构	岩体较完整，呈块状，结构面轻度发育，间距一般为 100~50cm
	次块状结构	岩体较完整，呈次块状，结构面中等发育，间距 50~30cm
层状结构	巨厚层状结构	岩体完整，呈巨厚层状，结构面不发育，间距大于 100cm
	厚层状结构	岩体较完整，呈厚层状，结构面轻度发育，间距 100~50cm
	中厚层状结构	岩体较完整，呈中厚层状，结构面中等发育，间距一般为 50~30cm
	互层状结构	岩体较完整或完整性差，呈互层状，结构面较发育或发育，间距一般为 30~10cm
	薄层状结构	岩体完整性差，呈薄层状，结构面发育，间距一般小于为 10cm
碎裂结构	镶嵌碎裂结构	岩体完整性差，岩块镶嵌紧密，结构面较发育到很发育，间距一般为 30~10cm
	碎裂结构	岩体较破碎，结构面很发育，间距一般小于 10cm
散体结构	碎块状结构	岩体破碎，岩块夹岩屑或泥质物
	碎屑状结构	岩体破碎，岩屑或泥质物夹岩块

4.4.3 RFRS 在水富-麻柳湾高速公路崩塌分级中的应用

RFRS 公路崩塌危险性分级的等级划分参考了美国公路所采用的，由 Pierson 提出的 RHRS 评估准则，以 110 分为分区区间，共分为 A、B、C 三个级别。其中，RFRS 得分≥440 分的被定为 A 级，表明崩塌发生概率为 100%，且崩塌体能到达公路，建议立即治理；RFRS 得分<110 分的被定为 C 级，表明潜在崩塌发生概率几乎为零，无须处理；RFRS 得分为 110~440 分的被定为 B 级，又可进一步划分为 B+、B、B- 三个级别，代表了潜在崩塌发生概率较高、中等、很小三个等级，分别对应相应的处理建议（表 4-14）。此外，在具体使用过程中，评分区间的划分还可以根据公路维护单位的需求及道路状况进行适当调整。

表 4-14 RFRS 公路边坡崩塌危险性等级

危险等级		评估得分	危险性	处理建议
A 级		>440 分	崩塌发生概率 100%，且崩塌体能到达公路	立即治理
B 级	B+	330~440	崩塌发生概率较高，且崩塌体能到达公路	优先治理
	B	220~330	崩塌发生概率中等，且崩塌体可能会到达公路	建议治理
	B-	110~220	崩塌发生概率很小，但如果发生，崩塌体可能会到达公路	适时治理
C 级		<110 分	潜在崩塌发生概率几乎为零	无需处理

水富-麻柳湾高速公路起于云南省水富县城南端伏龙口，北接四川宜宾高速公路，止于麻柳湾，南接昭麻二级公路，是国道主干线二连浩特至河口公路云南境内的第一段。水富-麻柳湾高速公路全长 135km，其中水富县境内 48km，盐津县境内 63km，大关县境内 24km，总投资 92 亿元，为山区四车道高速公路，桥梁隧道占公路全长的 49.7%。全线按山岭区四车道高速公路标准建设，路基宽 22.5m，行车道宽 4×3.5m。所经地区最低海拔 275m（路线起点伏龙口处），最高海拔 1207m（凉风凹隧道 K47+760 处），相对高差为 932m。水富-麻柳湾高速公路工程于 2004 年开工，2008 年正式建成通车，在修建过程中因边坡开挖多处路段都发生过崩塌灾害，后期公路运营的四年中，多次发生边坡崩塌现象，多有造成公路堵塞、路面破坏的现象（图 4-35 和图 4-36）。

图 4-35 崩塌堵塞公路

图 4-36 崩塌砸毁路面

通过对水富-麻柳湾高速公路的调查，在对太平段、复兴段、大石盘段、老堡-双河口段、龙台段、串丝段、普洱渡段、万古段、下银厂段、吉利段、喇叭溪段、麻柳湾段的公路边坡进行公路崩塌危险性分级（RFRS），详见表 4-15。以复兴段为例，该段全长 6.3km，

表 4-15 水富-麻柳湾高速公路岩质边坡 RFRS 分级表

公路	段	位置	起止桩号	长度/m	分级	地质情况	建议处置措施
水富-普洱渡段高速公路	太平段	水富县太平、两碗乡	K22+100~K22+500	400	B	左侧斜坡为危岩（潜在崩塌），斜坡陡峻，岩性为深灰色、灰色泥岩与细砂岩不等厚互层，局部夹杂质泥岩和煤线，软硬相间，外形凹凸不平，两组卸荷裂隙较发育（220°∠75°∠15°、310°∠80°~85°），由于差异风化，岩层产状为140°∠85°，其中一组倾向面坡，垂直于层面，在重力作用下易产生崩塌、落石	建议治理
			K28+550~K28+740	190	B+	斜坡地貌，自然坡度为28°~32°，下部为岩堆，上部为高陡岩体，由于差异风化，外形凹凸不平，两组卸荷裂隙较发育，岩层产状为150°∠30°，紫灰色泥岩、细砂岩，紫红色、长石石英砂岩风化，由于差异风化，垂直于层面，在重力作用下容易产生崩塌	优先治理
			K28+740~K29+100左侧斜坡	360	B+	斜坡陡峻，紫灰色、紫红色、长石石英砂岩不等厚互层，软硬相间，岩层产状为（20°∠75°~85°、300°∠80°~85°），两组卸荷裂隙较发育，其中一组拉张裂隙倾向与坡面同向，垂直于层面，在重力作用下容易产生崩塌	优先治理
水富-普洱渡段高速公路	复兴段		K30-210~K30+90	280	B	斜坡地貌，自然坡度为20°~24°，下部为岩堆，在岩堆上方陡峻斜坡地段有潜在危岩，容易发生崩塌、落石	建议治理
			K30+880~K31+270	390	B	斜坡地貌，自然坡度为20°~24°，下部为岩堆，岩堆上方陡峻斜坡段有潜在危岩，易发生崩塌、落石	建议治理
			K29+900~K31+600左侧斜坡	1680	B+	斜坡陡峻，紫红色、暗紫色、灰紫色泥岩，长石石英砂岩不等厚互层，软硬相间，岩层产状为120°∠15°，由于差异风化，外形凹凸不平，两组卸荷裂隙较发育（230°∠75°~85°、320°∠80°~85°），其中一组拉张裂隙倾向与坡面同向，卸荷裂隙顺向坡面，垂直于层面，在重力作用下容易产生崩塌、落石。在K30+620~+80C段路线左侧上方陡崖下，发育一岩堆，易诱发工程性崩塌	优先治理

续表

公路	段	位置	起止桩号	长度/m	分级	地质情况	建议处置措施
水富－普洱渡段高速公路	复兴段	水富县太平、两碗乡	K31+620~K31+780	160	B	斜坡地貌，自然坡度为18°~37°（上陡下缓），下部为岩堆，上方陡峻斜坡地段有潜在危岩，易发生崩塌、落石	建议治理
			K32+850~K33+120左侧斜坡	270	B+	斜坡陡峻，岩性为紫红色、灰绿色泥岩，长石石英砂岩等厚互层，软硬相间，岩层产状为70°∠9°，由于差异风化，外形凹凸不平，两组卸荷裂隙较发育（240°∠75°~85°，340°∠80°~85°），其中一组拉张裂隙顺向与坡面同向，卸荷裂隙顺向坡面，垂直于层面，在重力作用下容易产生崩塌、落石。在陡崖下缓坡地段发育岩堆，易诱发坡地段下容易产生明显落石	优先治理
			K33+580~K33+800	220	B	斜坡地貌，自然坡度为23°~36°，下部为岩堆，路线左侧上部陡峻斜坡地段有潜在危岩，易发生崩塌、落石	建议治理
			K33+920~K34+130	190	B	斜坡地貌，自然坡度为23°~25°，下部为岩堆，路线右侧上部陡峻斜坡地段有潜在危岩，易发生崩塌、落石	建议治理
			K34+200~K34+520	320	B	斜坡地貌，自然坡度为32°~38°，下部为岩堆，路线左侧陡峻斜坡地段有潜在危岩，易发生崩塌、落石	建议治理
			K34+520~K34+670左侧斜坡	250	B+	斜坡陡峻，紫红色、灰绿色泥岩，长石石英砂岩等厚互层，软硬相间，岩层产状为70°∠10°，由于差异风化，外形凹凸不平，两组卸荷裂隙较发育（200°∠75°~85°，290°∠80°~85°），其中一组拉张裂隙顺向与坡面同向，卸荷裂隙顺向坡面，垂直于层面，在重力作用下容易产生崩塌、落石	优先治理
水富－普洱渡段高速公路	大石盘段	水富县太平、两碗乡	K35+560~K35+760	200	B	斜坡地貌，自然坡度为30°~32°，下部为岩堆，路线左侧上部陡峻斜坡地段有潜在危岩，易发生崩塌、落石	建议治理
			K35+902~K36+120	218	B	斜坡地貌，自然坡度为28°~41°（上陡下缓），下部为岩堆，路线左侧上部陡峻斜坡地段有潜在危岩，易发生崩塌、落石	建议治理

第4章 危岩体稳定性计算与评价

续表

公路	段	位置	起止桩号	长度/m	分级	地质情况	建议处置措施
水富－普洱渡段高速公路	大石盘段	水富县太平、两碗乡	K36+345~K36+638	293	B	斜坡地貌，自然坡度为20°~28°（上陡下缓），下部为岩堆，路线左侧上部陡峻斜坡地段有潜在危岩，易发生崩塌、落石	建议治理
			K37+040~K37+180	140	B	斜坡地貌，自然坡度为33°~37°（上陡下缓），下部为岩堆，路线左侧上部陡峻斜坡地段有潜在危岩，易发生崩塌、落石	建议治理
			K35+640~K37+300左侧斜坡	1660	B+	斜坡陡崖，紫红色、灰绿色泥岩，长石石英砂岩不等厚互层，软硬相间，岩层产状为70°∠10°，由于差异风化，外形凸凹不平，两组卸荷张裂隙较发育（260°∠75°~85°，180°∠80°~85°），其中一组拉张裂隙倾向与坡面同向，卸荷裂隙顺向坡面，垂直于层面，在重力作用下容易产生崩塌，落石；在缓坡回地、陡坎合阶上堆积崩塌、坡积物，受地表水与地下水渗透的影响，易诱发工程性滑坡、崩塌	优先治理
			K38+020~K38+230右侧斜坡	260	B	斜坡地貌，自然坡度为23°~31°，下部为岩堆，路线左侧陡峻斜坡地段有潜在危岩，易发生崩塌、落石	建议治理
			K38+520~K39+100	580	B	斜坡地貌，自然坡度为25°~28°，下部为岩堆，路线左侧陡峻斜坡地段有潜在危岩，易崩塌、落石，其中K38+568~+578，K38+980~+984路段为山坡型泥石流沟	建议治理
水富－普洱渡段高速公路	老堡－双河口段	水富县太平、两碗乡	右K39+830~K40+060	190	B	斜坡地貌，自然坡度为35°，下部为岩堆，左侧上部陡峻斜坡有潜在危岩，容易产生崩塌、落石	建议治理
			左K40+100~K40+240	140	B	斜坡地貌，自然坡度为29°~31°，下部为岩堆，左侧陡峻斜坡有潜在危岩，容易产生崩塌、落石	建议治理
			右K41-160~K41+643	488	B	斜坡地貌，自然坡度为15°~33°，下部为岩堆，路线左右两侧陡峻斜坡都要有潜在危岩，容易产生崩塌、落石	建议治理
			左K41-335~K41+755.33	420.3			

续表

公路	段	位置	起止桩号	长度/m	分级	地质情况	建议处置措施
水富－普洱渡段高速公路	老堡－双河口段	水富县太平、两碗乡	K42+000 ~ K42+200	200	B	斜坡地貌，自然坡度为 35°~45°，下部为岩堆，右侧陡峻斜坡有潜在危岩，容易产生坍塌、落石	建议治理
			K42+615 ~ K43+080	465	B+	斜坡陡峻，紫红色、灰绿色泥岩、长石石英砂岩不等厚互层，软硬相间，岩层产状平缓，由于差异风化，外形凸凹不平，两组卸荷裂隙较发育（110°∠75°~85°；210°∠80°~85°）。一组裂隙顺向坡面，垂直层面，陡崖下容易产生崩塌、落石。堆积层较薄，主要以亚黏土夹块、碎石	优先治理
			K43+220 ~ K43+740	520	B−	斜坡地貌，自然坡度为 23°~28°，下部为岩堆，局部右侧（K43+260 ~ +360；K43+500 ~ +740）陡峻斜坡上有潜在危岩，容易产生坍塌、落石	适时治理
			K43+740 ~ K43+950 右侧斜坡	210	B+	斜坡陡峻，紫红色、灰绿色泥岩与长石石英砂岩不等厚互层，软硬相间，岩层产状平缓，由于差异风化，外形凸凹不平，两组卸荷裂隙较发育（80°∠75°~80°；355°∠80°~89°）。一组裂隙顺向坡面，垂直层面，在重力作用下容易产生崩塌、落石	优先治理
			K44+470 ~ K44+880	410	B+	斜坡陡峻，紫红色、灰绿色泥岩与长石石英砂岩不等厚互层，软硬相间，岩层产状平缓，由于差异风化，外形凸凹不平，两组卸荷裂隙较发育（280°∠80°~85°；20°∠75°~85°）。一组裂隙顺向坡面，垂直层面，在重力作用下容易产生崩塌、落石。离路线 50~100m	优先治理
水富－普洱渡段高速公路	龙台段	盐津县普洱渡镇串丝乡	K51+940 ~ K52+200	240	B	斜坡地貌，下部为岩堆，岩堆顶部以外有潜在危岩	建议治理

第4章 危岩体稳定性计算与评价

续表

公路	段	位置	起止桩号	长度/m	分级	地质情况	建议处置措施
水富－普洱渡段高速公路	串丝段	盐津县普洱渡镇串丝乡	K55+600～K56+200	600	B−	斜坡地貌，下部为岩堆，岩堆顶部K55+640～K55+960段有潜伏危岩	适时治理
			K58+520～K58-670	150	B−	斜坡地貌，坡面陡峻，岩堆顶端左上方有潜伏危岩存在	适时治理
			K59+065～K59+120	55	B+	斜坡地貌，坡面陡峻，上部为紫色、灰绿色砂岩，与泥岩接触面岩层产状平缓，倾向与坡向相反，风化差异悬殊，外形凸凹不平，垂直层面的裂隙发育，在重力作用下易产生崩塌，对桥梁安全造成危害	优先治理
			K59+150～K59+320	170	B	斜坡地貌，坡面陡峻，下部为岩堆，岩堆顶端有潜在危岩存在，既时有掉块产生，对桥梁及行车安全危害较大	建议治理
			K59+450～K59+690	240	B+	斜坡地貌，坡面陡峻，岩堆顶端左上方为紫色、灰绿色砂岩，与泥岩接触，产状平缓，风化差异大，泥岩剥蚀凹陷，砂岩凸起，垂直层面的裂隙发育，在重力作用下产生块体，容易突然崩塌，雨季时有掉块产生	优先治理
			K60+660～K60+900	240	B	斜坡地貌，下部平缓，上部较陡，下部为岩堆。岩堆顶端右上方有潜在危岩分布	建议治理
			K62+400～K62+600	200	B	斜坡地貌，坡面平缓，产状平缓，下部为岩堆，岩堆顶端右上方由砂岩构成的陡崖，垂直节理裂隙发育，外形凸凹不平，在重力作用下会产生崩塌	建议治理
水富－普洱渡段高速公路	普洱渡段	盐津县普洱渡镇	K62+750～K63+200	550	B	斜坡地貌，坡面陡峻，倾向与坡向相同，下部为岩堆，K62+630～K62+500岩堆顶端右上方有潜在危岩存在	建议治理
			K63+640～K63+760	120	B	斜坡地貌，裸露灰色中厚层状弱风化砂岩，产状为160°∠38°，倾向与坡向相同，并与地表水、地下水由上至下流经坡面，容易沿软弱结构面产生顺层滑动	建议治理

续表

公路	段	位置	起止桩号	长度/m	分级	地质情况	建议处置措施
水富－普洱渡段高速公路	普洱渡段	盐津县普洱渡镇	普洱渡立交区（A、B、C、D面道）	1115	B	斜坡地貌，AK0+200～+354段（包括C匝、D部分共用路段），右上方由泥岩、泥质粉砂岩、砂岩不等厚互层形成的陡崖，哨壁上、由于风化差异，外形凹凸不平，有危岩存在，时有崩塌产生	建议治理
水富－麻柳湾高速公路	K73+000～K73+120段	盐津县普洱镇桐梓村	K73+000～K73+120	120	B	人工边坡高度约50m，从地质结构分析，边坡物质组成主体为侏罗系紫红色粉砂岩夹泥岩。风化裂隙及构造节理极其发育，在两组节理切割下形成碎裂结构岩体。边坡崩塌后形成的临空面更加陡峻，边坡顶出现大面积冠裂，坡面积木块，靠近坡口部位局部出现陷落，岩体大面积出现松动变形，具有发生潜在崩塌的危险	建议治理
水富－麻柳湾高速公路	K81+650～K81+750段	盐津县中和乡	K81+650～K81+750	100	A	斜坡地貌，坡度大于45°，顺坡向陡倾角薄－中厚层岩体发育，表层强风化，较为破碎。在边坡开挖后因卸荷作用，雨季发生崩塌的危险性很大	立即治理
水富－麻柳湾高速公路	K86+070～K86+260段	盐津县中和乡天宁村	K86+070～K86+260	190	B−	边坡分布砂岩段，岩体整体稳定性较好，性脆，且风化程度相对较低，抗风化能力较强，岩体整体岩质较好，沿节理面及岩层面卸荷控制影响，卸荷方向产生四面岩块，沿坡面剪切破坏；由于岩层面与坡向倾向相反，岩产生小规模剪切破坏；由于岩层面与坡向倾向相反，岩产生结构面可能性大，边坡分布岩段整体稳定性好	适时治理
水富－麻柳湾高速公路	K91+680～K91+728段	盐津县竹麻林	K91+680～K91+728 右边坡	48	A	单斜地貌，斜坡坡度大于60°，顺坡向发育层状结构，薄－中厚层，在风化作用和卸荷作用下，易于发生表层顺层弯曲折断破坏，形成崩塌	立即治理

第4章　危岩体稳定性计算与评价

续表

公路	段	位置	起止桩号	长度/m	分级	地质情况	建议处置措施
普洱渡－麻柳湾高速公路	万古段	盐津县豆沙镇、万古乡	K94+830~K95+740	940	B-	斜坡地貌，自然坡度为29°~40°，斜坡主要是前期崩塌形成的岩堆，岩堆内为碎石土含块石，表面粗糙，局部表面钙质胶结，结构松散，孔隙大，局部有架空现象，有发生岩溶崩塌的危险性	适时治理
			K95+140~K95+740	600	B	在路线左侧上方高陡峭壁上，岩性为厚层状灰岩，卸荷裂隙发育，一组裂隙面倾向坡面，容易产生崩塌	建议治理
			K95+760~K96-180	420	B-	斜坡地貌，自然坡度为23°~33°，坡体为岩堆。据地质调查和钻孔资料，岩堆内为碎石土含块石，表面为块石土，表面粗糙，结构松散，孔隙大，局部有架空现象，局部表面钙质胶结，有发生岩溶崩塌的危险性	适时治理
			K95+870~K96+200	330	B	在路线左侧上方（K96+200~+260）高陡峭壁上，岩性为厚层状灰岩，卸荷裂隙发育，一组裂隙面倾向坡面，容易产生崩塌	建议治理
			K96+460~K96+630	70	B-	斜坡地貌，自然坡度为33°~60°，坡体为岩堆，岩堆内为块石土，结构松散，孔隙大，局部溶蚀，钙质胶结，有发生岩溶错落崩塌的危险性	适时治理
普洱渡－麻柳湾高速公路	下银厂段	大关县吉利乡	K104-890~K105+500	610	B	斜坡地貌，自然坡度为33°~38°，下部为岩堆，岩性为中~厚层状灰岩，同夹薄层泥岩（页岩）、泥岩（泥化），形成软弱构造面，卸荷裂隙发育，一组裂隙面倾向坡面，遇水易软化，容易产生崩塌、落石	建议治理
			K117+480~K117+760	280	B	斜坡地貌，自然坡度为22°~38°，危岩分布在K117+480~+600左侧上方的高陡峭壁上，岩性为中~厚层状灰岩，卸荷裂隙发育，一组裂隙面倾向坡面，容易产生崩塌	建议治理
普洱渡－麻柳湾高速公路	吉利段	大关县吉利乡	K121+280~K122+830	1550	B	斜坡地貌，自然坡度为38°~52°，危岩分布在K121+240~+370、K121+730~+860、K122+160~+700地段左侧上方的峭崖上，岩性为中~厚层状灰岩，卸荷裂隙发育，一组裂隙面倾向坡面，容易产生崩塌	建议治理

续表

公路	段	位置	起止桩号	长度/m	分级	地质情况	建议处置措施
普洱渡－麻柳湾高速公路	喇叭溪段	大关县青利乡、寿山乡	K121+280～K122+830	1550	B	斜坡地貌，自然坡度为38°～52°，危岩分布在K121+240～+370、K121+730～+860、K122+160～+700地段左侧上方高陡峭壁上，岩性为中～厚层状灰岩，卸荷裂隙发育，一组裂隙面倾向坡面，容易产生崩塌	建议治理
			K125+200～K126+380.1	1180.1	B	位于路线左侧上方的高陡峭壁上，岩性为中～厚层状灰岩，卸荷裂隙发育，一组裂隙面倾向坡面容易产生崩塌	建议治理
普洱渡－麻柳湾高速公路	麻柳湾段	大关县寿山乡、天星乡	K130+200～K130+500	300	B	危岩主要分布于右侧的高陡斜坡上，软硬互层的层状岩体，凸凹不平，岩层产状近似水平，由于差异风化，软硬互层的层状岩坡面呈阶梯状，斜坡前缘卸荷裂隙发育，一组裂隙面倾向坡面，在重力作用下诱发崩塌、落石、软硬不均的层状岩体，多以局部崩塌、坠落为主	建议治理

注：边坡潜在崩塌等级为C级的未进行统计。

山高谷深,"V"字形沟谷发育,属强侵蚀的峡谷地貌,沿线崩塌或潜在崩塌灾害危险性等级达到 B 级的路段多达 4.3km,占到该段公路长度的 68%。通过 RFRS 分级系统,可以实现对公路边坡崩塌灾害的数据维护和管理,对达到 B 级以上的路段定期安排专业人员进行数据采集和分析,达到减轻公路崩塌灾害的目的。

第 5 章　崩塌灾害监测预警

5.1　概　　述

5.1.1　地质灾害的防控与监测预警

地质灾害的防控包括防和控两个方面。地质灾害的防控范围非常广泛，是一个从发现问题到解决问题的过程。防是防止其发生、发展形成灾害；控是对灾害发生、发展或发展的速度、成灾水平等进行控制。地质灾害防控的主要手段通过各种方法进行调查、勘查和监测来发现潜在的灾害点，了解致灾体的变形破坏过程，通过灾害防治工程及灾害预警等措施对灾害实现预防和避让，以及通过监测、评估等手段了解灾害防控过程中的各阶段的信息、状况，提出灾害应对的方案措施。

我国国土面积 70%以上区域为山地丘陵，这也是构造活动相对活跃区，地质条件复杂多变，极易引发滑坡、崩塌、泥石流等地质灾害。同时，我国位于世界上最典型的季风气候区，一年中水旱变换频繁，这也是导致我国各种灾害多发的原因。面对频繁的地质灾害，深入研究灾害的监测预警技术是有效防灾减灾的迫切需求。

地质灾害监测的目的是掌握可能威胁工程建设、运行安全的各种致灾体变形变化时空动态，为工程施工、运行安全以及治理工程设计提供必要资料和依据，对可能的地质灾害进行预测预警，避免或减少人员财产损失。主要任务是获取致灾体变形破坏及相关影响因素的变化、发展过程，评价致灾体稳定性状况，评估防治工程效果，对边坡病害、灾害进行预测预警，为公路防灾、减灾、救灾提供技术支撑。地质灾害监测预警是集灾害机理、仪器设备、监测技术、成灾预报于一体，涉及众多学科的综合性较强的应用科学。地质灾害监测以工程地质学、土力学、岩石力学、土木工程设计理论和方法等多学科知识为理论基础，以仪器仪表、传感器技术、计算机与通信技术、大地测量技术、测试技术、信息科学等学科为技术支持，同时还要考虑大量的土木工程施工工艺和工程经验，通过对测试数据的分析和反分析，研究岩土体结构和防护工程结构的稳定性的综合性应用技术。

地质灾害预警是指根据观测、监测结果，结合理论推演和专家经验等方法，预测灾害发生的时间、地点、强度，以及根据预测结果，按一定程序由相关部门向特定对象发布灾害预警警报（信息）的工作。地质灾害的预警工作包括预测和预警两个阶段，是从地质灾害的预测和预警信息发出的全过程。地质灾害的预测（预警）内容包括时间预测（预警）、空间预测（预警）和强度预测（预警）三个方面，其中时间预测（预警）内容包括预计灾害发生时间和持续时间；空间预测（预警）内容包括灾害类型、规模、影响范围、运动方向和路线等；强度预测（预警）内容包括险情类别和预警等级等。

地质灾害的监测和预警是灾害防控的重要内容。通过灾害的监测预警，可有效监测地质灾害的时空状态分布和强度规模，及时发布预警消息，及时组织避让、人员设备疏散、工程抢险，对防灾减灾具有重要意义。

地质灾害的监测预警是贯穿灾害防控始终的一项重要工作。概括起来，地质灾害的监测预警有如下几个方面作用。

（1）监视致灾体及灾害防治工程结构状态的变化和过程，监测灾害孕育、发展、发生的演化过程和发展趋势，预测灾害的发展规模，探索灾害演变的内在客观规律，为地质工程基础理论研究提供分析素材，有助于岩石力学、土力学、工程地质学的学科发展。

（2）为灾害的防治方案选择提供依据；为岩土工程设计文件的校核、防治效果验证、岩土体的稳定性评价和工程的信息化施工提供数据，确保施工安全、经济、可靠。

（3）对运营期的工程健康状态进行监测，确保工程健康运营。

（4）及时发布灾害预警信息，为地质灾害的合理避让、及时防护治理、抢险救援和其他应急处置等措施提供依据。

（5）在平常容易忽略的地方发现潜在的威胁，避免人员财产损失。

5.1.2 灾害监测预警的国内外研究现状与发展趋势

当前地质灾害的监测技术方法研究与应用多是围绕崩塌、滑坡、泥石流等突发性地质灾害进行的（董元和张时忠，2008；肖红和胡中栋，2011；周平根，2011；姚元等，2011）。

国外在边坡稳定性监测研究方面开展得比较早。苏联学者叶米里扬诺娃1956年曾对滑坡位移观测的原理、方法和应用进行了系统总结。Hovland（1977）讨论了与岩质边坡设计有关的监测。Kirschke和Muller（1974）、Kovari（1993）、Sakurai和Shimizu（1992）等讨论了边坡岩土体稳定监测的方法。哥伦比亚水电局研制了大坝和滑坡监测的自动数据采集系统。日本土谷尚等研制了滑坡自动监测系统。

诸多国际学术组织，如国际大地测量协会（IAG）、国际测量师联合会（FIG）、国际岩石力学协会（ISRM）、国际大坝委员会（ICOLD）、国际矿山测量协会（ISM）等，都在积极进行边坡地质灾害的监测学术交流和研究合作。

对于滑坡及泥石流的监测，美国（哲伦，2009）、日本等发达国家已经做了很多工作，特别是单体滑坡已经达到真正实时监测的阶段，监测内容包括地面位移、裂缝、地下位移、地下水位（水压力）和水温、结构应力、应变以及地声监测等；监测手段更是多种多样，有电阻式传感器、电感式传感器、光纤光栅式传感器、磁栅式传感器、声发射传感器、GPS、近景摄影测量、时域反射监测法、合成孔径雷达等。1984年，印度尼西亚公共工程部设在日惹市的防砂研究中心，为了收集水文资料和检测泥石流的发生，安装了雷达雨量计和雷达遥测装置系统并进行了长期观测，认为泥石流的发生与短期暴雨和长期降雨有关。1985年，美国地质调查局（USGS）和美国国家气象局（NWS）联合在旧金山湾地区建立了泥石流预警系统，通过统计降雨强度、岩土体渗透能力、含水量和气象变化与滑坡事件间的关系做出综合判断，并通过气象服务中心发布预警结果。2001年美国地质调查局在华盛顿州皮吉特海峡建立了一个包括降水量、水压力、含水量等的远程滑坡监测系统。2006 年美国地质调查局在波特兰的西部山区建立了一个滑坡监测站，用于监测降水量、地下水压力、地应力、张裂缝等的变化特征以及他们之间的关系。2008 年，为了研究泥石流的控制因素、动力特征，美国地质调查局在科罗拉多州建立了一个泥石流监测站；2009 年，又在加利福尼亚的帕萨迪纳建立了一个泥石流监测站。

在我国，近年来地质灾害的监测工作也取得了长足的进步（岳建伟等，2008；周平根，2011；陈国良等，2011；彭文标等，2011）。1999 年，云南省自然资源厅组织全省各地国土资源管理部门与民政、气象、水利等部门，共同构建起了省、地、县、乡、村五级地质灾害群测群防体系，对辖区内的地质灾害隐患点进行监测、预警。从 1999 年开始，中国香港也逐步建立了比较完善的基于降雨监测的地质灾害监测网络。1999 年 1 月，国土资源部在三峡库区秭归至新滩段建立了"长江三峡库区崩滑地质灾害监测工程试验（示范）区"，初步建立了库区地质灾害 GPS 基准网，在局部滑坡体上建立了单体监测网（刘传正，2004b；过静珺等，2006；李光耀等，2008；白永健等，2011）。

2001 年，中国台湾研发完成了泥石流防灾应变系统。2001~2005 年，中国地质环境监测院开展了国土资源大调查地质灾害预警工程计划设立的"典型地区突发性地质灾害时空预警示范（试验区）建设"项目。该项目选择了四川省雅安市雨城区作为西南地区地质灾害预报试验区，采用 20 台 SL1 遥测雨量计构成试验区降雨观测网。陕西省自然资源厅于 2006 年在安康旬阳县部署了全省第一个地质灾害自动化专业监测站，该监测站布设有降水量、土层含水率自动监测点各 1 处，地下水、地表裂缝自动监测点共 4 处，深部位移监测点 3 处（汪家林，1992；唐辉明等，2001；朱合华等，2002；王耀峰等，2005）。中国地质调查局组织成都地质矿产研究所和中国地质科学院探矿工艺研究所，在四川省甘孜藏族自治州丹巴藏族自治县境内于 2007 年组织实施了"滑坡灾害 GPS 和 INSAR 综合监测技术示范"。2007~2010 年，中国地质环境监测院组织实施，福建省地质环境监测中心负责承担"闽东南地区台风暴雨型地质灾害监测预警示范"（余冠洲和邓海祥，2010；黄承两和向娟，2011）。

2003 年 1 月~2006 年 12 月，由中国地质调查局水文地质工程地质技术方法研究所承担并组织实施，建立了巫山县地质灾害预警示范站。

巫山县地质灾害预警示范站（简称示范站）是在巫山县新城迁建区建立的。示范站包括巫山县城区向家沟滑坡和玉皇阁崩滑体两处预警示范点，建立 6 处现场监测站，1 处中心站。示范站运用了钻孔倾斜仪的深部位移监测、GPS 地表变形监测、时间域反射技术、孔隙水压力监测等监测手段，通过地质灾害监测技术优化集成以及多媒体网络远程传输（以 GPRS 为主）、监测信息互联网实时发布等预警关键技术的研究、示范运行，实现地质灾害监测数据的自动采集、处理、分析。现场监测站安装地表位移监测系统、滑体深部位移监测系统以及影响滑坡的相关因子监测系统，此外还进行新技术的应用示范。现场站和中心站间采用 GPRS 技术交换数据，中心站内安装数据处理 PC、数据库及 WEB 服务器进行数据处理、管理、发布，并通过 ADSL 接入 INTERNET，实现监测信息的远程访问。示范站依托 GPRS 无线通信技术、计算机信息管理技术、自动控制技术及 INTERNET 网络技术实现监测信息的实时采集、传输、处理和发布，将我国地质灾害信息管理和预警技术提高到国际先进水平（邱怀平，2002；殷建华等，2004；范青松等，2006；高幼龙等，2009；肖颖和许模，2011）。

视频监测技术已经广泛应用于交通、工业生产、安防等领域，如监测交通流量、交通违章、监测生产时某些关键步骤、监测人员入侵，而且通过图像处理技术，这些功能都在一定程度上实现了自动化。但是该技术在边坡监测中的应用还处在初级阶段，仅限于视频观察，未见自动识别崩塌、落石等功能的视频监测装置和研究成果。2012年交通运输部公路科学研究院在采用视频监控崩塌地质灾害方面进行了探索（苏天明，2011）。所开发的视频地质灾害监测系统经实地试验验证，不仅可直接观察灾害点发生情况，还可通过软件控制，实现崩塌落石自动识别和自动报警，有着较好的应用前景。视频监测对网络传输速度存在较高的要求，尽管已经发展出多种视频压缩技术，但是在网络条件差的地方仍难以满足视频实时传输的需要，光纤传导在高速公路上的普及，以及5G技术的逐步推广应用，为视频监控边坡崩塌落石地质灾害提供了大范围应用的可能。

总体来说，国内外地质灾害监测预警建设方面都已取得了很大进展，主要表现在：①综合集成度增强，监测系统综合集成度越来越高，一个系统可包括多种监测传感器和多种监测方法，采用多种分析手段，如图表分析、图像分析和视频解析等；②逐步实现远程自动化监测，从传统的人工现场测读，发展到监测信号有线传输及无线传输，逐步实现了全天候全时段无人值守自动远程监测；③智能化程度增加，在采集软件、控制软件等系统管理方面，已逐步把监测传感器当作管理系统生长在被监测体的神经，通过物联技术，充分感知被测对象发生的变化和趋势，逐步实现自动监测、预警及提出应对措施方案自动化。

灾害的群测群防，即发动广大群众共同进行灾害监测与预防，主要用于地质灾害、洪水等监测、防治方面，形成严密的监测网络。灾害的群测群防政策具有典型的中国特色（周平根，2004；韩汝才和傅鹤林，2004）。我国在地质灾害群测群防方面做了大量的工作，通过发动广大群众参与到灾害的监测和预防，提前发现灾害迹象，提前做出灾害避让措施，取得了显著效果。一般有"群测群防、土洋结合""群测群防、群专结合"等具体政策方针。我国地质灾害点多面广，又多分散在偏远山区，治理难度大，防治任务重，对这些灾害隐患点都进行治理，财力不允许，也不可能，完全依靠专业队伍进行监测，也不现实。做好地质灾害防治工作，必须加强群测群防体系建设。只有把群测群防体系建设好，地质灾害的专业监测才有依靠，群专结合的地质灾害防治体系才有坚实的基础，提高预报预警和快速反应能力才有前提和条件。我国目前绝大多数地质灾害多发区都已建立了群测群防体系，完善了县、乡、村三级防灾责任制，走出了一条有中国特色的地质灾害防治道路，取得了举世瞩目的成就。

5.1.3　存在的问题

在我国目前地质灾害监测预警软件和硬件方面，还存在不足之处。

5.1.3.1　系统平台问题

综合分析国内外有关岩土监测系统，较为优秀的监测系统应具有以下功能：①野外数据自动采集，包括自动采集、自动记录、自动发送等；②监测数据自动处理，包括对异常监测数据筛查、处理，初步分析；③显示监测值变化曲线等成果输出，包括监测值随时间的变化曲线、不同监测值之间的关系等各种图形；④监测设备与掌上电脑、台式电脑等进行双向通讯，可实现联机实时监控自动化；⑤初步的危险自动预测预报，可对岩土体变形位移等数据的限值进行设定，即对超过某一限值的监测数据则认为测体已进入危险状态，并发出相应警报；⑥可生成各种成果表及报表，包括月报表、年报表、重要时期报表、单测次报表以及经过系统整编的各种成果表，能随时显示和打印输出。而目前大多数软件不能同时具备上述功能，实用性还有很大改进空间。

作为灾害监测预警的后方综合管理信息平台，监测预警管理的大脑和中枢，仅仅具备上述功能还远远不够，在以下几方面不足还需加强研发：①现有平台的数据库在面对海量监测信息时，监测数据的有效挖掘和自动化程度不够，应建设操作灵活、功能齐全的大型数据库，包括数据入库、数据查询、数据合并、数据转储、数据库管理维护等功能，不仅可以存储数字信息，还要能够容纳图像、视频等大的存储数据。②监测预警系统的显示不够直观，形象度不高，可充分利用三维地理信息系统开发三维可视化功能，建立地表三维实景构建，实现监测点图标化，直观显示监测点的时空位置，并通过点击查看监测点所有信息。③目前的监测系统所用软件多是面向专业工程师，其操作界面、判断方式等非专业人员较难掌握，需对工作平台的自动分析功能、传输功能及预警信息服务工程进行改进，增加多种分析模型，使不同的分析结果相互补充验证，提高预测预报的准确率。④与视频监控系统相融合，可随时动态查看现场视频信息，快速验证监测结果的准确性。⑤监测与灾害预测预警功能融合，预警是监测的重要目的，监测应与公路边坡灾害的预测预警更紧密融合，一旦遇到险情可及时报警，以便给行驶的车辆足够的预警反应时间，避免造成损失。⑥提高软件的可扩展性，实现模块化，便于将来维护和扩展新的功能。⑦现有的监测预警系统软件功能较为单一，需不断丰富其内涵、完善内容。监测预警信息系统应建设为灾害应对的指挥决策中心，提高综合管理信息平台的管理决策支持能力，为灾害的应对决策和指挥管理提供技术支撑。⑧在软件界面设计、可扩展接口以及使用方便性方面也有较大改进空间。

5.1.3.2 岩土体稳定性判别

地质灾害监测预警工作是围绕岩土体稳定进行的。岩土体失稳准确判别的前提是识别失稳模式，建立正确的判别模型和失稳判据，认识其破坏机理，以便对各种地质灾害进行预测预警。国内外学者对此模型和机理进行了大量的研究，提出的预测模型和判据有上百种之多，但事实证明，这些预报模型、判别方法大多为事后验证性的反演和推测，并不具有可靠的应用性和普适性，很难真正用于实际灾害预警预报。在认清灾害形成机理、模式，确定判别模型之前，再高精度的监测往往也是劳而无功。究其原因主要有地质条件复杂、灾害发生机理的复杂、灾害发展过程复杂、相关参数缺乏和研究水平限制等。因而也可以说，以目前的科技发展水平，还很难对极为复杂的各种地质灾害提出可靠普适的预测准则，也难以明确断言某个边坡到底什么时候会发生崩塌和滑坡。虽然如此，但深入研究岩土失稳模型，深入研究失稳机理，逐步完善监测设备和监测方法，无疑是通往准确的地质灾害预报的正确道路。

5.1.3.3 监测精度问题

做好岩土监测的前提有三个：①监测内容是否全面，能否反映被监测点整体变形破坏状况；②监测数据的可靠性，监测所得数据能否真实反映岩土体变形破坏的情况；③监测精度能否满足判断岩土体变形破坏的要求。理想的监测仪器应该具有实用性、可靠性、简便性、易用性。真实、可靠和全面获取被监测对象信息，是正确分析和获得正确结论的基础。对于岩土体稳定判断而言，监测工作首先需要满足的是对岩土体状态以及其变化规律的掌握，全面了解监测对象状态与变化状况，确保监测数据的真实可靠。监测精度固然要能满足不同监测阶段、不同监测对象特点的需要，但也要注意到，某一项监测精度的提高并不能直接提高该工程的整体监测水平，因为仅通过某一参数很难准确判断地质体状态的全面情况。在监测工作中，片面追求某种设备高精尖水平和超高精度监测的观点并不足取，这样往往只是大幅度提高监测成本，而并不一定能真正满足项目的监测要求，通俗地说也就是够用就好。

5.1.3.4 监测与预警的结合

监测的目的在于防止灾害的出现以及如何避免造成重大损失，这就需要监测与预警功能充分结合，发现灾害后能及时准确发出预警信息，为灾害的避让、防治和应急管理留有足够的反应时间。从边坡地质灾害的监测来说，最全面的监测方法应是从空中、地表和地下对灾害体实行综合全天候的全时段监测；从预警方面，需要将灾害信息及时发布发送给路政管理、驾乘人员，建立一套完整的监测预警体系。在该方面我国公路交通的地质灾害监测与预警现在结合尚不紧密，不能够满足现代交通对安全要求，未形成一套体系，更需要进行相应预警设备和系统研发与改进。

监测工作中往往需要多种监测方法综合进行，相互对照。鉴于地质体失稳的复杂性，通过监测数据来判断监测对象的稳定性状态是困难的，这也是地质灾害预测预警工作仍是世界难题的主要原因。但灾害预警是监测工作的主要目的之一，尽管困难，仍需积极探索。在实际工程实践中，假设我们不苛求获得崩滑发生的准确时间和确切位移量，而采用"预计""有可能"这样一种模糊判断的方法，这样的粗略监测预警方法将极大降低灾害监测预警难度，提高监测预警工作的普及性和经济性，满足一般公路工程建设或运营项目的安全需要。具体做法为通过一些较为简略的监测手段，根据定量半定量的危险性阈值判断指标，对公路建设或运营期边坡监测数据进行判别；当边坡变形量（或其他参数）达到一定的极值，就认为该边坡已处于一种危险状态，需进一步采取相应工程治理或其他预防措施。采用这样的粗略预警方法，符合常识，且易于掌握，而不一定非得具有高深专业知识的专家学者才能做出结论，在工程上易于被应用和推广，监测手段上也更容易实现采用最经济、简单和可靠的方法来实现对大量灾害点进行监控的要求。当然，采取这种预警思路可能会产生预警过度的问题。受灾威胁人员不可能长期地保持高度戒备状态，尤其是同样的预警方式下，多次连续的假警报会使得预警准备和公众意识的高峰期和有效反应迅速消减。尽管如此，粗略监测预警方法在降低监测成本、普及监测、提高监测覆盖面方面仍有无可比拟的优越性。

5.1.3.5　监测预警系统的经济性

现有的监测传感器往往是针对某个点位来进行应力应变、变形位移等方面的测量,监测范围小。例如,对于较大范围分布的多个危岩体监测,必须分别安装大量的传感器,使得监测成本很大,且难以降低,很不经济。同时大量的传感器安装连接对于整个系统的可靠性也带来挑战。因此,对于中国这样灾害点分布广泛,财力人力和精力等投入都相对有限的国情,地质灾害监测工作的经济合理是需要我们面对的一个大问题。除了要研制一些高端监测仪器和设备,更迫切需要开发一些能够进行大范围监测,同时安装和使用又较为简便,便于快速布设的地质灾害监测预警的技术方法和设备,实现对更多的灾害点进行监测。

5.1.4　本章主要内容

5.1.4.1　崩塌地质灾害远程监测预警软件平台开发

针对崩塌灾害发生、发展具体演变特点,通过学习借鉴国内外现有滑坡、崩塌和泥石流等地质灾害监测软件,采用模块化设计,研究多层次、多方位的灾害监测技术方法,针对市场常用应用较为成熟的位移、应力、裂缝等方面的监测传感方法、采集模块、发送和接收模块,开发界面友好,便于维护,功能全面合理,操作直观简洁,可对崩塌灾害进行远程适时动态监测预警的监测系统软件系统。

5.1.4.2　新型的传感装置研发

针对某些传统监测传感装置存在的监测范围小、大范围监测时传感器需求量大且监测成本高、对公路交通预警能力薄弱等方面缺点,研发新型监测传感装置和道路灾害预警装置,实现对公路边坡崩塌地质灾害的高效经济监测和预警。

主要开发的装置(系统)有以下几种。

(1)视频监测系统:利用网络摄像机对灾害点进行监测监控,发挥视频监控直观形象、监控面大等优点,结合现代视频识别技术,开发视频地灾监测预警系统。当边坡危岩出现较大位移,或崩塌正在发生(瞬间极大位移)时,系统可自行监控现场,判断灾害发生情况,并发回相关监测信息和发出预警信号。

(2)网式声力监测系统:应用常规传感器,其外延的测线可采用单线或多线等多种。该传感器还可与防护网结合使用,当落石冲击防护网,传感装置将自动测量防护网受力值,并对受力程度进行判别。当防护网受力较大,可能损坏防护网,甚至穿透防护网,对下方公路交通造成灾能时,传感器可发出报警信号。

(3)公路崩塌灾害智能临灾预警指示牌:研究新型道路崩塌灾害临灾预警指示牌功能、结构、材料要求,以及其作为新型预警设备在公路上布设的距离或范围要求;现有路边落石指示牌只能静态提醒,醒目度不够、警示效果差,只能在车辆驾驶近时提醒。新型指示牌可克服上述不足,提高警示、预警效果。

5.1.4.3 公路边坡崩塌灾害监测与预警系统研究

根据安全舒适公路交通运营的要求及公路交通驾乘的实际需要，在崩塌灾害机理、监测预警技术与方法基础上，研究公路高边坡崩塌地质灾害监测与预警技术，结合现有的监测传感技术和新开发的监测预警设备与方法，开展多种手段结合的崩塌地质灾害监测预警方法研究，建立能对公路崩塌地质灾害进行有效监测与及时预警的监测预警系统。

5.1.4.4 监测预警系统可靠性测试验证

新开发监测装置的测试与验证，对新开发的网式崩塌监测系统进行室内测试，对视频监测预警系统进行室内和现场测试；监测系统在依托工程上的安装与调试；太阳能与风力电机相结合动力系统的应用试验；监测系统的试用与验证。

5.2 公路崩塌灾害监测预警设备与方法

5.2.1 常见监测方法及评述

物质的属性和状态参数包括声、光、电（电磁）、力、变形、位移等。岩土体及岩土工程结构如同自然界的其他万物一样，其状态都是处于变化之中。岩土监测就是对被测对象的自然属性及其改变过程的监测。一切可以对岩土体及其结构工程状态和变化过程进行监测的方法和手段，都可以用于地质灾害的监测。监测技术、方法、设备等纷繁复杂，多种多样。

监测类型可从以下几个角度来划分：①接触式和非接触式监测。接触监测如利用位移计、裂缝仪、应变计等；地下监测如深部位移、深部倾斜、地下水位、含水量、水压力等。非接触式监测脱离于灾害体现场，多以获得灾害体地表绝对变形信息为主的监测方法。该方法的突出优点是安全，还可以进行大范围监测，尤其是临灾前后。如地表遥感监测、航拍监测、激光扫描监测、视频监测等。②从监测内容上可分为位移监测、变形监测、倾斜监测、应力应变监测、收敛监测、沉降监测、地下水监测、辐射值监测、光监测、声监测、电（磁）监测、图像监测等。在所有监测项目中，应用最广泛的是变形（位移）类监测。

以下对岩土体常见监测方法进行简要介绍和评述。

5.2.1.1 变形（位移）类监测

变形（位移）类监测方法是监测精度较高，也比较可靠的一种常用的监测方法。变形（位移）类监测的内容主要有地表变形和边坡体内部变形两方面。

1. 地表变形监测

地表变形监测包括地质宏观形迹观测、简易监测、设站观测、位移监测、倾斜监测。位移监测即监测岩体位移量，可分为绝对位移监测和相对位移监测。其中绝对位移监测包括监测滑体的三维位移量、位移方向、位移速率；相对位移监测可监测滑体重点变形部位、裂缝、滑带等点与点之间的相对位移量，包括张开、闭合、错动、抬升、下沉等内容。倾斜监测主要是监测滑体的角变位与倾倒。随着科技的进步,用于边坡变形监测的手段、滑坡及边坡稳定性监测技术和方法也在不断地发展进步。

1) 地质宏观形迹观测法

地质宏观形迹观测法是用常规地质调查方法,对崩塌、滑坡的宏观变形迹象和与其相关的各种异常现象进行定期的观测、记录,以便随时掌握崩塌、滑坡的变形动态及发展趋势,达到科学预报的目的。该方法具有直观、动态、适应性好、实用性强等特点。宏观形迹包括滑坡发育过程中的各种迹象,如地裂缝、房屋和树木的倾斜、泉水动态等。在滑坡的形成过程中,地面裂缝现象有不同的显现,在滑坡后缘出现弧形拉裂,在前部出现鼓丘及膨胀裂缝;对降雨诱发滑坡研究发现,滑坡体前部的泉水,观察地下水动态也能预示滑坡的状态。

2) 简易观测法

简单观测法是通过人工直接观测边坡中地表裂缝、膨胀、沉降、坍塌、建筑物变形及地下水变化等现象。该种方法在边坡稳态监测上应用较早,且很广泛,对于正在发生病害的边坡进行观测较为有效,也可结合仪器监测资料进行综合分析,用以初步判定滑坡体所处的变形阶段及中短期滑动趋势。

3) 设站观测法

设站观测法是指在充分了解现场工程地质背景的基础上,在边坡上设立变形观测点(成线状、网络状)。在变形区影响范围之外稳定地点设置固定观测站,使用经纬仪、水准仪、测距仪、摄影仪及全站型电子速测仪、GNSS 接收机等仪器定期测量变形区内网点的三维 (X,Y,Z) 位移变化的一种监测方法。其优点是远离变形区,且无主观成分,比简单观测法客观、精密;观测、比较的范围大,选点方便。这种方法的缺点是需人执守、仪器贵重,且连续观测能力较差。设站观测法进一步又可分为大地测量法、GNSS 测量法和近景摄影测量法。

(1) 大地测量法,常用的大地测量法主要有两方向(或三方向)前方交会法、双边距离交会法、视准线法、小角法、测距法、几何水准测量法以及精密三角高程测量法等。

(2) GNSS 测量法。GNSS 监测技术起初是我国引进国外用于地面变形等监测最早的高端设备之一,采用美国 GPS 卫星定位系统和终端。随着我国北斗系统的完善,目前已发展到北斗、GPS、伽利略卫星定位系统(欧洲)和俄罗斯的格洛纳斯系统多模综合应用(我国主要采用独立的北斗系统或 GPS 和北斗双模解算方式)。卫星定位监测技术已广泛应用于矿山边坡、水电、国土、铁路和公路等边坡监测,具有良好的单点定位功能、自动化程度高。高程定位精度以大地高程为准,不需转换成相对高程,因而不存在转换模型误差,对于大面积地表位移监测有相当优势。用北斗-GPS 进行滑坡监测有以下优点:①观测不受天气条件的限制,可以进行全天候的观测;②观测点之间无须通视,选点方便;③观测点的三维坐标可以同时测定;④精度较高,应用北斗-GPS 作地表变形测量,水平分量误差目前可以达到≤±2.5mm,垂直分量误差≤±5mm。

卫星定位监测基本原理是用太空同步卫星发送的导航定位信号进行空间后方交会测量,确定地面待测点的三维坐标。相对静态测量是用两台接收机分别安置在基线的两端,同步观测相同的导航卫星,以确定基线端点的相对位置或基线向量。同样,多台接收机安置在若干条基线的端点,通过同步观测卫星可以确定多条基线向量。在一个端点坐标已知的情况下，可以用基线向量推求另一待定点的坐标。

GNSS 变形监测网一般由以下两类监测点构成：①基准点，位置固定或变化小的点，作为监测网的坐标基准和分析比较变形量的依据。基准点通常埋设在稳定的基岩上，或设在变形区以外，并且要求适合 GPS 观测和长期保存。基准点用于对整个监测网提供精确的坐标。如果进行长期多年的监测，基准点要埋设多个，以便于某一校核基准点位置是否变动，还可以提供备用基准点防止基准点被破坏时整个监测网瘫痪。②变形监测点，位于滑坡、高边坡或建筑物及地基上的变形监测区，点位一般根据监测对象的形态特征、变形特征、周围环境等因素来确定。变形监测点与基准点组成三角测量网以监测滑坡体的变形和位移。

GNSS 接收机采集记录的是 GNSS 接收机天线至卫星伪距、载波相位和卫星星历等数据。观测值中有对四颗以上卫星的观测数据以及地面气象观测数据等。GNSS 数据处理要从原始的观测值出发得到最终的测量定位成果，其数据处理过程大致分为 GNSS 测量数据的基线向量解算、GNSS 基线向量网平差以及 GNSS 网平差或与地面网联合平差等几个阶段。数据处理的基本流程包括数据采集、数据传输、预处理、基线解算、GNSS 网平差等。

数据采集的是 GNSS 接收机野外观测记录的原始观测数据。数据传输至基线解算一般是用随机传输模块将接收机记录的数据传输到计算机，在计算机上进行预处理和基线解算。GNSS 网平差包括 GNSS 基线向量网平差、GNSS 网与地面网联合平差等内容。

2. 边坡体内部的变形观测

边坡岩体内部的变形监测的代表性方法主要是钻孔测斜法，安装相应传感器量测岩体内部的岩层位移、错动、变形以及抬升和下沉。主要是采用某种测量方法和仪器相结合，测量钻孔轴线在地下空间的坐标位置。通过测量钻孔测点的顶角、方位角和孔深度，经计算可知测点的空间坐标位置，获得钻孔弯曲情况。钻孔测斜技术主要的仪器设备是钻孔测斜仪器，生产钻孔测斜仪器的厂家、仪器的种类型号也很多，但大体的工作原理基本相似。目前科研和生产人员仍然在不断地进行原有仪器的改良和新型仪器的研制。

5.2.1.2 应力监测

应力监测主要是测量边坡岩体内不同部位的应力变化和地表应力变化情况，分为拉力区和压力区。这些物理量能反映变形强度，可配合其他监测资料分析和预测变形动态。应力监测中对地应力的测量方法有直接法和间接法两大类。应力解除法、松弛应变测量法、地球物理方法等均属间接法，其中应力解除法是目前国内外应用最广泛的方法，水压致裂法是适合于较硬岩体的地应力测量直接法典型代表。

1. 应力解除法

应力解除法能够比较准确地确定岩体中某点的三维应力状态。目前，应力解除法已形成了一套标准化的程序。由套孔应力解除引起的钻孔应变和变形可由孔径变形计、孔底应变计、孔壁应变计和空心包体应变计进行测量。其中，孔径变形计和孔底应变计是一种二维应力测量方法，要确定一点的三维应力状态需进行交会于一点的、互不平行的三个钻孔的应力解除测量。孔壁应变计和空心包体应变计则只要通过一个孔的应力解除测量就能确定一点的三维应力状态，因而得到了广泛的应用。在三维应力场作用下，一个无限体中钻孔表面岩石及其周围的应力分布状态可以由现代弹性理论给出精确解。通过应力解除测量钻孔表面的应变，即可求出钻孔表面的应力，进而精确地计算出原岩应力的状态。

2. 水压致裂法

水压致裂地应力测试方法是近年来发展起来的一种地应力测试方法。Hubbert 等（1957）曾报道过水压致裂的理论研究成果。由于其具有能够测量深部应力（可达地下数千米）、操作方便、经济实用、不需要精密仪表、测试周期短、测量直观、适用条件比较广泛等优点，已经在国内外得到广泛应用。

5.2.1.3 水的监测

水是对边坡稳定性影响较大的因素之一，常有"治坡先治水"一说，可见水的问题在边坡稳定中的重要性。以边坡稳定性监测为目的的水的监测分为大气降水监测、地表水监测和地下水监测。

1. 大气降水监测和地表水监测

大气降水监测主要是降雨量的监测。地表水监测包括与边坡岩体有关的江、河、湖、沟、渠的水位、水量、含沙量等动态变化，还包括地表水对边坡岩体的浸润和渗透作用等信息。观测方法分为人工观测、自动观测、遥感观测等。

2. 雨量监测

降雨是诱发地质灾害的重要因素，因此，对于降雨量的监测是地质灾害监测的一个重要方面。在中央台天气预报中，常将降雨预报与地质灾害发生的可能性结合在一起进行灾害预警。目前用于雨量监测的仪器主要有两种：翻斗式雨量计和虹吸式雨量计。

翻斗式雨量计：是可连续记录降雨量随时间变化和测量累积降雨量的有线遥测仪器，分感应器和记录器两部分，相互间用电缆连接。感应器用翻斗测量，它是用中间隔板隔开的两个完全对称的三角形容器，中隔板可绕水平轴转动，从而使两侧容器轮流接水，当一侧容器装满一定量雨水时（0.1mm 或 0.2mm），由于重心外移而翻转，将水倒出，随着降雨持续，将使翻斗左右翻转，接触开关将翻斗翻转次数变成电信号，送到记录器，在累积计数器和自记钟上读出降雨资料（图5-1）。

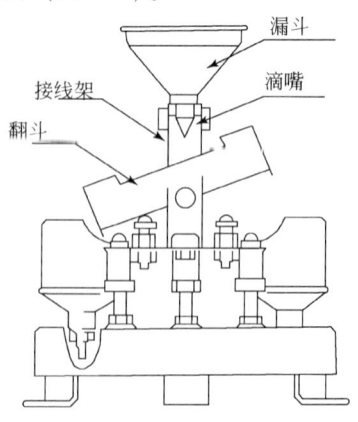

图 5-1 翻斗式雨量监测仪

虹吸式雨量计：利用液体虹吸原理连续记录降雨量、强度变化和起止时间的自记仪器。主要构成由盛水器、浮筒、虹吸管等组成（图5-2）。虹吸式雨量计上部是盛水漏斗，其大小与雨量器相同。当雨水经过漏斗导入量筒后，量筒内的浮子将随水位升高而上浮，触发电子设备（自记钟）记录水位情况。当量筒内的水位达到10mm时，借助虹吸管，使水迅速排出，浮子回落到零位重新记录，自记钟给出降雨量随时间的相关信息。

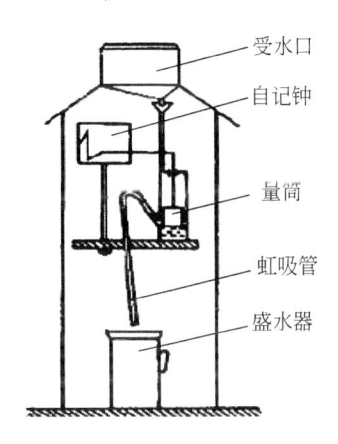

图 5-2 虹吸式雨量监测仪

3. 地下水监测

地下水监测内容包括地下水位、孔隙水压、水量、水温、水质、土体的含水量、裂缝的充水量和充水程度等。大多数边坡地质灾害都与地下水作用有密切关系。地下水的水位、孔隙水压、土体的含水量、裂缝的充水量和充水程度等监测可以作为边坡变形和稳定性分析的重要参数，地下水水量、水温、水质等参数主要用于查明地下水补给来源，以便采取排水措施。观察滑坡体前部的泉水等地下水动态也能预测滑坡的状态。边坡工程对地下水位的观测一般采用常规的工程地质调查手段，通过勘测点的地下水位以及出水点等信息，推测和判断地下水位和浸润线在边坡岩体内部的分布情况，也可采用水位自动记录仪自动观测记录。孔隙水压观测采用的仪器主要有孔隙水压仪和钻孔渗压仪。

5.2.1.4 时域反射法

时域反射（time detection and recovery，TDR）法是一种雷达探测地层含水量的技术。发射的电磁波在电缆传输中，传播的速度与周围介质的介电常数有关，信号的衰减与介质的电导率有关，接收器接收到的反射信号可以显示电缆的阻抗特征。该方法在电子工业中用于检测通信电缆的故障，因此又称为"电缆探测仪"。20 世纪 80 年代开展了 TDR 在土壤方面的测量研究，研制出 TDR 探针后，主要用于测量土壤的含水量和电导率。近年来，时域反射技术已广泛用于农业地质、环境地质和地质灾害等方面的研究。许多研究者开展了 TDR 技术在地学领域的应用研究。该监测技术 20 世纪 70 年代起开始应用于岩土工程领域，主要应用于测定土体含水量和渗流，监测岩体和土体变形、边坡稳定性以及结构变形等方面。在监测边坡稳定性方面，TDR 技术的应用始于 20 世纪 90 年代，并以方便、安全经济、数字化及远程控制等优点而受到广泛关注。目前，TDR 技术在国内边坡监测领域的应用还处于起步阶段，还需要对其基本理论进行分析和大量的室内试验。TDR 监测系统主要由电脉冲信号发生器、传输线（同轴电缆）、信号接收器三部分组成。时域反射法对边坡进行监测，需要在边坡岩体的变形或位移的敏感部位理置同轴电缆，边坡岩体发生变形，电缆受到剪切或拉伸并同时发生形变，测试仪器可以测试到电缆的形变从而来获得边坡岩体变形的参数。目前我国现已应用 TDR 开展了大规模西部滑坡的监测网络。

5.2.1.5 光纤监测技术

光纤传感技术是 20 世纪 80 年代伴随着光导纤维及光纤通信技术的发展而迅速发展起来的一种以光为载体，以光纤为媒介，感知和传输外界信号（被测量）的新型传感技术。它应用光纤几何上的一维特性，把被测参量作为光纤位置长度的函数，可以在整个光纤长度上对沿光纤几何路径分布的外部物理参量进行连续的测量，同时获取被测物理参量的空间分布状态和随时间变化的信息。分布式光纤传感技术中，光纤既是传感介质，又是信号传输通道，不需要任何传感探头，采用价格很低廉的普通通信光纤就可以作为传感光纤实现感和信息采集；光纤体积小、重量轻、几何形状适应性强，植入到监测体中不影响监测体强度；光纤采用光信号为信息媒介，具有信息通量大、传输距离远，抗电磁干扰，特别适合长距离远程监测；光纤传感材料为二氧化硅，具有电绝缘性好，化学稳定性好，特别适合在一些环境恶劣的场所中进行长期监测。

目前基于光纤传感的分布式调制解调技术有准分布的布拉格光纤光栅解调技术、光时域反射（OTDR）技术、拉曼散射光时域反射测量技术、布里渊散射光时域反射测量技术和布里渊时域分析测量技术等，其中准分布的布拉格光纤光栅技术是开发最为成熟、应用最为广泛的光纤传感技术，基于布里渊散射技术的分布式传感系统是目前国际上的研发热点，是最具潜力的一种分布式传感技术。正因为分布式光纤传感技术具有众多的独特优势，自问世以来，很快从通信领域中通信光纤光损和断点的检测和监测中脱颖出来，开始在航天、国防、医学等领域得到广泛应用，目前已开始应用到土木、水利、道路、桥梁等一些大型基础工程的健康监测和诊断中，已成为国际竞相研究的热点课题。日本的 NNT 公司及国内一些研究机构等已开展对公路边坡地质灾害、雪崩、桥梁和隧道的健康状态监测预警等方面工作。

5.2.1.6 三维激光扫描技术

地面三维激光扫描系统由三维激光扫描仪、数码相机、扫描仪旋转平台、软件控制平台、数据处理平台及电源和其他附件设备共同构成。通过发射和接收不断扫描被测区域的激光脉冲，计算脉冲激光传播的时间，来得到被测物体的三维真实坐标。

三维激光扫描得到的数据称为点云数据，它是密集的单个扫描点的集合。每个扫描点都含有三维坐标、反射强度和颜色等信息。因此，可根据颜色和强度信息从计算机上显示的点云数据中，很容易分辨不同的测量物体。

三维激光扫描以格网扫描方式，高精度、高密度、高速度和免棱镜地测量地表点，具有高时间分辨率、高空间分辨率和测量精度均匀等特点，能详细了解滑坡体细节变形和整体变化。地面三维激光扫描技术能够对被测物体进行快速格网式扫描测量，直接获得激光点所接触物体表面的空间位置等信息，完整地反映被测物体的表面形态，其获取地表信息的能力是目前其他监测手段难以替代的。

5.2.1.7 微波干涉雷达

合成孔径雷达干涉测量技术是近年来迅速发展起来的一种微波遥测遥感技术，利用合成孔径雷达的相位信息提取地表的三维信息和高程变化信息。该技术进一步发展出差分合成孔径雷达干涉测量（differential interferometry synthetic aperture radar，D-INSAR）技术，能够检测出毫米级别的地形变化，应用于地面沉降、滑坡变形等地质灾害的监测中，它是迄今为止独一无二的基于面观测的形变遥感监测手段，可补充已有的基于点观测的低空间分辨率大地测量技术（如全球定位系统和精密水准等）的不足。20世纪80年代国外学者将INSAR应用于监测地表形变；2000年这一技术被国土资源部列入"滑坡、崩塌地质灾害监测新技术开发"项目课题；2002年三峡库区近坝库段（西陵峡聚坊-香溪河库岸段）10余处滑坡的变形监测中应用到此技术。

优势：①大范围、全天候。D-INSAR使用从卫星雷达获取的数据，一次能覆盖几百至上千平方千米的范围，另外，由于卫星雷达监测能穿透云层且没有昼夜之分，所以数据具有全天候的特性，这是光学遥感及其他监测技术无法满足的。②高精度、高分辨率。D-INSAR技术对地表微小形变监测能力达到厘米甚至毫米的量级，从而能够提供高精度的宏观静态信息和微观动态信息，实现对持续缓慢变形坡体的连续监测。随着航天技术的发展，SAR卫星传感器空间分辨率不断提高，数据接收、处理、集成等的发展使得D-INSAR技术可做到准实时动态监测。③能够对监测人员无法进入的区域进行监测，监测成本低。

缺点：①目前只适合监测每月毫米至厘米到每年毫米至厘米的位移精度的滑坡活动，不太适合应用于集中的小面积、陡峭山坡及狭窄山谷等相关活动迅速地点的监测上，获得的最好的信息是在较慢的活动（速率每月小于几厘米）和植被稀少的大面积情况下。②相位解缠也直接影响D-INSAR技术处理结果。由于地面起伏的复杂性和干涉影像对数据本身的质量差异，使得相位解缠的难度很大。

5.2.1.8 声发射方法

岩体（或岩石）在长期重力或其他外力（如温度、风化、水的作用、工程荷载等）的作用下会不断发生变形、破坏，在矿物晶格结构形变、破裂、岩体内部裂纹扩展及摩擦等，都会以弹性波的形式释放出应变能，这种现象称为声发射（acoustic emission，AE）。通过声发射监测，据此可推断岩石内部的形态变化，反演岩石的破坏机制。

岩石声发射监测技术的基本原理为声发射监测系统通过地震检波器或加速度传感器以接收到岩石破裂声波并将其转换成电信号，经数据采集系统转换成数字信号，借助专业的数据处理软件就能够实现在三维空间中实时准确地确定声发射事件发生的时间、位置、量级，从而对岩体受力破坏的范围、稳定性及其发展趋势做出定性、定量评价。

岩石声发射监测技术很早就在地震学、地球物理学中得到广泛应用，自20世纪60年代引入岩石失稳监测，国外（法国、日本）已借助此技术成功预报过几次大岩体失稳事故。该监测技术是当今国际上工业发达的国家积极开发、应用于岩质工程稳定性评价或失稳预测预报的有效办法。

岩石声发射监测可接收频率较高、频带非常宽的波，它是一种实时捕获系统，可用于地下或地表，可同时监测多个部位、多个弱面，并进行跟踪对比。声发射监测的监控范围广，能直接确定掩体内部的破裂时间、位置和震级，突破了传统"点"监测技术测得参数少、不连续、劳动强度大、安全性差等弊端，具有直接、可靠、快捷、人为因素少等优点。目前应用较多的声发射测试设备如有声发射仪和地音探测仪，适用于岩质边坡变形的监测及围岩加固跟踪安全监测，为预报岩石的破坏提供依据。

5.2.1.9 近景摄影测量法

通常把近景摄影仪安置在两个不同位置的固定测点，同时对滑坡区观测点摄影，得到立体像对，利用立体坐标仪测量相片上各观测点三维坐标。该方法进行滑坡变形监测时，在观测的绝对精度方面还不及某些传统的测量方法，而在相对精度方面，可以满足崩滑体处于速变、剧变阶段的监测要求。即适合于危岩临空陡壁裂缝变化，如链子崖陡壁裂缝或滑坡地表位移量变化速率较大时的监测。优点是周期性重复摄影方便，外业省时省力，可以同时测定许多观测点在某一瞬间的空间位置，并且所获得的相片资料是滑坡变化的实况记录，并可随时进行比较。缺点是由于设站受到地形条件限制，内业工作量较大，专业化程度较高及摄影仪有待改进等，故在崩塌滑坡的位移监测中应用还不够广泛。

5.2.1.10 视频监测

视频监测技术已经广泛应用于交通、工业生产、安防等领域，比如监测交通流量、交通违章、监测生产时某些关键步骤、监视人员入侵，而且通过图像处理技术，这些功能都在一定程度上实现了自动化。但是该技术在边坡监测中的应用还处在初级阶段，仅限于视频观察和精度较低的视频测量，未见自动识别崩塌、落石、滑坡等功能的视频监测预警装置和研究成果。交通运输部公路科学研究院在采用视频监控崩塌地质灾害方面，进行了探索，所开发的崩塌地质灾害智能视频监测系统不仅可直接观察灾害点发生情况，还可通过控制软件，实现崩塌落石自动识别和报警，有着较好的开发前景。本项研究的可视化监测预警系统除了利用视频的动态实时显示效果以外，还将对图像处理技术进行改进，实现崩塌、滑坡自动识别技术的进一步完善。视频监测对网络传输速度存在较高的要求，尽管已经发展出多种视频压缩技术，但是在网络条件差的地方仍难以满足视频实时传输的需要，所以本次研究中将尽量降低对网络传输能力的要求，扩大可视化监测系统的应用范围。

非接触式监测方法的优点是当突发性地质灾害在灾害发生前后，地质体面临剧变之时，一般接触类的传感器和监测系统的安装布设将面临巨大风险，有可能因二次灾害造成更多的人员财产损失。此时，对地质体实行快速、简便、可靠的应急监测或遥测布设就显得非常重要和必要，本视频监测系统在此类监测方面具有无可比拟的优越性。

5.2.1.11 地质灾害的群测群防

针对我国地域广阔、灾害众多的特点，地质灾害的群测群防体系建设是具有中国特色的一项制度。根据国务院颁布的《地质灾害防治条例》第六条规定：县级以上人民政府应当组织有关部门开展地质灾害防治知识的宣传教育，增加公众的地质灾害防治意识和自救、互救能力。第十五条规定：地质灾害易发区的县、乡、村应当加强地质灾害的群测群防工作。在地质灾害重点防范期内，乡镇人民政府、基层群众自治组织应当加强地质灾害险情的巡回检查，发现险情及时处理和报告。这是我国地质灾害群测群防的法律依据。

地质灾害群测群防体系是我国政府与居民共同为防治地质灾害而建立和实施的一种工作制度、工作体系和减灾行动，是有效减轻地质灾害的一种"自我识别、自我监测、自我预报、自我防范、自我应急和救治"，突出强调了发动广大群众减灾的自发性与自觉性，以及减灾行动的实时性，减灾成本的最小化和减灾成果的最大化。

地质灾害群测群防针对的地质对象主要是单体存在的危岩、滑坡和泥石流等；人工不合理开挖的地质环境下地灾易发点；区域强烈暴雨条件下，可群发出现单体规模较小的地质灾害。其组织实施的原则是政府负责，分级管理，自觉监测，站点预警，协同防御。群测群防体系由村（组）、乡（镇）和县（区）三级监测预警机构组成，各负其责，责任到人。群测群防工作人员由国家和省级政府部门定期组织地质灾害识别、监测方法、预案编制和应急处置等方面知识培训。

5.2.2 灾害监测的要求

如果把监测系统比作对于被监测体感知的神经系统，系统有神经中枢和触角，监测系统软件就是这个神经中枢，信号的发送传输网络或有线信号网可以看做传输神经，而各个监测点的传感器则是神经末梢，动力单元是能量供给保持系统。监测预警系统应能及时、准确和可靠地感知对象的应力、应变和环境等一系列时空变化状态，并能将后台指令到神经末梢即传感单元，其要求可概括为看得清、听得到、传得出、可控制（对前方传感单元控制）。

看得清：采用遥感、航拍以及视频监测等方法和手段，直观地观察现场实际情况，并能对现场与灾害相关的细节（如岩体的塌落、滚动和滑动等较大的位移情况）进行识别，能对其性质（是干扰还是真正的灾害）做出即时判别，以便即时发布预警信息；对现场相关监测环境、监测设备等是否处于工作状态进行判别以确定监测是否正常工作。

听得到：采用声波、震动监测，对现场岩土体内部结构变动所发出的声音、震动乃至电磁变化等进行监听，以便据此对灾害体状况进行相应识别。

传得出：监测系统的信息不仅要能够即时采集，还要能即时发送后台指令，才能保证对灾害体的监测参数、频率等随着现场的变化进行即时的调整，以及对险情做出即时的预警。信号的传输一般有三种模式：有线传输、GPRS 网络（以及 LoRa、WiFi、ZigBee）等传输和基站传输。不管哪种方式，都需要确保信号的传输的可靠性，即在任何情况下（闪电、潮湿、电磁干扰等）都能够及时准确地将信号发送出来。

可控制：目前监测系统更多是对前方数据的被动接受，对前方传感器的相关参数设置控制还进行得较少。为实现对灾害体的远程智能化监测，就必须对前方监测探头（如视频传感器、位移传感器、倾斜传感器等)进行一定的设置和控制工作,以适应现场监测环境不断变化的需要;另外,当灾害出现时,相关的信息不仅能够及时传回控制中心,同时现场的监测系统还应能自动识别并发出警报,以便公路驾乘人员及时采取应对措施。

地质灾害一般来说规模较大,且地质条件复杂,但监测系统绝不是各种量测仪器的堆积。合适的仪器设备只有布置在合适的位置,获取到关键的参数才具有价值。只有遵循一定的原则才能提高监测系统的可靠性和效率,灾害的监测实施及系统研发应遵循以下基本原则。

(1) 可靠性第一。在监测系统的设计以及安装中,可靠性永远是第一位的。监测系统布设于野外复杂恶劣环境之中,远离监测后方。整个系统的信号采集、线路、信号传输、供电等各模块的任何一个环节发生任何故障,都有可能影响到系统的正常可靠运行。而对这样的故障进行维护,需要克服差旅、故障检查确定和排除等各方面困难,非常不方便,在时间和经费上的代价往往也是高昂的。

野外条件很恶劣的时候,如暴雨、持续降雨时,往往又是灾害更容易发生,更需要人们掌握监测体变化信息的关键时刻。监测系统是灾害管理的触角,一旦触角发生故障,采集不到需要的信息,往往影响到对可能发生的灾害的判断和决策,后果不堪设想。因此,监测系统的可靠性是能随时采集到客观、可靠、关键的信息而不漏采、误采的保证。

可靠性的保证有以下几个方面。①监测端的可靠性:在各种恶劣环境中能保证可靠工作,数据采集准确,不受潮湿、雨水、雷电、电磁等各种不利因素影响。为保证传感器在各种情况下正常工作,在传感器采购选择的时候,一定要选择长期生产该种传感器的正规厂家的合格、性能可靠,且经过长期实践检验的产品。②信号传输等各模块可靠性:监测系统的信号传输模块是否能做到防水、防磁、防雷、防电、防潮、防锈,信号传输能否不受干扰地发送等。③安装可靠:系统连接可靠,包括连接线的可靠,不能断线,信号传输要正常,同时要防水、防锈、焊点牢固;模块和模块之间连接要可靠,保证信号即使在恶劣条件下也能正常传输;被监测点要可靠,被监测点岩体安装部位要牢固,设备安装牢固;监测信息能可靠代表整体岩土体位移变形特点;安装点的传感器不会脱落;安装点不会随碎块掉落;保证传感器不要被无关落石、其他落物砸碰,造成损坏或脱落。④系统平台可靠性:需保证后台服务器运转以及系统平台的信息接收、存储、分析和输出等各项功能正常。

(2) 以地质条件分析为基础。监测系统的应用对象是岩土工程或自然灾害体。虽然地质条件是千变万化的,但也是有规律可循的,任何脱离地质条件的监测技术与方法都不可能达到对灾害的有效监测的目的。因此,在进行监测系统设计的时候,必须对相关地质知识有深入的理解和认识。所设计的功能要紧贴于地质监测的需要,需深入理解地质体失稳的机理、模式,关键突破点和需要监测的关键参数,设定关键参数的极限值。在监测之前,需要对灾害体的地质环境进行深入的分析研究,结合涉及的水文条件、气象条件、监测设备以及传输条件等,才能找出地质体的失稳机理和相应灾变模式,发现影响地质体稳定的关键因素,找到需要进行监测的关键参数,在众多的监测仪器设备中选择出最合理有效的监测手段，并采取高效经济的监测系统设计方法。

（3）简洁高效。正如前文所述，科学的边坡地质灾害监测，不应仅仅是各种监测仪器的堆积，而应是一套监测效率高，监测经费经济节约的信息化集成系统。在监测系统设计时，必须深入分析地质条件，针对各种地质灾害诱发因素，选取合适的监测预警设备，监测地质体失稳的关键部位和关键参数，并对诸如测线布置、监测手段和方法的选取、监测仪器安装点和安装方法的选择等多方面优化，才能设计出高效简洁的灾害监测预警系统。

（4）并行监测的原则。崩塌地质灾害与其他地质灾害相比，有共同点也有自己的特点。崩塌灾害的监测对象是危岩体，而一般危岩体位置高陡、危险，且分布范围广，较分散，体积大小不一，规模不等，规模小者不到 $1m^3$，规模大者可达数千万乃至上亿立方米。监测系统将要在复杂多变的恶劣环境中工作，某一种监测方法和监测设备难免因为各种各样的原因而影响监测数据的可靠性。为提高监测系统工作的可靠性，便于对比、校核和验证不同监测方法、监测手段和监测设备采集的数据，应明确并行监测的原则，即多个系统、多种方法和手段以及多个部位都应进行监测，防止出现一个环节脱节而导致监测系统瘫痪，使整个监测计划的失败的危险。

（5）对软件平台的要求。监测预警系统的控制软件应不仅面向专业工程师，还需要面向广大的不同知识背景的用户，因此，在操作界面上必须人性化、界面友好、便于操作，同时，还要留有相应连接不同监测方法的接口，便于将来对系统的扩展和维护。

5.3 路网地质灾害监测预警管理云平台

5.3.1 系统简介

路网地质灾害监测预警管理云平台（以下简称云平台）是由交通运输部公路科学研究院地质灾害防治与隧道工程研发部研发的，面向公路边坡地质安全管理和专业监测预警提供的一套一体化的管理平台。云平台面向公路地质灾害防灾减灾的具体要求，以地质灾害监测预警和信息化为手段促进公路地质灾害防治工作的科学化、系统化、规范化，支持公路地质灾害防灾、减灾，提升公路地质灾害防治日常管理、监测预警、决策支持和应急处置能力，为公路的正常运营与安全保障提供决策支持服务。

系统基于三维地理信息组件，在三维环境下实现了灾害基础信息、边坡电子档案、地质灾害监测、灾害预测预警、应急决策支持的一体化管理，基于插件式二次开发接口，可快速实现防治决策、预警预报、综合管理等定制业务。系统符合公路地质灾害防治业务流程，可满足公路边坡地质灾害监测、预警工作对多源属性和空间信息的业务需求。

该系统运行于互联网络环境，用户可以在统一的三维地理信息云平台之上，进行统一的公路边坡电子档案采集管理（增删改）、浏览、查看，不同来源、不同类型的公路地质灾害监测数据浏览查询，地质灾害预警分析计算以及基础的三维地理信息系统基本功能，如项目管理、图层管理、二三维空间量算和分析等。系统以监测预警和信息化促进地质灾害防治工作的科学化、系统化、规范化，支持公路地质灾害防灾、减灾，促进公路地质灾害监测预警水平和能力的提高，系统运行后，可有效减少人员伤亡和财产损失，提高公路地质灾害监测的信息化水平，保障人民的生命财产安全（图5-3）。

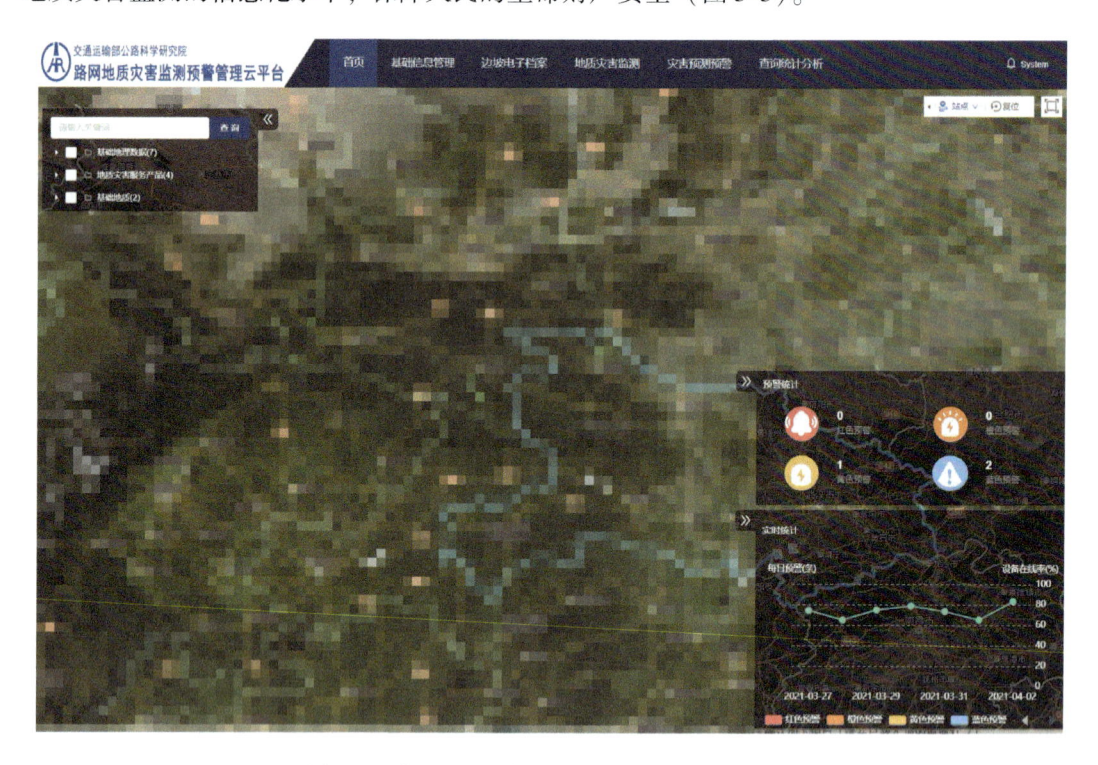

图5-3 路网地质灾害监测预警管理云平台首页

"路网地质灾害监测预警管理云平台"在PC客户端实现的主要功能包括：①灾害基础信息；②边坡电子档案；③地质灾害监测；④灾害预测预警；⑤查询统计分析；⑥应急决策支持。"路网地质灾害监测预警管理云平台"优势和特色包括以下几点。

（1）系统基于网络云服务模式，将应用软件部署在统一的服务器上，避免最终用户在服务器硬件、网络安全设备和软件升级维护上的支出，用户可更简单、更灵活便捷地获得所需软件功能和服务。

（2）系统在三维地理环境下实现了灾害基础信息、边坡电子档案、地质灾害监测、灾害预测预警、灾情视频会商及应急决策支持的一体化管理，具有高效灵活地将公路地质灾害信息整合、集成、处理、分析的能力。系统中整合、集成、处理各种地质灾害相关的空间和属性数据，可进行各种测量分析（距离、地形、面积、体积）、查询、统计计算，还可实现多源地质灾害监测数据的浏览查询、地质灾害数据管理、地质灾害统计分析等应用。

（3）系统基于多尺度数字高程模型（DEM）和遥感影像，实现高精度（亚米）的三维地形、地貌仿真，为地质灾害决策、管理、研究提供可视化环境，实现高精度三维地形、地貌仿真，进行三维空间量测、分析和计算，为地质灾害业务提供了一个高效稳定的三维地理地质虚拟环境。

（4）在三维地形之上，基于不同透明度叠加显示海量多层矢量专题数据（或者遥感影像等栅格数据），如基础地理、基础地质、环境地质、灾害地质、水文等专题地图，结合相关专业系统，实现专题图层的查询、分析和统计，为地质灾害决策管理提供专业保障。

（5）系统提供了可加载基于无人机的正摄影像和倾斜摄影功能，可融合无人机影像，实现对监测区边坡的高清三维显示；快速定制开发各种专业特色业务的插件式二次开发接口，便于系统功能应用的扩展和性能维护。

系统符合公路地质灾害防治业务流程，可满足公路地质灾害监测、监测预警工作对多源属性、空间信息的业务需求。

5.3.2 云平台结构与组成

"路网地质灾害监测与管理云平台"基于网络云服务模式，用户可以根据需求按需选择软件应用服务，进行统一的数据存储、系统的部署、升级和维护。系统整体设计架构如图 5-4 所示。

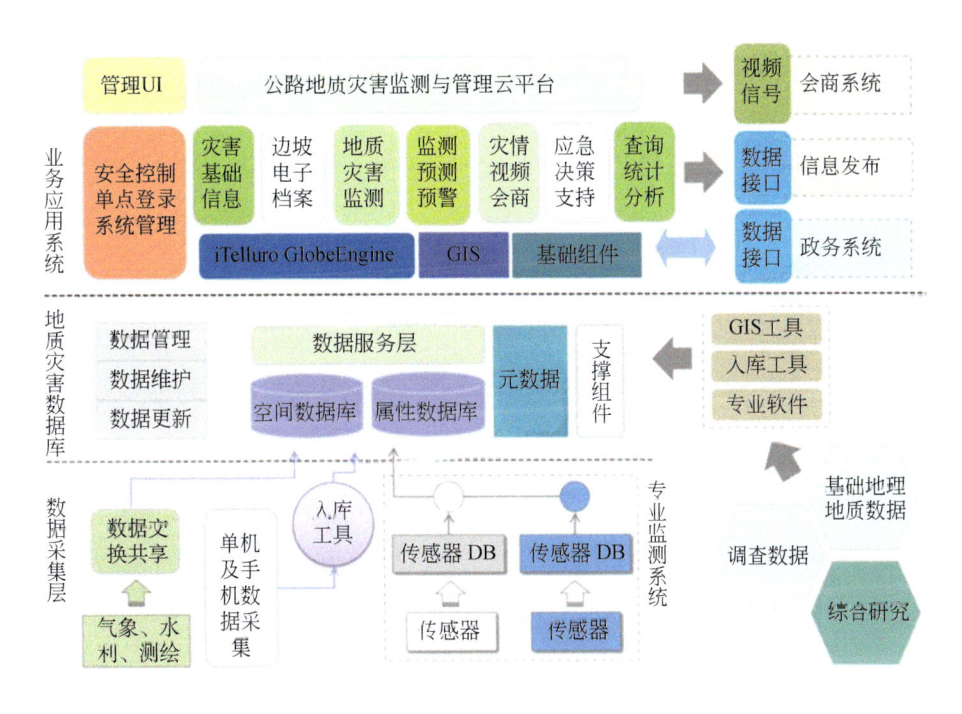

图 5-4 系统整体设计架构示意图

系统总体上包括数据采集层、地质灾害数据库、业务应用系统（路网地质灾害监测与管理云平台）等组成部分。系统基于各类地质灾害信息，通过数据采集子系统，采集各类地质灾害业务信息，构建统一的地质灾害数据中心；基于数据库提供的统一数据模型和数据服务，构建公路地质灾害业务应用子系统。

5.3.2.1 数据采集层

数据采集层获取的数据主要是各类专业属性数据、基础地理空间数据、专题空间数据、灾害点（体）空间数据及其他数据。专业属性数据通过入库工具或传感器自动导入到属性数据库中；空间数据经过标准化处理及保密处理，通过专业的入库工具或 GIS 工具导入到空间数据库中；由调查、综合研究或其他活动获取的未建库或初建库的数字化文件/数据库，通过入库工具直接进入到数据中心层。节点客户端的数据通过数据交换模块，通过在线或离线的方式进入数据中心。

测绘地理数据、气象数据和水利数据可通过 Web 服务、SOA 等技术，应用数据共享交换模块进入系统。

5.3.2.2 地质灾害专业监测系统

地质灾害专业监测系统是基于监测仪器、监测网络和相关软件的地质灾害专业监测系统，实现专业监测数据的一体化采集和管理。

5.3.2.3 地质灾害数据库

地质灾害数据库面向地质灾害业务应用和信息平台建设需求，构建统一的数据存储、管理、应用和服务平台，兼容基础地理、基础地质、地质灾害调查、综合研究、动态监测、业务应用系统等各种来源的多源、多尺度海量数据，实现各类地质灾害数据的一体化存储、管理和服务。

5.3.2.4 业务应用（信息系统）

业务应用层构建于数据中心之上，提供了面向地质灾害业务应用、管理和决策支持的一体化信息服务。其中业务应用系统面向地质灾害、专业监测、预警分析等专业领域，实现了业务应用的专业软件和工具。

5.3.2.5 信息发布与交换

应用接口、数据交换、视频信号，为政务办公系统、发布系统提供各类信息服务和数据资源。

5.3.3 主要功能

5.3.3.1 登陆及启动

打开"路网地质灾害监测与管理云平台"客户端，弹出"系统登录"界面，输入正确的用户名和密码，如下图 5-5 所示。

界面中的"功能配置"的主要目的是给用户可以选择需要加载的功能模块（功能模

第 5 章　崩塌灾害监测预警

图 5-5　系统登录界面

块和一级菜单一一对应），单击"功能配置"按钮，弹出如图 5-6 所示界面，系统默认所有的功能模块均勾选，用户可以自行选择需要加载的功能模块。

图 5-6　系统功能配置界面

系统启动，出现加载窗口，如图 5-7 所示。

系统完全加载成功后的主界面默认包括菜单区、三维视图区、左侧和浮动工作区（通过菜单、工具栏等相关功能调用）。

（1）主菜单：包括系统的主要功能，如灾害基础信息、边坡电子档案、地质灾害监测、灾害预测预警、灾情视频会商、应急决策支持等功能菜单。

（2）左侧工作区：系统默认左侧工作区为项目管理。项目管理可以建立公路边坡和电子档案的树结构等。

（3）右侧工作区：系统默认右侧工作区为三维视图，包括三维视图及其工具栏，是系统最主要的工作区域。系统在该区域通过三维可视化引擎，在用户桌面显示一个数字地球

图 5-7　系统启动界面

的可视化平台,用户可以通过鼠标、键盘操作在三维空间尺度对整个地球进行漫游、缩放等操作。

5.3.3.2　三维可视化视图功能

三维视图右侧的控制面板可用于三维视图的旋转、缩放、视角等操作(图 5-8)。

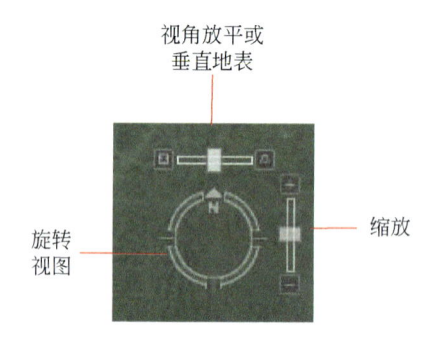

图 5-8　三维视图控制面板

三维视图工具栏(图 5-9)集中了三维视图的基本操作和功能。

图 5-9　三维视图工具栏

(1) 放大，放大三维视图。
(2) 缩小，缩小三维视图。
(3) 正北，恢复视图为正北方向。
(4) 复原，复原视图为正北方向并复原到初始全球大小。
(5) 视角放平，相机（视角）放平。
(6) 视角垂直，相机（视角）垂直。
(7) 直线距离测量，测量任意两点之间的距离坡角等信息，单击"测距"键，鼠标移动到视图中将变为手型，单击然后开始移动测量（图5-10），再次单击屏幕完成测量，退出测量状态。

图 5-10 三维视图下的测量功能

(8) 折线距离、面积测量，测量多点之间的折线距离及面积等信息，在视图中单击选择测量的点，系统会自动显示测量数据，右键单击结束测量。

(9) 地形信息查询，量算任意点的坡度值，单击地形信息按键，在系统界面下方出现地形信息窗口。单击"开始"进行坡度量算，鼠标在视图中单击目标点，即可得到该点的坡度。支持多点坡度量算。单击"结束"完成坡度量算，单击"清除结果"开始下一次的量算（图5-11）。

系统还可以实现剖面分析、体积量算等功能，不再一一赘述。

5.3.3.3 灾害基础信息–项目管理

该模块主要是对路网地质灾害监测与管理云平台进行项目管理（图5-12）。

进入项目管理页面，展开树目录节点，点击各级节点，右侧主界面会自动定位到对应的位置。

单击"××省"，可自动定位到相应的省；

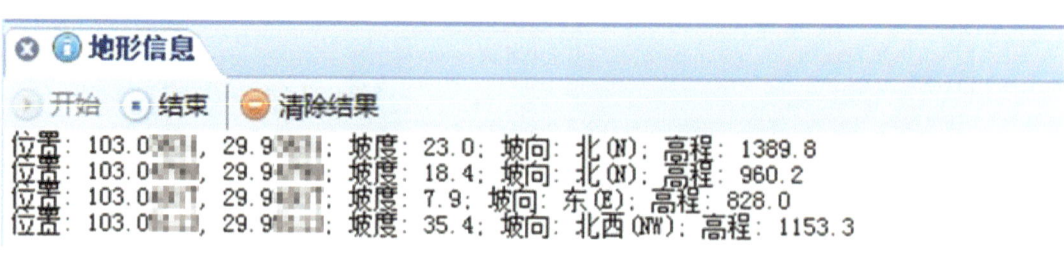

图 5-11　三维视图下的地形信息查询与测量

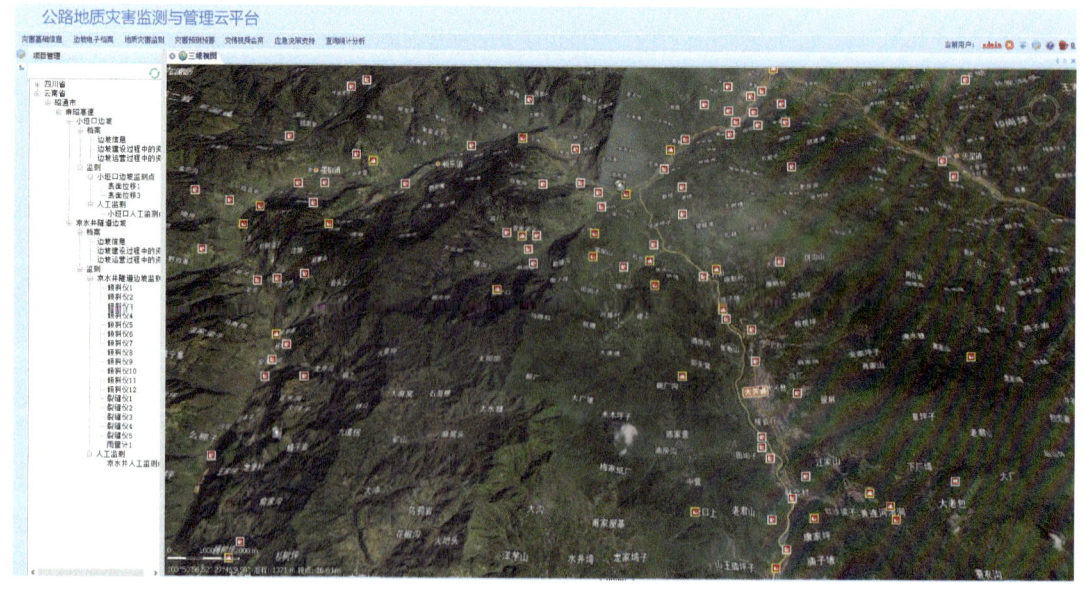

图 5-12　云平台项目管理界面

单击"××市",可自动定位到相应的市;

单击"××高速",可自动定位到相应的高速;

单击"××边坡",可定位到××边坡,在主界面的右侧显示边坡的照片。右击"××"边坡,可进行查看档案、新建档案和删除档案的操作。

监测点项目管理界面展示如图 5-13 所示。

图 5-13 监测点项目管理界面

单击"档案",可查看边坡的灾害调查表以及边坡建设过程和运营过程中的资料。也可以直接新增边坡内的灾害调查表(灾害调查表的修改在"电子档案"里面进行),上传和删除边坡建设过程或边坡运营过程中的资料。

对于边坡的监测,系统分为专业监测和人工监测两种,单击"监测设备",系统主界面定位到对应的监测设备的位置,在主界面的右侧显示对应监测设备的监测曲线。右击"监测设备",可查看监测设备的监测曲线和设备信息。

5.3.3.4 图层管理

对系统图层进行管理,设置图层的可见与否。图层包括标注 POI(信息点)层、数据层、GIS 数据层、影像层以及高程层。勾选相应的图层就会在视图中可见,反之,若某个图层没有选中,则在视图中不可见(图 5-14)。

其中模型层可选择系统中融入的无人机拍摄的边坡三维模型在三维视图中显示与否,并可以调整三维模型的高度和经纬度。如双击"小垭口边坡",右侧主界面会自动定位到小垭口边坡三维模型的位置。右击"小垭口边坡"出现"模型定位"和"调整模型位置"两个按钮(图 5-15)。

图 5-14　系统图层管理选项　　　　图 5-15　系统模型层图层管理选项

单击"模型定位"按钮，右侧主界面同样自动定位到边坡三维模型的位置。单击"调整模型位置"按钮，左下方出现可控制三维模型位置的调节按钮，用户根据实际情况调整之后，单击右侧"应用"按钮进行保存，最终可将三维模型在系统里面进行展示，效果如图 5-16（a）和（b）所示。

(a)边坡三维模型定位

第 5 章　崩塌灾害监测预警　　·153·

(b)边坡三维模型定位效果展示

图 5-16　边坡三维模型界面

选择"数据层",可选择险情点、监测点、监测设备、边坡等控制点等在三维视图中显示与否;选择"GIS 数据层",则可选择是否显示包括基础地质和基础地理等不同的数据图层(图 5-17)。

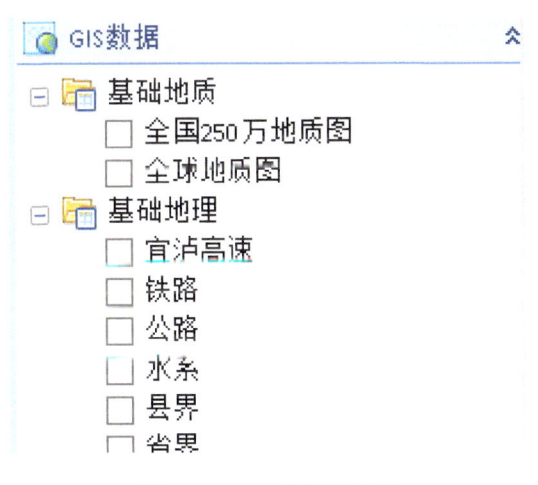

图 5-17　GIS 数据层选择

5.3.3.5　边坡电子档案

边坡电子档案由电子档案、养护日志和养护排班三部分组成。

选择菜单"边坡电子档案–电子档案"进入到电子档案模块。该模块是对边坡电子档案的信息进行增删改查等维护操作。单击"新增"按钮,弹出"边坡电子档案"界面。单击"统一编号",弹出窗口。选择边坡所在的行政区划及边坡的顺序编号,系统会根据规则自动生成相应边坡统一编号，如图 5-18 所示。

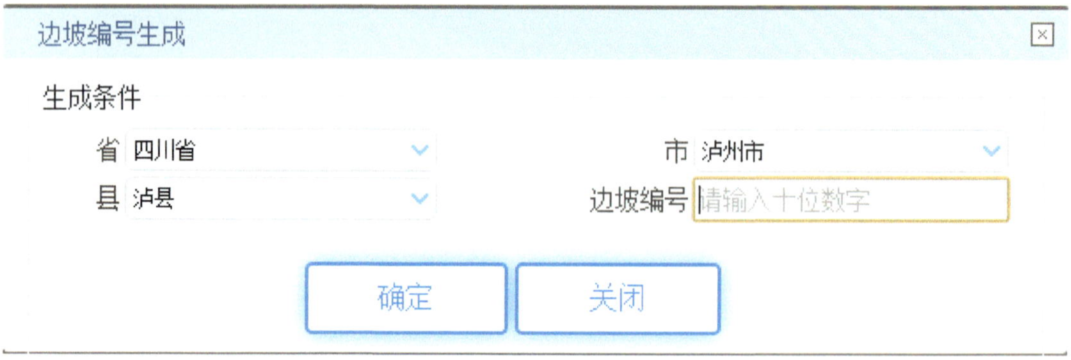

图 5-18　边坡电子档案新增生成

录入信息，单击"保存"按钮，完成信息的录入，如图 5-19 所示。系统中还设"修改""查看""删除"等按钮，便于对边坡档案进行修改、查看和删除操作。

图 5-19　边坡电子档案表格

当选择菜单"边坡电子档案–养护日志"时，即可进入到养护日志模块。养护日志功能主要用于记录边坡养护管理相关情况，对巡查情况进行宏观巡查和人工监测的上报（图 5-20）。在系统的首页，当单击"人工监测点"的时候，系统会根据养护日志上报的人工监测的数据生成人工监测曲线。

选择边坡，单击"浏览"，即可浏览查看上报的养护日志（图 5-21）。

图 5-20　边坡养护日志生成

图 5-21　边坡养护日志

选择菜单"边坡电子档案–养护排班"进入到养护排班模块（图 5-22）。

图 5-22　边坡养护排班模块

5.3.3.6 地质灾害监测

地质灾害监测由监测曲线、人工监测、数据异常管理、设备维护管理、设备异常设置、监测点管理和设备管理六部分组成。

选择"地质灾害监测——设备管理"进入设备管理模块。该模块是对设备的信息进行增删改查等维护操作。

选择"地质灾害监测——监测点管理"进入监测点管理模块。该模块是对监测点的信息进行增删改查等维护操作。

单击"新增"按钮，可根据实际情况，按表格输入新增监测点信息，字段输入方式有下拉列表、双击弹出字典项等；录入完成，单击"保存"按钮，可对输入信息进行保存。当选择监测点名称时，单击"设备链接"，可根据实际情况将监测设备和监测点进行关联。选择监测点名称，单击"多媒体信息"，可上传监测点的多媒体资料。

当监测点信息需要修改时，在监测点列表中选中要修改的监测点，单击修改"编辑"按钮，可对监测点信息进行重新编辑。

选择"地质灾害监测——设备维护管理"进入设备维护管理模块（图5-23）。该模块是对设备维护的信息进行增删改查等维护操作。单击任意一条监测设备，会在界面右侧显示该设备的基本维护信息。可以添加、修改、删除维护记录。单击"添加"按钮，打开"设备维护历史添加"窗口，输入设备维护信息之后，单击"保存"，即完成了维护记录的添加。单击"编辑"，就可以修改维护记录。单击"删除"，可以删除该条维护记录信息。

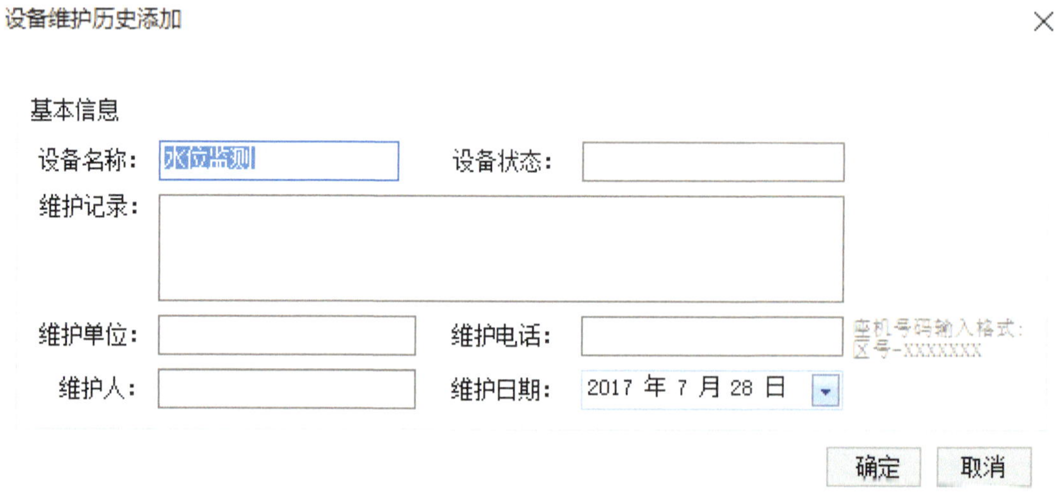

图5-23 设备维护管理模块图

选择"地质灾害监测——人工监测"进入人工监测管理模块。该模块是对人工监测点的信息进行增删改查等维护操作。

选择"地质灾害监测——监测曲线"进入地质灾害专业监测曲线查询浏览模块。

监测项目以树状视图展示公路边坡、监测点、监测设备之间的相互关系，用于专业监测时，可以根据是否勾选的方式来选择是否查看监测曲线。左侧的树状监测目录树、中间

第 5 章　崩塌灾害监测预警

的监测曲线和右侧上方地图内的监测曲线小图标，三者相互联动（图5-24）。

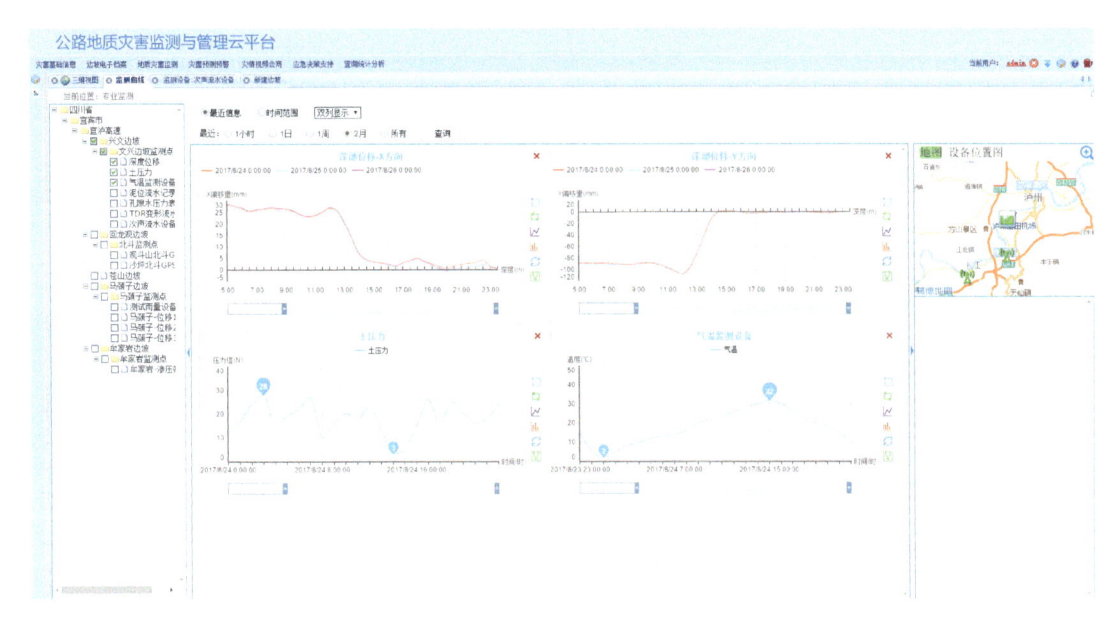

图 5-24　地质灾害监测项目管理页面

系统提供了监测数据图表显示与输出功能，可以以报表的形式输出监测数据，也可作图显示不同传感器采集的多条监测数据，直观形象地描述各监测数据的变化趋势，以分析不同监测点位的变形特征，比较不同监测数据采集效果，验证监测数据是否正确可靠。所有数据都可以 Excel、Word 或图片形式输出和打印指定时间段内、指定传感器的监测数据报表，报表以固定的格式自动生成相应的名称和序号，便于数据存储和数据管理。

该模块下还有一列操作按钮，可对监测曲线进行区域缩放、区域缩放后退、折线图切换、柱状图切换、还原和保存为图片的操作；也可通过时间滚动条选择对监测曲线在时间域进行切换。主界面右上角的二维地图，可以大致查看监测设备所在的位置。点击设备位置图，可查看设备在边坡上的详细展布情况（图5-25）。

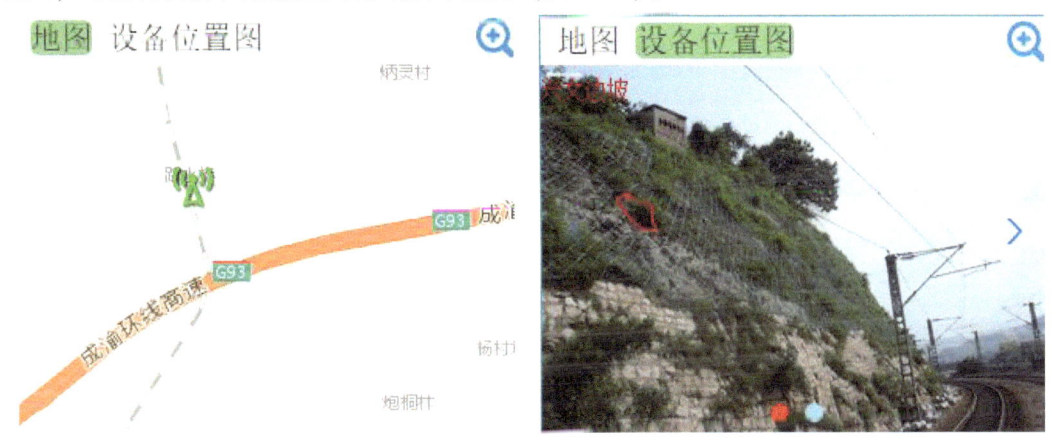

图 5-25　设备位置图

5.3.3.7 灾害预警

预警是监测的重要目的之一，本软件提供多种预警模型，包括实时变形值预警、累计变形值预警、变形速率预警和分形参数预警等多种监测预警方式，并且可以针对某种预警方式分级设置报警值，按照不同的警戒级别发布预警信息。

软件能够通过对监测值的实时获取，按照编制好的预警模型进行判断是否报警。预警模型有：①极值报警，设置一个值，当实时监测数据值超过该值时就进行报警。②变化率预警，设置一个监测值的变化率，当监测数据的变化率超过设定值时进行报警。当监测值达到预警模型要求时，系统按照以下方式进行报警：短信报警、声音报警、闪烁报警及弹出报警窗。

云平台与监测设备能高效联动，现场的预警设备启动后能实时向后台发送相关信息。同样，当后方控制中心拟启动现场报警装置时，可通过平台启动现场报警装置，实现现场报警。

5.3.3.8 灾害点查询与统计

选择"查询统计分析——灾害点查询"进入灾害点查询模块。公路地质灾害查询支持公路路段工程项目、灾害点名称关键字查询，满足查询条件的灾害点名称在列表中的集中显示，可以对查询结果的灾害点执行中定位，也可以查看灾害点的详细信息。

选择"查询统计分析——监测设备查询"进入监测设备查询模块。监测设备查询模块，可以根据公路名称、路段名称、工程、项目、灾害体名称、监测点名称条件查询监测设备信息。

选择"查询统计分析——灾险情查询"进入灾险情查询模块。可对已经入库的险情信息进行查询，通过行政区划、公路路段工程项目名称、灾害点名称、灾害点类型、险情地点等条件进行模糊查询，筛选过滤，如图 5-26 所示。

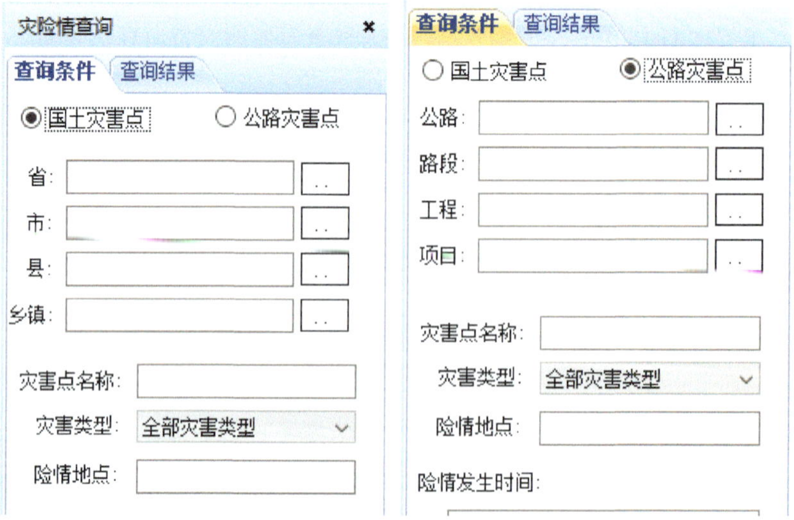

图 5-26 灾害点信息查询条件输入

单击"查询结果",选中后可查看详细信息(图5-27)。单击"详细信息",打开险情点信息界面,单击定位按钮可在三维球中定位险情位置。

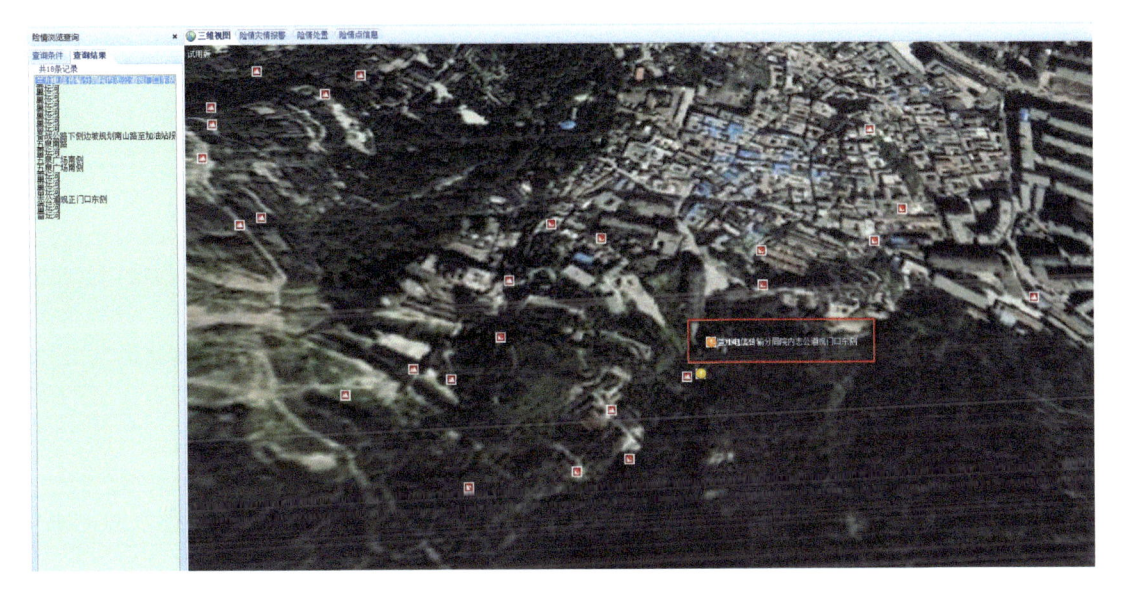

图5-27 灾害点查询结果在三维球中的定位

选择"查询统计分析——灾害点查询统计"进入灾害点统计模块。该模块能够统计出指定范围或条件内的所有地灾信息,并能以分析图的方式直观表达统计结果,还可将统计结果导出打印。单击下拉列表框,选择统计范围为"××省××市××县××乡(镇)",或者通过地图框选确定统计范围,可以直接在三维平台上框选查询范围,有圆形区域、矩形区域,框选的范围只能进行一次查询,如果不单击清除,则依然加载在地图上以供参考。选择"统计条件",单击"获取数据库值",确定查询及统计的项目,选择逻辑符号(.AND.、.OR.、.NOT.)及括号、运算符等符号连接各单项,建立查询表达式,并可对表达式进行"清除"和"校正"操作,最后单击"确定",确定组合查询条件。

单击"统计内容"打开统计内容选择窗口,可对统计的内容进行选择。根据需要选择要进行查询的条件,可以方便地进行分类选定,或者将所有字段全部选定。对于选定的字段,会在右侧文本区显示已选择的项,右上方按钮可以单击"删除"或"取消全部"进行单个条件和所有条件的删除,单击"全部选定"勾选所有选项,单击"查看选定字段",对文本区所有字段重新排序,并打开选中项的所有条件,如勾选"滑坡"时,有"滑坡个数""滑坡面积"和"滑坡体积"。单击"确定"将确定查询条件。

选择"查询统计分析——设备维护记录"进入设备维护记录模块。设备维护查询模块,可以根据设备目录树来查询设备维护记录信息。

单击"图表分析"可弹出"图表分析"窗口,窗口中可选择"统计内容"和"统计图类型","统计类型"包括"灾害类型分析""防治情况分析""稳定情况分析"和"变形情况分析","统计图类型"包括"线状图""饼状图""柱状图""条状图"和"金字塔形图"。

5.4 公路崩塌灾害监测与预警系统

5.4.1 崩塌落石视频监控预警系统

5.4.1.1 开发背景

公路两侧自然斜坡或边坡,在自然条件或人力扰动等条件下,常发生崩塌和落石灾害。这些崩塌、落石规模大小不等,从小石块到千万方山体,分布广泛而隐蔽,触发条件低,自然风化或较小外力都可导致其失稳,对行车和公路、铁路等交通基础设施危害巨大。在我国南方雨季或春秋冻融季节,灾害时有发生,造成巨大破坏。崩塌落石灾害的危害不仅表现在崩落岩体对行人车辆的直接损毁,还因其对行车的巨大威胁,造成驾驶人员严重的心理恐慌,可能导致交通事故发生。

面对这些面广量大、严重威胁人类的自然灾害,以往的做法是加强公路边坡的巡视,及时清除所发现的危岩,尽量减少落石伤害的可能性。这种方法虽然简单,也有成效,但其工作量和难度巨大,对于那些较为隐蔽、高陡、个体较大以及目前尚难以确定其稳定性的危岩来说无能为力(图5-28)。

图5-28 养护人员在清除边坡危岩

本专题研究开发的崩塌落石视频监控系统,就像在危岩分布点设立一个全天不间断的看守人员,随时监视危岩体的变形发展情况。当危岩变形持续发展,出现失稳、岩体不断崩落,本系统可对其进行识别、判断,并对下方公路发出警报,是一种有效的灾害临灾预警方法。

系统重点解决了交通沿线无人看管、监测点过多无法人工甄别事故的问题。它采用红外枪机摄像头实时采集现场视频，通过无线网络传输到后端服务器，由智能识别系统对实时视频录像或图片进行处理。当某监测区域发生险情时，智能视频检测能自动识别出异常，并实时报警，通知相关值班人员或驾乘人员注意，从而避免事故的进一步恶化，将事故扼杀在萌芽之中。

智能视频监测技术能有效地避免落石塌方事故的发生，提高远程控制中心值班人员的工作效率，将值班人员从大量枯燥、繁杂的视频画面中解放出来，达到科学化、智能化、自动化的综合管理目的。

5.4.1.2 视频监测

视频监控具有直观、方便、信息内容丰富等优势，目前已作为安防系统的重要组成部分，广泛应用于城市交通、安全等各个领域，视频监控技术也日益受到关注和重视。随着现代科技的发展，特别是网络宽带、计算机处理能力和存储能力的迅速提高，以及各种使用视频信息处理技术的出现，视频监控技术也有了长足的发展，视频监控进入全数字化、网络化、智能化的时代。

视频监控主要有信号与视频处理、通信和计算机视觉等多个学科的研究领域，视频通信、处理和理解是视频监测技术的三大核心技术。视频监控技术已经历了三代：第一代模拟系统（VCR）；第二代部分数字化系统（DVR/NVR）；第三代完全数字化的系统（网络摄像机和视频服务器）。这些都是物理存储介质和信息传输模式带来的技术演变。

第一代模拟系统是基于模拟摄录像机的模拟信号传输和存储技术的视频监控系统。其特点是容易实现，但图像存储时间短、图像质量差、查询速度慢，且录像机的维护费用高，目前已基本退出市场；第二代部分数字化系统基于模拟摄像机及数字硬盘录像机的视频监控系统，仍然采用模拟信号传输，但距离短，所需信道宽，并没有解决图像传输瓶颈问题；第三代完全数字化系统是基于网络摄像机或视频服务器的全数字化视频监控系统，通过网络传输压缩后的视频数据。数字化系统解决视频传输瓶颈问题，目前在远距离监控领域得到应用。

尽管目前成像设备、视频压缩、通信以及数据存储等方面的技术发展迅速并日趋成熟，但现在的视频监控系统主要功能还仅仅是视频数据的记录、简单的运动检测和报警功能，基本不具备目标识别、行为理解和事件识别等功能，都属于非智能型的视频监控系统。因此，传统的监控系统是被动工作的，视频内容的分析和理解工作仍然是主要靠监控者的判断。要真正起到安全防范作用，则需要专业人员进行实时观察、分析图像，从而得到场景的安全性评价。"时刻担心错过重要的目标或事件"是监控系统面临的主要问题。

视频分析技术的滞后严重阻碍了视频监测系统的发展与应用，导致现有视频监测系统只能完成时间的记录，为事后分析提供证据，难以实现实时的视频事件监测、分析和报警。

新一代视频监控管理系统与前几代的根本区别在于不再局限于简单地完成对视频信号的处理、传输、控制，其核心在于为基于 IP 网络的多媒体信息（视频、音频、数据）提供一个综合、完备的管理控制平台。网络视频服务器解决了视频流在网络上的传输问题，从图像采集开始进行数字化处理、传输，这样使得传输线路的选择更加多样化，只要有网络的地方，就提供了图像传输的可能。整个系统趋向平台化、智能化。智能视频监控系统将不仅仅局限于被动地提供视频画面，更要求系统本身有足够的智能，能够识别不同的物体，发现监控画面中的异常情况，以最快和最佳的方式发出警报和提供有用信息，从而更加有效地协助危机处理，并最大限度地降低误报、漏报现象，成为应对突发事件的有力工具。

智能视频监控改变了传统视频监控的被动接受感受模式，可以主动地对监控现场的视频进行分析，将安防操作人员从繁杂而枯燥的"盯屏幕"任务中解脱出来。其核心内容是对特定目标的自动监测、跟踪与行为识别，包括运动监测、目标分类、目标跟踪和行为识别等四个方面的内容。基于IP网络的崩塌地质灾害智能化视频监测系统能够实现对公路边坡的崩塌落石的自动监测监控，当发生崩塌落石时，实现即时报警，从而实现对边坡地质灾害的24h不间断值守。

5.4.1.3 智能化视频监测的优势

1. 形象直观

视频监测不仅可以监测到现场某些数据，更可以直接看到现场图像，形象直观，可以方便地实现远距离监测监控，而且监测的范围更广，便于全面了解监测现场整体情况，使用方便，因此，视频监测技术更符合非专业人士的习惯，在地灾监测领域具有极大的优势。

2. 成本优势

对于常规用位移、变形等传感器采集信号进行的灾害监测，现场监测传感设备往往较贵，而且每个传感器只能监测一个点或一个部位。传感器大量的布设，将使得监测成本很高且难以降低。视频监测系统可用一个摄像头监测较大面积的监测区域，甚至整个边坡或山体，并能及时报警，这就极大地节省传感器硬件布设，较大地降低监测成本。

3. 可靠性优势

监测设备越多，设备本身容易出现各种各样的故障，同时，连接用的线路也就越长而复杂，也就越容易出现各种各样的连接、潮湿、漏电、脱落等问题。这种情况对系统的可靠性是一个巨大考验，而可靠性对监测系统来说可谓至关重要，每个薄弱环节都可能导致系统的失效。视频监测技术可独立使用，模块少，连接简单，其可靠性可得到极大提高。

4. 高可维护性优势

对崩塌危岩体进行监测时，一般传感器都必须安装到悬崖峭壁或危岩体上，施工难度极大，设备出现问题时，维护也非常困难，维护成本高。视频监测设备，可方便地设置在施工维护方便的地点，随时随地进行检修，有效降低维护难度和维护成本，提高了系统的可维护性。

5. 远距离非接触

视频监测系统可远距离非接触式布设。远程非接触布设有两个优点，一是可以方便快速地布设于任何一个合适的位置，安装方便，施工简单；二是当需要对正在发生较大变形或即将发生灾害的危岩体或边坡进行监测时，远程非接触布设监测可有效避免在危险点的施工作业，防止二次灾害。

6. 可移动性

视频监测系统安装非常方便。当某处监测完成之后，可以方便地拆除，用于其他灾害体监测。

5.4.1.4　视频监测系统的功能

地质灾害的视频监测，主要是通过对视频探头中监控影像进行动态识别处理。具体做法是以边坡危岩体为监控对象，当危岩体滚落时，监控系统通过专用视频监控处理软件，识别其位移方向、速度，自动判断崩塌灾害的发生，进而通过无线网络对相应预警指示牌等设施发出预警信息。预警指示牌接收到信号后，立刻启动声光信号，向公路行驶车辆发出警报。

本监测系统经适当改进后也可以对泥石流、滑坡等灾害提供监测和预警。

在能够安设标靶的地方，可以安设特制标靶，更便于图像识别和判断。即使是在夜间，也可以通过红外探头，有效识别目标。

5.4.1.5　系统开发的难点分析

复杂条件（或背景）下的运动目标检测和跟踪一直是视频图像处理的难点，也日益成为视频图像处理系统实用性和可靠性的严重阻碍。在落石塌方监测系统里，区域应用场景不尽相同，运动目标所处的环境和背景千变万化，这对落石检测和跟踪算法的适应性和稳健性提出了更高的要求。因此，系统应该具备一定程度上抗干扰、能较快适应不同场景、相对稳定的运动目标检测和跟踪方案。

视频识别的原理是通过分析视频摄像头采集的监控画面的像素变化达到智能识别的目的。智能视频监测系统的开发中主要困难在于如何消除监控画面中各种干扰因素的影响，提高识别准确率，实现视频的智能识别。需要克服的干扰因素有以下几点。

（1）太阳的移动和气候的变化，会导致光线的方向、光线强弱的变化，进而导致周边物体阴影的变化，影响识别。

（2）监测距离的远近，导致监控对象识别清晰度不同。监测近距离目标时，监测视角大，被监测对象易于辨认，清晰度高，易于识别；远距离监测时，监测视角小，清晰度降低，不利于识别。

（3）监测距离不同，也导致监控的背景干扰性质不同。当近距离监控时，树木、草的晃动都可能会造成干扰；当监测距离比较远时，背景较为模糊，则较大的物体移动（如动物的跑动等），才会影响到识别效果。

（4）树木、草等晃动对监控识别的干扰，雨雪以及杂物等落体对监控识别的影响，动物如山羊、野兽等活动对识别的影响都会干扰视频的识别。

如何消除这些干扰因素的影响，准确识别崩塌和落石，成为视频识别成功与否的关键因素。

5.4.1.6 软件功能

(1) 图像识别功能，目前软件可以实现定时从各监测点采集视频和图片并存放在服务器指定目录下。服务器每天在该目录下建立一个子目录，以日期（包含年月日）进行命名，当天采集的各测点视频和图片全部存放在该子目录下面。其中视频采用 H. 264 压缩格式，以 . mp4 为后缀，图片采用 . jpg 格式。

子目录命名规则：YYYY-MM-DD（如2009-08-26）。

文件命名规则：设备内部编号_年月日时分秒_通道号（其中设备内部编号是与 SIM 卡捆绑的，不可编辑。通道号采用数字形式，如1表示通道1）。

在系统中开发一个图像识别模块，根据最新采集的图片，识别是否有情况发生。当识别出发生情况时，弹出窗口进行提示，并给出相应的现场视频或者图片链接。

值班人员可查询、回放报警区域的信息、视频或图片，以做出相应地处理。

软件可以针对下述情形进行视频监测：山体落石、山体塌方、其他异物。

(2) 可设置图像识别相关的规则，如落石、塌方的限值、监测点监测的线路区段等信息，存储在配置文件中。

(3) 系统提供报警查询功能，可以进行时间、报警类型条件查询。单击报警记录显示报警详情，可查看报警地点、报警时间、报警图片、报警类型等内容。系统可对报警的过程进行录像，并可回放报警视频或图片。

对于可查看现场视频的设备，可调用系统提供的现场视频功能或者调用视频控件查看监控设备中当前实时视频。

5.4.1.7 软件的编制

1. 动态检测的原理

垂直方向运动是落石区别于山体的最主要特点，因此落石检测主要依靠运动目标检测方法。

运动目标检测的基本思路是对背景进行建模，然后通过对背景与当前图像进行比较，获取其中运动的目标（落石），为了计算落石的轨迹并计数，还需要对检测到的运动目标进行跟踪。

2. 技术解决方案

在落石塌方智能检测系统中，对包含落石的图像序列进行的分析处理主要由运动目标检测、运动目标分割及跟踪、运动目标识别和运动行为理解等四部分组成。

1) 运动目标检测

本系统中主要采用背景差法抽取图像序列中的落石目标，并且实时更新背景图像。

背景差法难点在于寻找理想的背景模型，主要步骤如下。

(1) 开辟静态内存，对图像进行初始化采集准备。

(2) 采集图像，定义参数 k，作为图像序列计数，采集第1幅图像，判断是否等于1，若是，则存储到内存，作为静态模板；如果不等于1则把接下来的3幅图像放到开辟的动态内存。

（3）对每一幅图像和静态模板图像做差。

（4）进行图像预处理，主要将图像进行灰度化换算，从而将 RGB 图像转变为 256 阶的黑白图。

（5）计算差值图像中目标物体大小，记录此时动态图像和静态图像相减后图像的像素数。

背景模型更新时，应该注意以下两个原则：①背景模型对背景变化的响应速度要足够快。因此要求算法必须进行代码优化，尽量减少冗余运算，尽可能少开辟内存，并合理使用递归函数等，同时背景模型要动态实时更新。②背景模型对运动目标要有较强的抗干扰能力。因此需要对目标的个数和路径进行确认，可通过设置模型大小、路径检测阈值实现。

2）运动目标分割及跟踪

直接检测出的前景图像中不仅包括落石，还有噪声斑点，同时还可能存在落石目标不完整的现象（即检测得到的图像区域不完整），因此还需要对初步检测的结果进行后续处理，以得到干净、完整的目标区域。

数学形态学的应用可以简化图像数据，除去不相干的结构，同时保持它们基本的形状特征。数学形态学最基本的运算是腐蚀和膨胀。先对图像进行腐蚀，然后膨胀其结果，称为开操作，它具有消除细小物体、平滑较大物体边界的作用。

如果噪声斑点比结构元素大，使用数学形态法就无法滤除这类噪声，但使用连通性分析的方法可以在一定程度上解决这一问题。连通性分析的依据是坐标间的相互关系，分析噪声和运动目标在图像矩阵中的连通性。由于噪声的连通区域远远小于实际运动目标的连通区域，故而将最大连通区域面积的 4%~6% 作为阈值，面积小于该阈值的连通区域看作噪声，并予以清除。

在运动目标分割方面，本系统采用基于"图分割"的分割算法，提出运动分层的方法：首先，利用模型检测参数（模型大小等）描述运动目标，然后，进行图像标记，通过对"加权边"的分割将图像分为多个分层，每个运动目标看作一个运动分层，从而初步确认了运动目标的个数。

分割时，需要去除边缘检测的毛刺，并且去除一些不需要的区域，只保留对象的外轮廓。

得到有效的运动目标后，进而需要对运动目标进行跟踪。

运动目标跟踪就是在一个连续视频序列中，在每一帧监控图像中找到感兴趣目标的相似性及运动路径。此过程需要进行两步计算。①相似性度量计算，对于二维图像而言，两个落石之间的相似度是指他们在欧氏空间中互相邻近的程度。可以把每个样本点（即可能的运动目标图像区域）看作空间的一个点，进而使用在相邻两帧图像中的连续坐标距离来表示样本点之间的相似性，距离较近的样本点性质较相似，距离较远的样本点则差异较大，按照对象间的相似性进行聚类分组。②目标区域搜索匹配，对运动目标在下一帧图像中可能出现的区域进行估计，从而减少冗余，加快目标跟踪的速度。可采用 Kalman 滤波、粒子滤波、均值漂移等方法估计目标区域。

本软件采用 Kalman 滤波方法估计目标区域。

采用上述两种办法，对目标连续跟踪后，将得到一系列连续的目标运动点，即每个落石的运动轨迹。

3）运动目标识别

运动目标识别部分要求对落石的不同形态和大小进行特征提取、分析和辨别，从而确认该运动目标。

落石的大小可以依据目标在图像窗口中的占有像素区域大小来判断，该接口可以由用户控制。

落石的形态辨别可根据落石的长宽比进行粗略判断，对于长宽比大于 5 以上的目标，可认为不是落石。

4）运动行为理解

落石在运动特征上具备一定的特殊性，主要表现在重力作用下落石运动轨迹必然是从上至下的，且具备一定的运动角度。

因此落石运动的行为理解，可以从落石的运动方向上进行判别，如果运动轨迹中连续多个点的运动方向为水平方向或忽上忽下的方向，则可认为不是落石，由此可排除大部分的人、车辆、飞鸟、动物等无关因素干扰。

落石智能检测算法主要根据以上流程设计开发，在实际测试中证实，该方法具备良好的视频检测效果。

3. 软件结构设计

落石塌方智能监测系统采用业内流行的 Visual Studio 2005 工具开发，通过序列化数据格式存储系统配置及检测参数配置信息。

系统实时对现场数字视频进行动态分析，当发生落石事故时，能自动报警，通过声音提醒值班人员注意。

1）系统特点

（1）无部署式安装，纯绿色软件，可直接拷贝至任一 Windows 计算机上运行。如果目标计算机未安装.NetFramework 2.0，需要安装.NetFramework 2.0 运行环境。

（2）组件化开发模式，使得系统结构清晰，开发维护方便，同时适宜于团队开发。

（3）采用 UI 界面和落石检测算法分离的开发技术，使得视图层和业务层合理分离，即使更改视图代码，也不用重新编译算法代码。同时也提高了代码的复用性和可实用性。

（4）落石检测算法采用 C++开发，具备很高的时效性，视频延时小，运算速度快，能保证落石事故报警的实时性。

2）应用系统开发

落石监测应用系统主要分为十个组件：Monitor、CapCtrl、DocToolkit、DrawCtrl、HVCtrl、IACommonLib、ImDrT、LineTypeCtrl、PathSelectCtrl、VideoCtrl。

其中，Monitor 为主程序设计框架，其余九个组件为辅助组件。

具体功能设计如下所示。

（1）Monitor 组件主类文件名为 FrmMain.cs，主命名空间为 Monitor，组件功能有完成用户登录、系统设置、各功能模块调用、主窗体显示等功能。

(2) CapCtrl 组件是视频分析的主要组件，主类文件名为 CapCtrl.cs，主命名空间为 IA.CapCtrl，组件功能有完成视频采集、图像显示、检测参数设置、视频检测算法调用、视频录像等功能。

(3) DocToolkit 组件主类文件名为 DocManager.cs，主命名空间为 DocToolkit，组件功能有文件序列化、窗口状态控制等，此系统中应用不多。

(4) DrawCtrl 组件主类文件名为 DrawCtrl.cs，主命名空间为 IADrawCtrl，组件功能有绘图工具栏，可提供视频检测参数设置时的绘图工具。包括鼠标工具、矩形工具、五边形工具、自由路径工具。

(5) HVCtrl 组件主类文件名为 HIKsdk.cs，主命名空间为 HIK，组件功能有海康威视 SDK 封装类库。

(6) IACommonLib 组件主类文件名为 IACommonLIb.cs，主命名空间为 IACommonLIb，组件功能有视频分析算法库调用方法的封装、公用方法、对象封装。

(7) ImDrT 组件主类文件名为 DrawArea.cs，主命名空间为 ImDrT，组件功能有绘图对象封装，但此系统应用不多。

(8) LineTypeCtrl 组件主类文件名为 LineCtrl.cs，主命名空间为 LineTypeCtrl，组件功能有线型选择，但此系统应用不多。

(9) PathSelectCtrl 组件主类文件名为 IAPathCtrl.cs，主命名空间为 PathSelectCtrl，组件功能有路径选择，但此系统应用不多。

(10) VideoCtrl 组件主类文件名为 VidelControl.cs，主命名空间为 VideoCtrl，组件功能有视频图像质量控制，主要调节视频亮度、饱和度、对比度等参数，但此系统应用不多。

3) 视频检测算法开发

视频检测算法使用 C++语言编写，Visual Studio 6.0 编译生成，最终形成 DLL 文件。

视频检测对外接口有三个函数，分别为 StoneDetect、SetRegion、PortRelease，他们均在全局函数里定义，具体说明如下所示。

(1) StoneDetect

函数功能：落石检测主要算法，检测落石的位置、个数、路径等，并返回给外部程序。

参数列表如下。

Port：视频检测端口，支持多路检测，最多四路。

pbRGBImage：原始二维图像数据，RGB24 图像格式。

out_pbRGBImage：输出结果的二维图像数据，绘制有落石路径。

nWidth：图像宽度。

nHeight：图像高度。

STONE_PARAM：视频检测参数。

STONE_RESULT：视频检测结果，包括落石个数及行为轨迹。

返回值：无。

(2) SetRegion

函数功能：落石检测参数设置，包括设置最小模型大小、路径阈值。

完整定义：

DLLAPI void SetRegion（const int port，STONE_REGION region，int nWidth，int nHeight）
参数列表：
Port：视频检测端口，支持多路检测，最多 4 路。
region：视频检测参数。
nWidth：图像宽度。
nHeight：图像高度。
返回值：无
（3）PortRelease
函数功能：落石检测内存释放函数，需要此主窗体退出时调用。
完整定义：
DLLAPI void PortRelease（ ）
参数列表：无
返回值：无
以上为视频监测算法 SDK 的对外接口函数。

视频检测算法内部主要计算流程为运动目标检测、目标跟踪、目标确认及数量确认。算法内部主类为 CAlgo.cpp，所有视频检测分析均在此类实现。

5.4.1.8 设备选型与参数

视频监测采用网络摄像机，网络摄像机是集传统的模拟摄像机和网络视频服务器于一体的嵌入式数字监控产品，采用嵌入式 Linux 操作系统和 Ti 公司的 Davinci 硬件平台，系统调度效率高，代码固化在 Flash 中，体积小，具有较高稳定性和可靠性。

网络摄像机接入电脑后，通过所开发软件，对摄像头所监视对象进行不间断监控，并对所出现崩塌灾害现象进行识别。

视频监控设备采用市场上主流成熟，能相互兼容，且高中低档都有的成套产品，某常见产品外观见图 5-29。

图 5-29　网络摄像机外观图

5.4.1.9 视频监测效果测试验证

系统开发完成后,项目组对其进行了实地应用测试。

测试现场选择在北京郊外一个山体边坡。边坡为岩质,部分区域岩层裸露。边坡表面覆盖约0.5m厚的表层土,植被主要为草本植物。边坡坡角约为60°,坡高约为20m。测试时间为上午10点至下午1点,天气晴朗,光照较好。在测试过程中,由电脑内置录像系统对测试过程进行录像,以保证测试的真实性及便于对系统不足进行记录与改进。

测试过程:在距离边坡约50m处架设监控系统,包括摄像头、供电电池、三脚架、笔记本电脑及相应连接线。选择岩石裸露区为主要测试范围。通过调整摄像头镜头焦距,圈定监测范围。人工在坡顶向山下滚落块石,块石在重力作用下,沿着坡面作垂向或斜向不规则运动。在此过程中,保证落石处于摄像头监控范围内,以测试系统是否能准确识别边坡的崩塌与落石。

在初步测试成功后,再将摄像头与边坡距离以及摄像头焦距进行调整,以测试监测距离远近及镜头焦距远近对系统识别可靠性的影响。测试现场录像视频截图见图5-30,图5-34中红色线条为系统自动识别并画出的落石路径。该测试取得良好效果,达到了开发预期目标。

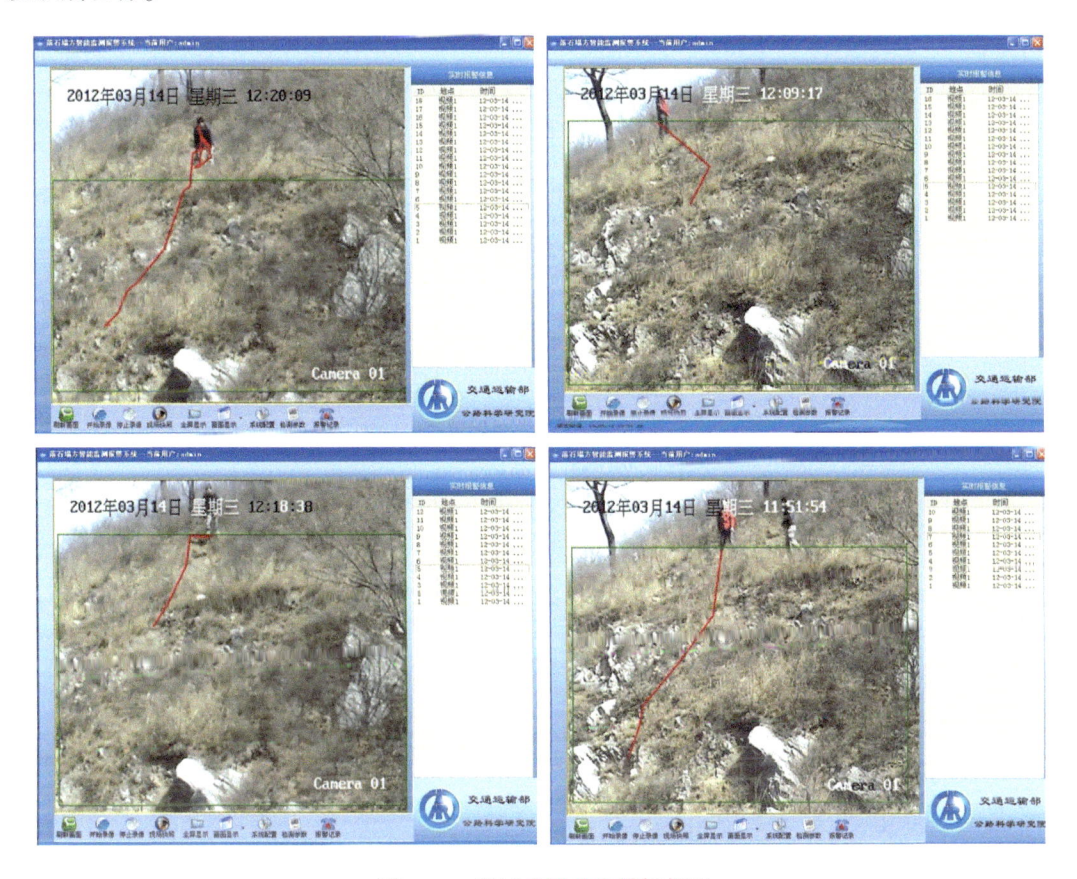

图5-30 测试现场录像视频截图

5.4.2 崩塌灾害网式监测预警系统研发

5.4.2.1 开发背景

对于边坡岩体结构为碎裂型的危岩体很少成巨厚块状，其崩落形式往往是很多碎石不断掉落。通常情况下危岩监测设备采用的单点位移计、裂缝计等，只能监测某个具体的点，然后以该点的数据描述某块或某特定区域的变形特征。单点监测的方法适合结构面单一、变形趋势简单的危岩体的监测，对于结构破碎，易崩岩块多的整体边坡，准确掌握和预报各个易崩岩块的稳定性，就需大量布设传感器。这样的监测方式不仅成本高，而且大量的连接线、传感器和连接点也对系统的安装、稳定性、可维护性等方面带来极大的挑战。因此，有必要研制一种监测范围广，能实时获取变形数据，成本低且满足公路边坡监测需要的监测预警设备。网式监测预警系统就是针对这种碎裂边坡结构而开发的一种传感装置。

5.4.2.2 开发内容及主要功能

该传感器研发的目的就是为了提供一种能够实现24h监控、自动报警、对较大范围的边坡岩体破裂实现无人值守监控的网式崩塌灾害监测预警系统。该系统包括测量单元、控制单元、用户单元和动力单元四部分，系统结构如图5-31所示。

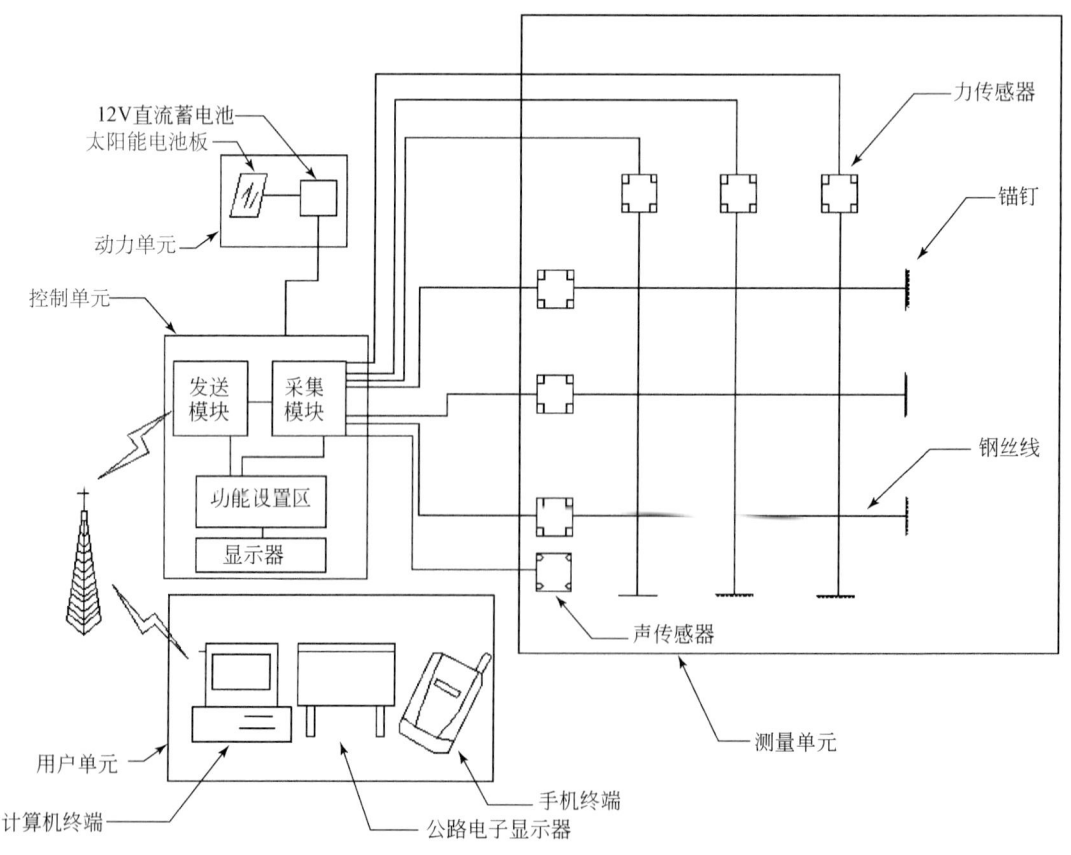

图 5-31 网式崩塌监测预警系统结构示意图

测量单元：布设结构如图5-31所示，采用一端连接测力传感器、另一端锚固于坚固岩体上的长钢丝，在监测区域内网状布设。钢丝沿线的易崩岩块表面安装圆形环，钢丝从圆环孔中穿过。当布设区域任一危岩体发生较大位移时，布设其上的钢丝将被拉动，所受拉力增大，通过测力传感器可测量拉力值。由于测力系统采用网状布设，可以用各拉力值较大的测线围成的区域来粗略表示发生变形的位置。该系统还配有一个声信号传感器，能够对外界声音的分贝数进行测量，用于监测边坡中岩体剧烈破坏时的声音。

控制单元：由采集模块、发送模块、功能设置区和显示器组成，它是整个系统运行的中枢。采集模块接收并存储传感器上边坡变形对钢丝线产生的拉力数据，功能设置区或者计算机终端可预设报警阈值。当拉力测量值超过该阈值，发送模块就通过网络向指定的用户手机、计算机终端、公路电子显示器发出预警信息。功能设置区还可以设置采集模块的采集频率、接收预警信息的手机号码列表，设置接收报警信息的计算机终端的IP地址和公路电子显示器接收模块的手机号码。

用户单元：主要包括手机终端、计算机终端和公路电子显示器。手机终端可接收报警信息；计算机终端可以显示实时监测数据，设置所有系统参数、接收预警信息；公路电子显示器主要用于接收预警信息，并以闪光、声音和文字的方式向行人车辆报警。

动力单元：由太阳能电池板和12V直流蓄电池对整个系统持续供电。

5.4.2.3 主要电路结构

设备采用单片机芯片作为整个系统的控制中心，通过手机模块实现与外界的无线通信，采用12V的标准电源接口实现外部供电，并且设有电源保护电路、信号放大电路和信号屏蔽保护电路等以增强系统的稳定性。设有工作状态指示灯用于显示设备本身的工作状态，外置传感器接口实现与测力传感器的连接，最后通过单片机编程实现了系统各个部分的控制和调节。

5.4.2.4 产品样机开发和使用方法

1. 产品样机开发

根据上述功能需求和电路设计，并考虑野外应用时的防护措施，制造产品样机如图5-32和图5-33所示。设备外壳尺寸为30cm×20cm×6cm，如果有特殊需要还可以缩小到更小的尺寸。可以通过"控制面板"完成野外现场的各种功能设置和调试，"显示屏"用于显示设置的过程参数和测量结果，"传感器接口"可以考虑现场测量系统布设的方便，连接何型号的电压式测力传感器，"信号指示灯""电源指示灯"分别用于显示网络和系统电路的连通状态，"电源插孔"用于和动力单元连接，完成系统的供电，"天线"用于接收外部指令与发送测量数据和预警信息。

2. 使用方法

本产品主要用于崩塌落石的监测预警，动力单元、测量单元、控制单元安装在待监测的坡体上，测量单元安装时应尽量靠近控制单元，以减少信号传输过程中的能量损失造成的监测数据丢失。钢丝穿过途经线路的易崩岩体，并将两端固定；动力单元中的太阳能板

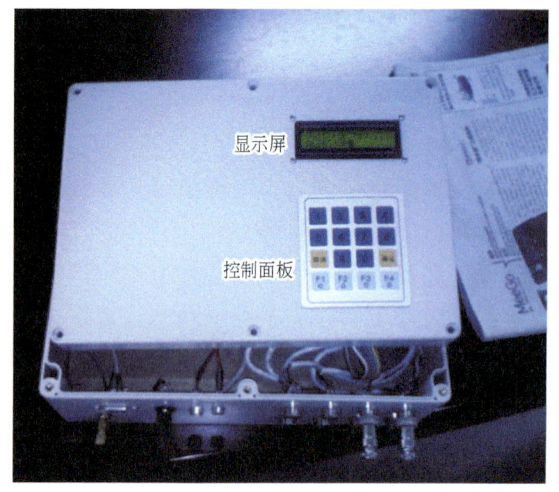

图 5-32　样机外观　　　　　　　　图 5-33　样机内部结构

的功率应根据监测点的日照时间和系统的耗电量配套选择，条件变化时可以采用风力发电代替太阳能板供电，或二者结合使用；控制单元通过 GPRS 网络实现与预警装置的通讯，以达到远程控制和远程信息发布的目的，所以安装时必须保证控制单元所在位置的 GPRS 信号良好；用户单元是监测预警系统的控制者和监测预警信息的接受者，公路电子显示器按照行车方向安装在监测点前 200m 左右的位置，一旦出现险情，可以直接向路上的车辆、行人发布警示信息，通知其及时避险；计算机终端用于室内系统控制和测量数据的接收和存储；手机终端可以通过固定格式的短信发送更改系统设置，并可接收报警信息，以使值班人在第一时间获得险情信息。

除了直接布设于危岩体上，该系统还可以布设于防护网上，以监测防护网上落石撞击情况。当监测到落石信息时，可短时间停止通行，观察险情的发生情况，以免造成大的危险。

系统通过控制面板上的功能键 F1～F4 选择设置内容，并配合数字键完成系统的野外设置，主要包括仪器时间、报警阈值、接收报警信息的号码列表、实时接收测量数据的计算机 IP 地址、实时报警的公路电子显示牌上接收模块的号码。设置完成后查看各个单元的工作状态，进行数据接收、传输测试，报警测试等现场调试工作，一切调试无误后做好保护工作，即可将其置于野外开始自动测量。此后进行某些参数更改，可在室内通过电脑或手机完成。本系统可独立工作，也可作为大的监测预警体系中的一个有机组成部分。

5.4.2.5　网式监测预警系统优势

（1）将单个传感器的监测范围由点扩展到线，并通过多条测线数据的组合应用使监测范围由线扩展到面，实现了低成本、大范围的监测，使得较大范围危岩体低成本监测成为可能。

（2）传感器可以和控制单元布设到一起，不必分散到各个危险点上，这样缩短了信号的传输距离，提高了系统的稳定性。

(3) 产品可与手机、公路电子显示牌等终端显示设备的实时通讯,一旦出现险情,可以及时发出预警信息通知相关人员,以便及时避险和缩短事故处理时间。

(4) 产品集成采集、接收、存储、控制、传输等各项监测功能于一体,体积小,安装方便,便于野外使用。

(5) 将监测和预警功能集成于一体,可独立使用,也可融入公路边坡灾害监测预警体系。

5.4.3 公路崩塌落石临灾预警系统

5.4.3.1 关于灾害临灾预警

地质灾害预警工作应该包括灾害预测、预警两个阶段的内容。预测是对灾害发生的可能性,根据各种监测、观测、观察结果,结合理论推演、专家经验等方法,对灾害发生的时间、地点、强度和影响范围等进行预测。预警或预报是根据灾害预测结果,由相关部门向可能受到灾害威胁的人、财产或设施所有人或管理部门发布灾害预警警报(信息)的工作。灾害预警预报的中心内容主要包括灾害的种类、发生时间、发生地点、规模(或强度)、可能的危害范围等。

国土部门对地质灾害时间预报一般分为长期预报、中期预报、短期预报、临灾预报。长期预报是指五年以上的地质灾害危险性的预报,如地质灾害区划和易发区的圈定;中期预报是指几个月到五年内可能发生地质灾害的预报;短期预报是指几天到几个月内可能发生的地质灾害的预报;临灾预报则是指几天或更短的时间(可短至灾前几秒)之内将要发生的地质灾害的预报。灾害发生期间对灾害的规模、持续时间、影响范围和破坏程度的预报也可以称为临灾预报。

日本的震前预报可认为是临灾预报的典型案例。

日本在经历了几十年的地震预报研究后,转变了防震减灾思路,从侧重地震时间预报转到地震临灾预警。日本气象厅以1995年阪神大震为契机,将全国的强震观测点扩大到了约600个。科学技术厅也在全国铺设了由1000台强震仪构成的地震观测网,希望通过安装密度比过去高达数十倍的强震仪,能够准确且迅速地获得地震发生时震动强度的分布状况。当一个大地震发生后,在大地震震中附近的地震台首先接收到地震波,这时立刻通过电视、电台、手机等渠道,发出警告信号,可以使远处的地区在地震波还没有到达之前就知道发生了大地震,立即采取防范措施,减轻人员伤亡,该种预报的典型特点是分秒必争(图5-34)。

日本地震临灾预报进展:2008年4月28日凌晨2时32分,冲绳县宫古岛发生了4级地震,日本气象厅初次发表了地震预报,但比地震发生迟了5s。5月8日,茨城发生5级地震,气象厅的预报比震中的摇晃迟了40s。起初的地震预警并未达到预期效果。

2008年6月14日,日本岩手县和宫城县发生里氏7.2级的强地震,气象厅在8时43分51秒预测到地震。3s后即在电视上发布地震预报信息;预计4s后将发生5级地震,但此时震中地点已经开始摇晃了。而距离震中30km以外的地方在地震摇晃发生之前十多秒

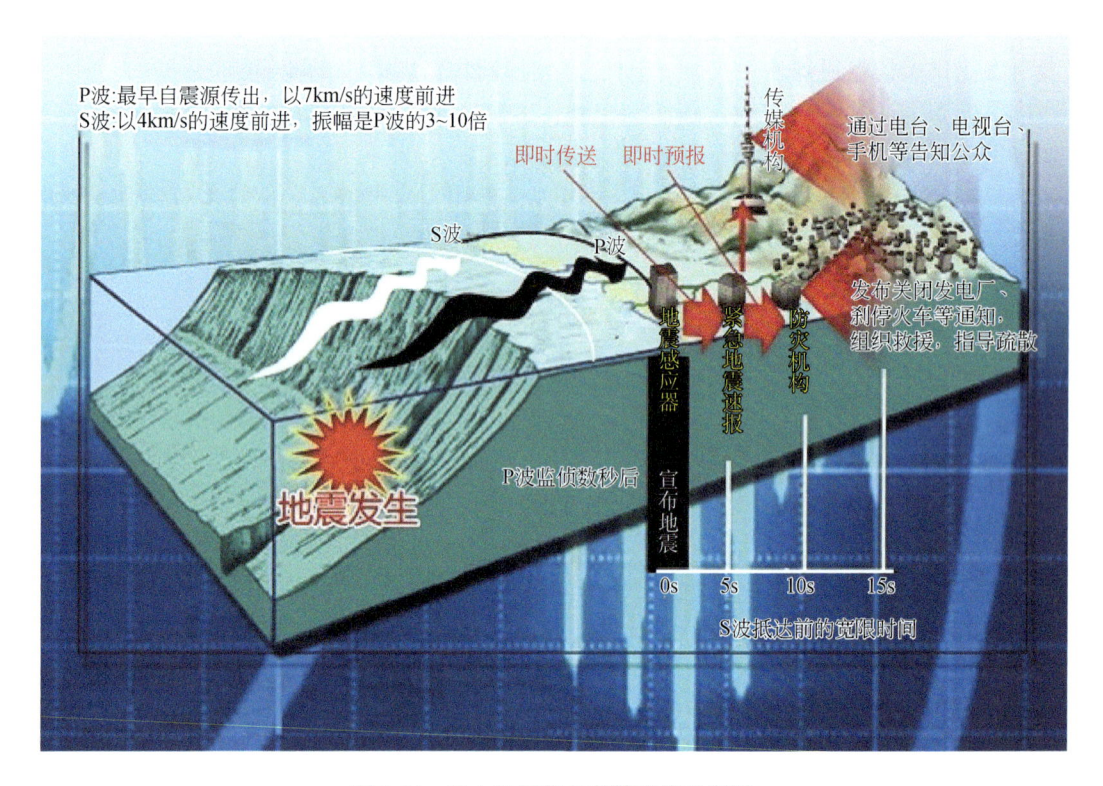

图 5-34　日本地震紧急预警系统示意图

就得到了地震预报,离开震源 70km 的日本仙台市提前 15.32s 得到预警。这些预警信息提前发布对正在疾驰的火车和汽车的紧急刹车、核装置和有害物质的关闭等有重要作用。

  2011 年 3 月 11 日日本近海发生强烈地震,并引发海啸,淹没四座核反应堆,造成重大人员伤亡,首都东京震感强烈。本次地震气象厅也成功做出了预警。《南方周末》对当时情景有生动报道,即将发生大地震,10s、9s、8s、7s……该日 3 月 11 日下午 1 点多,中国台湾台东大学教育系教授梁忠铭正在日本仙台的东北大学,忽然听到校园内广播声响起巨大的警报倒数声。这不是在演习,却如演习般有序。短短 10s 内,所有建筑物内的人员往下疏散,工作人员头顶安全帽,娴熟地指挥避难。当这位台湾学者因强震而震惊不已时,日本仙台东北大学的师生早已站在广场避难。数百里之外的东京,也经历了同样的危急时刻,事后媒体披露,东京地区在地震波到达前的 1min 左右即响起了警报,早稻田大学的中国留学生汪晓晔正在 13 楼实习,惊魂未定。震后的几天里,余震不断,东京也时有明显震感,汪晓晔的情绪却平缓了很多,几乎每次震感来临前数秒,她的手机上总能提前收到警示短信。她至今还保留着赴日后接收到的第一条地震速报信息,那是 2010 年 9 月 29 日的日文课上,全教室的手机几乎同时响起,原来是 260km 外的福岛发生了地震。

  日本有关企业为地震的临灾预报开发了极为实用的设备,如日本松下公司发明出使用数字电视提供灾害信息的"紧急防灾信息播报系统"。利用这一系统,观看电视时发生灾害,无须遥控,电视就会强制切换成紧急灾害信息播报。日本 KDDI 公司曾计划从 2005 年开始,通过手机画面自动播报紧急警报。日本另一家公司 2008 年推出了体积小巧的家用地震预报器，能够通过互联网，接收到气象部门的地震数据，在气象部门监测到破坏性较弱的第一轮纵波的时候，会马上将信号传导到预报器上，这样预报器就可以在第二轮破坏较强的横波到达之前的 10～20s 当中，发出长达 20s 的警报，人们可以有更多的时间关闭煤气，并躲避到安全的地方。它还能通过电视、广播和手机发出警告，提醒大家躲避灾难。

在我国，地质灾害的临灾预报也越来越得到重视。2011 年 7 月，四川雅安荥经县向各乡镇发放了 60 部手摇报警器，用于市县级地质灾害监测点监测预警预报。2004 年 3 月，福建省出台对地灾临灾预报成功的奖励办法，以奖励福建省内地质灾害临灾预报工作中做出突出贡献的单位和个人。

从日本的地震临灾预报可以得到以下几点启示。

(1) 临灾预警虽然时间短促，达不到提前数月、数天甚至数小时的准确时间预测，提前量只能达分钟、秒计，但对于即将发生的崩塌落石灾害，即使非常短促的时间提前量，仍可为公路驾乘人员争取宝贵的紧急避让时间，因此仍然极为有意义的事情，值得进行研究。

(2) 临灾预警应结合防灾减灾演练才能达成最大效果，在灾害多发地区，减灾防灾常识教育及避灾意识、避灾技巧等，应常态化、制度化。

(3) 临灾预报的科研应不断深入，加强对临灾预报的技术、装备的研发，开发实用产品和技术，使技术真正能用到生产实践中，能真正起到防灾减灾的作用。

5.4.3.2 智能标志牌开发背景

我国山地面积占国土面积的 70% 以上，山区已建设并将要建设大量的山区公路。根据国土部门历年地质灾害统计总结报告可以发现，崩塌地质灾害占各类灾害总和的三分之一以上。山区的崩塌、落石分布广泛、隐秘，不容易被发现，突发性强，对行车安全威胁极大。

既然对崩塌灾害做到精确预报时间非常困难，如果能对即将发生或已经发生的灾害提前一段时间预警，即使时间很短的几秒钟，也可能起到减少伤亡的效果。如当边坡正在发生崩塌时，能提前一定时间，在公路一段范围内，让行驶车辆或行人得到崩塌发生的预警信息，就可以及时提醒车辆或人员避让，避免人员财产损失，事后也可以提醒道路养护管理人员及时清障，保证交通顺畅。应对自然灾害最好的办法就是避让。

我国目前公路两侧应用的"注意落石"等标志牌只有图案的静态显示，警示效果差。行车只能通过静态的指示牌得知某段路崩塌落石经常发生，却不知道什么时候会发生，不知道什么时候巨石从天而降，发生飞来横祸。这种情况势必对驾乘人员产生严重的心理恐慌，分散注意力，影响行车安全。针对这一情况，本书开发了具有声光主动报警功能的警示牌，在崩塌发生瞬间可以提前用醒目的声光警报标志对驾乘人员发布警报。

5.4.3.3 标志牌设计

(1) 设计目标：设计一种新型道路"注意落石"智能化标志牌，能自动接收公路边坡崩塌监测信息。将要发生或发生崩塌落石时，即时接收预警信息，同时启动声音、光信号闪烁等报警信号,达到全方位多角度对行驶在山区公路驾驶员的起到警示警告作用,降低因山体落石引起的交通事故率。同时,预警信息应能向收费站、监控中心等处发送。

(2)标志设计依据:《道路交通标志和标线第2部分:道路交通标志》(GB 5768.2–2009)。

版面严格按国家标准规定的图案按比例放大制作,一般外形尺寸偏差为±5mm,若外形尺寸大于1.2m时,其偏差为其外形尺寸的±0.5%,邻边的夹角偏差为±0.5°。LED灯按标志形状内嵌,标志使用时应根据落石的不同方位选择,标志尺寸和行车速度关系见表5-1。

表5-1 标志尺寸与行车速度的关系

计算行车速度/(km/h)	100~120	71~99	40~70	<40
三角形边长 A/cm	130	110	90	70
黑边宽度 B/cm	9	8	6.5	5
黑边圆角半径 R/cm	6	5	4	3
衬底边宽度 C/cm	1.0	0.8	0.6	0.4

5.4.3.4 功能设计

(1)山区智能化"注意落石"标志,通过接收山体落石传感器采集山体落石信息,将信号传给标志控制端。

(2)智能化标志接到落石信号,通过处理,启动声、光信号报警方式,向行车报警。

(3)当落石信号结束5~10min(时间可自由设置)后,智能化标志自动停止报警和闪烁。

(4)智能化标志能够记录落石时间,采用循环记录方式,同时具有上传功能。

(5)具有音量调节、报警时间手调、手动报警及复位功能。

5.4.3.5 技术要求

(1)智能化标志应能适用于山区供电不便区段,应可接太阳能供电系统。

(2)智能化标志应能接无线遥控控制器。

(3)智能化标志传感器传输信号应保证工作稳定可靠和对于干扰有较强的防护能力。

(4)智能化标志在山区雨雪天气、温度低、气压低、多雷闪等环境条件下应能正常工作。

(5)如在供电方便山区,取电道班或村庄的直流电源,耗电量限定在200W以内。当电源为50V±20%或电源为110V+(10%~20%)时,应可靠工作,应允许电源过压而不损坏设备。

(6)设备在电源侵入非重复性的浪涌(其间歇时间大于浪涌时间5000倍)电压(其幅值为1.8kV、脉冲前沿等于或小于0.1μs、浪涌电压下降一半时脉冲宽约等于45μs)时应正常工作。

(7) 标志牌应有防振、防潮，防尘、防腐等措施。

(8) 标志牌应便于安装和拆卸及维修测试。

(9) 标志牌应具有较高的可靠性，平均无故障工作时间除信号灯泡外，应不低于1年。

(10) 标志板不允许存在以下缺陷：①裂纹；②明显的划痕、损伤和颜色不均匀；③在任何一处面积为50cm×50cm的表面上，存在一个或一个以上、总面积大于10mm^{2}的气泡；④逆反射性能不均匀；⑤标志底板的边缘和尖角应适当倒棱，呈圆滑状。

5.4.3.6 临灾预警系统设备组成

公路崩塌预警警示牌包括：警示牌牌面、信号接收器、LED标志板、蜂鸣器、控制器等几个部分。

警示牌牌面：图案同现有崩塌落石标牌，只是将"崩塌落石"图案部分设计为可闪光，闪光光源由LED灯构成。

信号接收器：由信号接收模块构成。该信号接收模块与边坡监测信号发送模块配对使用。当边坡监测到崩塌、落石已经或将要发生时，信号发送模块发出预警信息，信号接收模块通过GPRS网接收到预警信息后，启动警示牌内部继电器，启动"落石"标志呈高亮度的闪光显示，提高警示程度，同时启动蜂鸣器，以声、光两种模式对行驶车辆发出警示信息。信号发送接收传输可采用无线或有线，无线收发采用GPRS网，即手机信号；若采用有线，可使用光纤或电缆。

LED标志板：由继电器启动，发出高亮亮光，照亮落石图案。

蜂鸣器：当警示牌内设置的信号接收装置接收到灾害预警信息时，由继电器启动，蜂鸣器发出警报声音，与高亮闪烁的"落石"标志一起对道路行车发出警报。

控制器：即遥控器，可远距离对指示牌进行功能复位、参数设定等功能。

落石标志闪烁和蜂鸣器声音警报提示持续时间设计为可调，如可设置为10min。每次出现崩塌落石，发出警报后10min自动关闭。公路崩塌落石临灾预警系统结构示意图见图5-35，智能预警牌测试见图5-36（a），现场安装图见图5-36（b）和（c）。

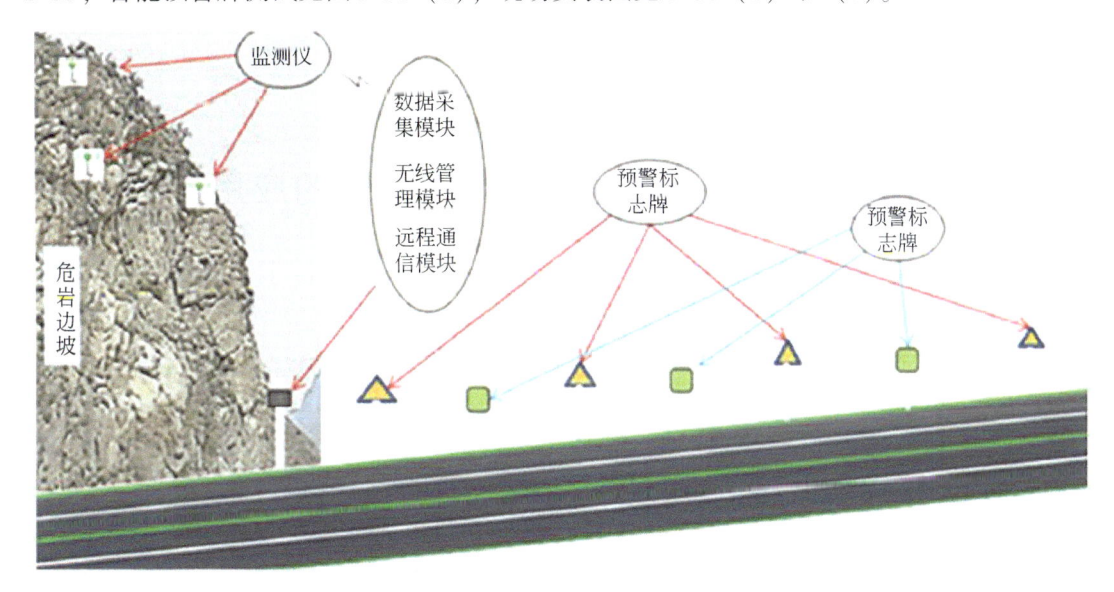

图5-35 公路崩塌落石临灾预警系统结构示意图

| (a) | (b) | (c) |

图 5-36 公路崩塌落石临灾智能预警牌测试与现场安装图

本项智能落石预警标志牌已获得专利。

5.4.3.7 标志牌安装要求

(1) 标志设在左侧或右侧有落石危险的傍山路段之前适当位置。
(2) 立柱的金属预埋件应进行防腐处理。
(3) 基础立杆选用国标钢结构,表面喷塑处理,防腐性能,设备电缆接头全部选用防水插接件,并且内外防水处理。
(4) 标志到危险点的距离,根据道路的计算行车速度,按表 5-2 选取。
(5) 警示牌的安装根据崩塌部位,向公路两侧延伸约 200m。

表 5-2 标志设置距离与计算行车速度关系表

计算行车速度/(km/h)	100~120	71~99	40~70	<40
标志到危险点距离/m	200~250	100~200	50~100	20~50

5.5 监测预警系统在依托工程上的应用

本项研究所开发的监测预警系统已在多个依托工程上得到应用,且经测试,应用效果良好。

5.5.1 现场监测的优化设计

不同类型崩塌、滑坡灾害监测方法的确定,不仅应以各种监测方法的基本特点、功能及适用条件为依据,而且要充分考虑各种监测方法的有机结合、互相补充和相互校核,才能获得最佳的监测效果。同时，要遵循以下优选原则。

在确定监测方法方面，应充分考虑崩塌、滑坡的地形、地质条件及监测环境，选择合适的监测方法，做到土、洋结合，仪器监测和宏观监测相结合，人工直接监测和自动监测相结合。

监测现场系统的优化主要是在监测方法、监测内容、监测仪器及监测精度、观测周期（监测频率）以及仪器使用方面的优化。

监测方法优化问题：对于各种监测方法所使用的监测仪器，都有各自的应用方向和使用技术要求，针对不同地质灾害灾种、类型，仪器的使用技术要求，包括测点布设的模式、安装使用技术要求等都不同。在监测仪器使用方面，应做到传感器测量和机械测量相结合，并以仪器量测为主，人工巡视及宏观调查为辅，以互相补充、校核，提高观测成果资料的可靠度。传感器精度高、低相结合，不要片面追求高、精、尖，应多而全。长期监测的仪器一般应适应较大的变形，而且应满足精确、稳定、持久耐用的要求，统筹考虑安排。在崩塌、滑坡形成的不同时期，不同部位，变形监测有不同的精度要求，监测的重点也就需要作必要的调整。一般精度较高的仪表适用于监测变形量小的岩质滑坡、切层滑坡及危岩变形体，而对于堆积层滑坡或复活的老滑坡及处于速变、临滑状态的滑坡，精度可视其变化的具体情况适当放宽，灵活掌握。

在监测内容优化方面，首先要分析地质灾害的发展阶段，对于崩塌、滑坡等突发性地质灾害，不同发展阶段所要监测的参数重点不同。实践证明，不同的监测参数，如地表位移、深部位移、应力、地下水动态等，在不同类型的灾害体监测中具有不同的特征和表现优势。同时，同一灾害体不同部位的监测参数随时间的变化趋势特点也不相同，既存在反应灾害体关键部位特征的监测点，又存在仅反映局部的监测方法和仪器，监测数据采集周期不同。监测内容优化还应根据崩塌、滑坡的地质结构与空间形态，选择关键的监测部位，本着少而精的原则选择监测项目，合理布置监测网点突出重点，兼顾整体力求表部和深部相结合，几何量和有关物理参数相结合。不同类型的滑坡的监测重点内容也不同，如降雨型土质滑坡应主要监测地下水、地表水和降水动态变化；降雨型岩质滑坡还应增加裂缝的充水情况、充水高度等内容。冲蚀型及明挖型滑体应主要监测前缘的冲蚀和井挖情况，坡角被切割的宽度、高度、倾角及其变化情况，坡顶及谷肩处裂缝发育情况与充水情况。洞掘型滑体应进行倾斜、地声和井下地压监测。土质滑坡可不进行地声和地应力监测。另外，同一类型的滑坡由于其诱发因素不同，其监测的重点也不同。例如，同为土质滑坡，南方红土地区的滑坡的主要诱发因素是降雨，重点监测的是雨量及降雨时间的连续性；而在西北的黄土地区，部分滑坡是由于冻融导致，所以重点监测温度变化所引起的土中含水量的变化。

对不同变形破坏机制的斜坡，位移参数监测点的选择一般按以下原则进行。

（1）对蠕滑-拉张型和滑移-拉张型滑坡，一般选择后缘主拉裂缝宽度及其附近的位移时序资料进行监测，即监测的重点为后缘拉裂缝。但需要注意的是，蠕滑-拉张型滑坡的拉裂缝有时会趋向于闭合，趋向于闭合的资料不能用于预报，但趋向于闭合本身却又是即将失稳的前兆。

（2）对滑移-弯曲型滑坡，选择前缘弯曲隆起部位监测点的位移资料进行预报，因此监测重点是隆起部位。

（3）对塑流-拉张型滑坡，通常选择坡顶后缘监测点位移和裂缝深度资料进行预报。

（4）对滑移-压致拉张型和弯曲-拉张型滑坡多选择坡顶后缘监测点位移值进行预报。与蠕滑-拉张型滑坡一样，滑移-压致拉张型滑坡在加速变形阶段后期，由于坡体转动，后缘拉裂缝常常会由拉伸变形转为闭合变形。因此，预报时闭合变形开始产生后的资料也不能采用。

在确定观测精度方面，往往是收集国内外有关同类型崩塌、滑坡的监测资料作为借鉴，按照误差理论，观测误差一般应为变形量的百分之一，结合实地踏勘、崩塌、滑坡的崩滑史、形成机理、变形发展趋势及监测仪器设备的精度指标综合分析，来确定适当的监测精度。通过一段时间的监测实践及观测资料分析，预测崩、滑体所处的变形状态及发展趋势再作适当调整及完善。

在确定观测周期方面，应主要根据崩滑体处于不同变形发展状态和不同监测手段的性质确定或灵活调整。一般在滑坡未进入速变状态前，且变形量小时，观测周期可长些，而精度则要求高些，变形速率加大或出现异变，应缩短观测周期、加密观测次数，而精度可适当放宽。

在监测仪器选用方面，应做到传感器测量和机械测量相结合，并辅以人工巡视及宏观调查，以互相补充、校核，提高观测成果资料的可靠度。传感器精度高、低相结合。

总之，崩塌、滑坡的变形监测预报是一项集地质学、测量学、力学、数学、物理学、水文气象学为一体的综合性学科。吸取国内外滑坡监测预报经验，特别是新滩滑坡、鸡鸣寺滑坡成功预报的实践证明，由地质、测量人员参与，始终结合地形、地质条件分析，是正确监测预报的基本保证。

5.5.2 风光互补型动力单元的应用与测试

太阳能电池现在已被广泛应用于各种需要独立电力供应地点。然而，对于南方这种多云多雨、光照时间短的地区，太阳能供电显得能力不足，很容易出现断电情况。灾害监测点多布置于山区，峡谷中往往风能充足，因此，采用风光互补独立供电系统可以弥补单独太阳能供电和单独风力供电的不足，充分利用光能和风能，保证动力供应。

风光互补发电是一种将光能和风能转化为电能的装置。风光互补发电系统利用太阳能和风能两种能源，无空气污染、无噪声、不产生废弃物，是一种自然清洁的能源系统。

风光互补发电系统可以根据用户的用电负荷情况和资源条件进行系统容量的合理配置，既可保证系统供电的可靠性，又可降低发电系统的造价。针对不同的环境和不同的用电要求，可以做出最优化的系统设计来满足用户要求。应该说，在需要独立电源的地点，风光互补发电系统是最合理、最理想的独立电源系统。

风光互补发电系统由太阳能发电板、风力发电机组、系统控制器、蓄电池组和逆变器等几部分组成。发电系统各部分容量的合理配置对保证发电系统的可靠性非常重要。在进行系统配置之前，需要根据用户的用电负荷特征以及用户所处区域的太阳能和风能资源状况针对不同条件进行配置。

系统控制器是对系统的保护和控制，包括过冲、过放、过载、过温、短路、反接；对风力发电机实行强风自动限速；对输出实行多路控制；对负载增加节电控制等，使保护和控制动作安全可靠与稳定（图5-37）。

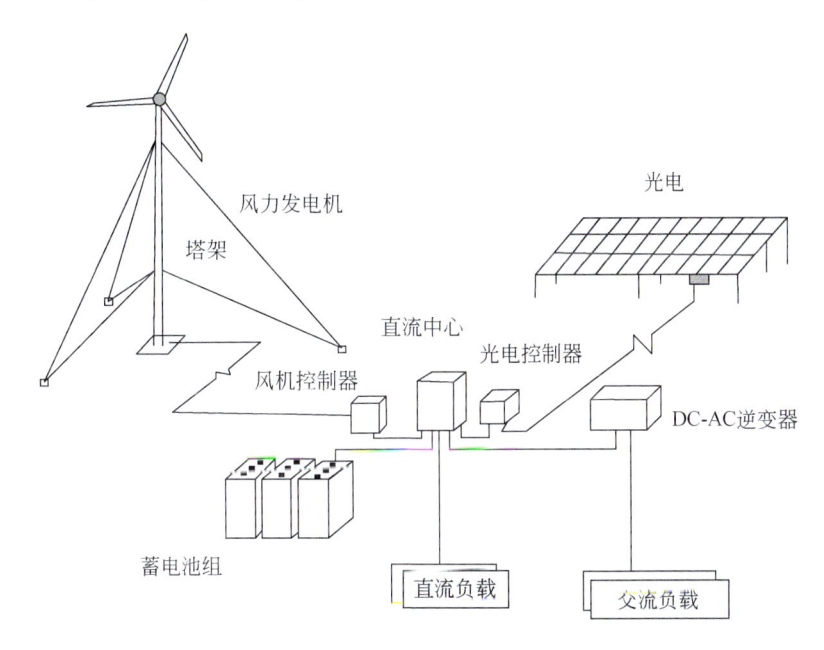

图 5-37　风光互补发电系统构成示意图

5.5.3　水富-麻柳湾高速危岩体监测

5.5.3.1　监测点的选择

水富-麻柳湾高速公路选择两处典型危险区作为监测点，主要目的是防止大型崩塌落石危及行人和车辆安全。其中一处监测点选在右线鹰嘴岩隧道出口的山顶处，不同角度安装点照片如图5-38～图5-40所示。选择该点的主要原因有以下几点。

（1）从图5-38残留的崩塌堆积体可知该处近期发生过小型的崩塌事件，这意味着该边坡经过长期的内外营力地质作用，岩体稳定性较差，存在发生崩塌落石的物质条件。

图 5-38　坡体北侧　　　　　　图 5-39　坡体南侧

图 5-40　危岩体近景

（2）如图 5-39 所示，坡顶岩体存在多条竖向的节理，并且沿着节理面已经发生了巨大的张开位移。

（3）坡顶岩体为软硬相间的结构（图 5-40），上部砂岩力学性质较好，其下砾岩黏结性极差，较小的外力作用下就可以发生破碎。下部砾岩的破坏造成顶部砂岩失去支撑，变形量不断增加。

（4）边坡高陡，并且紧邻行车道，一旦发生危险，就可能直接砸到路上车辆，或堵塞整条车道。

另一监测点选在 435 里程处的滴水崖大桥右线路旁，如图 5-41 所示，选在该点的主要原因如下所示。

图 5-41　滴水崖大桥监测点

（1）岩体风化严重，节理裂隙密集发育，节理切割形成了较多巨大的不稳定岩块，下部岩体失稳脱落严重，致使上部岩体呈帽檐状，失去支撑。

（2）坡面与桥之间空隙较小，崩塌落石可以直接毁坏桥面。

（3）相对于路基来说桥的结构更加脆弱，而且一旦发生大的破坏，修复时间长且难度大，所以更应加强监测防范。

5.5.3.2 地质条件、失稳模式分析和监测参数选择

鹰嘴岩监测点主要表现出软硬相间岩体结构的变形破坏特点,上部硬岩中的节理并不穿透下部软岩,随着下部软岩的变形破坏量增加,上部硬岩中节理裂隙张开度逐渐扩大。当节理张开位移扩大到一定程度时,上部硬岩将发生大的变形破坏,破坏从靠近临空面一侧,逐渐向内发展。该处监测的重点是临空面处第一条大型节理前的硬岩稳定性,选取的监测参数主要有节理张开位移、岩块倾斜角度。

滴水崖大桥监测点主要是遭受多条节理裂隙切割致使岩体结构及其破碎,下部形成较多大的不稳定块体,并且局部不稳定岩体已经下滑脱落,使得上部岩体失去底部支撑,如果其侧旁岩体继续发生大块的脱落,使得上部岩体的底部支撑面积进一步减小,则可能造成较大范围的崩塌灾害。该点变形破坏的发生主要是下部破坏带动上部失稳,因此监测点主要布置在下部,监测参数主要是不稳定岩块沿节理面的错动和不稳定岩块的倾斜变形。

另外,南方地区雨季降雨较多,由于降雨对岩石的弱化作用和雨水的润滑作用,坡体更容易发生失稳,因此对该区的降雨量进行实时观测,当发生大的持续降雨时,加紧对变形量的监测。

5.5.3.3 监测系统组成及安装

水富-麻柳湾高速公路监测系统的结构,主要包括传感器、数据采集模块、数据传输模块、供电模块、客户端等五部分,如图5-42所示。

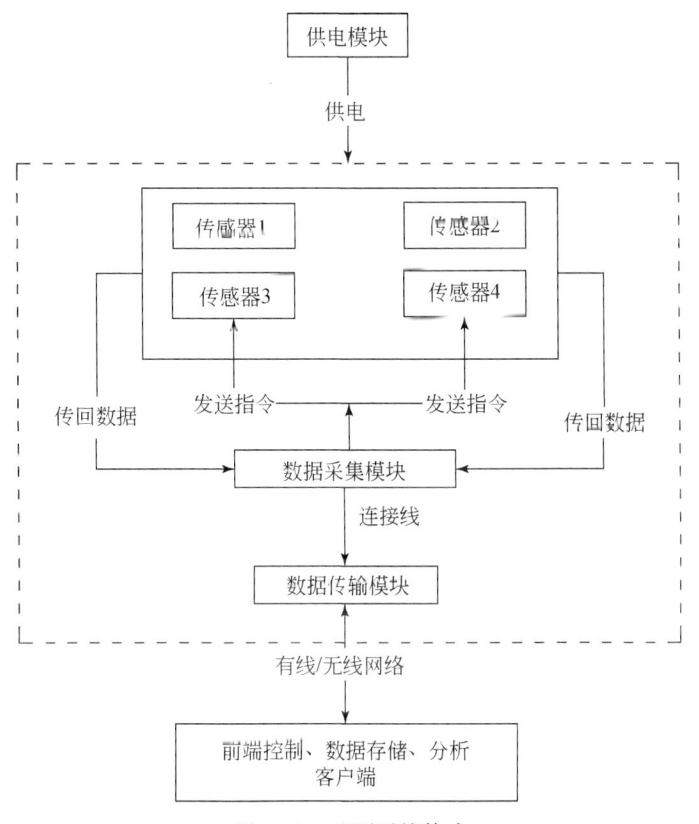

图 5-42 监测系统构成

传感器主要包括测缝计、倾斜计、雨量计三类。由于受空间限制无法安装风机，此处采取增大太阳能板面积的方法保证持续供电的要求。为了提高监测设备对风、雨、尘、盗等的防护能力，特制作了采集箱的外壳。滴水崖监测点的传感器主要布设在距离临空面最近的第一条节理张开缝处，分别用裂缝计观测裂缝张开度、用倾斜计监测岩块倾倒变形，积水岩监测点传感器主要布置在下部切割破碎的岩体节理面处，同样是用裂缝计观测主要节理断裂面上的错动位移，用测斜计观测岩块的倾倒。系统安装现场如图 5-43 所示，安装完毕后的隧道口高边坡崩塌落石监测预警系统如图 5-44 所示。

图 5-43　鹰嘴岩监测点监测系统安装现场

(a)

图 5-44　隧道口高边坡崩塌落石监测预警系统

5.5.4　青海省清关路监测

清关路是青海省海东市循化撒拉族自治县一条黄河边上改建公路，本书在该路上选择了一处边坡点进行崩塌灾害监测。

5.5.4.1　监测点的选择

通过沿线考察和对清关公路已有地质资料、施工设计资料的分析确定监测点选在转塘村西侧公路转弯处，原因如下。

（1）区域性断裂构造破碎带，所选监测点位于孟达大庄西断裂破碎带内，该断层走向为353°，倾向为83°，倾角为75°。断层破碎带宽度为5~6m，断层带附近岩体破碎、节理裂隙发育，可以明显地看到贯通性的长大节埋和受多组节理、裂隙共同切割形成的危险块体，为崩塌落石的发生提供了物质基础。

（2）公路切坡形成高陡临空面，在清关公路修建过程中，为了达到指定的路面宽度，大量切坡，最终公路边坡倾角为60°以上，加之岩体内部节理、裂隙发育，稳定性较差，不容易维持这种高陡边坡的稳定。

（3）靠近居民区，该公路转弯处，紧邻转塘村，崩塌落石的发生会危及村民的出行安全。

（4）适于安装、保护，坡体较高，不易攀爬，能起到防止人为破坏的作用，半山腰处还有一小平台为安放太阳能、风机、采集箱等监测设备和现场作业提供了足够的空间。

5.5.4.2　地质条件和失稳模式分析监测参数选择

据坡体地质资料分析可知，岩性主要为紫灰色巨厚层状中细砂岩夹泥质粉砂岩和砾岩，岩层反倾，岩体表面无第四纪堆积物覆盖，不利于发生整体性的大型滑动。由于坡体上发育两组与坡面倾向斜交的节理，受这两组节理与层面的共同分割，形成许多大型危岩块，个别岩块经过变形已有从坡体脱离的趋势，岩块处形成了较大的裂隙。受次一级的小型节理以及公路开挖的影响，坡体表面还形成了许多小的易脱落岩块，如果经过进一步的变形，或遭受地震、降雨、人类活动等外界因素的扰动，各种岩块容易失稳，形成大型的崩塌。

坡上岩体变形破坏模式主要有节理裂隙的扩张、岩块倾倒、无深部坡体内的变形，常态下变形破坏发展速度缓慢，变形量小。因此变形监测参数主要选择为裂隙张开位移、岩块倾倒位移、岩块倾角，并且采用高精度传感器来完成监测，以能捕获实时微小变形，位移传感器的精度选择为 0.1mm，角度传感器精度为 0.1°。

5.5.4.3 监测系统组成及安装

一个完整的监测系统主要包括传感器、数据采集模块、数据传输模块、供电模块、客户端等五部分，各部分之间的关系如图 5-42 所示。

通过分析，本次清关路的监测选用传感器主要有裂缝计、单点位移计、测斜仪三种。数据采集模块、数据传输模块等电子元件应注意防护，统一安装于密封的采集箱中。供电模块是由蓄电池、太阳能板和风机组成的风光互补供电系统，并有防雷模保护电路安全。客户端主要由一台 PC 机和客户端软件构成，用于远程接收和存储数据以及修改系统设置。

根据现场实际情况，在发生开裂的主节理面处安装裂缝计，在有倾倒趋势的大岩块上安装测斜仪，在松动小岩块处安装单点位移计。考虑到崩塌发育过程中实时变形量较小的特点，选用传感器均具有较高的灵敏度，按照上述思路布设监测点完毕后如图 5-45 所示，供电设备和采集箱安装于半山腰处难于攀爬的小平台上，以防止人为破坏，传感器固定在关键变形点并用通信电缆与采集模块连接。供电设备通过风光控制器输出端对各设备供电。

图 5-45 监测点布设完成后的监测系统

5.5.5 监测数据分析

清关路、水富-麻柳湾高速公路监测预警系统的用途相同，主要包括以下几个方面。

（1）系统的主要用途是通过监测岩体间裂缝张开度的变化、岩块位移、岩块倾斜对发生崩塌落石进行提前预警。

将该系统与编制的监测预警软件相结合，监测信息通过远程无线传输方式发送到客户端计算机，通过该计算机中安装的监测预警软件对监测结果进行分析，如果达到预设的报警限值，立刻向有关人员发出警报。监测预警界面如图 5-46 所示，可以针对某个传感器，分别设置不同类型的预警方式，包括实时值、累计值、变形速率值和分形参数报警等。

图 5-46 监测预警界面

（2）通过对水富-麻柳湾高速公路、清关路现有监测数据的分析发现，监测数据大多呈波动性变化，且波动振幅较小，无明显的增大或加速变形的趋势，目前监测点边坡尚处于稳定状态。

水富-麻柳湾高速公路监测数据随时间变化曲线如图 5-47～图 5-50 所示。从监测图形上可以看出，微小的变形也能够在监测结果中得到反映，说明传感器精度可以满足监测需要，监测系统具有较高的可信度，从目前波动情况来看无明显的沿某一方向的大变形发生，岩体尚处于稳定状态。从现场观察的变形情况来看，短期内也没有新的长大裂隙出现，如无强降雨、地震等灾害性事件影响，水富-麻柳湾高速公路两处监测点能够维持其稳定状态。

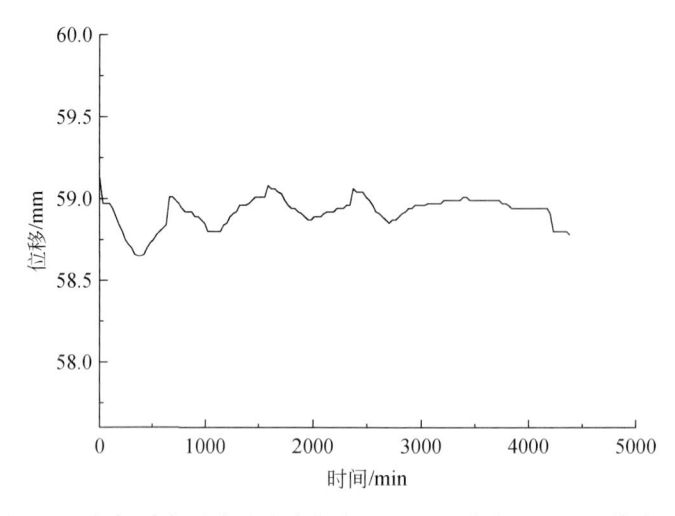

图 5-47　水富-麻柳湾高速公路位移-时间变化曲线（668028 传感器）

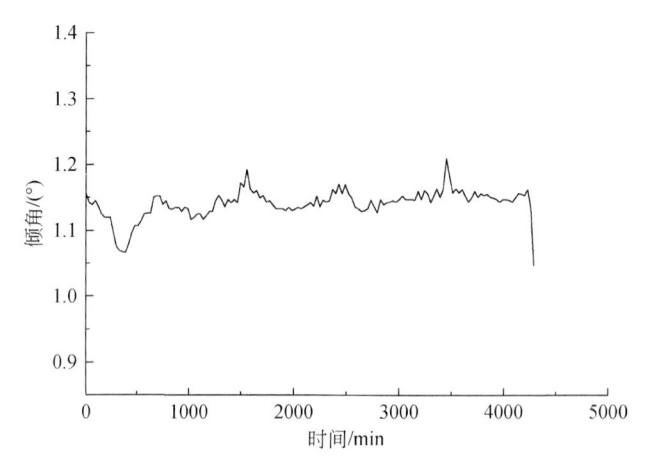

图 5-48　水富-麻柳湾高速公路倾角-时间变化曲线（700913 传感器）

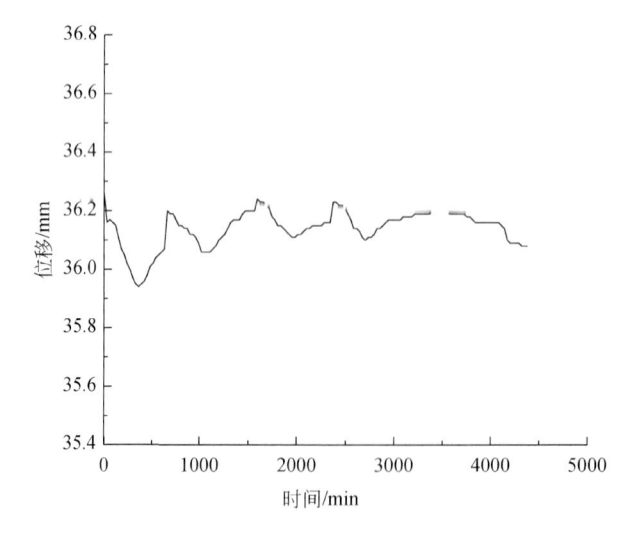

图 5-49　水富-麻柳湾高速公路位移-时间变化曲线（701055 传感器）

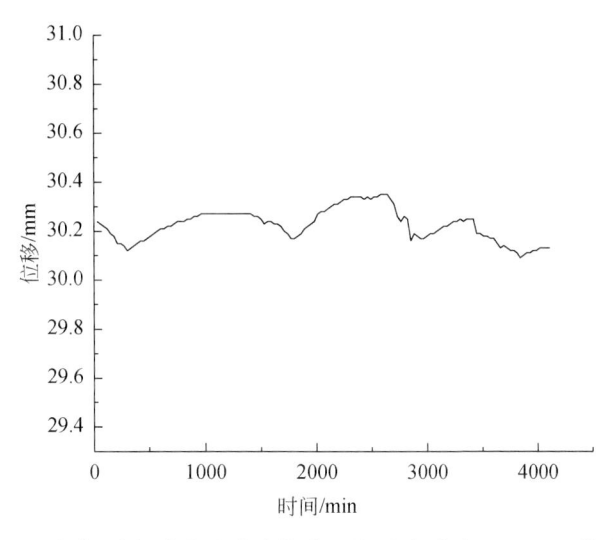

图 5-50　水富-麻柳湾高速公路位移-时间变化曲线（701056 传感器）

清关路监测数据随时间变化曲线如图 5-51～图 5-52 所示。从监测图形上可以看出，传感器灵敏度较高，即使细微的变形也能察觉，监测系统可靠，从目前波动情况来看无明显的沿固定方向的大变形发生，岩体尚处于稳定状态，近期不会有大的破坏发生。因施工开挖形成的小型碎块及时清理后可以更好地排除潜在威胁。

（3）通过对各个监测点的变形数据进行分析，为进一步确定不同监测手段的适用范围积累经验，以便以后的监测工作中能够抓住重点，合理调配监测资源。

（4）通过变形监测数据，验证监测点岩体的变形破坏机理，掌握岩体变形破坏不同阶段的发展变化特征，为岩体力学方面的研究提供佐证，为获得更合理的监测方案积累经验。

（5）借助现场监测实践，总结现有监测手段的不足，为新设备的开发提供思路。

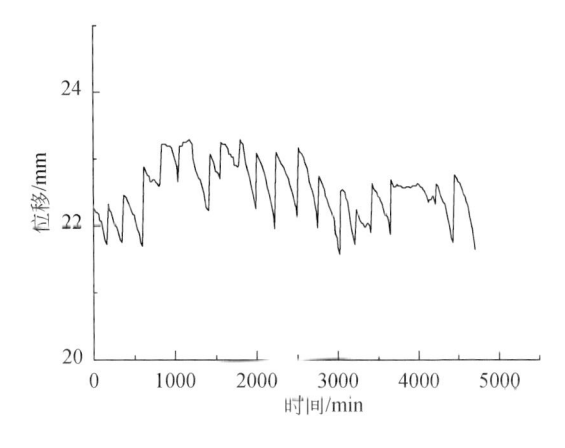

图 5-51　清关路监测点位移-时间变化曲线（701047 传感器）

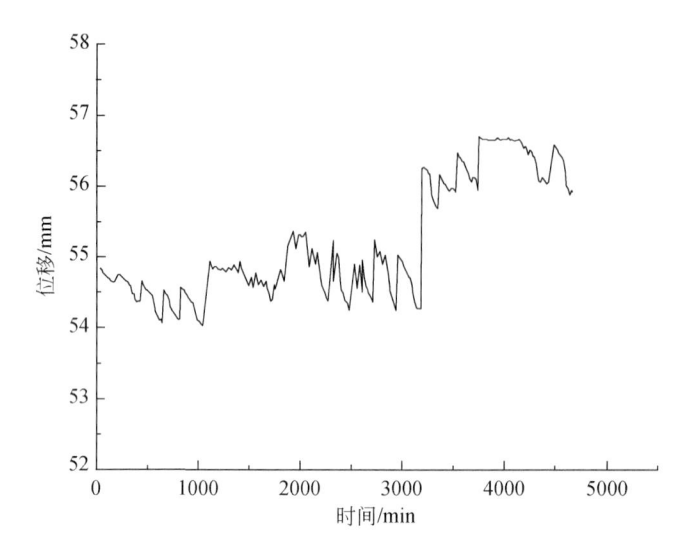

图 5-52 清关路监测点位移-时间变化曲线（700679 传感器）

5.6 本 章 小 结

本章主要结论如下。

（1）目前常用监测系统存在较多的不足之处，实现地质灾害的监测普测，降低监测成本，提高监测的准确性还有很多工作要做。

（2）监测软件开发应尽量开发成为界面友好、使用方便、功能全面、可提供灾害预警功能的综合信息系统平台。

（3）通过开发与现场测试验证，采用视频监测系统来对较大范围的监测对象的崩塌落石进行监测预警是可行的，是一种形象直观、可有效降低监测费用、提高监测系统可维护性、远距离非接触、更加安全高效的一种灾害普测和预警手段。

（4）针对碎裂岩体结构边坡，采用网式崩塌灾害监测预警系统，可大量减少常规传感器的数量，节约监测费用，提高监测效率。

（5）公路崩塌灾害智能预警标志牌的开发成功，改变原有路边落石标志牌静态、不醒目、预警效果不好的弱点，可为公路驾乘人员提供及时的临灾预警，减少因崩塌落石灾害带来的人员财产损失。

第6章 崩塌灾害防治技术

6.1 概　　述

崩塌灾害在公路、铁路交通沿线分布的特点为点多、面广、危害严重，是一种常见的地质灾害。随着建设的发展，公路、铁路等工程向山区延伸的数量会大量增加，遇到的自然斜坡、人工边坡数量也大量增加。边坡岩体受重力、风化、地震、地表水地下水以及人为扰动等因素的影响，会不断发生崩塌，严重威胁交通运营安全。长期以来，广大岩土工程工作者积极探索崩塌灾害发生机理、防治方法，积累了丰富的知识和经验，取得了较好的成效。成功的岩土工程都应建立在深入理解地质体变形破坏内在规律的基础上，并采取有针对性的措施。本书从工程地质力学的角度对崩塌的形成机理、失稳模式、稳定性分析与计算、危险度评估和灾害监测预警等方面进行了较为系统地论述，这些论述为崩塌灾害的有效防治提供了科学依据。本章对崩塌灾害防治技术进行系统的梳理归纳，并提出几种新型防治技术。

崩塌灾害的防治方法有很多，按主动被动方式可分为主动防护、被动防护两大类。主动防护主要以削坡清除和工程措施为主，被动防治主要以拦截、引导和避让为主。本章系统梳理了目前国际、国内对崩塌灾害的防护措施，对每种措施的应用条件、应用范围和优缺点进行了评述，开发并详细阐述了多种新型崩塌灾害防护技术，并对多种防护方法在依托工程上的实际应用进行了介绍。

目前常见的崩塌地质灾害防治工程措施见图 6-1。图 6-1 中所列崩塌灾害的常见防治措施各自有着不同的工作原理、防治功能和适用条件，其技术经济指标也不相同。很多时

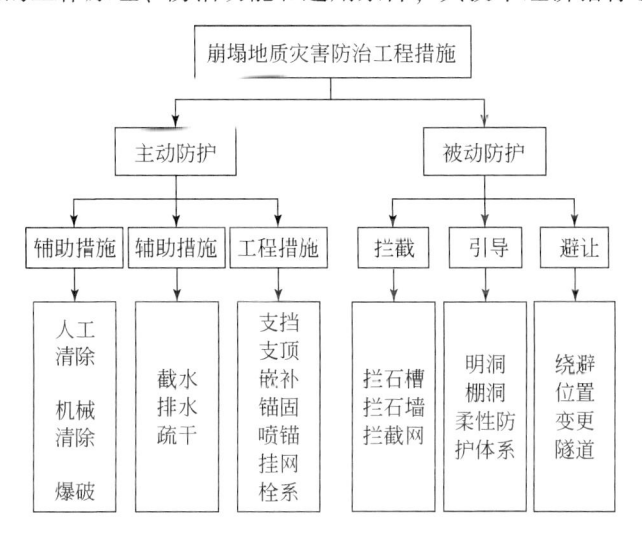

图 6-1　崩塌地质灾害防治工程措施

候崩塌与滑坡等灾害的防治方法有相似之处，实际应用中需根据危岩体的地质类型、崩塌体规模、导致崩塌的因素、可能的破坏程度以及崩塌灾害所处的地质环境、气候环境、保护对象的重要程度、灾害位置的工程能力等多方面的因素进行评价，在科学评价的基础上，选择一种或几种方法综合应用。常见边坡治理防护措施见表6-1。

表6-1 崩塌灾害常见边坡治理防护措施

治理方式	治理方法		方法说明
主动治理	清除		清除是在人力所能企及的范围内，对坡面上的孤石、浮石，以及受各种结构面切割所形成的危岩体等进行清理扫除的工程方法
	排水		水的存在，增加了裂隙水压力，降低了岩土物理力学性能，甚至直接导致崩塌灾害发生，所以排水对于崩塌的治理非常重要。对于大型高陡边坡来说尤其重要，通过排水不仅可以减小因水渗入而引起软岩、软弱夹层、松散岩体、土体等强度的削弱程度，而且还可降低动水压力和静水压力，进而增强稳定程度
	削坡（降低坡比）		降低坡比有两方面作用，一是可以增加边坡本身的稳定性，避免坡体本身的滑塌；二是边坡的坡度变缓，坡角变小，可以使坡顶的崩塌体物质在向下运动过程中，历时加长，消能作用提高，减小危害
	支顶		支顶就是把危岩体的底部悬空部分进行支撑。层状结构的地层，由于差异风化的影响，往往容易出现悬空的危岩体。在得不到有效支撑的情况下，上部岩层由于重力作用，往往容易发生崩塌。支顶结构其主要作用在于利用支顶结构的支承作用来平衡危岩的坠落、错落或倾倒趋势，提高危岩的稳定性
	嵌补		对坡面凹腔形成的危岩体采用浆砌片石、混凝土或水泥砂浆予以填筑，使危岩体能够得到有效支撑，同时也避免危岩体下的支撑岩体进一步的风化破坏，借此提高危岩体稳定性的方法
	挡墙	浆砌块石挡墙	挡墙是抵挡岩土压力、防止岩土体塌滑的构筑物。浆砌块石挡墙是重力式挡墙的主要形式之一，靠自身重力来维持挡土墙在土压力作用下的稳定，一般都做成简单的梯形
		铁石笼挡墙	铁石笼挡墙是只用铁丝编制的笼子作为约束体，笼内充满砾石，多个铁丝笼在沿坡排列的同时，自下而上由宽变窄，呈梯次排列，各铁丝笼之间用钢筋串接，从而形成一个柔性的挡墙结构，属于中砾石挡墙
		加筋土挡墙	加筋土挡墙是由填土、拉带和镶面砌块组成的加筋土承受侧压力的挡墙。加筋土挡墙是在土中加入拉筋，利用拉筋与土之间的摩擦作用，改善土体的变形条件和提高土体的工程特性，从而达到稳定边坡的目的
		悬臂式挡墙	悬臂式挡墙是由底板及固定在底板上的悬臂式直墙构成的钢筋混凝土挡土结构，主要靠底板上的填土重量维持稳定
		扶壁式挡墙	扶壁式挡墙是沿悬臂式挡墙的立臂，每隔一定距离加一道扶壁，将立壁与踵板连接起来的挡土墙，由底板及固定在底板上的直墙和扶壁构成，主要靠底板上的填土重量维持自身稳定
		桩板式挡墙	桩板式挡墙结构体系具有结构可靠，适应面广和易于施工等特点，成为斜坡工程中主要支挡结构之一。桩板式挡墙以抗滑桩为主要受力构件。抗滑桩自由段（受荷段）上的荷载可直接传至桩底嵌固部分，联结桩之间的结构是挡土板。板除了抗滑桩之间的岩土体传来的荷载之外，还起着维护斜坡的作用

续表

治理方式	治理方法	方法说明
主动治理	抗滑桩	抗滑桩是穿过滑坡体深入于滑床的柱形构件。边坡处治工程中的抗滑桩是通过桩身将上部承受的坡体推力传给桩下部的侧向土体或岩体,依靠桩下部的侧向阻力来承担边坡的下推力,起稳定边坡的作用,适用于浅层和中厚层的滑坡,是一种抗滑处理的主要措施,同时也是预防滑坡导致崩塌的重要措施
主动治理	锚固 — 锚杆锚固法	岩体锚固基本原理就是依靠锚杆周围地层的抗剪强度来传递拉力或保持地层开挖时自身的稳定。这种锚杆在岩体中主要起加筋作用,而且只有当岩土体表层松动变位时,才能充分发挥作用。所以单纯的锚杆的使用主要是固定崩塌体
主动治理	锚固 — 锚喷(锚杆+表层喷混凝土)	采用锚杆和喷射混凝土支护围岩的措施,已被广泛采用。锚杆和喷射混凝土与围岩共同形成一个承载结构,可有效地限制围岩变形的自由发展,调整围岩的应力分布,防止岩体松散坠落
主动治理	锚固 — 挂网锚喷(锚杆+表层钢筋网+喷射混凝土)	锚杆和喷射混凝土,加设单层或双层钢筋网,除了具有锚喷的优点外,还可提高喷层抗拉强度和抗裂能力,从而提高支护能力;锚喷加金属网,并在喷层内加设工字钢等型钢做成的肋形支撑。这是一种更强的支护形式,可以用来防治碎裂结构岩体边坡的崩塌
主动治理	锚固 — 预应力锚杆(索)	预应力锚固技术能充分发挥岩体固有承载能力,并可根据岩体的实际情况,有效改造软弱破碎及不稳定岩体。预应力锚杆可以对岩体进行整体加固和局部加固
主动治理	锚固 — 预应力锚杆(索)+格构梁	通过锚索孔中黏结稳定体和锚索的砂浆提供的抗剪力、锚固在边坡上施加在锚索上的张拉力,将不稳定体固定在稳定体上,通过张拉锚索提供的压力增大滑面间的抗滑力。将坡面上固定锚索的锚固墩代之以连接各锚索端点的框格梁,就构成了预应力锚索+格构梁加固结构
主动治理	锚固 — 预应力锚索+抗滑桩复合加固结构体系	抗滑桩+预应力锚索体系的原理是将边坡不稳定的下滑力一部分由抗滑桩承担,一部分通过锚索(或长锚杆或锚杆)传到变形体后部的稳定基岩
主动治理	坡面防护 — 浆砌石护面	浆砌石主要用以封闭边坡,防止坡面风化剥落和水土流失等各种坡面地质灾害,是低矮边坡和第一级边坡的一种重要护坡手段
主动治理	坡面防护 — 格构	常用于土质、土石体、强风化破碎岩石边坡,能阻止坡面局部坍塌、水土流失,具有一定的加固功能。结构形式上常有矩形、菱形和拱形等,实施方式上有开挖基础沟槽后砌筑浆砌石、浇筑混凝土或安装混凝土预制件或钢结构件等形式
主动治理	坡面防护 — 普通钢丝格栅边坡柔性网防护	贴坡加网法是通过贴坡网对岩块(包括可能变成滚石的岩体)施加一定压力,使之稳定在原处的一种方法。保证该法防滚石成功的技术关键是:贴坡网能在长期风化作用下仍具有可对岩体施加压力并使之稳定的足够强度
主动治理	坡面防护 — 布鲁克网技术防护	布鲁克网的柔性防护技术是以钢丝绳网为代表的柔性防护系统。该系统现已形成菱形钢丝绳网、高强度钢丝环形网、高强度钢丝格栅、普通钢丝格栅(国内亦称铁丝格栅)等柔性金属网为主体,以覆盖(主动防护)和拦截(被动防护)两大基本类型来防治各类斜坡坡面地质灾害和雪崩、岸坡冲刷、爆破飞石、坠物等危害的柔性安全防护系统技术

续表

治理方式	治理方法		方法说明
主动治理	植被护坡		坡面植被的存在一方面有美化环境的作用，另一方面其根系对表层岩土体具有加固功能，从而能较好地防止水土流失、抑制或减缓坡面风化。因此，在坡面稳定性较好、当地气候和降雨条件以及坡面土质适宜植被生长等有利条件下，植被护坡是一种最有效、环保而经济的边坡防护林措施
	喷射混凝土		喷射混凝土是岩土工程领域推广最为成功的一种技术，其技术的推广和发展主要得益于在地下工程中的应用，在边坡防护工程方面，喷射混凝土在很大程度上取代了更为传统的浆砌片石护坡，已成为目前最常用的护坡方法
	固结灌浆加固		灌浆加固主要有防渗和加固两个功能，注浆加固的特点是依靠注浆液黏结裂隙岩体，改善岩体的物理力学性质及其力学状态，加强岩体的自身承载力。它是提高裂隙岩体整体强度的有效措施。它利用钻孔将高标号水泥浆液或化学浆液压入岩体中，使之封闭裂隙，加强了基岩的完整性，达到提高岩体强度和刚度的目的
	拴系和锚固		当危岩体因尺寸较大，不具备清除条件，或清除容易造成严重后果时，可使用钢丝绳（网）或钢绞线将其拴、兜住，绳线的另一端用锚杆、桩等固定在稳定基岩上
	拦挡法	刚性拦挡法	将具有较大刚度并用于防滚石的各种拦挡结构都归属于刚性拦挡法。刚性拦挡法共有四种：钢轨斜架型、直立栅栏、浆砌块石挡墙和钢筋混凝土挡墙
		柔性挡网法	柔性挡网法是采用柔度很大且消能效果较好的拦挡结构。可以分固定支杆挡网和缓冲器挡网
		刚性拦挡法和柔性挡网的结合-加网挡墙法	当采用刚性拦挡法治理边坡工程的滚石灾害时，有可能遇到一个挡墙的高度问题。但由于挡墙的体积往往较大，所以在修建较高的挡墙中工程师们将面临稳定和造价等问题。此时可以将刚性挡墙与轻巧的柔性挡网结合起来解决这些问题
		防滚石棚法	防滚石棚的顶板都采用钢筋混凝土板，墙体（包括外墙、中隔墙和靠山墙）可以采用浆砌块石、钢筋石笼、钢筋混凝土及混合体等构筑
	避石沟	坚硬岩或较坚硬岩避石沟	当边坡与路面相接部位足够宽，且岩体为硬岩（单轴抗压强度≥60MPa）或较坚硬岩（单轴抗压强度为30~60MPa）时，可按一定深度凿岩为沟以避石，即形成避石沟。所谓避石沟，是指一条开挖于山坡与路面之间的沟，使从山坡上滚向路面的滚石因不能越过有足够宽和足够深的避石沟而被终止于沟内
		软岩或土层避石沟	软岩或土层避石沟与坚硬或较坚硬岩避石沟的作用或结构基本上相同。但由于软岩或土层的强度较低，所以在滚石冲击力作用下它比坚硬岩或较坚硬岩避石沟更容易被砸坏
		浆砌块石避石沟	避石沟也常用浆砌块石砌成。但在设计时应特别注意浆砌块石避石沟的宽度和强度应足够，否则它很可能被滚石砸坏

6.2 崩塌灾害主动防治技术

所谓的主动防治措施，就是在对危岩体机理、失稳模式和稳定性分析评价认识基础上，对可能失稳的危岩体提前进行整治加固，防止灾害的发生或减轻灾害损失。在力学上，就是对危岩体进行稳定性计算、分析和评价，对可能失稳的危岩进行主动加固以提高破坏阻力，或减小产生崩塌的驱动力。崩塌灾害主动防治主要措施包括清除与削坡、排水、支顶与嵌补、挡墙、坡面防护、锚固及抗滑桩等（吕儒仁等，2001；杨志法等，2003；赵明阶等，2003；祝介旺等，2007，2008）。

6.2.1 清除

清除是在人力所能企及的范围内，对坡面上的孤石、浮石，以及受各种结构面切割所形成的危岩体等进行清理扫除的工程方法。方法简便易行、效果显著，是永久性处理崩塌灾害的重要的方法，常用的清除方法包括人工清除、机械清除、爆破清除、削坡等。削坡包括降低边坡高度和改变坡比等。

人工清除：利用脚手架、悬吊等方法，通过人工撬、凿等措施，清除掉较高较险处危石，避免落石的发生。显然，该种方法受人力的限制，主要针对小型危岩。

优点：简单实用，操作灵活，施工便捷。

缺点：一般仅适用于规模较小，位置高险且作业面狭小，仅适合人工作业的危岩体。

机械清除：利用机械作业的手段清除危岩体，避免崩塌灾害的发生。常用的机械有挖掘机、凿岩机等。

优点：可以清除掉规模较大的危岩体。

缺点：要求机械能够自由动作，作业面相对较大、高度较小。

爆破清除：利用炸药等爆炸物对危岩体爆破清除的方法，又分为动态爆破和静态爆破。动态爆破方法适合在人员分布少或不会影响群众日常生活休息的工地；静态爆破方法成本相对较高，一般在限制动态爆破的工点应用。无论动态爆破还是静态爆破，都存在对岩体的震动影响。当拟清除的危石处于牵制其他块体稳定性的位置即为关键块时（即可能的崩塌模式为连锁式或递进式崩塌，分类方法见前文），爆破有可能引发连锁塌方，所以应慎用爆破清除方法或仔细评估可能的后果。此外，爆破方法有时也用来将其他方法难以清除的大块孤石或浮石块体破碎成较小块体。

当危岩体因尺寸较大，不具备清除条件，或清除容易引发更多岩体松动，造成严重后果时，可使用钢丝绳（网）或钢绞线将其拴、兜住，绳线的另一端用锚杆、桩等固定在稳定基岩上，这种方法可称为拴系法。

优点：方法成熟，人工操作灵活，方便。

缺点：影响范围大，需进行人员疏散；对岩体结构与强度稳定影响较大。

削坡：削坡方法包括降低边坡高度和改变坡比等。主要措施包括坡顶卸土、坡度减小和设置台阶。削坡有利于改变边坡应力状态、提高边坡稳定性，避免坡体本身的滑塌。另外，边坡的坡角变小，设置台阶，使得边坡坡度变缓，坡长增加，可以使坡顶的崩塌体物质在向下运动过程中历时加长，增加消能过程，降低崩塌滚落能量，从而达到减轻崩塌危害的效果。如果辅助以其他的防护措施，可以对崩塌的防护起到显著的效果。削坡方法示意图如图6-2所示。

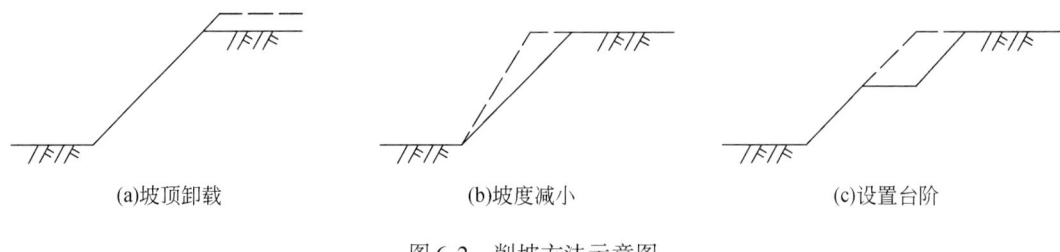

(a)坡顶卸载　　　　　　　(b)坡度减小　　　　　　　(c)设置台阶

图 6-2　削坡方法示意图

优点：原理简单直观，易于理解，还可结合其他边坡加固措施综合进行。

缺点：一般需大型施工机械以及较大的作业面，有一定的局限性。另外，对于某些岩体松散且较为高陡的边坡，处理不当有引发新的垮塌的可能。

6.2.2　排水

边坡中水的存在会降低岩土物理力学性能，增加岩体裂隙水压力，改变岩土体容重，甚至直接导致灾害发生。崩塌灾害的治理必须考虑水的作用，对于大型高陡边坡来说尤其如此。排水可以减小因水渗入而引起岩土体强度的削弱，降低动水压力和静水压力，提高边坡稳定程度。

排水包括地表排水和地下排水两大类。前者主要指在地表或坡面采用排水沟的排水方法，后者主要是利用排水孔或地下排水洞，以及布置在洞壁上的排水孔和设于洞底的排水沟等方法进行地下排水。

地表排水主要为截水沟、排水沟、急流槽和跌水等设施。通过设置截水沟、排水沟，使地表水能迅速排泄出去，不能到达或少量到达危岩位置，并避免由于地表水的大量下渗，降低岩土体本身的物理力学性质。同时，迅速排泄掉地表水，也能够降低地下水的动、静水压力，达到稳定地质体的目的。图6-3为设置于边坡的截水沟、排水沟和排水孔

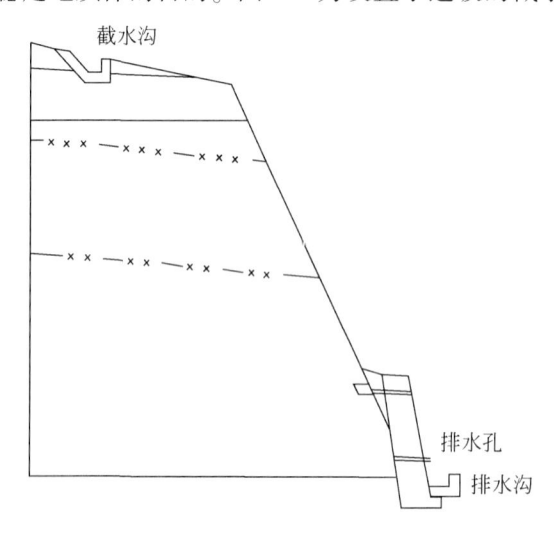

图 6-3　截水沟、排水沟和排水孔示意图

示意图。地表排水方法适用于所有具有施工作业条件的边坡，是一种普适方法。

地下排水主要为集排水暗沟、排水孔、排水洞、排水洞结合排水孔等设施。

通过工程措施，在地下截断地下水渗流路径，使地下水在到达崩塌体之前，即被引流至坡体外；或者通过地下排水洞的设置，将洞体作为其周边的地下水的排水空间，以达到排水的目的，如图 6-4 所示。地下排水一般工程量比较大，所以一般和地表排水结合使用，尽量减少投入。

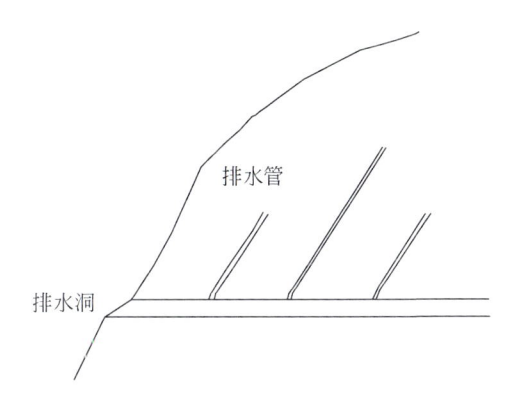

图 6-4 地下排水示意图

6.2.3 支顶与嵌补

支顶，顾名思义，就是把危岩体的底部悬空部分通过支撑顶住。层状结构的地层，由于差异风化的影响，往往容易出现悬空的危岩体。在得不到有效支撑的情况下，上部岩层由于重力作用容易塌落形成崩塌。支顶结构的主要作用在于利用支承作用来平衡危岩的坠落、错落或倾倒趋势，提高危岩体的稳定性。常见的结构形式有由圬工砌筑或型钢构成的墩式或框架式。按与危岩下部坡面关系，可分为与坡面无接触的直立墩式结构和直接依附于坡面的扶壁式结构两类，如图 6-5 所示。

(a)直立墩式结构　　　　　(b)扶壁式结构

图 6-5 崩塌支顶防护

支顶结构在山区铁路沿线和山区城市比较多见，几乎是加固巨型倒悬或外悬危岩体的最佳方法。当坡面存在大块危岩且坡面不能直接作为支顶结构的基础时，才考虑采用其他方法，如危岩清除等。其优点是技术简单适用，缺点是支顶结构自身体积和重量一般较大，需要有很好的基础，否则其自身稳定性将存在问题，设计和施工都必须谨慎对待。此外，结构材料用量一般较大，由此而来的材料搬运量、劳动强度、施工难度和风险等一般都较大。

嵌补就是对坡面凹腔形成的危岩体采用浆砌片石、混凝土或水泥砂浆予以填筑，使危岩体能够得到有效支撑，同时也避免危岩体下的支撑岩体进一步的风化破坏，借此提高危岩体稳定性的方法，其本质与扶壁式支顶并无区别，如图 6-6 所示。该方法优点是技术简单易行，缺点是嵌补结构必须具备稳定的基础，且必须与坡面紧密结合，在较为狭窄空间施工难度较大。此外，坡面危岩较多时，要进行大量的局部开挖，以给嵌补结构提供基础平台，圬工工作量大，当边坡陡峻时，嵌补可能难以实施。

(a)　　　　　　　　　　　　(b)

图 6-6　崩塌嵌补防护

6.2.4　挡墙

挡墙主要用于抵挡岩土压力、提高边坡运动的阻力，是治理坡脚应力集中、边坡塌滑甚至小规模滑坡极为有效的措施，也是防治位置较低处崩塌灾害的重要形式。挡墙可以直接对于低部位的崩塌进行防护，也可通过在挡墙后设置沟体以对处于较高位置的崩塌体进行间接防护。常见挡墙的材料通常包括混凝土、加筋土、浆砌石、石笼等。

挡墙的优点是技术成熟，简单易行，在土质边坡坡脚加固方面具有其他措施所不能替代的优点；缺点是挡土墙的修建需要地基具备较好的承载力，较大的作业面，如果截面较大，则需要较大的横向空间和较大的开挖量。挡墙通常与上部护面结构结合使用。

6.2.4.1　浆砌块石挡墙

浆砌块石挡土墙是重力式挡土墙的主要形式之一，靠自身重力来维持挡土墙在土压力作用下的稳定，是我国目前常用的一种挡土墙，截面一般都做成简单的梯形，如图 6-7 和

图 6-8 所示。

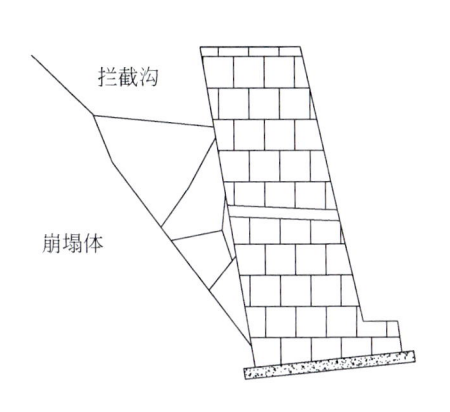

图 6-7　石砌（混凝土）挡墙

图 6-8　公路边坡挡土墙

6.2.4.2　铁石笼挡墙

铁石笼挡墙采用钢筋铁丝编制一定尺寸的笼子作为约束体，笼内充填砾石，再将多个钢筋笼之间用钢筋铁丝串接，自下而上由宽变窄，排列形成一个下宽上窄的梯形柔性的挡墙结构，如图 6-9 所示。此形式挡墙非常适用于防止水库岸坡崩塌或边坡的主动防护，还可作为拦石墙使用。铁石笼挡墙具有良好的柔性变形性能，能适应较大变形环境，随时调整自身形态而不用考虑出现墙体开裂破坏的问题。

图 6-9　青海积石峡水库防库岸崩塌的铁石笼挡墙

铁石笼挡墙的最大优点是就地取材、施工方便、成本低廉，尤其对于地基变形具有良好适应性；缺点是整体强度不足、易于锈蚀、不利于监测和不利于绿化。

6.2.4.3 加筋土挡墙

加筋土挡墙是由填土、拉带和砌墙面砌块等组成的由加筋土承受侧压力的一种挡土墙，如图 6-10 所示。加筋土挡墙施工方法是在土中加入高强度拉筋，利用拉筋与土之间的摩擦作用，改善土体的变形性能，提高土体的工程特性，从而达到稳定边坡的目的。加筋土挡墙一般应用于地形较为平坦且宽敞的填方路段上，在挖方路段或地形陡峭的山坡，由于不利于布置拉筋，一般不宜使用。

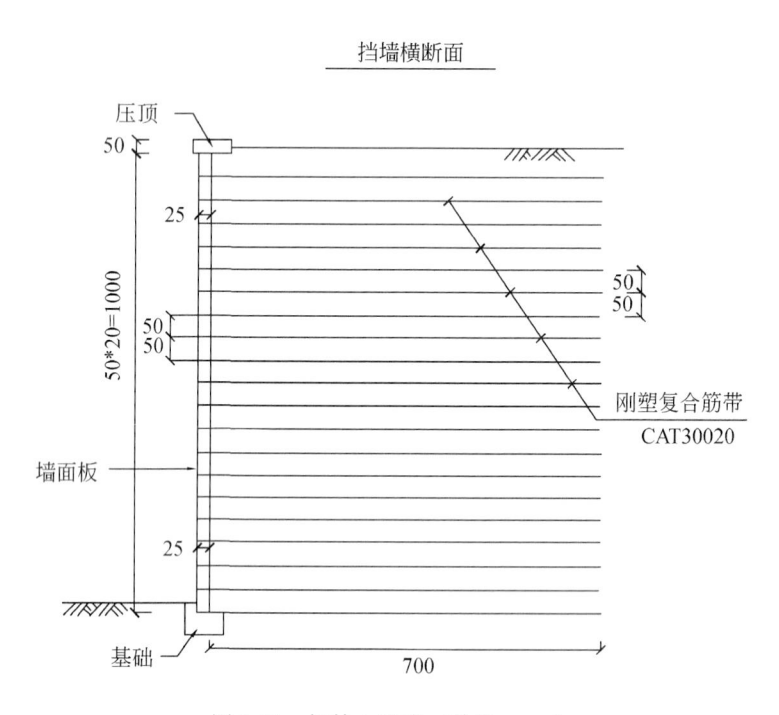

图 6-10 加筋土挡墙（单位：mm）

加筋土挡墙施工一般包括下列工序：基槽（坑）开挖、地基处理、排水设施安装、基础浇（砌）筑、构件预制与安装、筋带铺设、填料填筑与压实、墙顶封闭等，其中现场墙面板拼装、筋带铺设、填料填筑与压实等工序是交叉进行的。

加筋土挡墙优点是相对于混凝土挡墙和块石挡墙，加筋土挡土墙可就地取材，施工快速、价格低廉。加筋土是柔性结构物，能够适应地基较大的变形，填土引起的地基变形对加筋土挡土墙的稳定性影响比对其他结构物小，地基的处理也较简便；具有较好的抗震性能；节约占地，造型美观；造价较低，具有良好的经济性。缺点是对填料组成有一定要求、填料中不宜有较大块石、分层碾压要求较严。

6.2.4.4 肋板式挡墙

肋板式挡墙是采用钢筋混凝土的构件结合填料共同构成挡墙的一种边坡防护形式，主要包括悬臂式挡墙、扶壁式挡墙等类型。

悬臂式挡墙是由底板及固定在底板上的悬臂式直墙构成的钢筋混凝土挡土结构，主要靠底板上的填土重量维持挡土墙的稳定，如图6-11所示。

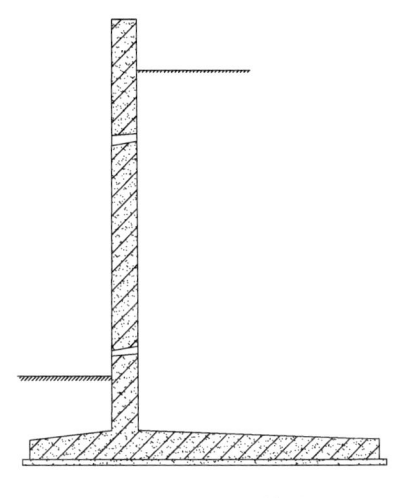

图6-11　悬臂式挡墙

悬臂式挡墙墙高一般为6~9m，当墙体较高时，立臂下部的弯矩较大，钢筋与混凝土的用量剧增，影响该种形式结构的经济效果，此时则可采用扶壁式挡墙。悬臂式挡墙构造简单，经济实用，并能适应较松软的地基。

扶壁式挡墙是沿悬臂式挡墙的立臂，每隔一定距离加一道扶壁，将立壁与踵板连接起来的挡土墙，主要靠底板上的填土重量维持自身稳定。

扶壁式挡墙适用于石料缺乏及多震地区。一般在较高的填方路段用来稳定路堤，以减少土石方工程量和占地面积。扶壁式挡墙断面尺寸较小，踵板上的土体重力可有效地抵抗倾覆和滑移，竖板和扶壁共同承受土压力产生的弯矩和剪力，相比悬臂式挡墙受力条件更好，一般高度为6~12m，如图6-12所示。

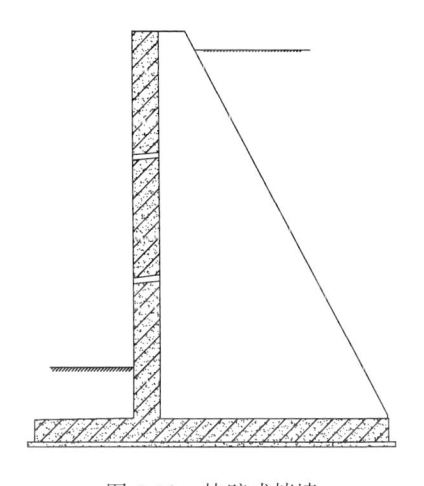

图6-12　扶壁式挡墙

扶壁式挡墙的优点是构造简单、施工方便，墙身断面较小，自身重量轻，可以较好地发挥材料的强度性能，能适应承载力较低的地基；缺点是当要求墙体高度较高时，钢材用量急剧增加，影响其经济性能。

6.2.4.5 桩板式挡墙

桩板式挡墙是以抗滑桩和连接桩之间的挡土板为主要受力构件的一种挡土墙。桩板式挡墙结构体系具有结构可靠、适应面广和易于施工等特点，近年得到了广泛应用，成为斜坡工程中主要支挡结构之一。根据工程场地不同，抗滑桩截面可设计为方形、圆形。抗滑桩自由段（受荷段）上的荷载可直接传至桩底嵌固部分，计算模型为悬臂梁。挡土板一般可分为平板、弧形板、砼板、砌石等形式。板除了抗滑桩之间的岩土体传来的荷载之外，还起着维护斜坡的作用。桩板式挡墙上承受的土压力计算是一个比较成熟的问题。土压力荷载分解到挡土板上有两种可能：一是抗滑桩间距较大，土体中无土拱效应形成，挡土板有较大的刚度，能直接承受桩板式挡土墙后的土压力（或滑坡下滑力）；二是抗滑桩间距合适，土体中有土拱效应形成，挡土板有一定的柔度，或后于抗滑桩受力，承受桩间卸荷拱内土体的压力。前者的土压力按整体桩板式挡土墙上的下滑力（或土压力）计算，后者因挡土板支挡的土体少，荷载明显减小，因此更为经济，且并不因为墙板的刚度减小而增大桩的荷载，是受力合理的结构形式。当桩板之后做空时，就可以作为防崩塌的结构，可用于抵挡较大规模崩塌落石的冲击，如图 6-13 所示。

图 6-13 桩板式挡墙

6.2.5 坡面防护

6.2.5.1 浆砌石护面

浆砌石护面可能是历史最为悠久的护坡方法，主要用以封闭边坡，防止坡面风化剥落塌滑等坡面病害，是低矮边坡和第一级边坡的一种重要护坡手段，如图6-14所示。

图6-14 浆砌石坡面防护

该方法的优点是技术简单、经济实用、较为美观，其主要优势是能够隔离局部地表水下渗，防止水土流失；缺点是在封闭地表水下渗的同时也毁灭了植被生长条件，一旦存在坡内排水不畅，护坡结构可能发生局部爆裂破坏甚至垮塌，因此在存在膨胀性或水敏性岩土体边坡时应慎重使用。此外，该方法因结构本身抗力低，存在自身稳定问题，要求边坡不能太陡，单级高度不能过高。对高度较大的边坡，需分级开挖，分级砌筑，一般不适用于高度大于20m的边坡。

6.2.5.2 格构

格构坡面防护常用于土质、土石体、强风化破碎岩石边坡，能有效防止坡面的局部坍塌，具有一定的加固功能。结构形式上常采用矩形、菱形和拱形等形式，实施上有开挖基础沟槽后砌筑浆砌石、浇筑混凝土、安装混凝土预制件或钢结构件等方式。

该类结构因其经济性以及一定程度的环保和美观性，在公路、铁路的上边坡和下边坡上都得到大量应用。当用于土质坡面特别是下边坡时，为了提高其防止水土流失的功能，有时也在框格内的裸露区域铺砌片石或预制空心砖，以及在此基础上进行客土喷播，以实现坡面人工绿化。当坡度较陡时，可在框格节点处设置锚杆来提高结构的自身稳定性，并提高其整体承载防护能力。当需对岩石边坡进行客土喷播绿化时，为避免客土层因强度较低而常发生的溜坍或局部破坏，可采用框格结构来将客土层分隔成较小的相对稳定的块状单元。

格构坡面防护的优点是结构简单、经济，坡面仅被结构体以条带状局部封闭，易于局部绿化，环境和植被破坏较小，美观性一般能被大众接受，如图6-15所示。

格构坡面防护的缺点是结构强度较低，仅适合极浅表层防护，且要求坡面比较平整，一般不适用于45°以上边坡。常见有因设计或施工不当而引起的结构损坏，且下部的损坏容易导致其防护部分坍塌而迅速向上扩展。

图 6-15　格构坡面防护

6.2.5.3　柔性网防护

柔性网防护是通过在边坡表面挂设钢丝网，对边坡表层岩体（包括可能变成滚石的岩体）施加一定压力，使之稳定在原处的一种方法。所采用钢丝网有普通钢丝格栅边坡柔性防护网和专业防护网，该种防护系统所能实现的防护功能根据所采用的防护网质量、级别和设计施工要求差别巨大。

普通钢丝格栅边坡柔性防护网防护是近年在高速公路或其他一些工程边坡上常被采用的一种简单而经济的防护措施。其方法是直接用钢筋锚钉（或锚杆）将普通钢丝格栅固定在坡面上，所用钢丝格栅包括无纽结编织和有纽结编织两类。采用这种略显简易的边坡防护方法的防护重点在于将塌落岩体的运动路径限制于坡面和钢丝格栅之间，防止落石弹跳崩落到路上而影响行车安全，如图 6-16 所示。

图 6-16　普通钢丝格栅网防护

普通钢丝格栅防护的缺点是由于该类系统所用格栅主要是来自于其他用途的产品，缺乏专门的技术标准和产品开发，钢丝网强度以及铆钉（锚杆）锚固力较低，防护能力有限。另外，该种防护网一般在防腐上未做特殊处理，其防腐寿命有限，一般为2~8年。因此，该种防护结构一般适用于仅存在小型落石且只需临时或短期防护的边坡。

普通钢丝格栅防护的优点是施工快速、简便易行、经济性好。因钢丝格栅网眼可以做得较密，对于崩落的小石块也具有良好的防护作用。因此，对于不需进行长期防护、存在小型落石或经常发生碎石崩落的边坡具有很强的实用性。

对专业防护网研究比较系统长久的当属布鲁克（Brugg）集团的布鲁克柔性防护网。20世纪50年代初，为避免阿尔卑斯山一带以雪地旅游为代表的风景区内的雪崩对游人及交通设施的危害，出现了以钢丝绳网为代表、以雪崩防护为目的的柔性防护系统。随着对该类防护网防护特性的认识以及与岩土工程相关的铁路、公路建设的需要，布鲁克集团于20世纪50年代中后期开始将该柔性防护技术用于落石、风化剥落、坍塌等边坡坡面地质灾害的防护，并通过不断的开发研究和工程实践，于20世纪80年代形成了技术成熟、产品系列化、构件标准化的成熟产品。到今天，该系统已形成了菱形钢丝绳网、高强度钢丝环形网、高强度钢丝格栅、普通钢丝格栅（国内亦称铁丝格栅）等柔性金属网为主体，以覆盖（主动防护）和拦截（被动防护）两大基本类型，防治各类斜坡坡面地质灾害和雪崩、岸坡冲刷、爆破飞石、坠物等危害的柔性安全防护系统技术。随着相关技术的发展和不断开发，其产品结构和应用领域还在不断更新和发展。

柔性防护技术是一种集构件设计与加工、系统结构设计与定型、工程设计选型、现场布置与施工安装于一体的系统化技术。在这一技术中，充分利用了高强度钢丝和钢丝绳材料的柔性来发挥其"以柔克刚"的优势，同时也考虑到地质灾害防治的根本目的是避免地质灾害对人类生命财产的危害，可以主动加固（避免灾害发生）和被动防护（避免危害发生但不阻止灾害发生）两大结构体系。近20年来，柔性防护技术在欧美各国得到了大量的应用，并于1995年引入国内，已成功地应用于国内铁路、公路、水电站、矿山、景区和市政工程的上千个工点，解决了传统防治措施难以解决的大量难题。

将布鲁克柔性防护网设置在崩塌体上，预加约束，便形成了主动防护体系，图6-17为用布鲁克柔性防护网防护崩塌体的实例。

图6-17 布鲁克柔性防护网边坡防护

布鲁克柔性防护网的优点是产品质量及施工工艺等标准化，施工较快，利于环保，安全保障性高，已被广大工程技术人员所广泛认同。

6.2.5.4　生态护坡

坡面植被的存在一方面有美化环境的作用，另一方面其根系对表层岩土体具有固结功能，能较好地防止水土流失、减缓坡面风化。因此，在坡面稳定性较好、气候降雨以及坡面土质适宜等条件下，植被护坡是一种有效、环保而经济的边坡防护措施（Yang et. al, 2001；封志勇等，2005）。

非干旱地区的低矮土质边坡或含土质成分较多的强风化破碎岩石边坡，经过一定时间后植被均能自然生长发育。但大量的工程边坡要么岩石裸露不适宜植被生长，要么因缺水难以维持植被的长期生长发育，或者因坡面稳定性较差不能仅依靠植被来防护，为了实现坡面植被的尽快覆盖，常采用草皮移植、人工撒播或液压喷播草类或灌木种子、栽种灌木等。这也是近年来岩石边坡或圬工护面的客土喷播技术或喷混植草技术受到普遍关注的原因所在。

客土喷播（当黏结剂为水泥时也称为喷混植草）是近年兴起的一种针对岩质边坡或土质贫瘠边坡、既有圬工护面的绿化新技术，它采用适宜植被生长的客土和黏结剂、保水剂、长效复合肥等拌和物，混以草类或灌木种子喷射覆盖在坡面上（喷层一般为 8 ~ 12cm）来实现坡面绿化。其根本出发点是在不适宜植被生长的坡面上，用人工的方法形成一层适合植被生长的客土层。客土喷播方法目前尚不成熟，存在许多问题，在应用时需要因地制宜，一般情况下与其他技术联合使用。图 6-18 为与格构一起使用的植被防护。

图 6-18　与格构一起使用的植被防护

生态护坡的优点是美化环境，可防止水土流失，环保经济；缺点是应用条件要求高，适用范围小。

6.2.6　锚固

锚固方法主要包括锚杆（索）、预应力锚杆（索）、锚固洞、预应力锚梁技术等（陆关祥和李林，2001；文海家等，2004；吴永锋，2005；殷跃平，2005）。

6.2.6.1 锚杆与锚喷

锚杆锚固法的基本原理就是依靠锚杆周围地层的抗剪强度来传递拉力，保持地层开挖后的稳定。这种锚杆在岩体中主要起加筋作用，而且只有当岩土体表层松动变位时，才能充分发挥作用，所以在崩塌防治中锚杆的作用主要是固定崩塌体。

锚杆锚固方法简单，材料种类多，施工方便，加固效果好，应用广泛。

20世纪70年代以来，喷射混凝土是岩土工程领域推广最为成功的一种技术，其技术的推广和发展主要得益于在地下工程中的应用。在边坡防护工程方面，喷射混凝土在很大程度上取代了更为传统的浆砌片石护坡，已成为目前最常用的护坡方法。

锚喷（锚杆+表层喷混凝土）是采用锚杆和喷射混凝土结合支护固岩的一种措施，被广泛采用。锚杆和喷射混凝土与围岩共同形成一个承载结构，可有效地限制围岩变形的自由发展，防止岩体松散坠落。它可用作施工过程中的临时支护，在有些情况下，也可以作为永久支护。根据具体地质条件，可以采用多种支护形式：①单独采用锚杆，一般只用于局部；②单独采用喷射混凝土，一般也只用于局部；③锚杆结合喷射混凝土，可以防止表面风化，防止地表水渗入。

锚杆和喷射混凝土，加单层或双层钢筋网就形成挂网锚喷（锚杆+表层钢筋网+喷射混凝土）。挂网锚喷除了具有锚喷的优点外，还可提高喷层抗拉强度和抗裂能力。这是一种更强的支护形式，可以用来防治碎裂结构岩体边坡的崩塌。

喷混方法的优点是技术成熟、机械化程度高、施工速度快、对地形适应能力强、也比较经济；混凝土本身能通过添加纤维来提高强度和韧性，与锚杆、钢筋网或钢丝格栅结合使用，从力学性能上人们通常把它当作钢筋混凝土结构，具有很高的承载能力。此外，水是边坡地质灾害的重要的诱发因素，喷射混凝土对坡面有良好的封闭作用，可以非常好地隔绝地表水下渗，提高边坡的稳定性，如图6-19和图6-20所示。

图6-19 喷射混凝土防护

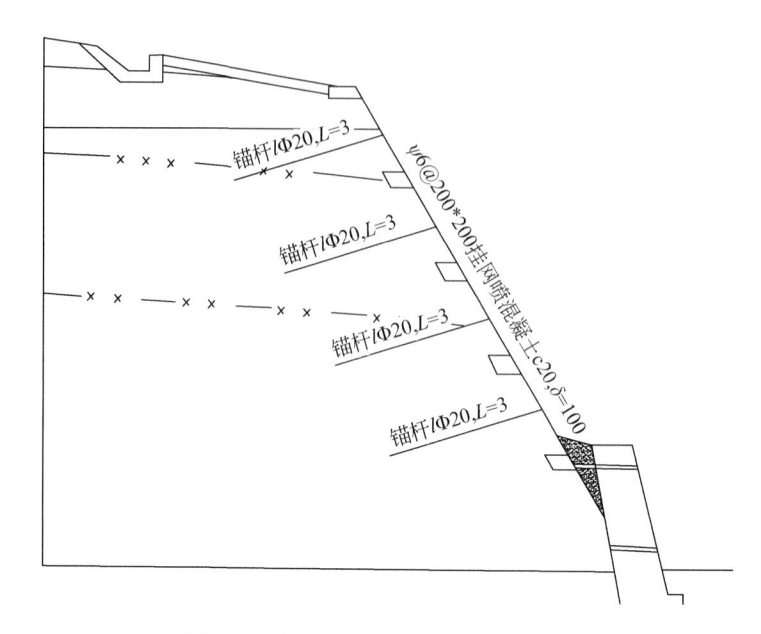

图 6-20　锚杆+挂网+砼锚喷支护方式图

缺点是喷射混凝土对环境和自然景观具有破坏性。喷射混凝土的封闭作用将完全破坏坡面既有植被及其生长发育条件。自然葱绿的坡面上突显一片灰色或因水渗透引起的灰白相间的坡面，给人一种强烈的不协调感，视觉上极不美观。因此，在一些领域和地区已开始限制其应用。如在一些高速公路边坡上，已开始在视野范围内限制喷射混凝土的采用，一般仅允许在高边坡的上部，驾乘人员正常视野范围外使用。此外，在喷射混凝土时需清除浮土浮尘、湿润坡面，而土质、土石体或水敏性岩石边坡施工中，往往由于喷射混凝土与坡面的黏结不良，在经历一定时间后，混凝土将与坡面分离。当喷层与坡体不再是共同作用的整体时，喷层结构难以真正发挥永久性的防护作用。

6.2.6.2　预应力锚杆（索）

1. 加固作用

由于受构造运动和各种自然因素的影响，岩体通常呈现非均匀性和各向异性，不仅完整程度不同，其力学性质也有很大差异。预应力锚固技术能发挥岩体固有承载能力，有效改造软弱破碎岩体，通常预应力锚杆对岩体加固有以下作用。

（1）限制岩体的有害变形，为岩体提供支护抗力。一方面，它可以充分利用预应力钢材具有较高的抗拉强度和一定程度的抗剪能力来加固岩层；另一方面，还可以利用预应力锚杆锁紧岩体介质，通过咬合作用，提高岩体内在的摩擦阻力，使边坡的不稳定的表层与未遭受破坏影响并依然具有较高承载能力的深层形成整体。

（2）调整岩体中的应力状态，提高岩体的稳定性。岩体由于结构面切割，经常存在局部不稳定块体。预应力锚杆通过将不稳定块体固定在稳定岩体上，改变和调整岩体整体应力状态，达到提高边坡稳定性的目的。

2. 基本类型

目前，锚固工程中使用的锚杆种类较多。按照锚杆材料分，主要有钢绞线束、精轧螺纹钢筋、高强钢丝索等。按锚固段结构受力状态分则有拉力型、压力型和荷载分散型，其中荷载分散型又可分为拉力分散型和压力分散型。根据锚杆（索）锚固段所处的位置，还可分为表面锚固型和内部锚固型。表面锚固型是锚固段的一端靠近岩体的自由表面，全长黏结式锚杆是一个典型的例子；内部锚固型的锚固段位于内部，远离岩体的自由表面，预应力锚索的锚固段属于这一类型。

拉力型、压力型以及荷载分散型锚杆简要介绍如下。

1) 拉力型锚杆与压力型锚杆

拉力型锚杆与压力型锚杆的主要区别是锚杆受荷后其固定段内的灌浆体处于受拉状态还是受压状态。拉力型锚杆如图 6-21 所示，压力型锚杆如图 6-22 所示。

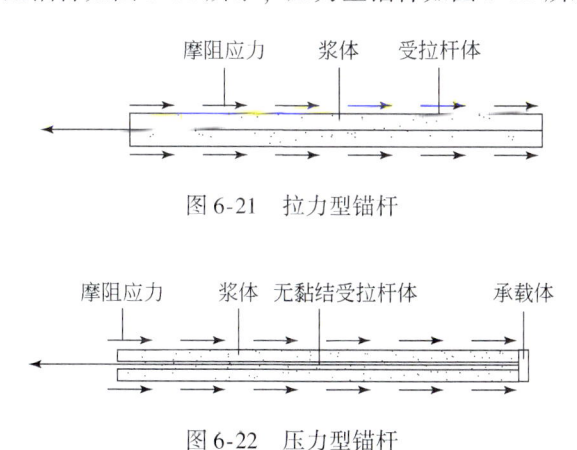

图 6-21 拉力型锚杆

图 6-22 压力型锚杆

拉力型锚杆的内锚固段是采用纯水泥浆或水泥砂浆，将锚索体固结在被锚固体的稳定部位。其施工工序为首先将锚杆安装定位后开始注浆，形成内锚固段，等到满足强度要求时，进行张拉，然后再进行注浆，将锚杆包裹在浆体内保证张拉段锚杆体不被腐蚀，同时也将锚杆体上的预应力通过浆体的黏结力被固结。这样保证了即使外锚头失效，也能保持预应力的作用。拉力型锚杆的荷载是依赖固定段杆体与灌浆体接触的界面上的剪应力（黏结应力）由顶端向底端传递。锚杆工作时，锚固段的灌浆体容易出现张拉裂缝，防腐性能较差。

压力型锚杆是借助无黏结钢绞线或带有套管的钢筋使之与灌浆体隔开，将荷载直接通过承载体由底部传至锚固段的顶部。由此看出，压力型锚杆的根部荷载大，靠近孔口荷载明显小。另外，由于其受荷时，锚固段的灌浆体受压，不易开裂，可以消除拉力型锚杆容易拉裂水泥浆材的缺陷，更好地保护杆体不被腐蚀。若锚杆采用无黏结钢绞线作为多一层防护措施，则具有更高的防护性能，用于永久性锚固工程发展潜力很大。

2) 荷载分散型锚杆

拉力型与压力型锚杆均属于单孔单一锚固体系，即一个钻孔中只安装一根独立锚杆，尽管有多根钢绞线或钢筋构成锚杆杆体，但只有一个统一的自由长度和锚固长度。在岩土体中埋设锚杆体时，由于杆体、灌浆体以及岩土体的弹性特征很难协调一致，锚杆受荷载时，荷载不能均匀分布在锚固长度上，容易引起应力集中现象。

拉力型锚杆和压力型锚杆的特点都是将预应力集中传递给内锚固段的局部部位，容易导致锚固段局部破坏。在多数情况下，随着张拉荷载的增大，在荷载传到锚固长度最远处之前，杆体与灌浆体或灌浆体与地层界面上就会出现黏结效应逐渐弱化或脱开的现象。即使是压力型锚杆，在承压板上部 0~30cm 范围内注浆材料也可能遭受受压破坏。这会大大降低地层强度的利用率。当处于锚固长度范围内的地层强度都被利用的条件下，已有一部分地层超出了其极限强度值。

荷载分散型锚杆克服了应力集中的缺陷，其特点是将施加的预应力分散在整个锚固段上，使应力应变分散以确保锚固段不受破坏。通常的荷载分散型锚杆有拉力分散型和压力分散型两种情况。

拉力分散型锚杆的锚杆体均采用无黏结钢绞线，其结构形式是将处于内锚固段中不同长度的无黏结钢绞线末端按一定长度剥除聚乙烯（PE）套管，变为黏结段，当浆体固结后，预应力通过钢绞线与浆体的黏结力传递给被加固体，从而提高锚固力。这种类型的锚杆可以把拉力型锚杆内锚固段上部集中的拉应力较均匀地分散在整个锚固段内。

压力分散型锚杆的锚杆体采用无黏结钢绞线，其结构形式是在不同长度的无黏结钢绞线末端套以承压板和挤压套，当锚索体被浆体固结后，以一定荷载张拉对应于承载体的钢绞线时，设在不同深度部位的数个承载体将压应力通过浆体传递给被加固体。这样对在内锚固段范围内的被加固体提供被分散的锚固力，因而即使在复杂岩体中也可以提供较大而可靠的锚固力。

3. 应用中存在的问题

影响预应力锚杆应用的一个重要因素就是预应力损失，其直接影响到预应力锚杆的作用效果。影响预应力损失的因素有很多，但主要是岩体的蠕变和锚杆的蠕变。锚杆的蠕变与锚杆材料、锚具性能、内锚固段长度和形式、固结材料性能、荷载等级、施工方法等有关。岩体的蠕变是一个十分复杂的问题，包括岩石和结构面的蠕变，尤其是结构面的蠕变是非常复杂的，并与岩体的受荷状态关系密切。这种受荷状态是指岩体处于受拉或受压应力状态，不同的受荷状态下的岩体，其岩石和结构面的蠕变不同。

岩体的受荷状态不同，其作用机理及预应力损失量不同。自然状态下的岩体施加预应力后，岩体一般承受压应力。岩体蠕变（包括岩石和结构面蠕变）产生的预应力损失是受压蠕变对预应力产生的损失，它导致预应力值的降低。

对卸荷岩体来说，卸荷状态下的岩体应力状态很复杂，部分区域会产生拉应力。通过预应力锚杆施加预应力后，这种作用不很明显，岩体可能还有部分仍处在拉应力状态。岩体受拉时产生的蠕变不但不产生预应力损失，反而加大了预应力锚杆的应力值，这种附加值可能造成预应力锚杆应力值增加而被拉断。因此，对于卸荷状态下的岩体，预应力损失的判断就比较复杂。

一般来说，前面几种预应力损失可以通过实验准确确定，但锚杆深度不够，受拉端岩体流变所引起的预应力损失则难以准确估计。岩体的流变（包括岩石流变和结构面流变）是应力状态的函数。岩体的流变所引起的预应力损失应包括岩体受压状态下和受拉状态下的预应力损失。岩体在受压状态下流变一般会造成锚杆的预应力降低，即预应力损失；在受拉状态下流变可能造成锚杆预应力值增加，即预应力负损失。

岩体受拉能力很弱，受拉流变破坏能力更弱。受拉流变比受压流变发展迅速，并且受拉流变破坏强度大约为岩体瞬时抗拉强度的一半，在这种情况下预应力增加值的估算是十分复杂的。对于卸荷岩体而言，其预应力的损失一般是一种负损失，即预应力增加。这种预应力的增加，如果超过锚杆的极限强度，锚杆则会被拉断，从而失去加固能力。所以为了防止预应力锚杆在上述情况下的拉断，在工程设计计算中，应校核预应力锚杆的应力值。

预应力锚杆的优点表现在可以根据崩塌体的情况灵活处理，对于体积大，危险程度高，其他处理方法不奏效的危岩体，可采用多点锚固的方法，如图 6-23 和图 6-24 所示。

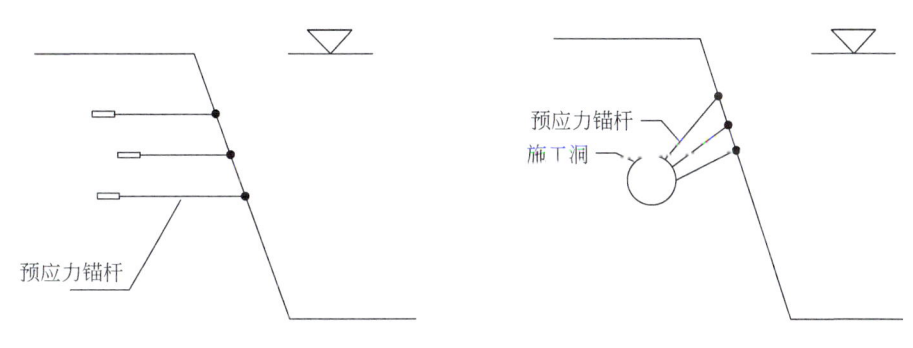

图 6-23　锚杆分层状布置　　　　图 6-24　锚杆辐射状布置

对于非预应力锚杆（普通锚杆），有下列特点：①安装后，只有岩石移动锚杆才能被动地充分发挥作用；②仅能依靠杆体自身强度发挥其抗拉抗剪作用；③难以在地层内形成压缩区，控制岩土体变形能力差。应预应力锚杆则明显优于普通锚杆，其优点主要表现在：①安装后，能及时提供支护抗力，使岩体处于三轴应力状态；②预应力施加后，能明显地提高潜在滑移面或岩石软弱结构面的抗剪强度；③按一定密度布置锚杆，施加预应力后能在地层内形成压缩区，控制地层与结构物变形的能力强，有利于地层稳定。

6.2.6.3　预应力锚杆（索）+格构梁

（1）加固原理。通过锚索孔中注浆提供的抗剪力、施加在锚索上的张拉力，将不稳定岩土体固定在稳定体上。锚索通过张拉增大滑面间的压力抗滑力，将坡面上固定锚索的锚固墩代之以连接各锚索端点的框格梁，就构成了预应力锚索+格构梁加固结构。

（2）加固特点：①对稳定体和不稳定体需要有比较明显的界限，锚固端必须置入稳定体中；②在边坡表面对锚索施加预应力，边坡表面需要有较好的刚性，否则将因张拉端的变形而失去预应力；③坡面格构梁对坡面的防护起到一定的作用。

（3）优缺点：①由于锚索本身的应力松弛现象，锚索不宜过长，否则预应力可能会逐步丧失；②适合岩性较好，软弱面明显的边坡；③属于相对柔性结构，提供的锚固力比较有限；④预应力锚索+格构梁式结构较适合于低坡角边坡，不太适合高坡角边坡。

如图 6-25 为预应力锚杆（索）+格构梁防护工程实例图。

图 6-25　预应力锚杆（索）+格构梁防护工程实例图

6.2.6.4　固结灌浆

灌浆加固主要有防渗和加固两个功能。灌浆加固的特点是依靠注浆液黏结裂隙岩体，改善岩体的物理力学性质及其力学状态，提高岩体强度和刚度，从而提高岩体的自身承载力，是提高裂隙岩体整体强度的有效措施。灌浆固结利用钻孔将高标号水泥浆液或化学浆液压入岩体中，使之封闭裂隙，加强基岩的完整性。灌浆应分批逐步完成整个灌浆工程，应根据基础压力、地质条件等合理设计灌浆孔深、孔距、灌浆压力和浆液稠度，先进行灌浆试验。有时为了处理断层、软弱夹层和溶洞等，需采用特殊的灌浆方法。

灌浆加固技术的成败与工程问题、地质特征、注浆材料和压浆技术等直接相关，忽略其中的任何一个环节，都可能造成注浆工程的失败。查清工程问题、地质特征是灌浆取得成功的前提，合适的注浆材料和压浆技术是灌浆加固的关键。

注浆应考虑岩体的应力条件和岩性条件，注浆的时机选择对加固效果影响很大。注浆过迟，难于起到支护的作用；注浆过早，则需适应岩体的应力、裂隙发育等条件，对浆液材料的黏结性能、渗透性、固结强度以及浆液固结体的允许变形量等要求较高。

固结灌浆加固岩体的机制如下所示。岩体的变形和破坏过程都是从其内部的结构面开始的，由于沿结构面变形的不连续性，容易在其前端形成应力集中，从而导致裂隙扩展、贯通而使岩体破坏。灌浆后，岩体空隙较大的结构面被水泥（或其他浆材）浆液充填，而其余一部分（浆材进不去的细微裂隙）受压闭合，使得结构面尖端的应力集中减轻，结构面变形更趋于均匀，明显改善变形性状。灌浆对岩体抗剪强度的提高主要通过以下三种途径：①节理、裂隙受到灌浆压力作用变为闭合；②灌浆后岩体裂隙内充填了浆液固化物，改善了裂隙面的物理力学性能，同时，固结灌浆将岩体因开挖或卸荷产生的松动裂隙胶结成整体，提高了岩体防渗性能；③节理面连通率改变，使得结构面的扩展方式和路径发生了变化，扩展受到了一定程度的限制。通常岩体在灌浆加固以后，岩体的密实程度增加，弹性模量及岩体摩擦系数 f 和黏聚力 c 等都得以提高。

固结灌浆成功与否很大程度上取决于以下两方面的因素：①岩体的可灌性由节理岩体的裂隙分布状况、风化程度、岩体应力条件决定；②灌浆材料和工艺主要由水泥颗粒的细度、浆液的流动性与稳定性、结石的强度等物理性能，以及灌浆压力等条件决定。

6.2.7 抗滑桩

6.2.7.1 抗滑桩

抗滑桩是穿过滑体深入于滑床的柱形构件。边坡处治工程中的抗滑桩通过桩身将上部承受的坡体推力传给桩下部的侧向土体或岩体，依靠桩下部的侧向阻力来承担边坡的下推力，起稳定边坡的作用，适用于浅层、中厚层的滑坡，以及剪切型崩塌的一种主要措施，如图 6-26 所示。

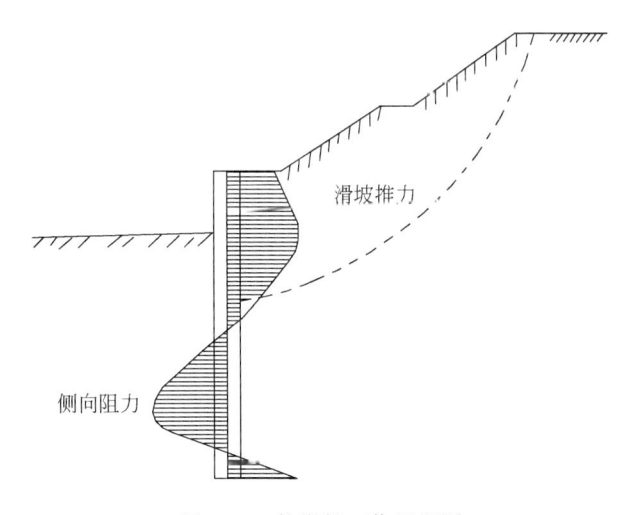

图 6-26 抗滑桩工作机理图

当滑体下滑时，受抗滑桩的阻挡，桩前滑体达到稳定状态。抗滑桩类型根据滑体的厚薄、推力大小、防水要求及施工条件等可选用木桩、钢桩、混凝土及钢筋混凝土桩。抗滑桩埋入地层以下深度，按一般经验：软质岩层中锚固深度为设计桩长的三分之一；硬质岩中为设计桩长的四分之一；土质滑床中为设计桩长的二分之一。当土层沿基岩面滑动时，锚固深度也可采用桩径的 2~5 倍。抗滑桩的布置形式有相互连接的桩排，互相间隔的桩排，下部间隔、顶部连接的桩排，互相间隔的锚固桩等。桩间距一般取桩径的 3~5 倍，以保证滑动土体不在桩间滑出为原则。

抗滑桩按桩身断面形式分类，有圆形桩、方形桩和矩形桩、"工"字形桩等；施工方法有打入、机械成孔和人工成孔等方法，结构形式有单桩、排桩、群桩、锚桩和预应力锚索桩等。排桩形式常见的有椅式桩墙、门式刚架桩墙、排架抗滑桩墙，如图 6-27 所示；锚桩常见的有锚杆和锚索，锚杆有单锚和多锚，锚索抗滑桩多用单锚，如图 6-28 所示。

图 6-27　几种抗滑桩形式示意图

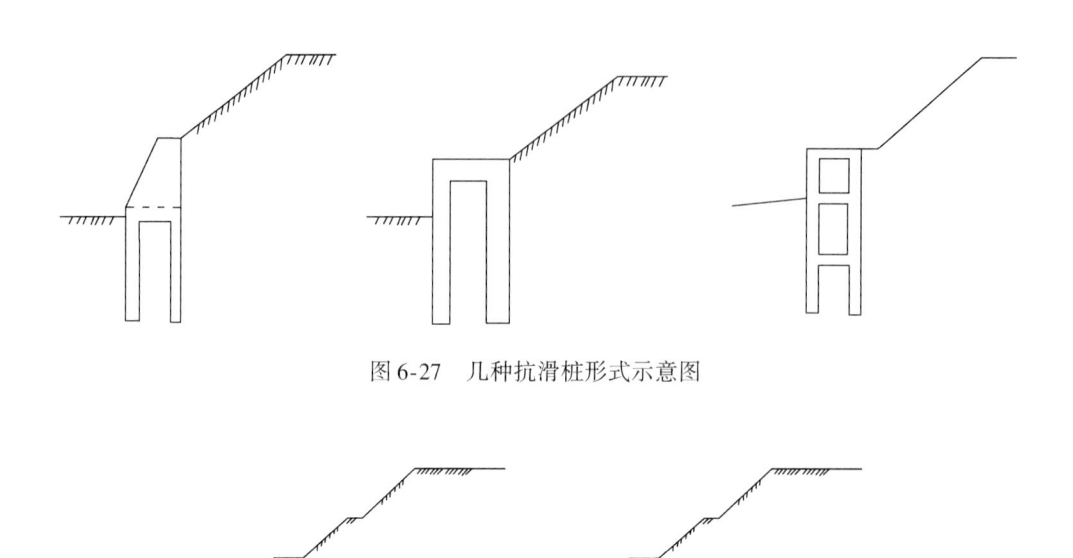

图 6-28　锚索抗滑桩形式示意图

抗滑桩施工常用的是就地灌注桩，机械钻孔速度快，桩径可大可小，适用于各种地质条件，但对地形较陡的边坡工程，机械进出场和架设困难较大。另外，钻孔时的水对边坡的稳定也有影响。人工成孔的特点是方便、简单、经济，但速度较慢，劳动强度高，地下水位较高时施工困难，处理不良地层（如流沙）时难度很高，有塌方的风险。另外，桩径较小时，人工作业困难，桩径一般应在 1000mm 以上才适宜人工成孔。抗滑桩采用施工打入时，应充分考虑施工振动对边坡稳定的影响，同时下卧地层应有可贯入性。

单桩是抗滑桩的基本形式，也是常用的结构形式，其特点是简单、受力作用明确。当边坡的推力较大，用单桩不足以承担其推力或使用单桩不经济时，可采用排桩。排架桩的特点是转动惯量大、抗弯能力强、桩壁阻力较小、桩身应力较小、在软弱地层有较明显的优越性。有锚桩的锚可用钢筋锚杆或预应力锚索，锚杆（索）和桩共同工作，改变桩的悬臂受力状况和桩完全靠侧向地基反力抵抗滑坡推力的机理，使桩身的应力状态和桩顶变位大大改善，是一种合理、经济的抗滑结构。但锚杆或锚索的锚固端需要有较好的地层或岩层，对锚索而言，更需要有较好的岩层以提供可靠的锚固力。

抗滑桩群一般指在横向两排以上，在纵向两列以上的组合抗滑结构，类似于墩台或承台结构，它能承担更大的滑坡推力，可用于特殊的滑坡崩塌治理工程。

抗滑桩设计一般应满足以下要求。

（1）抗滑桩提供的阻滑力要使整个滑坡体具有足够的稳定性，即滑坡体的稳定安全系数满足相应规范规定的安全系数，同时保证坡体不从桩顶滑出，不从桩间挤出。

(2) 抗滑桩桩身要有足够的强度和稳定性,即桩的断面要有足够的刚度,桩的应力和变形满足规定要求。

(3) 桩周的地基抗力和滑体的变形在容许范围内。

(4) 抗滑桩的埋深及锚固深度、桩间距、桩结构尺度和桩断面尺寸都比较适当,安全可靠,施工可行、方便,造价较经济。

抗滑桩的优点是土方量小、作业面相对较小,可提供较大的抗滑能力。采用钻孔或挖孔桩时,桩径可做得很大,满足大型滑坡的抗滑要求。钢桩的优点是强度高、施打容易、施工快速、接长方便。钢筋混凝土桩是边坡处治工程广泛采用的桩材,优点是桩断面刚度大、施工方式多样,可采用打入、静压、机械钻孔就地灌注和人工成孔就地灌注;缺点是木桩是最早采用的桩,桩长有限,桩身强度不高,一般用于浅层滑坡的治理、临时工程或抢险工程。钢桩的缺点是受桩身断面尺寸限制,横向刚度较小,造价偏高。钢筋混凝土桩缺点是混凝土抗拉能力有限。抗滑桩一般来说价格较高。

6.2.7.2 抗滑桩+预应力锚索复合加固体系

1) 加固原理

(1) 抗滑桩的工作原理是将边坡不稳定的下滑力全部由抗滑桩的抗剪强度和抗弯能力承担。

(2) 抗滑桩+预应力锚索体系的原理是将边坡不稳定的下滑力一部分由抗滑桩承担,一部分利用锚索(或长锚杆或锚杆)抗拉能力传到变形体后部的稳定基岩中(图6-29所示)。

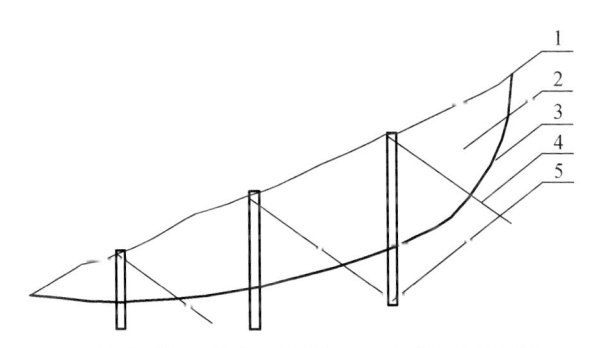

1-边坡坡面;2-滑体;3-滑动面;4-锚索;5-抗滑桩
图 6-29 抗滑桩-锚索结构加固体系示意图

2) 特点

(1) 抗滑桩必须穿过变形体置入稳定体内,依靠稳定体对桩的约束力抵抗变形体的下滑力,各桩独立承担外荷载。

(2) 作用在桩上的锚索必须与桩有可靠的连接。

(3) 锚索的末端必须穿过变形体的底部边界而置入稳定体内。在锚索钻孔内的稳定体部分注入水泥砂浆,利用水泥砂浆与锚索钻孔壁的黏聚力分担变形体作用在抗滑桩上的推力。

(4) 由于抗滑桩是独立承载，且不能充分发挥主筋的高抗拉性，所以抗滑桩的截面一般较大，往往形成"胖桩"，造成施工难度加大，施工费用增多等问题。

(5) 抗滑桩+锚索的加固体系可以部分解决上述"胖桩"问题，但由于为锚索施加预应力的需要，桩截面通常也需要加大。

(6) 抗滑桩一般布置于变形体的中前缘，滑动面比较平缓的部位。

3) 不足

(1) 抗滑桩一般都是独立工作（图6-26），并按照预先确定的设计荷载进行设计。但由于地质工程的复杂性以及计算理论的局限性，抗滑桩实际承担的荷载有可能小于或大于设计荷载，造成浪费或不安全。例如，河南义马露天矿边坡工程就因降雨引起边坡软弱夹层抗剪强度降低并引发滑坡，11根用于边坡加固的横截面积约4m^{2}的巨大抗滑桩被拦腰剪断；在重庆王家坡滑坡治理工程中，4根边坡加固的抗滑桩被滑坡推断。

(2) 抗滑桩的受力特性是以受弯、受剪为主。问题是由于它们所用的钢筋混凝土的抗拉、抗剪的能力较弱，所以对于独立的桩来说，就需要加大截面和增大配筋量，并必须穿过滑面，与稳定体相连。

(3) 当锚索与桩必须联结成一个有机的整体时，加固工程设计者和施工者必须保证锚索孔内的灌浆密实，以便充分发挥桩锚体系的作用。为此，桩上预留锚孔定位必须准确，锚杆钻孔的质量和灌浆的质量必须得到保证。另外，为了确保砂浆与锚索黏结力的可靠性，还需通过拉拔试验加以确定。

(4) 根据"治坡先治水"的原则，排水系统（包括坡面地表排水系统和地下排水系统）对于边坡，尤其是大型边坡防护工程十分重要。因此边坡加固应用设计中应将边坡加固系统与排水系统相结合以降低工程造价，提高边坡治理的可靠性。

6.3 崩塌灾害被动防护技术

6.3.1 拦挡法

拦挡法是指在崩塌对行驶的车辆或行人造成危害之前借助于某种结构将其拦挡，防止毁车伤人事故发生的方法。拦挡法可分为刚性拦挡法、柔性挡网法、刚柔复合的加网挡墙法以及防滚石棚法四类。

6.3.1.1 刚性拦挡法

将具有较大刚度并用于防崩塌滚石的各种拦挡结构都归属于刚性拦挡法。如表6-2所示，刚性拦挡法共有四种：钢轨斜架型、直立栅栏、浆砌块石挡墙和钢筋混凝土挡墙。但这几种结构刚性大，在消除滚石冲击能量方面的效果则较差。

表 6-2　防崩塌滚石的主要方法及其分类

类型	亚类	方法举例	刚度评价	消能效果评价
拦挡法	刚性拦挡法	钢轨斜架型	刚度大	差
		直立栅栏	刚度较大	差
		浆砌块石挡墙	刚度较大	很差
		钢筋混凝土挡墙	刚度大	差
	柔性挡网法	固定支杆挡网	柔度较大	较好
		缓冲器挡网	柔度很大	好
	刚、柔挡网法结合	加网挡墙		好
	防滚石棚法	各种防滚石棚	可将滚石滑出	中
避石沟	硬岩避石沟		刚度大	差
	软岩或土层避石沟		有消能功能	中
	浆砌块石避石沟		刚度不大	差

缺点：对于常用的浆砌块石挡墙类的刚性较大工程措施，至少有两点不足：第一，崩塌滚石较大时产生的冲击力较大，结构将因消能效果较差而容易被击穿；第二，挡墙的高度有限，挡墙常因滚石越过而失去拦挡作用。

为了克服浆砌块石挡墙等在应用中所表现出的这些问题，往往需要有针对性地加厚甚至加高挡墙，这必然导致工程经费的提高，施工难度加大，从而阻碍该类措施的进一步应用。

6.3.1.2　柔性挡网法

柔性挡网法是防崩塌落石灾害的重要方法之一（尚彦军等，2001；崔建恒，2003；张路青等，2004b；杨志法等，2005；阳友奎等，2005）。根据表 6-2 所示，它还可以分为固定支杆挡网和缓冲器挡网两种柔度较大、消能效果较好的方法。

1. 固定支杆挡网

图 6-30 为两种典型的由 TUBOSIDER 公司生产的固定支杆挡网。由于拦挡滚石的目的和方式各不相同，固定支杆网还可进一步分为固定支杆直立挡网和固定支杆斜置挡网，具体应用可按照现场实际条件进行选用。

由于固定支杆挡网的支杆是牢固地固定在地基或岩壁上，所以支杆本身的消能作用很小，但网体因具有很大弹性，具有良好的消能功能。因为固定支杆挡网的结构较为简单，许多场合，尤其是在滚石的冲击力不是很大的情况下，可用来防止滚石灾害。

2. 缓冲器挡网

图 6-31（a）是一种由布鲁克公司推出的典型缓冲器挡网。由于该结构支杆底部是通过铰接或可活动套环与地面连接，并用装有缓冲器的钢缆斜拉着，所以当滚石砸向拦网时，不仅经特殊编织的网具有较好的缓冲消能功能，而且由网带动支杆，再由支杆拉动斜拉着支杆的钢缆使缓冲器也能很好地发挥消能作用。图 6-31（b）为安装在防滚石现场的由布鲁克公司生产的缓冲器挡网及其所用的缓冲器。

(a)固定支架直立挡网和滚落于网边的滚石　　　　(b)固定支架斜置挡网

图 6-30　位于现场的固定支杆挡网

(a)落石拦阻缓冲器挡网

(b)落石拦阻缓冲器挡网及环式缓冲器

图 6-31　缓冲器挡网

从实际应用效果看，缓冲器有两点不足：第一，它的"单圈簧"消能能力有限，滚石冲击力较大时易被拉坏；第二，对材料要求高而造成造价较贵。为此，交通运输部公路科学研究院地质灾害防治团队专门设计了两种结合落石分级预警的新型防护网缓冲消能装置，并申请了专利，可有效改进已有缓冲器的不足。

关于柔性拦挡法，应特别指出的是自然生长于坡上的树木、草等植被对滚石防治的作用也很大：第一，树根可以固定岩体，防止掉落；第二，大的树干可较好地阻挡滚石；第三，甚至草、藤等植被能降低滚石碰撞弹跳高度，减小滚石下冲速度的作用，起到有效消能作用。

6.3.1.3 加网挡墙法

当采用刚性拦挡法治理边坡崩塌灾害时，为克服挡墙的高度不足问题，可将刚性挡墙与轻巧的柔性挡网相结合，形成一种新式加网挡墙复合结构，以提高落石拦截效果，如图 6-32 和图 6-33 所示。

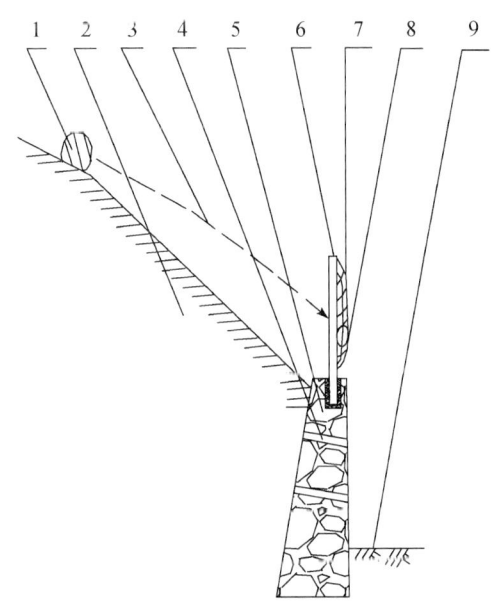

1-滚石；2-边坡；3-滚石飞行的路径；4-纤维束导渗排水孔；5-浆砌块石挡墙；
6-固定支杆挡网；7-被滚石撞鼓的网；8-固定挡网用的砂浆；9-路面

图 6-32　固定支杆挡网与浆砌块石挡墙混合结构

6.3.1.4 防滚石棚法

防滚石棚法也可称为棚洞法，是通过在道路上方建设具有较高强度的顶棚以防止崩塌灾害的一种方法，既可建成类似于开窗的隧道明洞，也可做成棚状，形式多样。

防滚石棚可设置为单车道或多车道，如图 6-34 和图 6-35 所示。防滚石棚的墙应为"窗"式或"间断"式，以达到为行车采光的目的。

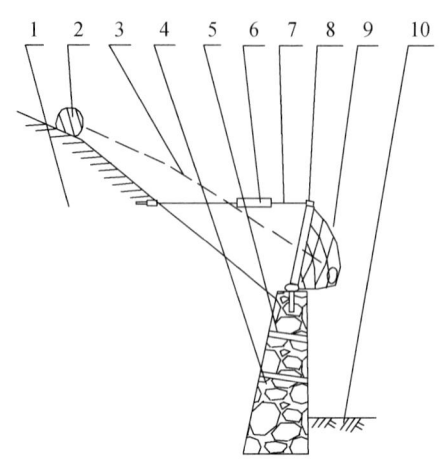

1-边坡;2-滚石;3-滚石飞行的路径;4-浆砌块石挡墙;5-纤维束导渗排孔;
6-缓冲器;7-拉索;8-可动支杆;9-网及撞击该网的滚石;10-路面

图 6-33　缓冲器挡网与浆砌块石挡墙混合结构

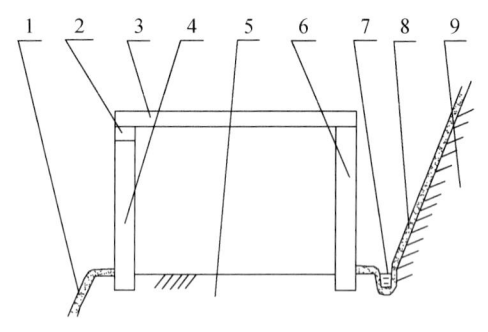

1-护坡;2-外墙横梁;3-顶板;4-外墙;5-车道;6-靠山墙;7-排水沟;8-喷层;9-边坡

图 6-34　单道防滚石棚基本结构示意图

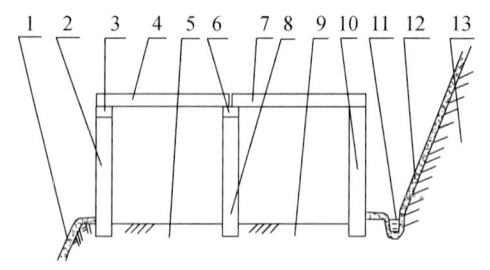

1-护坡;2-外墙;3-外墙横梁;4-外墙顶板;5-外车道;6-中隔墙横梁;7-靠山墙顶板;
8-中隔墙;9-内车道;10-靠山墙;11-排水沟;12-喷层;13-边坡

图 6-35　双道防滚石棚基本结构

防滚石棚的靠山墙应当被设计成厚墙以抵抗滚石侧向冲击力和堆积后的侧向静压力。在边坡与靠山墙之间应留有适当宽度的排水沟,以起到排水和接纳某些滚石的作用。

防滚石棚的顶棚应设计为斜坡状,或堆放一定厚度和坡度的轻质缓冲材料,以减轻滚石对顶板的冲击力。另外,斜坡状顶棚设计还可减少或消除落石滞留在顶板上。

防滚石棚设计时还应注意要采取一定措施,如立牌明示等方法,防止滚石经顶板滚下后伤人。

防滚石棚的顶板可采用钢筋混凝土板,墙体(包括外墙、中隔墙和靠山墙)可采用浆砌块石、钢筋石笼、钢筋混凝土及混合体等构筑(图6-36)。图6-37是一种以钢筋混凝土顶板−浆砌块石墙构成的单道平顶防滚石棚,图6-38是以锚喷山体边坡为靠山墙的一种防滚石棚设计示意图。

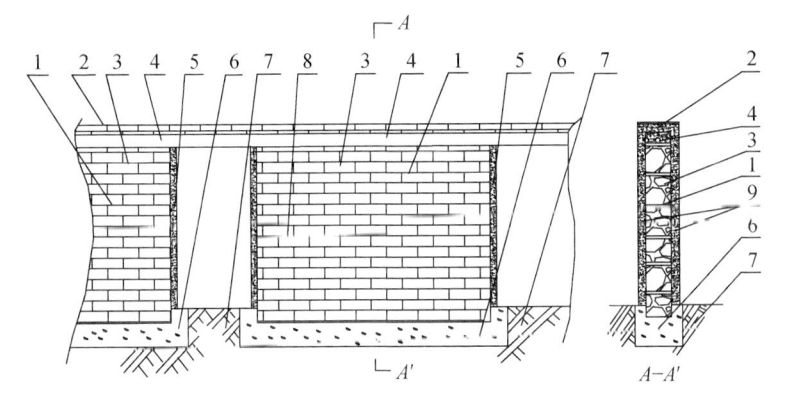

1-笼间水平水泥砂浆层;2-顶板;3-钢筋石笼;4-横梁;5-侧边水泥砂浆保护层(或喷层);
6-地基砂浆层;7-路基;8-笼间垂直水泥砂浆层;9-墙体正面、背面的水泥砂浆保护层

图 6-36 一种钢筋石笼堆砌外墙结构示意图

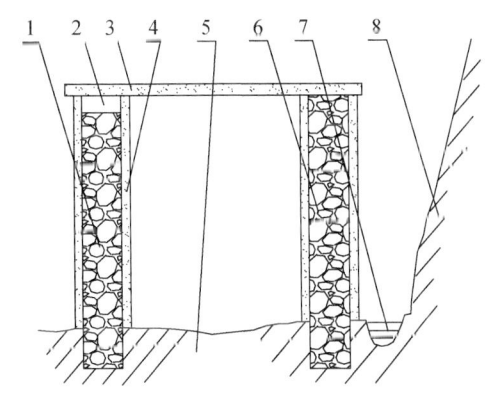

1-浆砌块石外墙;2-横梁;3-顶板;4-水泥砂浆层;5-路基;
6-浆砌块石靠山墙;7-排水沟;8-边坡

图 6-37 钢筋混凝土顶板−浆砌块石墙单道平顶防滚石棚示意图

为了克服棚洞结构应用中施工难度大、造价高、结构抗冲撞设计要求高等不足,作者设计了一款采用钢结构与柔性防护网结合的专利产品:一种仿民居式轻型强卸能防落石棚洞,其外观示意图如图6-39和图6-40所示,详细介绍见6.4.2.3节。

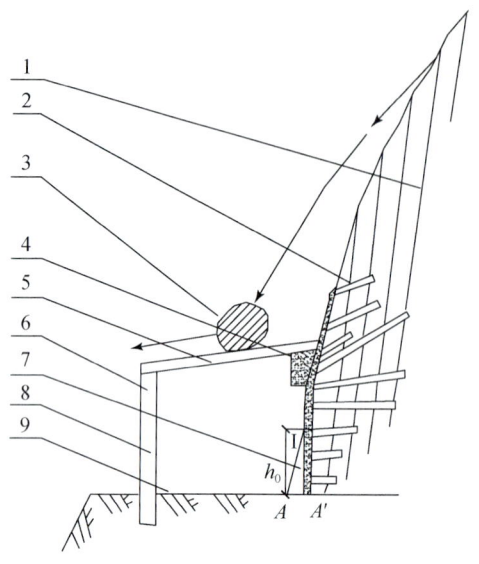

1—陡坡；2—结构面；3—锚杆；4—喷层；5—短悬臂梁；
6—斜顶板；7—横梁；8—外墙；9—路基

图 6-38　以锚喷结构为墙的混合防滚石棚法

图 6-39　棚洞正面示意图

图 6-40　棚洞侧面示意图

6.3.2　避石沟

避石沟是指开挖于山坡与路面之间，或拦石挡墙前、后，具有足够宽度和深度，使从山坡上滚向路面的滚石不能越过沟体（图 6-41）。避石沟可以直接开挖，也可以人工砌作。在路边，设计者通常将避石沟与排水沟合二为一，以节约工程费用，图 6-41 为一种直接开凿的避石沟避石作用示意图。

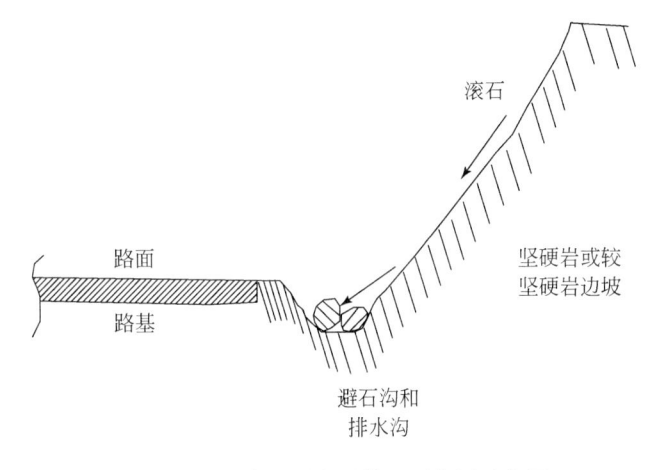

图 6-41　硬岩避石沟及其避石作用示意图

在软岩或土层中开挖的避石沟，由于软岩或土层的强度较低，在滚石冲击作用下容易被砸坏，设计时应当注意软岩或土层避石沟的宽度应大于硬岩避石沟的宽度。另外，在兼作排水沟时应防止被砸坏后又被水冲毁。

避石沟也常用浆砌块石砌成，但在设计时应特别注意浆砌块石避石沟的宽度和强度应足够，否则它很可能被滚石砸坏，影响使用。图 6-42 为作者拍于 104 国道线大鼻头山浆砌块石兼作排水沟用的避石沟照片，避石沟墙体为浆砌块石，已被从山坡上冲下来破网而出的滚石砸坏。

图 6-42　被滚石砸坏的避石沟浆砌块石墙

6.4 桥隧群区崩塌灾害防治工程体系研究

6.4.1 崩塌落石路径分析方法研究

落石运动路径特点对于边坡崩塌灾害防控有着重要意义。落石路径是指落石运动过程中相对于坡面的高度、角度及坡脚落点。通过对滚石轨迹的分析，得到滚石的坠落距离、坠落能量等特征，深化对落石运动的认识，有助于防护方法的选择以及防护结构的设计高度、强度等一系列重要的防护结构控制参数的获取。正确的滚石轨迹估算是经济有效滚石防护结构设计的必要基础和依据。

6.4.1.1 影响边坡落石轨迹的主要因素

高边坡崩塌的发生包括危岩体由静止（缓慢变形）到运动再到静止这一整个过程。一般经过滑移（倾倒、断裂）、滚动、跳跃和撞击等运动，或这些运动形态的组合，最终静止于坡脚。分析崩塌落石从孕育到发生的过程，可以分为启动阶段、运动阶段和终止阶段。启动阶段包括边坡岩体在风化、卸荷、工程施工等作用下不断变形、破坏的过程的积累，是一个长期缓慢的过程，而不是突然发生。通常所说的崩塌是指落石的运动过程。

落石的运动过程并不都是按垂直方向下落的，而是在整个空间上表现出很不规则的运动。试验表明，滚石运动的轨迹、弹跳次数和位置、水平位置随机性很大。

影响滚石运动的因素既有边坡因素，也有滚石本身因素，这些因素本身的不确定性导致滚石空间运动形态复杂且不规则。

通过对滚石灾害实地考察及分析，可总结出影响滚石轨迹的主要因素包括：边坡几何形状、落石的几何性质与坡面物理力学性质、初始状态等几个方面。

1. 边坡几何形状

坡面几何形状对落石的路径有很大影响，坡面几何形状对落石路径的影响主要表现在凸起的坡表与落石的碰撞。边坡每段台阶的高度、坡度、整个边坡的高度与坡度的不同都会导致落石碰撞点的不同，影响落石路径。确定边坡几何性状主要有三个参数：边坡形状、坡角和坡高。

一般来说，边坡通常有一定的坡度，落石很少从边坡上直接坠落地面，因为即使是垂直边坡，坡面也会有凸出的岩块或植物对落石进行拦挡，从而导致落石路径的不规则性。同时，落石也很少会仅仅在垂直坡面的断面上坠落，总是会在横向上偏离该断面，也就是说其坠落路径是空间的而非平面的，这也导致了落石路径的不确定性。

边坡断面形状千变万化，对每个边坡都进行落石路径的计算描述是困难的。为了降低分析难度，目前方法主要是对边坡的几何形状划分为几种典型断面，且是在二维断面上进行分析。

2. 坡面物理力学性质

从坡顶到坡脚，边坡的岩性通常都不是均匀的，差异较大。岩性以及岩土体的结构的差异导致坡面岩土体在强度、刚度等物理力学性质存在差异。坡面不同性质的岩土体在与落石碰撞时，落石发生弹跳的角度、距离有很大不同，进而产生落石最终落点的变化。同样，边坡表面的植被覆盖情况也各有不同，边坡表面的植被的存在除了影响坡面岩土体性质之外，灌木、乔木还会对落石产生摩擦、阻挡的作用，进一步影响坡面与落石碰撞结果。对于落石轨迹最为直观的影响参数可分为两个：恢复系数和边坡摩擦角，其中恢复系数分为法向恢复系数 R_n 和切向恢复系数 R_t。

3. 落石的几何性质

落石的几何性质对落石的运动状态和落点的影响也很大。叶四桥和陈洪凯曾对112块落石进行现场试验并对现场试验数据进行了统计分析，反映了不同的滚石形状对滚石的运动模式的一些影响规律。除此之外，大量其他学者的研究也表明滚石的尺寸、形状对滚石的运动位移、速度、加速度等有很大影响。统计与常识都可表明，落石的形状越趋近球体，其滚动能力越强，穿越植被（如灌木、丛林等）的能力越强，在穿越中能耗相对较少，速度减小得少，从而在穿越之后能够产生较大的水平位移。长径比大的落石以滚动为主，其弹跳能力较差，弱于球体落石。当落石形状呈薄片状时，落石在平整坡面将以滑动为主，受坡面摩擦系统及植被阻挡影响最大。

4. 落石的物理性质

落石的物理性质对滚石运动的影响主要表现在其质量与密度对运动的影响。研究表明，质量大的落石的加速度整体上大于质量小的落石。其原因是落石在坠落过程中，质量较大的落石对外界的因素影响比质量较小的落石相对较小。

滚石的力学性质（强度、刚度、完整性）影响着滚石的运动轨迹。滚石在坡面上与坡面接触时的摩擦系数、回弹系数以及在相互冲击过程中是否会解体等会影响其速度、位移量。滚石在解体时会消耗大量的能量，使得总的机械能减小，强度越大，刚性越大，整体性越好的滚石在运动过程中能量损失越少。

5. 落石的初始运动状态

滚石本身的初始运动状态对其轨迹也有影响。危岩体以倾倒、滑落剪切或拉张断裂的方式失稳后即发展为崩塌或落石。运动过程中的状态从失稳瞬间开始，不同的起始方式可能导致其后的运动状态是滑动、滚动、自由坠落还是碰撞弹跳。初始运动状态时落石坡面运动的初始和输入条件，起始运动速度很小。滚石初始速度大小和方向，可以用滚石初始水平速度 V_{ox} 和初始竖直速度 V_{oy} 表示。

6.4.1.2 边坡落石路径分析

1. 坡面形态与落石运动特点分析

分析边坡落石轨迹的影响因素可以看出，当边坡几何形态、坡面与落石物理力学性质等因素类似时，接近球体的落石，不管其运动过程是滚动、滑动，还是跳跃，都是落点最远、下降速度最快的，因而也是影响范围最大和破坏力最大的一种。那么，把落石假设为近于球体，无疑可以对落石的影响范围与冲击破坏能量进行便于工程应用上的估计，也是分析崩塌灾害最为简便的一种假设。

如前所述，坡面几何形状控制参数有坡形、坡高、坡角（包括边坡台阶）。坡角的变化对法向与切向恢复系数产生影响；坡高主要对落石的总能量产生影响；坡形对落石的运动形态影响最大。

边坡几何形状可以分为四种坡型：凸型边坡、阶梯型边坡、直线型边坡和凹型边坡，示意图见图6-43～图6-46。

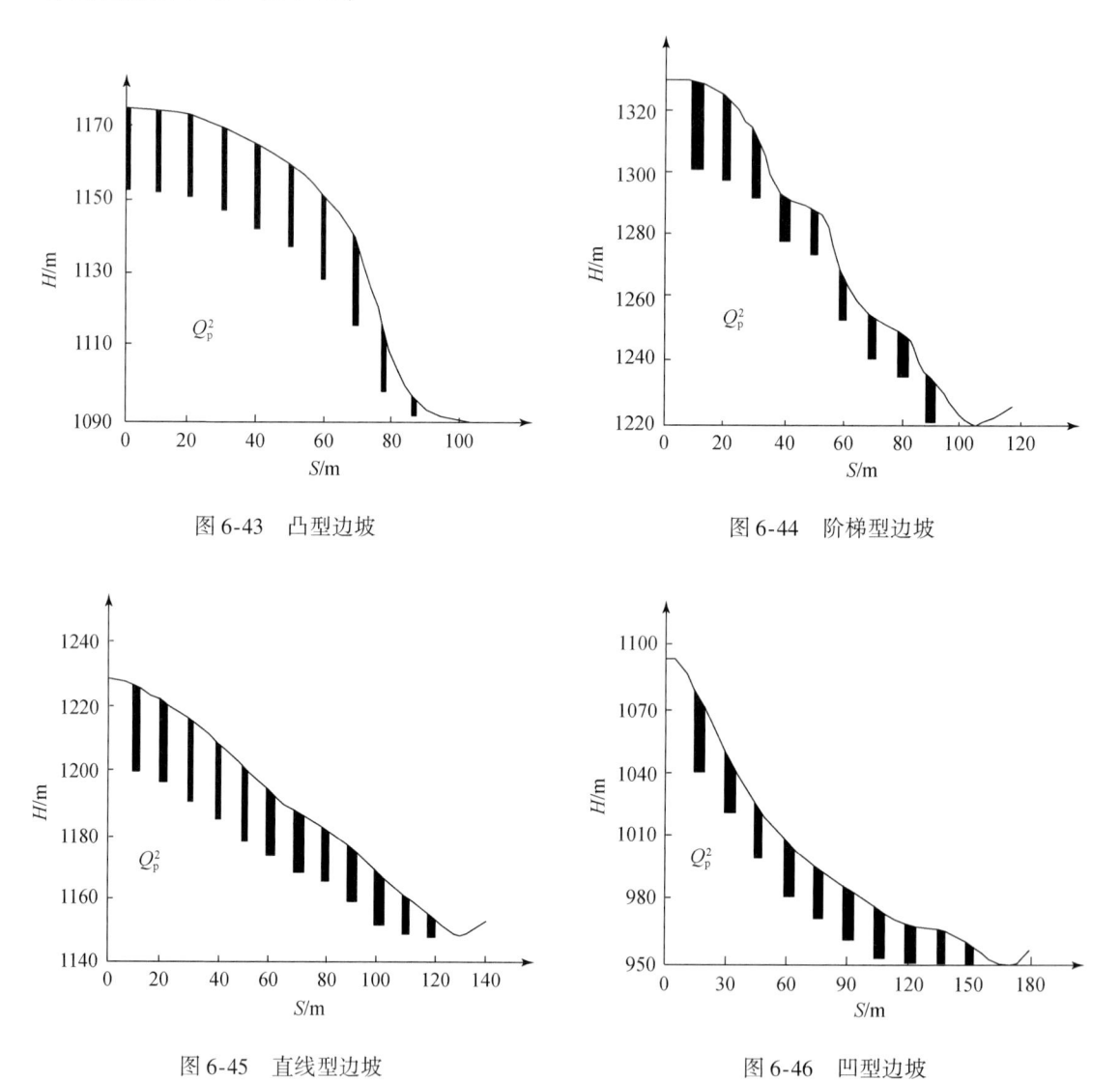

图6-43 凸型边坡

图6-44 阶梯型边坡

图6-45 直线型边坡

图6-46 凹型边坡

下面对四种类型的边坡落石运动模式进行分析。①凸型边坡：该类边坡坡面上凸，落石坡面运动主要表现为滑动、滚动和跳跃。②阶梯型边坡：该类边坡实际上可认为是凸型边坡和凹型边坡的组合，落石在该类坡面上运动方式可能包括坠落、滚动、弹跳等。③直线型边坡：该类边坡坡面平直，落石在该类边坡表面运动方式可能包括滑动、滚动、弹跳几种方式；坡角越大，落石产生滑动的可能性越大（有凸起产生碰撞的除外）；当坡角接近90°时，落石可能是由母体脱离直接坠落。对于直接坠落的落石是否会继续运动，则视落点处坡角、物理力学性质和碰撞恢复情况而定。④凹型边坡：落石在该类边坡表面的运动方式可能有坠落、滑动、滚动等。已有研究成果表明，当阶梯型边坡和直线型边坡坡角超过45°时，落石的运动方式以滚动跳跃为主，而小于45°时，落石运动则以滑动为主。

2. 各种落石运动形式的计算公式

进行运动学计算的基本假设如下：①将边坡形状简化成由若干段折线组成的连线；②滚石平动时简化为一个质点，转动时，将滚石假定为一刚性球体，即球体本身不产生变形；③滚石运动过程中相互碰撞的情况不予考虑，同样，在运动过程中，不考虑滚石碎裂情况；④滚石能量的损失由坡面的摩擦及坡面的塑性变形引起，用恢复系数表示碰撞引起的能量损失，忽略运动过程中其他的能量损失。

1) 滑动

滑动过程中滚石的滑动速度为

$$v = \sqrt{v_0^2 + 2gH(1-\mu\cos\alpha)} \tag{6-1}$$

式中，v_0 为滚石开始运动时的初速度，m/s；μ 为滑动摩擦系数，当 $v_0=0$ 时，μ 为静滑动摩擦系数，当 $v_0>0$ 时，μ 为动滑动摩擦系数；α 为坡角，(°)。

2) 滚动

滚动过程中滚石的平均线速度和角速度分别为

$$v = \sqrt{v_0^2 + 2(gH - fgL\cos\alpha)\frac{r^2}{r^2+d^2}} \tag{6-2}$$

$$\omega = \frac{v}{r} \tag{6-3}$$

式中，H 为滚石在坡面上已运动的垂直距离，m；L 为滚石在坡面上已运动的水平距离，m；f 为滚动摩擦系数；r 为球体半径，m；d 为球体的相当半径，m。

3) 自由飞落

滚石在不考虑飞行时所受到空气阻力影响时，其自由飞落可以归类成斜抛运动。设坡面方程为

$$f(x,y) = 0 \tag{6-4}$$

沿坡高和坡延伸方向为正方向建立平面直角坐标系，滚石由 A 点，坐标为 (x_0, y_0)，运动至 B 点，坐标为 (x, y)，则滚石的运动轨迹方程为

$$\frac{2v_{ox}^2}{g}(y-y_o) + (x+x_o)^2 + \frac{2v_{ox}v_{oy}}{g}(x-x_o) = 0 \tag{6-5}$$

式中，v_{ox} 为初速度在 x 方向的分量，m/s；v_{oy} 为初速度在 y 方向的分量，m/s。

假设在 C 点设一竖直防护建筑物，坐标为 (x_c, y_c)，则滚石撞击防护建筑物时，撞击高度和速度分别为

$$h = -\frac{1}{2}g\left(\frac{x_c-x_o}{v_{ox}}\right) - v_{oy}\left(\frac{x_c-x_o}{v_{ox}}\right) + y_o - y_c \tag{6-6}$$

$$v_c = \sqrt{(v_o\cos\alpha)^2 + \left(v_o + \frac{x-x_o}{v_o}g\right)^2} \tag{6-7}$$

式中，h 为滚石撞击防护结构的高度，m；v_c 为滚石撞击防护结构的速度，m/s。

4）碰撞弹跳

讨论滚石碰撞问题时候，一般会涉及恢复系数法。恢复系数是用来表示被假设为刚体碰撞的滚石碰撞过程中的能量损失。分别定义法向恢复系数 R_n 和切向恢复系数 R_t。

$$R_n = v_{2n}/v_{1n} \tag{6-8}$$

$$R_t = v_{2t}/v_{1t} \tag{6-9}$$

式中，v_{1n} 和 v_{1t} 为碰撞前滚石沿法向和切向方向的速度分量，m/s；v_{2n} 和 v_{2t} 为碰撞后滚石沿法向和切向方向的速度分量，m/s。

落石恢复系数 R_n 和 R_t 是正确估算落石运动轨迹的两个重要参数。这两个参数与边坡的坡度、坡面岩土体的物理力学性质、滚石的大小形状等因素有关。表 6-3 和表 6-4 为交通运输局推荐的法向和切向恢复系数的取值。

表 6-3　法向恢复系数表

法向恢复系数 R_n	坡面特征
0.37～0.42	光滑而坚硬的表面和铺砌面，如人行道或光滑的基岩面
0.33～0.37	多数为基岩和砾岩区的斜面
0.30～0.33	硬土边坡
0.28～0.30	软土边坡

表 6-4　切向恢复系数表

切向恢复系数 R_t	坡面特征
0.87～0.92	光滑而坚硬的表面和铺砌面，如人行道或光滑的基岩面
0.83～0.87	多数为基岩和无植被的斜坡面
0.82～0.85	多数为有少量植被的斜坡面
0.80～0.83	植被覆盖的斜坡和有稀少植被的土质边坡
0.78～0.82	灌木覆盖的土质边坡

6.4.1.3　落石冲击力计算方法

落石冲击力的合理计算方法是进行棚洞、被动防护网等防护设计的基础，防护类型、结构、尺寸的选择，是崩塌落石灾害防护设计的依据和关键。常见公路隧道棚洞缓冲层结构如图 6-48 所示，主要由钢筋混凝土框架结构、顶板以及覆盖于顶板外侧具有缓冲作用的垫层组成。顶层通常设置一定的缓冲土层，以土层的缓冲力来增强结构抗冲击性能（图 6-47）。

国内外对如何计算棚洞所承受的落石冲击力开展了众多的试验与研究，也提出了相应的计算方法。如我国在《公路路基设计规范》和《铁路隧道设计手册》中均列出了相应的计算方法，此外杨其新和叶四桥等也提出了相应的计算方法。国外与其相关的方法主要有日本算法、瑞士算法和澳大利亚算法。当采用上述不同的计算方法来计算落石的冲击力时，其结果差异较大。此外，即使在计算落石冲击力时采用同一种类的缓冲垫层，由上述

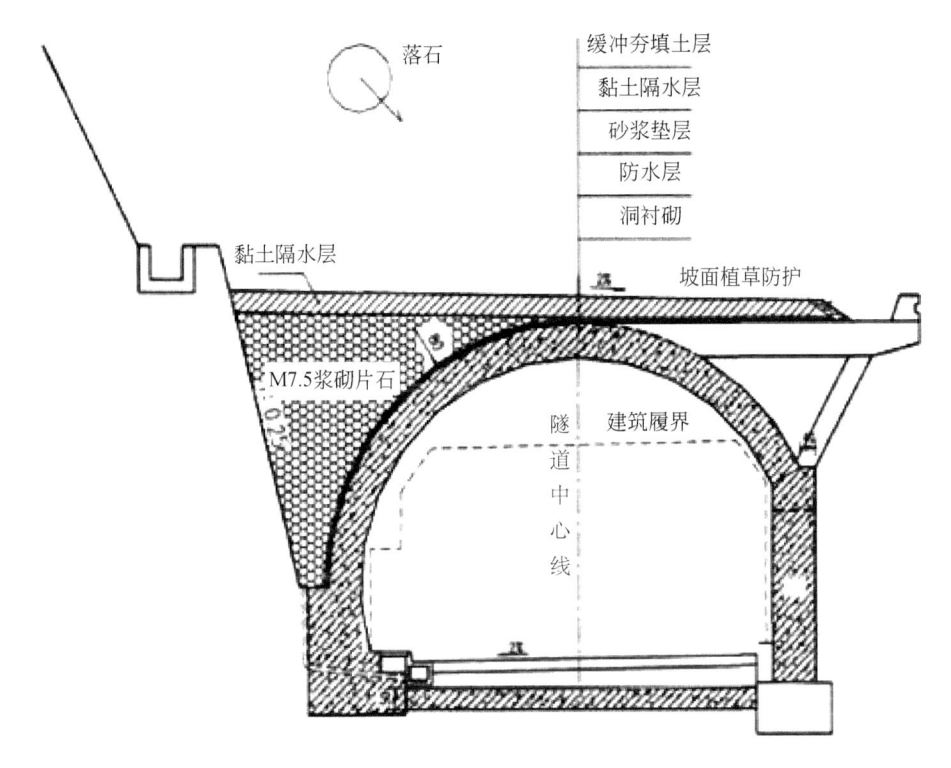

图 6-47 棚洞缓冲层结构示意图

不同计算方法所得到的结果之差甚至可达到 100 倍的数量级。这是由于棚洞抵抗落石的冲击是一个极为复杂的过程，其冲击力的大小不仅与落石冲击能量有关，而且还与冲击时间、落石质量、回弹效应、缓冲垫层的属性（如弹性模量、泊松比、厚度和容重）等有关。国内外现有的计算方法没有全部考虑以上属性，都是基于经典弹性理论的接触力学模型，或基于理想弹塑性材料的 Thornton 理论，依据试验数据的拟合而得到的半理论或半经验性的公式，因此计算得到的结果不能完全反映各种状况下落石的冲击力大小，其相互之间的误差也较大。

1. 现有的落石冲击力计算方法简介

目前国内外常用的落石冲击力计算方法大致有五种。国外常用的多为基于落石现场冲击力试验所得的经验公式。国内采用《公路路基设计规范》和《铁路工程设计技术手册——隧道》提供的落石冲击力计算算法。

1) 瑞士计算方法

Labiouse 通过落石冲击试验，并利用 Hertz 弹性碰撞理论建立了落石冲击力的经验计算公式，落石的最大冲击力为

$$F_{max} = 1.765 M_E^{\frac{2}{5}} R^{\frac{1}{5}} (MH)^{\frac{3}{5}} / 1000 \tag{6-10}$$

式中，M_E 为缓冲层弹性模量，kPa；M 为落石质量，kg；R 为落石的等效半径，$R = \sqrt[3]{\dfrac{3Q}{4\pi\gamma}}$（$Q$ 为落石体积），m；γ 为落石的密度，kg/m³；H 为落石的下落高度，m。

2）日本计算方法

Kawahara 等通过落石冲击试验并借助于 Hertz 碰撞理论也建立了落石冲击力的经验计算公式，即

$$F_{\max} = 2.108(Mg)^{\frac{2}{3}}\lambda^{\frac{2}{5}}H^{\frac{3}{5}} \tag{6-11}$$

式中，g 为重力加速度，m/s²；λ 为拉梅常数；$\lambda = \dfrac{\mu E}{(1+\mu)(1-2\mu)}$，kPa；$E$ 和 μ 分别为缓冲层的弹性模量与泊松比；M 为落石质量，kg。

3）澳大利亚计算方法

澳大利亚学者 Pichler 等模拟落石对砂砾土质缓冲层的冲击，得到半经验法的计算公式，即

$$F = \frac{2Mv}{\Delta t}, \Delta t = \frac{2h}{v} \tag{6-12}$$

式中，M 为落石质量，kg；v 为落石的冲击速度，m/s；Δt 为落石冲击过程所持续的时间，s；h 为缓冲层的厚度，m。

4）中国隧道手册计算法

我国 1995 年在《铁路工程设计技术手册——隧道》一书中提出了一种关于落石冲击力的近似计算方法，即

$$F = \frac{Mv}{g\Delta t} \tag{6-13}$$

式中，M 为落石质量，kg；Δt 为落石持续时间，s（其以近似压缩波考虑，可按 $\Delta t = \dfrac{2h}{C}$ 计算，$C = \sqrt{\dfrac{(1-\mu)E}{(1+\mu)(1-2\mu)\rho}}$）。

5）杨其新计算方法

杨其新等通过重锤自由下落到土槽的试验方法，找出落石对不同厚度填土缓冲层产生冲击力的变化规律，并提出了计算落石冲击力的公式，即

$$F = Qa; a = \frac{\sqrt{2gH}}{t} = \frac{v}{t} \tag{6-14}$$

$$t = \frac{\left(0.097Q + 2.21h + \dfrac{0.045}{H} + 1.2\right)}{100} \tag{6-15}$$

式中，a 为冲击过程中落石的加速度，m/s²；Q 为落石的重量，kN；h 为缓冲层厚度，m；H 为落石下落高度，m。

2. 落石冲击力计算的分析与简便估算

由上述公式可以看出，瑞士计算方法和日本计算方法都是根据 Hertz 弹性碰撞理论，借助落石冲击试验建立起来的落石冲击力经验计算公式，其重点是考虑了缓冲层的弹性模量。落石在与结构缓冲层碰撞过程中，缓冲层受力乃至变形破坏的变化过程非常复杂，并非理想弹性体之间的碰撞，根据弹性碰撞理论建立计算公式也就自然存在较多的不合理之处。澳大利亚学者、国内学者的计算公式是根据动量定理而建立的。澳大利亚计算方法的

本质是假设落石冲击陷落深度正好就是缓冲层厚度,缓冲层厚度越小,冲击时间越短,厚度越大,冲击过程持续时间也越大。假设缓冲层趋近无限大时,则冲击时间也趋近无限大,这显然与事实不符。在《铁路工程设计手册——隧道》中的算法,是将与缓冲层材料泊松比有关材料中的弹性波速作为冲击陷落过程中的平均速度,与落石下落的速度或者说下落能量无关,这一假定也与事实出入较大。在杨其新的算法中,根据室内实验来得到落石冲击规律,冲击过程持续时间用一个经验公式来表示。其实验中,用落锤模拟落石,最大下落高度为50cm,落锤最大重量为8N,缓冲层厚度最大为5cm。显然这样的实验能否得到可靠的经验系数是值得商榷的。

根据动量定理来计算落石冲击力,从受力和能量的角度来考察,忽略落石与缓冲层碰撞的复杂过程,无疑较为合理。在动量定理中,如何确定碰撞过程的时间,是确定冲击力的关键。

在冲击力计算过程中,还有以下考虑。

(1) 从冲击开始到结束这一过程中,如果假设缓冲层为一个塑性模型,混凝土结构保持弹性,假设为一个弹簧,那么可假设缓冲层与混凝土防护结构共同构成一个弹塑性系统。利用弹塑性本构来对落石冲击力进行计算,国内叶四桥、何思明等做了相应探索,但其计算均数值模拟进行,计算过程复杂,结果的可靠性仍待证实。

(2) 缓冲层与防护结构这一系统在落石冲击下,将产生振动,承受作用力最大的时刻是防护结构被压缩到最大程度时,也就是产生最大振幅的第一个振动周期,其后因各种能量损耗振动加速度越来越小。在第一振动周期中,缓冲层被压缩或冲切破坏已经完成,因此落石冲击力计算只需考虑第一个振动周期即可。

(3) 当落石与缓冲层相比刚度相差较大时,落石冲击可能对缓冲层和混凝土防护结构都产生冲切破坏,如桥梁桥面、隧道棚洞被砸穿。该种条件下的冲击力计算应按材料的冲切破坏来计算,不在本次讨论之列。

(4) 落石冲击过程中,若不考虑冲击深度距离内重力对落石加速作用,可假设落石是从最大速度时在缓冲层阻止作用下减速而降为零。该过程加速度因作用力的不同而不同,为一非线性过程。

落石与缓冲层相互作用过程非常复杂,力的大小、速度的变化等都是一个变化的动力学过程。为避免考虑过于复杂导致计算难度的增加,导致在实际应用中难以方便应用,基于上述分析,本文提出以下简便计算方法。

根据《公路路基设计规范》(JTG D30—2015),落石冲击缓冲层后下陷深度可按式(6-16)计算:

$$Z = v \times \sqrt{\frac{Q}{2g\gamma F \left[2\tan^4\left(45°+\frac{\varphi}{2}\right)-1\right]}} \tag{6-16}$$

式中,v 为落石接触缓冲土层时的速度,m/s;Z 为落石冲击时陷入缓冲土层的深度,m;Q 为落石重量,kN;g 为重力加速度,$g=9.8\text{m/s}^2$;γ 为缓冲土层重度,kN/m^3;F 为落石等效球体的截面积,m^2;φ 为缓冲填土的内摩擦角,(°)。

假设落石冲击过程中的速度为匀减速运动,即从落石冲击作用开始的速度为最大值,到冲击过程结束，落石静止。设这一过程持续时间为 t，落石冲击过程中的平均速度为 v_t，则可认为 $v_t = \frac{1}{2}v$，持续时间 $t = \frac{Z}{v_t}$，根据冲量定理 $ft = mv$，可得

$$f = v\sqrt{\frac{m\gamma F\left[2tg^4\left(45°+\frac{\varphi}{2}\right)-1\right]}{2}} \tag{6-17}$$

根据该公式和设定的落石冲击陷入缓冲层深度，就可以对棚洞的混凝土结构参数与缓冲层参数进行相应设计，步骤如下所示。

（1）根据现场调查，确定落石坠落高度、大小，分别计算其到达棚洞顶部时速度、尺寸等参数。若边坡存在多个落石可能，应按最不利因素确定。

（2）根据规范与现场条件确定缓冲层厚度、内摩擦角等参数，缓冲层厚度应考虑预留一定富余量。

（3）根据冲击力大小，确定棚洞混凝土的结构与配筋等参数。

（4）验算缓冲层与混凝土结构的材料冲切破坏可能性。

6.4.1.4 落石最终速度计算方法

落石到达坡脚时的速度受坡高、坡长、坡面性质等诸多因素影响，且随机性极大，到目前为止尚无对其进行精确计算的方法。因此，对其进行估算，提供一个可靠的范围就显得尤为重要。

滚石能量的最大最小值估算方法，可按以下步骤进行。

（1）确定落石运动模式，简化其运动过程。根据落石塌落方式和坡面形状，可将落石塌落分三种极端情况：垂直坠落、滑落和滚落。其中滚落包括滚动、跳跃等运动形式。

（2）测量落石运动坡面长度，若落石为垂直下落，长度按落石原位到落点距离；若落石可沿着坡面滑动或滚动，则滑动或滚动长度为整个坡面长度。

（3）计算落石速度，分三种情况：①若落石为直接坠落坡脚，根据简单运动公式进行计算落石到达坡脚时的运动速度，此时的落石的所有能量即为落石未下落时的势能；落石坠落坡脚之后，势能全部转化为动能。②假设落石在塌落过程中全程是滑动，没有滚动、跳跃等运动行为，此时对坡面选择一个经验摩擦系数，即可以较为准确地计算落石下落的速度和能量。同样若落石在运动过程中是全程滚动下落，选择一个坡面经验滚动摩擦系数，当落石摩擦能量等于落石全部势能时，落石即停止运动。③当落石下落过程中的运动模式有跳跃状态时，其能量损失在①和②之间，即下落过程中，既有碰撞的能量损失，又有滑动时候的摩擦能量损失，以及碎裂、声音产生的能量损失。该种卜落模式较为普遍，其能量大小应按极大和极小值之间估算即可。

6.4.2 崩塌落石能量消减技术

6.4.2.1 落石消能设计的阶段与位置因素

常规的落石灾害防治方法本身也可以说是落石的消减手段，如挂网、支护、注浆、嵌

固、支撑、喷锚、格构、锚固、挡墙、拦石网、拦石栅栏、截石沟、棚洞等，多数情况下既是防治手段，也是消能措施，消能措施是防治手段的一个方面。但有时候落石灾害防治措施出发点不是针对消能进行设计，因而需要对其工艺方法进行改进和完善。

为系统地分析落石消能措施与方法，可根据崩塌灾害的发生发展特点，将其发生过程分为三个阶段：起始阶段、运动阶段和终止（冲击）阶段。起始阶段是危岩体仍位于原位尚未脱离母体，且正在发生变形破坏，或崩塌刚刚形成，刚发生少量位移期间；运动阶段是崩塌已经形成，岩土体已经离开母体处于向坡脚滚落、滑落或弹跳崩落的运动过程中；终止阶段是崩塌体接近坡脚，在外力如摩擦、碰撞等作用下停止运动的阶段。

落石缓冲消能防护结构的不同措施在应用时的设置位置是影响消能效果的一个重要因素。坡面主动挂网主要用于边坡危岩体尚未塌落或刚刚塌落阶段，属于主动和半主动消能手段。拦石栅栏、拦石墙、拦石网及截石沟等措施，都是针对落石已经塌落的运动阶段，拦石栅栏主要应设置于距离落石原位不远处，或接近路边处作为最后一道防线；拦石墙、拦石网可布置于落石运动阶段的运动路径上的适当位置；截石沟、台阶主要用于运动阶段的中间过程，可以对落石起到大幅度缓冲作用，有效降低落石动能。当落石冲击能量经过上述措施不断消减后，防护棚洞直接设置在边坡崩塌易发位置的公路上方，作为最后的防护手段。在做落石的消能考虑时，因为落石运动过程中可能产生弹跳而不一定贴着坡面运动，尤其应注意落石的路径因素。如设计拦石网时，还必须考虑落石在坡面某处弹跳的可能性，不同位置其弹跳高度不同，对拦石网的高度要求也不相同，位置的错误可能导致拦石网完全失去作用，如图 6-48 所示。

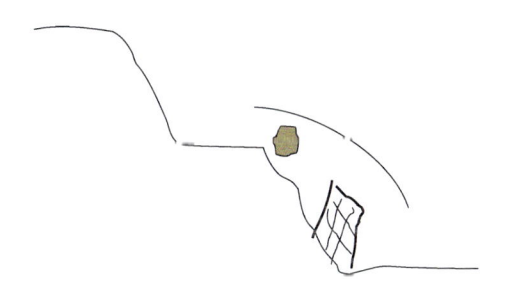

图 6-48　拦石网位置设置错误导致拦截失败

6.4.2.2　坡面主动挂网防护

坡面主动挂网防护是边坡主动防护一种常用方法。该方法是以在边坡坡面上打入的锚杆作为固定点，以钢丝绳网为主的各类柔性网覆盖包裹在所需防护边坡或岩石上，以限制坡面岩土体因卸荷、风化剥落或外力扰动造成的变形位移，或将已塌落岩土体限制于一定范围内移动。其在防护上的作用主要表现在锚杆的加固作用、钢丝绳网对坡面松动岩土体的加压围护作用，以及岩土体松动坠落后运动方向的控制作用三个方面。该种系统的作用原理上类似于喷锚和土钉墙等面层护坡体系，但因其柔性特征，能通过系统将局部集中荷载向四周均匀传递以充分发挥整个系统的防护能力，即局部受载，整体作用，从而使系统能承受较大的荷载并降低单根锚杆的锚固力要求，如图 6-49 和图 6-50 所示。

图 6-49 边坡主动挂网防护

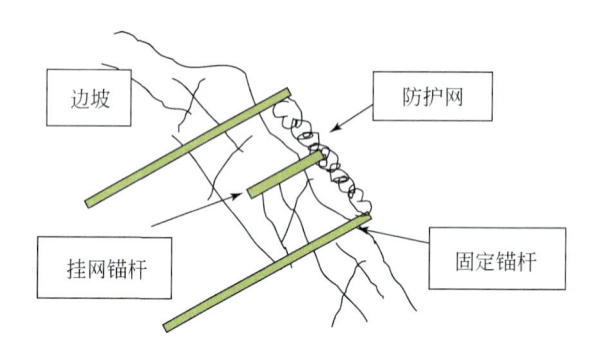

图 6-50 边坡主动挂网防护示意图

该类系统的优点是具有开放性,地下水可以自由排泄,避免了由于地下水压力的升高而引起的边坡失稳问题;除稳定边坡外,同时还能抑制边坡进一步的风化剥蚀;对坡面形态特征无特殊要求,不破坏和改变坡面原有地貌形态和植被生长条件,其开放特征给今后有需要时实施人工坡面绿化保留了必要的条件。

锚杆(锚钉)的固定作用、钢丝绳的加压围护作用及岩土体运动方向的控制作用,既是该类系统对边坡的主动加固,也是一种主动消能作用。以往的坡面主动挂网防护注重坡面的防护,因而在锚杆的施作方面,关注重点是锚杆能否固定住大块岩体以及能否将钢丝绳网牢固挂住。当将该种方法作为主动消能措施时,应在工艺上做进一步改进,如图 6-51 和图 6-52 所示。

由图 6-50 ~ 图 6-52 可以看出,不同锚杆在边坡防护中起的作用是不同的。对于挂网锚杆,因为间距小,当绳网承接落石后,对挂网锚杆的作用主要是绳网对锚杆的抗拔作

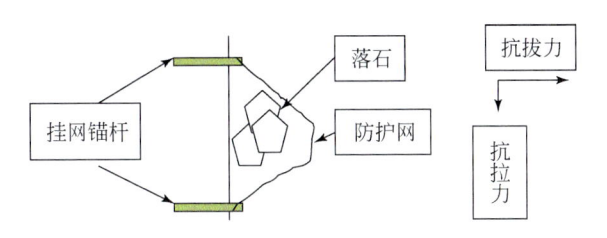

图 6-51 挂网锚杆受力示意图 1

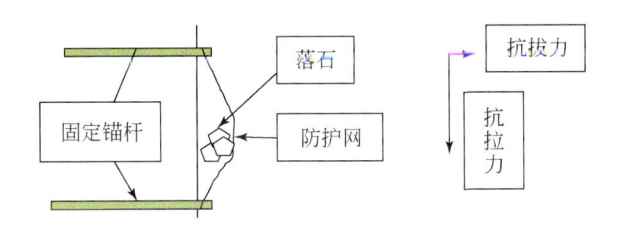

图 6-52 挂网锚杆受力示意图 2

用,垂直于锚杆方向的拉力相对较小。挂网锚杆在消能方面起的作用类似于树根,是通过抗拔力阻止落石离开母体,以及约束已脱离母体的少量落石脱离原位过远而汇聚到一起,导致大量落石汇聚后的重量超过防护网的承受能力。

对于固定锚杆而言,因其间距较大,受到来自钢丝绳网的力主要是垂直锚杆方向的横向拉力,因此固定锚杆对边坡岩体的横向压力很大。当固定锚杆是在巨块岩体中时,岩体的承压能力一般能够承受锚杆横向力,但当固定锚杆是位于顺层结构且层厚较薄的岩体中时,锚杆打入的方向就应正确选择,否则可能引起边坡岩体的破坏,如图 6-53 所示。

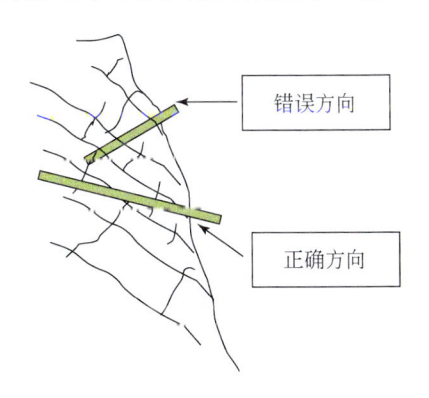

图 6-53 固定挂网锚杆施工角度示意图

主动网消能的锚杆布置方式有以下几点需要注意。

(1) 主动挂网防护的挂网锚杆可布置得短而密,形成类似于坡表植物根系的结构,对松散边坡岩土体起固定作用外,还可利用自身的抗拔能力将已塌落的少量落石阻止于原位,防止汇聚成为更大规模的落石堆而超出防护网的挂载能力。

(2) 固定锚杆应尽量打入稳定坚固岩体,确保锚杆横向承载能力能够承载大量边坡落石重量；对于顺向岩层边坡，应尽量使锚杆方向接近岩层层面方向而不是垂直于岩层层面，防止锚杆横向压力过大导致顺层岩体的破坏。

（3）挂网类锚杆的布置位置可通过设计，形成落石通道，经挂网消能后将可能的塌落岩土体引向安全位置。

（4）应对防护网及锚杆经常进行维护，防止因锚杆松动、脱离影响防护功能；对脱落的挂网锚杆应及时加固；防护网所用材料应保证足够强度，保证在与下坠落石的作用过程中不被拉断和落石锋利边缘割断；防护网应尽量贴近坡面，使得落石在与坡面的撞击、摩擦过程中消减能量，尽量减少落石对防护网的直接冲击；对防护网兜住的落石应及时清理，防止累积过多的落石而导致防护网破坏。

通过上述布置，松动的边坡岩土体可因锚杆的锚固作用和防护网压力作用，较大岩土块体不断塌落现象能够得到有效缓解，从而起到了主动消能作用；当落石从母岩塌落后，因防护网的限制，落石须沿着坡面和防护网之间的缝隙滑落，落石在坡面、防护网的双重摩擦作用下，掉落速度能够得到有效限制，形成有效的落石能量消减。

6.4.2.3　一种仿民居式轻型卸能防落石棚洞

棚洞结构进行滚石灾害防治是最为有效的工程措施。典型棚洞结构由两部分组成，其一是钢筋混凝土框架；其二是覆盖在棚洞混凝土板上一定厚度的缓冲垫层材料。在棚洞结构上覆盖一定厚度的砂砾石垫层能有效吸收滚石冲击的能量，起到耗能缓冲作用，减轻滚石冲击荷载对防护结构的冲击。加厚垫层是消减落石冲击能量较好的办法，然而，垫层过厚也可能导致建设成本过高、棚洞上部荷载较大、抗震性能不佳等问题，同时，工程上为了防止覆盖层尚不足以防护落石而被洞穿，可能还要对棚洞混凝土结构本身进行加粗加厚。加强结构、加厚覆盖层等措施使得棚洞变得越来越庞大臃肿，成本增加，影响该种棚洞的使用效果。为了克服棚洞结构应用中上述不足，本书设计了一种仿民居式轻型强卸能防落石棚洞（图6-54）。

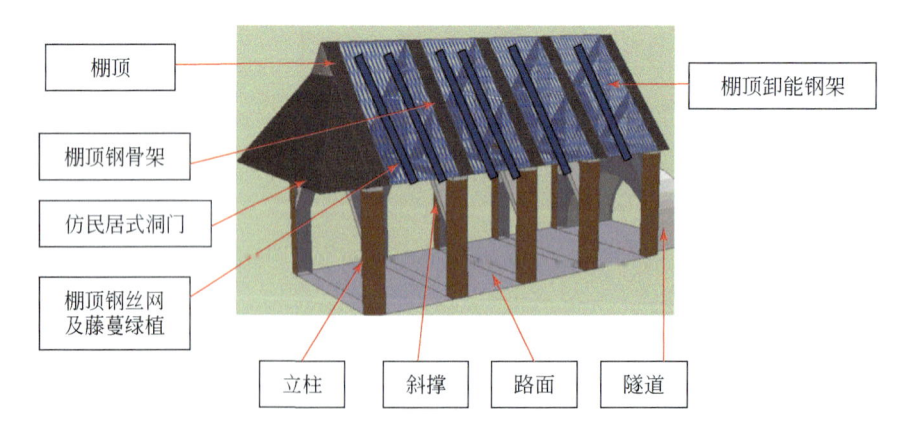

图6-54　仿民居式轻型强卸能防落石棚洞结构示意图

这种棚洞的设计思想是：①外观采用仿云南民居式样，增加隧道棚洞外观美感和地域特色。②棚洞顶部采用型钢搭建骨架，便于现场加工制造；两个骨架之间采用增加多根同向排列的钢轨的方式减小间距，提高落石冲击时候卸荷功能和增加对较小落石的防护能力；棚顶共同搭接的两根骨架之间角度应为锐角，并应在高度许可的条件下角度尽量小，以减小落石砸落时所承受的垂直分量力。③骨架之间采用钢丝网连接，钢丝网连接方式参照拦石网。当较小落石坠落棚顶骨架中间部位时，钢丝网可阻拦落石并将冲击能量均匀分散到整个棚洞骨架上；棚顶结合绿化工程，种植藤蔓植物，在增加外观美感同时，可以起到遮挡一部分隧道口光线作用，防止隧道口里外光线变化过于强烈。④棚顶下部的混凝土棚洞上部也可以回填一定厚度土体，防止冲击力过于巨大的落石洞穿棚顶后直接砸向路面或桥面，起到对落石的二次防护的作用，是否设置缓冲层视上部落石可能的冲击能量而定。⑤棚洞柱体基础应深入基岩，若设在桥头的，应尽量与桥梁基础相连接以提高棚洞抗冲击能力。

仿民居式轻型强卸能防落石棚洞，结构示意图如图6-54所示。

仿民居式轻型强卸能防落石棚洞说明如下所示。

(1) 棚顶由工字钢或钢轨，按一定间距排列与支架焊接，并铺设钢丝网而成。主要用于抵挡大块落石并将落石引向两侧，小块落石由钢架之间铺设的钢丝网拦截。

(2) 棚顶钢骨架由抗冲击力强的型钢构成。钢骨架需与屋脊牢固焊接以保持强度。在造型上棚顶两侧的钢骨架之间夹角应较小，确保落石容易滑落。

(3) 仿民居式洞门用彩钢板等遮挡物制成，主要起美观和遮挡光线、雨雪、落叶等作用。

(4) 棚顶钢丝网与钢架连接，用于对落石的缓冲和拦截。若预计上部落石块体较小，下部棚洞不设缓冲层时，还可种植藤蔓植物与钢丝网缠绕，可起到良好的遮光作用，改善隧道内外光线对比，减轻车辆进出隧道时出现的黑洞效应和炫光效应。

(5) 棚洞立柱用于抵抗落石竖向作用力，可用钢筋混凝土，也可用钢管等材料。立柱也可用墙体代替，设计时需保证棚洞的采光和强度。立柱的基础应深入地基，确保牢固。

(6) 斜撑用于连接和加固钢架结构，确保整体结构的强度及稳定性。

(7) 棚顶下高于立柱的高度可设洞顶，当棚顶的钢架及钢丝网卸荷拦截能力不够时，可设置洞顶，并在洞顶上部设缓冲层。洞顶作为棚洞对落石的二次拦截结构，确保落石不会砸穿棚洞，对行车造成威胁。

6.4.2.4 抗滚石冲击的桥桩防撞消能结构

在山区沟谷区的桥梁建设，往往需要把桩基设置在沟谷或沟谷的坡上。滚石（或泥石流）对桥桩基的撞击是一种常见的威胁形式。因地形、沟谷岩土体松软等因素影响，这类滚石往往并不一定有很高的弹跳高度，很多时候是在惯性作用下滚动着冲向桥桩，如图6-55所示，因此在做防护结构设计时，应更多地考虑桥桩的中下部位置。

桥桩损坏往往导致桥梁的损坏，进而导致整条公路交通的中断，影响重大。目前系统研究桥梁桩基防落石冲击的材料还比较少见。针对此类落石（或泥石流）威胁，设计合理的桥桩防撞结构就显得尤为重要。

桥桩防撞基本原理主要是吸收能量、缓冲碰撞，大致可设计为以下几种方式。

(1) 缓冲材料类，通过碎石等材料，在桥墩周围堆积形成缓冲保护层或人工岛。该种

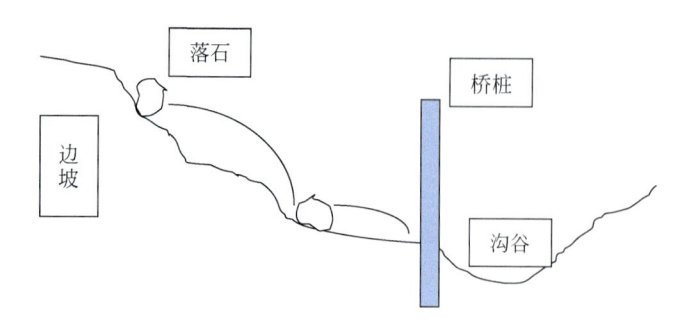

图 6-55 落石冲击桥桩示意图

方法主要是利用材料的变形、摩擦等性能缓冲落石冲击力达到桥桩的保护功能。因碎石等材料可以就地取材，施工简易方便，可根据落石冲击力大小调整保护层堆积规模，可以广泛采用。

该方法的不足之处是碎石堆积高度有限而影响防护效果，且因碎石堆积物松散，在水流较大的沟口或河谷中有水流存在时，就需要对碎石堆用水泥凝固成整体。整体性较好的水泥碎石堆刚度较高，对落石冲击的缓冲性差，容易在较大冲击力下被破坏，导致后期养护成本上升。

（2）防护桩类，该类方法是在已有桥桩周围布设一圈防护桩来起到防护作用。防护桩可以采用钢筋混凝土甚至钢板桩或钢管桩，具体使用视落石弹跳高度及冲击力大小等条件而定。防护桩相互之间可设置连接梁来增加整体性，共同抗击落石冲击。该种方法的优点是防撞高度限定较少，可以对桥桩较高部位进行防护；结合防护桩内侧堆填土石方，也可增加防护结构的缓冲性能，提高抗冲击能力。缺点是该种施工方法较为复杂，造价较高；当落石冲击力较大时，容易损坏防护桩，增加后期维护成本；另外，落石冲击力也容易被传导到桥桩上，当冲击力远大于防护能力时，同样也会给桥桩带来损害。

（3）挡墙类，该类方法采用的挡墙与边坡防护采用的挡墙类似，可以是重力式挡墙、悬臂式挡墙、扶壁式挡墙等，也可以用铁石笼挡墙。不同挡墙分别形成刚性柔性不同的防护消能方式。刚性挡墙类主要是通过刚性阻挡来提供消能和防护，铁石笼挡墙更多的是通过其柔性达到消能的目的。铁石笼挡墙在施工方便性和经济性方面远高于其他挡墙类型，且设置高度可以较大，是一种较为经济简便的防护消能结构。

挡墙类的设置位置不一定都要围绕在桥桩周围，在地形许可情况下，在桥桩与落石崩落方向中间设置，除了可以对落石起到消能作用外，还可以改变落石运动方向，降低落石撞击桥桩的可能性，是一种更为科学的防护方法。当采用远离桥桩在来石方向上设置挡墙时，挡墙可以被设计为楔形，可更好地将落石的方向改变，化解落石冲击力，如图 6-56 所示。

（4）综合法是以上几种方法的综合应用。

6.4.3　桥隧群区结构物崩塌灾害综合防护体系

西部山区公路建设里程越来越长，很多公路的桥隧比都在一半以上，大量的桥隧群位

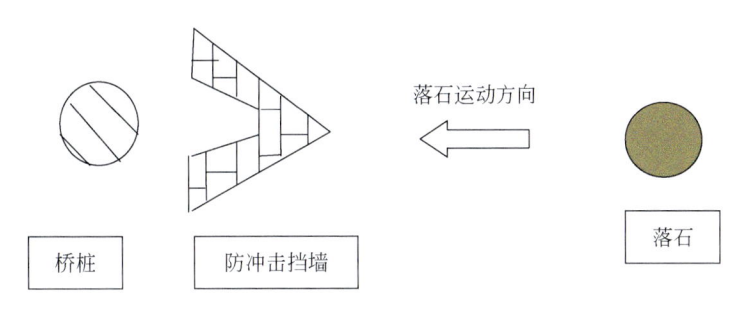

图 6-56　防冲击挡墙位置设置示意图

于崩塌灾害威胁范围内。尤其是高陡边坡上的高位落石，严重威胁公路交通施工和运营安全。落石对隧道的影响主要是在洞门口，落石对桥的影响表现在对桥面的摧毁，以及对桥基础的冲击。高位落石因为冲击能量巨大，仅靠一两种治理方法，往往难以奏效，因此需要发展综合防护体系研究。落石综合防护体系设计的重点就是从崩塌灾害孕育启动、发生发展的运动过程以及最终终止阶段工程防护的整个过程上来考虑落石灾害的系统防治，在落石路径上合适位置层层设防，综合采用多种防护措施，逐步消减落石冲击能量，最终达到灾害防治的目的。桥隧群区结构物的崩塌灾害综合防护体系应从以下几个方面和措施进行。

6.4.3.1　崩塌孕育启动阶段灾害防护

该阶段的防护实际上是采取主动措施，将灾害消弭于萌芽阶段，可起到防患于未然，事半功倍的效果。主要措施包括清除、支挡、支顶、嵌补、支撑、锚固、护面、主动挂网柔性防护等。

6.4.3.2　落石运动过程中的防护

对于高位危岩体，一般距离路面高差几十米乃至上百米，崩塌灾害点多面广，松动岩体及崩塌后堆积在坡面上的块石散布，主动加固难度大，风险高，施工安全难以保证；且施工周期长，对抢通保通的要求极高。此时往往被动防护措施是更好的选择。

落石运动过程中的防护措施主要包括刚性拦挡法、柔性拦挡法、刚柔结合拦挡法、避石沟等措施。

6.4.3.3　落石终止阶段的工程防护

当边坡落石经层层拦截后仍有可能对公路桥梁、隧道等造成破坏，威胁人车安全时，防落石棚（棚洞）就成了最后的防护手段。

棚洞系统可以是线状工程的落石被动防护系统，同时也可为隧道结构的一部分，在受落石威胁地段的隧道或隧道群的首选被动防护方式，但须进行合理的抗落石危害洞口布置和结构设计。棚洞的优点是直接保护被保护对象，可以尽量短的区段通过落石威胁区；缺点是通常投资较大，后期需要过载维护。尽管棚洞可通过填土缓冲，但抗冲击能力仍有限，仅适用于防护小型落石威胁的隧道洞口区域。因此当隧道洞口以棚洞方式不适合用于解决落石威胁问题或经济性欠佳时，需结合落石区布设拦石网、拦石墙等其他主动和被动防护系统结合使用。

6.5 崩塌灾害防治技术在工程中的应用

6.5.1 挂网喷锚的工程应用

6.5.1.1 工程概况

水富-麻柳湾高速 K62+538～K62+740 段位于盐津县普洱镇北部,目前 K62+635～+660 路段上边坡已产生滑动,后缘为陡崖脚,两侧周界为滑动错坎,错坎高为 0.5～1.0m,前出口位于一级平台上。根据上述特征圈定滑坡范围,滑坡平面形态不规则,主滑方向为 55°,与路线近于直交,与坡向基本一致。最长为 25m,平均长约 20m,最宽为 20m,平均宽约 15m,平面面积约为 300m²,推测滑体平均厚 2～4m。滑体为第四系含碎石粉质黏土。上边坡分布含碎石粉质黏土,该类土体结构松散,渗透性强,自稳能力差,易积聚上层滞水形成软弱结构面,坡体沿垂直方向存在多个潜在软弱面,特别是上覆四系松散土体与下伏基岩之界面。坡体易沿这些软弱结构面产生滑移。下边坡为岩质边坡,目前 K62+570～K62+600 路段左侧下边坡开裂变形,裂缝沿节理面发育,局部已崩落。根据变形特征圈定危岩体范围,平面形态不规则,崩塌方向为 47°,与路线近于直交,与坡向基本一致。最长为 27m,平均长约 25m,最宽为 35m,平均宽约 30m,平面面积约为 750m²,推测危岩体平均厚 3～6m。

6.5.1.2 地质条件

水富-麻柳湾 13 标 K62+538～K62+740 段,地处串丝河右岸斜坡上,处于构造剥蚀低山地貌区,高程为 350～800m,切割深度为 200～400m,地形起伏较大,河流及沟谷发育,侵蚀性斜坡是区内主要地形。调查区斜坡为两沟夹持的凸形坡,总体向北东倾斜,纵向相对平顺,横向高低起伏,坡度为 35°～50°,总体约为 45°。以高程 550～580m 一带为界,大致可分为上下两段:上段坡体为陡崖,坡面较陡;下段坡面覆土浅薄,岩石普遍出露,植被稀薄,坡脚为沿河乡村公路。该段地层覆盖岩土体由上至下为:第四系填土(Q_4^{me})、第四系滑坡堆积层(Q_4^{del})、第四系残坡积层(Q^{el+dl})、中生界中侏罗统(J_2)。场地内属单斜构造,无大的断层或褶皱通过。工作区的新构造运动表现为地壳抬升及河流强烈下切。受区域构造影响,岩石节理裂隙发育。岩层倾向为 168°～192°,平均为 180°,与坡向反向斜交;倾角为 20°～25°,平均为 23°。根据区域水文地质资料,地下水对砼无腐蚀性。

6.5.1.3 治理工程设计

1. 设计方案

根据边坡可能发生的灾害类型分别进行防护,主要防护措施为挂网喷锚护坡。对产生的坍滑体宜清坡后采用挂网喷锚护坡;上部陡崖岩体易崩落,形成落石,对下部路、桥存在危害，宜采用柔性防护，防止落石下落；下边坡岩体在节理、泥化夹层及层面的控制下易发生崩解、崩塌，宜采用挂网喷锚护坡，对桥墩部位采用锚索地梁加固。

2. 施工布置

清除坡面上坍骨体、陡崖危岩及下边坡已开裂危岩体，方量约为 800m³。

在 K62+635～K62+660 路段上边坡坍滑体清坡后，设置长锚杆挂网喷射砼，单棵锚杆长 5m，锚杆由两根 Φ25 钢筋并列焊接而成，锚孔纵、横间距为 4m×4m，锚杆用 Φ16 钢筋框条焊接，框条间挂铁丝网，并喷射 C20 砼，厚 80mm，并预留泄水孔。喷射面积为 650m²。在 K62+700～+740 路段上边坡人工坡面，设置长锚杆挂网喷射砼，喷射面积为 200m²。

在 K62+570～+740 路段下边坡坡面，设置长锚杆挂网喷射砼，单棵锚杆长 5m，锚杆由 2 根 Φ25 钢筋并列焊接而成，锚孔纵、横间距为 4m×4m，锚杆用 Φ16 钢筋框条焊接，框条间挂铁丝网，并喷射 C20 砼，厚 80mm，并预留泄水孔。喷射面积为 5200m²。

在下边坡桥墩部位设置锚索地梁共 24 列，间距（轴线对轴线）为 5m，单列长 8～13m，计长为 272m，截面宽×厚=0.6m×0.6m，埋置深为 0.4m。地梁上设置锚索 64 根，单根长 20～26m，计长为 1450m。

边坡工程防护结构如图 6-57 所示。

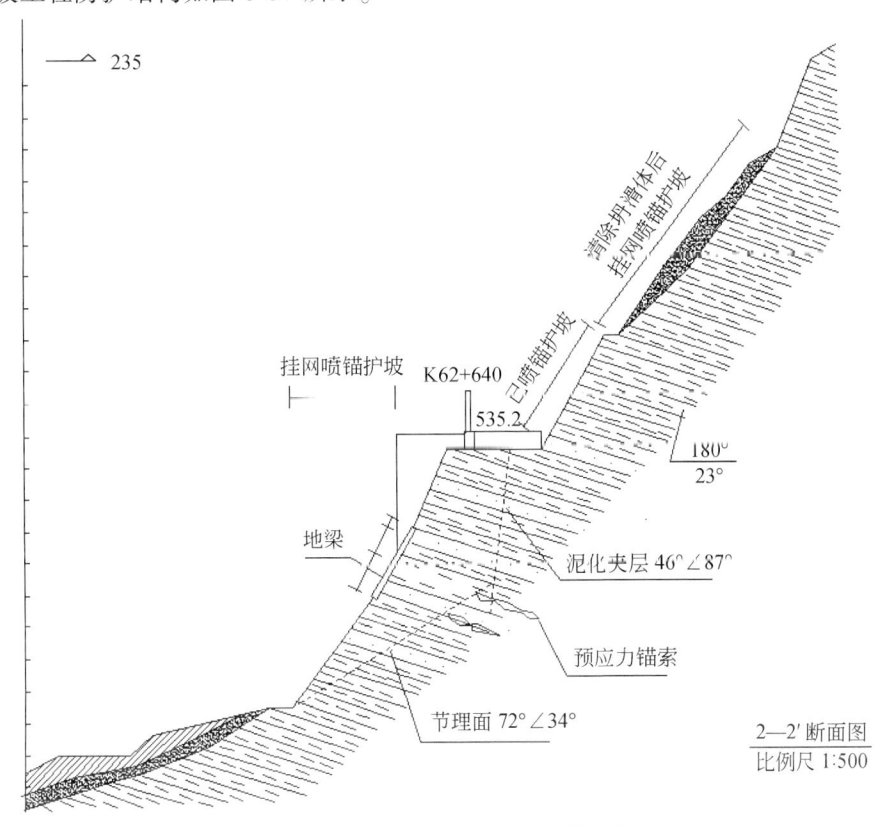

图 6-57 边坡防护结构剖面设计图

6.5.2 预应力锚杆（索）及格构梁的工程应用

6.5.2.1 工程概况

边坡防治工程位于省道 228 线金厂岭-六库二级公路 K52+130～K52+260 段，属永平县漕涧镇管辖区，治理工程的名称为 B_2 边坡，该边坡在早期曾发生过拉裂变形，坡体内发育有卸荷裂缝，为一老变形边坡，K52+130～220 段的中部在 2007 年雨季之后已发生过滑移，滑体清理后形成一凹面坡，高达 50m，为一坡到顶，倾角陡，临空面大，在部分坡体滑移过程中，坡口线以外 35m 的坡面已出现拉裂破坏，K52+130～180 段边坡坡脚发生挤压剪出迹象，说明边坡仍在变形，坡体应力进一步集中，而坡脚分布着强度较低的断层角砾岩，坡体中部为弱固结的断层砾，同时还发育有早期的岩体卸荷裂缝，现状贯通性好。据边坡调查报告，边坡的最危险破裂面（潜面滑动面）分布深度一般为 8～15m，边坡稳定性较差，有形成滑动的条件和趋势。B_2 边坡 K52+220～260 段为岩质边坡，整体稳定，不会发生大规模的变形滑移，在边坡的中上段出露的岩层较破碎，大部分已松脱、与母岩分离，形成危岩体，今后会发生个别或局部坠落。

6.5.2.2 工程地质条件

1. 地形地貌

工作区属构造侵蚀中山河谷地貌，谷坡地形。路线于澡堂河左岸谷坡中、下段近南北向布设，斜坡倾向西，为折线坡，坡度为 20°～50°。滑坡发育地段为自然斜坡，横坡较陡，纵坡起伏大，在两个边坡间发育一条沟谷，呈"V"字形，沟床下切强烈，谷坡陡峻，植被稀少，水土流失严重，沟床有常年流水，调查期间流量约为 2～5L/s，雨季增大数十倍。

2. 地层岩性

调查区分布有第四系人工堆积层（Q_4^{ml}）、第四系残坡积层（Q_4^{el+dl}）、上奥陶统（O_3）砂质板岩及泥灰岩及断层破碎带，大部分坡面有基岩出露，砂质板岩层产状为 243°∠45°。

3. 地质构造

工作区属于老窝-瓦房街构造带，在路段周围发育的主要断裂有石麓山压扭性断层，呈北西向延伸。K52+160～K52+230 左段发育一次级断层，呈北西-南东向延伸，压扭性，断层带宽 70m，倾向南西，倾角为 10°～20°，断层带内岩体破碎，均为角砾岩或糜棱岩，泥钙质胶结，局部呈土状，强度低。受构造作用岩层发育四组节理。

4. 水文地质

调查区范围依据含水介质的不同，可分为松散堆积层孔隙水、基岩裂隙水、岩溶水三种类型。

6.5.2.3 治理工程设计

滑坡治理主要采用锚固工程措施,其次是挂网喷锚,并完善排水系统以及下挡工程,具体治理工程方案有以下几点。

(1) 加固方案:在 K52+130~220 段边坡采用锚索、锚杆框架梁进行防治,在边坡中上部,坡面分布有第四系残破积层,厚度约为 10m,下覆岩体为断层砾,为斜坡发育的次断层破碎带,采用锚杆框架梁进行稳固;而在边坡西侧中下部位置,基岩已出露,为断层角砾,成分为砂岩、泥灰岩,采用锚杆框架梁进行稳固。

K52+240~260 段边坡,现状边坡稳定性较好,基岩已出露,为弱风化泥灰岩,伴有一些碎块体,采用挂网喷锚措施进行稳固。

(2) 排水以及边坡绿化工程:大致沿边坡周界修建环形排水沟;在边坡内修建急流槽,两排水系统尾水向公路边沟排放;在边坡锚索(杆)框架梁内进行植被绿化处理。

(3) 下挡工程:在形成路基的开挖过程中,沿边坡下部修建下挡工程。

6.5.2.4 施工布置

在 K52+130~220 段边坡:在边坡中上部,沿现状坡面布设锚索框架梁,锚索有长 22m 和长 28m 两种,间距都为 4.0m×4.0m,采用 4 索 Φ15.24 钢绞线制作,成孔直径为 150mm,用 M30 水泥浆灌注,设计锚固段长度为 8~10m,单根锚索设计张拉荷载为 400kN,共布设锚索 322 根,其中长 22m 的有 292 根,长 28m 的有 30 根,总长为 7264m。锚索框架梁横梁横截面为 0.4m×0.5m,竖梁横截面为 0.6m×0.5m,都采用 C25 钢砼浇注。在边坡西侧中下部,沿现状坡面布设锚杆框架梁,锚杆长 12m,间距为 4.0m×4.0m,采用 Φ32 钢筋制作,成孔直径为 110mm,用 M30 水泥砂浆灌注,共布设锚杆 78 根,总长 936m。锚杆框架梁横梁和竖梁的横截面都为 0.55m×0.45m,采用 C25 钢砼浇注。

在 K52+240~260 段边坡,在边坡下部,沿现状坡面用普通挂网喷锚工程进行防护,挂网面积为 655m^2。网采用 Φ18 钢筋支护,长 4m,间距为 3m×3m,以及用 8$^#$铁丝挂网,最后用 C20 砼喷护。

在两边坡修建环形排水沟和急流槽,环形沟采用梯形断面,用 M7.5 浆砌石砌筑,长度为 417m;急流槽采用矩形断面,用 M7.5 浆砌石砌筑,长度为 345m。框架梁内绿化面积为 4520m^2。

沿 B2 边坡、B1 边坡下部修建下挡工程,下挡墙采用 M7.5 浆砌石砌筑,长度为 310m。

6.5.3 坡面防护的工程应用

6.5.3.1 工程概况

水富-麻柳湾高速公路第Ⅰ三合同段 K61+163~+680 路段位于盐津县串丝乡马草湾村境内,路线位置处于串丝河谷谷坡中下段。按原路基设计,本路段为挖方路基,设计路基宽为22.5m，路面设计标高为611.01～586.18m，设计路基纵坡为6%，原设计路基右侧形成高为8～40m的人工边坡，设计分级为1～4级，设计坡比为1:0.75～1:1。

6.5.3.2 边坡地质结构

该段路基处于古崩塌堆积体之上，边坡坡体物质为"一元"结构，岩性为碎块石土，为地质历史时期形成的古崩塌体物质，呈灰色、褐黄色、灰褐色等，颜色较杂，结构松散，碎块石岩性以石英砂岩碎块为主，总含量为50%～60%，充填物为粉质黏土、黏土等；第四系崩积层块石直径一般为50～100cm，部分可达2.0～3.5m，个别可达数米。碎块石土在结构上一般近地表稍疏松，越往深部密实度逐渐增大，呈稍密-密实状；该层厚度变化较大，斜坡路基线中部地带较厚，勘察钻孔揭露路基段碎块石土厚度大于20m，坡体段揭露最大厚度为41.2m，该层土体自稳能力差，自然休止角较小，开挖扰动易形成滑坍现象。

6.5.3.3 边坡变形特征及原因分析

现阶段该边坡在K61+360～K61+500段已演变形成滑坡，其地表变形迹象明显，主要表现在以下几个方面。

（1）地裂缝：主要发育在滑坡后缘、中下部地段。滑坡后缘发育多条地裂缝，裂缝延伸长为10～60m，呈断续延伸，宽2.0～10cm，可见深度为0.5～1.0m，错落深度为20～30cm，最大错落深度为80cm，裂缝部分呈弧形展布。

（2）变形民房：现状变形民房有两间，主要分布在滑坡后部，民房自2006年4月以来出现地面拉裂，墙体开裂现象，裂缝断续延伸，长5～15m，宽0.5～5cm，可见深度为1.0～6.0cm，该边坡上民房现阶段已实施了整体搬迁。

（3）挡墙破坏：自2006年11月以来，上边坡已施工挡墙在K65+500出现了变形，并产生了倒塌破坏，现只有部分墙体残留。

（4）滑坡体前缘部分坍滑解体：在路基线K61+480～510段发育小坍塌体，轴向长约35m，宽约30m，推测塌滑平均厚度约为3.0m，塌滑体方量约为3150m³，已产生坍塌方量约为50m³，坍塌物质堆于路基上。在路基线K61+360～395段发育的小坍塌体，轴向长约40m，宽约35m，推测塌滑平均厚度约为3.5m，塌滑体方量约为4900m³。

主体滑坡前缘为路基边线一带（K61+360～K61+510段），后缘至坡体民房一带，平距长35～68m，宽约150m，平面形态呈半圆形，面积约为7700m²，推测厚度为2～9.5m，滑体总方量约为44000m³，主滑方向为90°，基本垂直于拟建公路线。

该滑坡变形破坏机制为滑移-局部解体型。表现为开挖前期主要受前缘高陡临空面影响，在重力作用下，坡面上部产生拉张裂缝并产生小规模崩滑，随着坡下道路施工的进一步展开，势必加大前缘临空面，给坡体创造了活动空间，同时减小了坡体抗滑部分的抗滑力，坡体应力由初期的临空引张逐步发展为牵引作用，坡口线地带易形成坍滑的集中部位，坡体下部则沿路基边线贯通并形成破裂面或滑动面，从而产生滑移解体。

由于边坡开挖过陡，扰动面积过大，其坡体完整性和整体性已受到极大破坏，松散堆积土体势必产生侧向卸荷作用，促使边坡处于不稳定状态，将产生塌滑解体。

边坡形成滑坡的原因分析主要有以下几个方面。

(1) 地形地貌条件：现状边坡开挖坡度较陡，为45°~53°，前后缘高差较大，最大高差约为38.5m，高陡临空面为边坡演变形成滑坡提供了滑移空间。

(2) 岩土体因素：该边坡坡体物质尽管形成年代极其久远，但岩性构成以碎石、块石构成骨架，充填物为粉质黏土、黏土，土体结构松散，内部形成较多的空隙，架空现象明显，为土体沉降、挤密提供了有利条件。岩土体不利因素是造成路基上边坡K61+500挡墙产生倒塌的主要原因之一。

(3) 降水条件：从区域资料分析，本地区降水量大，雨水丰沛，年平均降水量达1200mm，特别是5~10月为集中降雨时段，占全年降水量的80%，且滑坡区具汇水地形条件，大量的降水形成地表径流后不能瞬间排泄，在松散的土体内入渗、浸泡并产生地下径流，造成坡体荷重增大，土体强度降低，细颗粒被地下径流搬移造成孔隙进一步加大，极易造成地面陷落形成滑坡。

(4) 人类工程活动因素：当地居民在古崩塌体上长期开垦种地，对古崩塌稳定极为不利，表现为长期旱地，造成表土结构极其疏松，利于吸收地面水流向地下入渗。工程活动主要表现为水麻高速公路的路槽开挖，路槽开挖前缘形成高陡临空面，破坏了原坡体自然稳定状态，应力平衡重新分布，导致边坡失稳。

6.5.3.4 治理工程方案设计

通过对本路段边坡特殊的地质结构进行分析，结合现状边坡变形破坏的类型，该边坡的破坏对公路运营有直接的威胁，滑体的变形将直接造成施工进度缓慢及安全。按照该路段边坡的变形破坏程度，就该边坡的防治方案可考虑如下。

该路段现状前部局部坍滑，为一牵引式土质边坡，滑动面发育于第四系崩坡积，该层结构松散，地表水丰富，坡体含水量高，在路基开挖后坡体前缘形成临空面，抗滑阻力减小，失去支撑，在地表水的作用下，坡体土体力学强度降低，使坡体向临空方向坍滑，从现场踏勘情况分析，该边坡的破坏主要是由于临空面的增大、地表水的入渗及工程扰动，设计时可考虑对原坡面进行分台削方整坡，同时在坡面设置竖向排水支砌渗沟，坡顶及碎落台布设横向截水沟，每隔18m设置一道急流槽，加强排水系统工程，减少地表水对坡体的浸泡，并于路基处布置一排抗滑挡墙。

6.5.3.5 工程布置

通过以上分析和治理范围的确定，就水富-麻柳湾高速公路第十三合同段K61+163~K61+680段边坡防治工程措施布置如下所示。

(1) 削方整坡工程：主要在K61+300~K4+600段现状坡面按坡高8.0m，1:1.5坡比进行分级开挖，共分四级，碎落台宽3.0m，并于碎落台坡脚处布设横向截水沟，削方量约为68180m³。

(2) 排水工程：在设计挡墙墙止处沿挡墙布设一排支砌渗沟，在削方后的坡面上设置竖向截水支砌渗沟，支砌渗沟中心距为5.5m，支砌渗沟截面尺寸为1.5m×1.5m，支砌渗沟顶及底面采用M7.5浆砌石砌筑，两侧采用干砌片石，共布置支砌渗沟长2590m。在坡顶、碎落台布置横向截水沟，采用 M7.5 浆砌石砌筑，截面尺寸为 1.0m×0.8m，共布设长 1160m；坡面每隔 18.0m 设置急流槽，截面尺寸为 0.3m×0.4m，共设置长 590m。

（3）拱形护坡工程：在竖向排水支砌渗沟之间坡面上布置拱形护坡工程，拱形弧段直径为 4.0m，弧段梁截面为 0.4m×0.3m，弧段梁采用 M7.5 浆砌石砌筑，护坡面积为 11060m^2。

（4）植草工程：在拱形护坡之间的坡面上辅于植草工程，植草面积约为 9800m^2。

（5）挡墙工程：在路基处布设一排抗滑挡墙，采用 M7.5 浆砌石砌筑，墙高 3.0m、墙顶宽 2.0m、基础埋深 2.7m，共布设长 290m，在挡墙与支砌渗沟相接处每间隔 2.0m 设置泄水孔。

6.6 本章小结

崩塌地质灾害具有发生频率高、规模难以确定、隐蔽性强、预测难度大等特点，给公路的建设和安全运营带来很大的威胁。但是这只能说明崩塌灾害的治理难度大，而并不能说明其是不可治理的。实践证明，只要我们用科学的态度，细致的工作，适当的方法，采用从公路建设到使用全过程控制的理念，崩塌灾害是可以治理和预防的。

（1）崩塌灾害防治专题研究系统总结崩塌地质灾害的主动和被动防治方法，并对各种防治措施优缺点进行了评述；提出了多种新型崩塌地质灾害防治技术。针对传统棚洞结构中的不足之处，研发了一款专利产品：一种用于崩塌易发边坡隧道洞口的仿民居式轻型强卸能防落石棚洞，外观美感，结构轻巧，防护作用强。防治技术研究成果为高效、节约型崩塌灾害防治提供了新的技术与方法。

（2）对于崩塌地质灾害的防治，从公路建设的选线规划阶段即应当考虑崩塌等地质灾害的危害及其危害程度的大小，进行统筹规划。选线阶段即采取绕避是避免崩塌对道路形成危害的最好方法。如果经评估，某一路段存在大量崩塌灾害，那么在规划时，即采用绕避的方案；如果不能绕避，但可采用隧道通过时，也可以利用隧道规避崩塌的危害，一劳永逸地解决问题。这是主动预防崩塌灾害的根本上的方法。

（3）崩塌灾害防治可分为主动防治和被动防治两大类，本书梳理总结了三十余种技术方法，本研究还提出了多种新型防治技术，在实际工程中应根据实际情况进行科学分析，因地制宜选用。

（4）通过对桥隧群区崩塌落石路径分析、能量计算方法研究，提出了一种边坡落石速度估算方法和一种落石冲击力计算方法。

（5）通过崩塌落石能量消减技术研究，针对崩塌落石起始阶段、运动阶段和冲击阶段运动特点，设计了不同阶段能量消减技术，提出了桥隧群区结构物崩塌灾害综合防护体系。

参 考 文 献

白永健, 郑万模, 邓国仕, 等. 2011. 四川丹巴甲居滑坡动态变形过程三维系统监测及数值模拟分析 [J]. 岩石力学与工程学报, 30 (5): 974-981.
北京大学, 南京大学, 上海师范大学, 等. 1979. 地貌学 [M]. 北京: 人民教育出版社.
陈国良, 张勇慧, 盛谦, 等. 2011. 基于地理信息系统的公路边坡三维建模及可视化研究 [J]. 岩土力学, (11) 3393-3398.
陈洪凯, 王蓉. 2004. 危岩支撑及支撑−锚固联合计算方法研究 [J]. 岩土工程学报, 26 (3): 383-388.
陈洪凯, 欧阳仲春, 廖世容. 2002. 三峡库区危岩综合防治技术及应用 [J]. 地下空间, 22 (2): 97-101.
陈洪凯, 王蓉, 唐红梅. 2003. 危岩研究现状及趋势综述 [J]. 重庆交通学院学报, 22 (3): 18-22.
陈洪凯, 唐红梅, 胡明, 等. 2004. 三峡库区危岩研究及防治新理念 [J]. 中国地质灾害与防治学报, 15 (s): 27-32.
陈洪凯, 王全才, 唐红梅. 2010. 岩腔内泥岩压裂风化特性研究 [J]. 人民长江, 41 (21): 51-54.
陈明东. 1999. 链子崖危岩体变形破坏机制及整治对策 [J]. 地质灾害与环境保护, 2 (1): 33-42.
陈明东, 王兰生. 1991. 链子崖危岩体变形破坏机制及整治对策 [J]. 地质灾害与环境保护, 2 (1): 11.
陈晓清, 崔鹏, 唐邦兴, 等. 2006. 峨眉山5.2崩塌灾害及防治措施 [J]. 灾害学, 21 (3): 42-46.
程强, 寇小兵, 黄绍槟, 等. 2004. 中国红层的分布及地质环境特征 [J]. 工程地质学报, 12 (13): 34-60.
崔建恒. 2003. 川藏公路地质环境与整治改建方案的思考 [J]. 工程地质学报, 11 (1): 100-104.
董金玉, 杨继红, 伍法权, 等. 2010. 三峡库区软硬互层近水平地层高切坡崩塌研究 [J]. 岩土力学, 31 (1): 151-157.
董元, 张时忠. 2008. 三峡库区地质灾害监测预警信息管理系统的设计与实现 [J]. 安全与环境工程, 15 (3): 1.
范青松, 汤翠莲, 陈于, 等. 2006. GPS与InSAR技术在滑坡监测中的应用研究 [J]. 测绘科学, 9 (5): 60-62.
封志勇, 邓建华, 赵青. 2005. 基于岩质边坡稳定性治理的生态恢复浅析 [J]. 中国地质灾害与防治学报, 16 (2): 102-104.
冯楠. 2011. 潮湿环境下砖石类文物风化机理与保护方法研究 [D]. 长春: 吉林大学.
冯启言, 韩宝平, 隋旺华. 1999. 鲁西南地区红层软岩水岩作用特征与工程应用 [J]. 工程地质学报, 7 (3): 266-271.
冯振, 殷跃平, 李滨, 等. 2012. 重庆武隆鸡尾山滑坡视向滑动机制分析 [J]. 岩土力学, 33 (9): 2704-2708.
高幼龙, 张俊义, 薛星桥, 等. 2009. 实时监测技术在地质灾害防治中的应用——以巫山县地质灾害实施监测预警示范站为例 [J]. 工程地质学报, 6 (5): 70-73.
谷德振. 1979. 岩体工程地质力学基础 [M]. 北京: 科学出版社.
关平, 张文涛, 吴雪松, 等. 2006. 汉江盆地白垩系渔阳组砂岩的成岩作用及其热力学分析 [J]. 岩石学报, 22 (8): 2144-2150.
郭国林, 郭福生, 刘晓东, 等. 2006. 丹霞地貌砂岩的微观化学风化作用电子探针研究 [J]. 中国岩溶, 25 (2): 172-176.
郭映忠. 1995. 重庆地质灾害研究与防治 [J]. 中国地质灾害与防治学报, 3: 1-8.
过静珺, 李冬航, 周百胜, 等. 2006. 四川雅安滑坡自动化远程监测系统示范工程 [J]. 测绘通报, (4):

54-57.

韩汝才,傅鹤林.2004.国内外泥石流监测整治技术现状综述[J].西部探矿工程,(9):206-207.

胡厚田.1989.崩塌与落石[M].北京:中国铁道出版社.

胡厚田,赵晓彦.2008.中国红层边坡岩体结构类型的研究[J].岩土工程学报,28(6):689-694.

胡克定.1995.重庆市北温泉危岩带特征与防治对策[J].中国地质灾害与防治学报,6(3):57-62.

黄承两,向娟.2011.三维激光扫描技术应用于建筑物建模的测量方法研究[J].城市勘测,(1):87-90.

黄崇福,张俊香,陈志芬,等.2004.自然灾害风险区划图的一个潜在发展方向[J].自然灾害学报,13(2):9-15.

黄可可,黄思静,佟宏鹏,等.2009.长石在溶解过程的热力学计算及其在碎屑岩储层研究中的意义[J].地质通报,28(4):474-482.

黄求顺,张四平,胡岱文.2003.边坡工程[M].重庆:重庆大学出版社.

柯炜.2005.无线传感器网络关键技术及其研究难点[J].电信科学,(4):9-12.

旷镇国.1995.重庆市中区危岩崩塌特征、形成机制及防治研究[J].中国地质灾害与防治学报,6(3):51-56.

乐昌硕.1984.岩石学[M].北京:地质出版社.

李光耀,许模,李远宁.2008.GPS位移监测系统在三峡库区某滑坡监测中的应用[J].四川水利,(4):10-12.

李黎,王思敬,谷本亲伯.2008a.龙游石窟砂岩风化特征研究[J].岩石力学与工程学报,27(6):1217-1222.

李黎,谷本亲伯,王思敬,等.2008b.龙游石窟岩面水岩作用研究[J].工程地质学报,16(6):798-805.

李志平.2005.思澜公路高边坡设计思考[J].林业建设,(3):3.

李治平,王绍波.2002.论西部公路建设的环境地质灾害及工程对策[J].西部探矿工程,(2):118-120.

李最雄.2003.丝绸之路古遗址保护[M].北京:科学出版社.

廖友运.2012.鄂尔多斯盆地东部上古生界储层岩石学特征与成岩作用研究[D].西安:西北大学.

刘宝珺,张锦泉.1992.主编沉积成岩作用[M].北京:科学出版社.

刘长武,陆士良.2000.泥岩遇水崩解软化机理的研究[J].岩土力学,21(1):28-31.

刘传正.2002.地质灾害勘查指南[M].北京:地质出版社.

刘传正.2004.三峡库区的地质灾害[J].岩土工程界,6(6):23-24,35.

刘传正.2010.重庆鸡尾山危岩体形成与崩塌成因分析[J].工程地质学报,18(3):297-304.

刘传正,郭强,陈红旗.2004a.贵州省纳雍县岩脚寨危岩崩塌灾害成因初步分析[J].中国地质灾害与防治学报,15(4):120-123.

刘传正,李铁锋,温铭生,等.2004b.三峡库区地质灾害空间评价预警研究[J].水文地质工程地质,(4)353-370.

刘国明.1996.三峡链子崖危岩体静力稳定性有限元分析[J].河海大学学报,24(4):95-101.

刘会平,潘定安,王艳丽,等.2004.广东省的地质灾害与防治对策[J].自然灾害学报,13(2):101-105.

刘凯栋.1993.贵州崩塌灾害及其影响因素[J].贵州地质,10(4):345-349.

刘清俊,于炳松,周芳芳,等.2011.阿克库勒凸起东河砂岩成岩作用与成岩相[J].西南石油大学学报(自然科学版),33(5):53-62.

刘树东, 田俊峰. 2008. 水下地形测量技术发展述评 [J]. 水运工程, 1 (1): 11-15.
刘中. 1996. 长江崩岸的发生与发展规律的探讨 [J]. 江苏水利防汛防旱, (12): 39-41.
陆关祥, 李林. 2001. 重庆市滑坡、崩塌的发育规律及区域危险性程度区划 [J]. 地质科学, 36 (3): 335-341.
吕儒仁, 李德基, 谭万沛, 等. 2001. 山地灾害与山地环境 [M]. 成都: 四川大学出版社.
罗鸿禧. 1983. 葛洲坝水利枢纽基岩软弱夹层变化趋势的物理化学力学探讨 [C] //全国首届工程地质学术会议论文集. 北京: 科学出版社.
罗孝俊, 杨卫东, 李荣西, 等. 2001. pH 值对长石溶解度及次生孔隙发育的影响 [J]. 矿物岩石地球化学通报, 20 (2): 103-107.
洛姆塔泽. 1985. 工程动力地质学. 李生林, 刘惠兰译 [M]. 北京: 地质出版社.
牟会宠, 杨志法, 伍法权. 2000. 石质文物保护的工程地质力学研究 [M]. 北京: 地震出版社.
倪绍祥. 1996. 可视化与 GIS [J]. 地图, (3) 36-38.
帕克 A, 塞尔伍德 B W. 1989. 编沉积物的成岩作用 [M]. 武汉: 中国地质大学出版社.
彭柏兴, 刘颖炯, 刘毅. 2011. 红层溶蚀风化特征及其工程影响 [J]. 岩土工程学报, 33 (s1): 141-145.
彭文标, 易庆林, 卢书强, 等. 2011. 地质灾害应急监测指挥系统及其应用 [J]. 人民长江, 42 (21): 81-84.
秦四清, 王媛媛, 马平. 2010. 崩滑灾害临界位移演化的指数律 [J]. 岩石力学与工程学报, 29 (15): 873-880.
邱怀平. 2002. Axyz 工业测量系统在生产中的开发和应用 [J]. 东方电机, 30 (2): 165-166.
曲永新. 1988. 泥质岩的胶结作用和活化作用. 岩体工程地质力学问题 (八) [M]. 北京: 科学出版社.
曲永新. 1989. 抚顺西露天矿泥质岩的风化耐久性及边坡风化剥落的研究 [C] //第二届全国岩石力学与工程学术会议论文集. 北京: 知识出版社.
曲永新. 1993. 泥质岩成岩胶结作用的工程地质研究 [C] //中国科学院工程地质力学开放实验室 1992 年报. 北京: 地震出版社.
曲永新. 2004. 中国工程地质世纪成就 [M]. 北京: 地质出版社.
曲永新, 徐晓岚, 吴芝兰, 等. 1992. 中国东部泥质岩成岩胶结作用的工程地质研究 [C] //中国科学院地质研究所工程地质力学开放实验室 1991 年报. 北京: 地震出版社.
任幼蓉, 陈鹏, 张军, 等. 2005. 重庆南川市甑子岩 W12# 危岩崩塌预警分析 [J]. 中国地质灾害与防治学报, 16 (2): 27-30.
山田刚二, 渡正亮, 小桥澄治. 1980. 滑坡和斜坡崩塌及其防治滑坡和斜坡崩塌及防治翻译组, 译 [M]. 北京: 科学出版社.
尚彦军, 杨志法, 廖秋林, 等. 2001. 雅鲁藏布江大拐弯北段地质灾害分布规律及防治对策 [J]. 中国地质灾害与防治学报, 12 (4): 30-39.
史基安, 晋慧娟, 薛莲花. 1994. 长石砂岩中长石溶解作用发育机理及其影响因素分析 [J]. 沉积学报, 12 (2): 67-74.
苏天明. 2006. 万州地区近水平岩层高切坡差异风化与边坡崩塌失稳模式研究 [D]. 北京: 中国科学院地质与地球物理研究所.
苏天明. 2011. 地质灾害远程智能监测预警系统 [J]. 交通运输部公路科学研究所快讯, 11 (11): 5.
苏天明, 李长城, 廖军洪. 2016. 滇东北高速公路特长纵坡和桥隧群区交通安全及可靠性关键技术研究 [M]. 交通运输部公路科学研究院.
孙广忠. 1996. 地质工程理论与实践 [M]. 北京: 地震出版社.

孙强, 秦四清, 薛雷, 等. 2014. 岩石破坏临界现象与信息识别 [M]. 徐州：中国矿业大学出版社.
谭凤灵. 1998. 崩塌落石病害的防治 [J]. 路基工程, (3): 114-116.
谭罗荣. 1992. 典型膨胀土的若干特性研究 [J]. 岩土力学, 12: 90-98.
谭罗荣. 2001. 关于黏土岩崩解、泥化机理的讨论 [J]. 岩土力学, 22 (1): 1-5.
唐红梅. 2005. 滑塌式危岩控制设计工况数值模拟研究 [J]. 重庆交通学院学报, 24 (5): 62-81.
唐辉明, 陈建平, 程新生. 2001. 工程地质信息化设计及其在交通工程中的应用 [J]. 地球科学：中国地质大学学报, 26 (4): 331-335.
汪东云, 付林森, 姚金石, 等. 1993. 北山石窟岩体风化现状及控制因素 [J]. 重庆建筑工程学院院报, 15 (1): 81-86.
汪家林. 1992. 地下洞室监测技术与信息化设计 [J]. 水电站设计, 8 (1): 60-65.
王宁. 1998. 云南省崩塌滑坡泥石流灾害及防治 [J]. 地质灾害与环境保护, 9 (4): 38-41.
王思敬. 2004. 岩石工程地质力学原理. 中国岩石力学与工程世纪成就 [M]. 南京：河海大学出版社.
王思敬, 黄鼎成. 2004. 中国工程地质世界成就 [M]. 北京：地震出版社.
王新胜, 潘忠习. 2005. 中国白垩纪沙漠及气候 [M]. 北京：地质出版社.
王耀峰, 李学东, 李鹏. 2005. 信息化设计与施工及其在高速公路隧道工程中的应用 [J]. 探矿工程（岩土钻掘工程）, 32 (8): 60-62.
王幼麟. 1980. 葛洲坝泥化夹层成因及现状的物理化学探讨 [J]. 水文地质工程地质, 34 (4): 1-7.
王幼麟, 蒋顺清. 1990. 葛洲坝工程某些粉砂岩软化和崩解的微观特性 [J]. 岩石力学与工程学报, 9 (1): 48-57.
王运生, 吴俊峰, 魏鹏, 等. 2009. 四川盆地红层水岩作用岩石弱化时效性研究 [J]. 岩石力学与工程学报, 28 (s1): 3102-3108.
文海家, 张永兴, 柳源. 2004. 三峡库区地质灾害及其危害 [J]. 重庆建筑大学学报, 26 (1): 1-4.
翁履谦, 杨海峰, 王逢睿, 等. 2011. 云冈石窟砂岩风化微观风化特征研究 [J]. 材料导报, 25 (18): 245-248.
吴秀仪, 刘长武, 赵凯, 等. 2008. 斑岩遇水崩解的分形模型研究 [J]. 四川大学学报（工程科学版）, 40 (3): 33-36.
吴永锋. 2005. 三峡库区地质灾害治理若干问题的思考 [J]. 人民长江, 36 (3): 10-12.
夏邦栋. 1983. 普通地质学 [M]. 北京：地质出版社.
肖红, 胡中栋. 2011. 基于无线传感器网络的地质灾害自动监测预警系统研究 [J]. 微型电脑应用, 27 (10): 21-26.
肖颖, 许模. 2011. 浅谈FLAC_3D_ANSYS建模特点及其应用 [J]. 甘肃水利水电技术, 47 (2): 11-12.
谢全敏. 1998. 危岩块体稳定性分析的蒙特卡罗边界法 [J]. 灾害学, 13 (3): 37-41.
徐瑞春, 周建军. 2011. 红层与大坝 [M]. 武汉：中国地质大学出版社.
徐志文, 黄润秋. 1999. 论四川省地质灾害防治与地质环境保护 [J]. 地质科技管理, (2): 53-56.
许强, 黄润秋, 殷跃平, 等. 2009. 2009年6·5重庆武隆鸡尾山崩滑灾害基本特征与成因机制初步研究 [J]. 工程地质学报, 17 (4): 433-444.
严光生, 毛景文, 连长云, 等. 2010. 中国斑岩铜矿砂岩铜矿资源定量评价 [M]. 北京：地质出版社.
阳友奎. 1998. 崩塌落石的SNS柔性拦石网系统 [J]. 中国地质灾害与防治学报, 9 (s): 127-135.
阳友奎, 周迎庆, 姜瑞琪, 等. 2005. 坡面地质灾害柔性防护的理论与实践 [M]. 北京：科学出版社.
杨秀元. 2014. 三峡库区巫山县望霞危岩变形与失稳过程研究 [D]. 武汉：中国地质大学.
杨秀元, 孙强, 晏鄂川, 等. 2014. 基于实测的望霞W1危岩体失稳动态过程分析 [J]. 水文地质工程地质, 41 (1): 56-58.